妻子才
95.
02.
28.

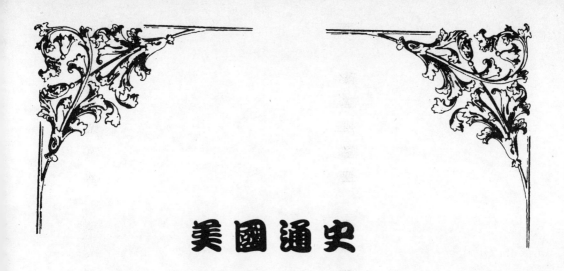

美國通史

林立樹　著
輔大歷史系副教授

五南圖書出版公司

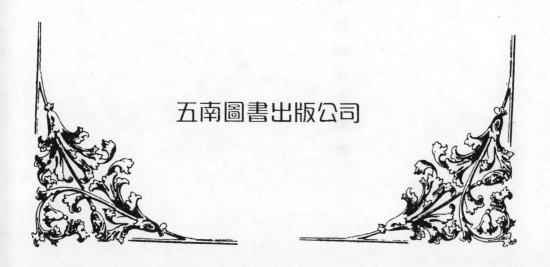

THE WORLD

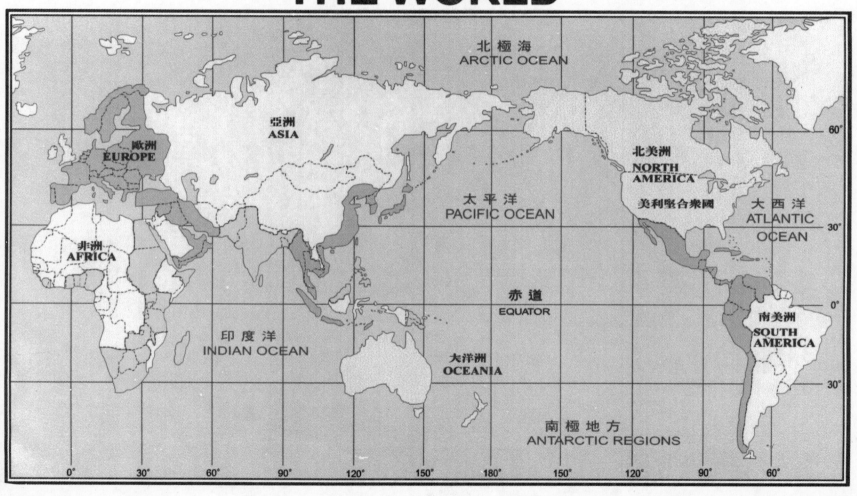

北極海
ARCTIC OCEAN

亞洲
ASIA

歐洲
EUROPE

北美洲
NORTH
AMERICA

美利堅合眾國

大西洋
ATLANTIC
OCEAN

太平洋
PACIFIC OCEAN

非洲
AFRICA

赤道
EQUATOR

南美洲
SOUTH
AMERICA

印度洋
INDIAN OCEAN

大洋洲
OCEANIA

南極地方
ANTARCTIC REGIONS

60°

30°

0°

30°

0°   30°   60°   90°   120°   150°   180°   150°   120°   90°   60°

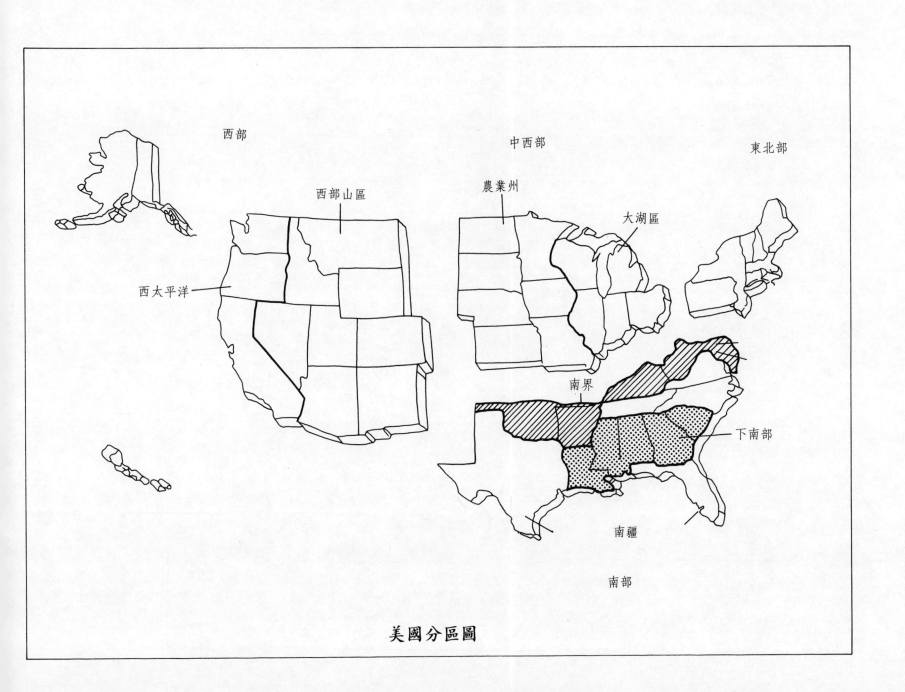

西部　　　　　　　　中西部　　　　　　　東北部

西部山區　　　　　　農業州

大湖區

西太平洋

南界

下南部

南疆

南部

美國分區圖

序

決決大觀的美國，全球政治的霸主，世界媒體視向的焦點，各國人民愛恨的交織。美國的歷史，便是人人願意取得的智識。林立樹教授編著了這冊美國史，定能滿足大家的希望。

美國是移民建立的國家，先有西班牙移民，後有法國移民，最後有英國移民。建立國家以後，猶太人從各處大量移入，亞洲人也陸續跟進，還有不是移民而是強制被輸入的非民黑奴。這種種顏色形態的人民，組成了這個全球霸主的民族。

各種移入的人，帶來各種的智慧，各種的文化，各種的信仰，結合成一種多元性的文化，充滿了新文化的活力。移民探險的人，追求求富求安逸的目標，不怕困難，努力奮鬥。移民探險的人，拋棄了自己的家園，爲自己的目標，不怕犧牲。移民探險的人，隨身帶來的是本鄉的神靈，爲自己前途唯一的保護者。美國人深信宗教，時有稀奇的宗教出現。美國人深愛生活的享受，但爲工作不畏困難。美國人雖是多種移民的民族，卻因極大多數信仰上帝，因上帝的大公的愛，彼此能夠團結，能夠融會成一個大國的民族，確保人權，各擁自由，而作爲自由民主的楷模。既然是各種移民，擁有多元的美德，也懷著各種移民原有的惡習，美國社會乃有兩極化的現象：美德的典範，罪惡的深淵。閱讀這本林著美國史的人可以辨識到這種現實。

立樹教授忙著任教、行政，仍能埋頭著書，研讀精神令人欽佩，而所著書深入淺出，敍事清晰，明瞭歷史政治哲理，引人入勝，更使人佩服，嘉讚他的工作，乃作一短序。

羅光

民國八十七年九月廿四日於天母牧廬（輔仁大學前校長、總主教）

序

　　美國自一七七六年獨立迄今僅有兩百二十二年，對一個世界大國而言，
開國歷史確實是短了些，我們不能僅將美國今日之富強歸諸於「地跨兩
洋」，或是「土地肥沃，物產豐富」等說詞，來解釋爲何美國之有今日。看
完了美國史，這才瞭解到超薄歷史的美國，卻有著無比超厚的實力。時至今
日美國已是世界獨一無二的超強，也許有人不以爲然，然而這一事實卻是無
法改變的。

　　際此即將進入二十一世紀之時，強國愈強，弱國恒弱的現象正一一展現
出來。儘管識者如保羅・甘迺迪認爲美國國力已衰，正走向下坡路。但是也
有如杭廷頓等學者認爲美國仍是一不折不扣的強國，觀諸事實，美國的強大
國力，在可預見的未來，還難以看到有任何國家所可比擬的。是以，我們不
僅要問，美國之所以有今天這般強大，究竟因何原故？這才就是我們要研討
的終極課題。

　　對一般人而言，美國所代表的是富庶、機會，在那一個一望無垠的新大
陸上，人們看到了明天，也抓到了希望。從十七世紀以降，來自世界各地的
移民，帶來了不同的文化、傳統。卻能不分彼此地共建了他們的新家。雖然
在過程上，也有苦難，也有傷害。然而對這些移民來說，寬廣的土地帶給人
們更多的寬廣胸懷，無盡的資源帶給人們無盡的工作。這一多元性的淵源就
成爲美國人的特質，也是美國社會的基石。

　　因此我們應該瞭解並認識美國人與美國社會的特質。雖然美國歷史是如
此之短，然而這更是我們需要認眞學習美國歷史的原因，要瞭解美國先賢們
如何立憲，如何建國，也需要瞭解美國如何歷經第一及第二次世界大戰，更

是如何主導冷戰，而贏了這場冷戰。美國文化對世界的影響有哪些？美國如何因應二十一世紀的各項國內外問題。妄想瞭解及探討這些問題，我們有一讀美國史的必要。

然而問題在我們如何才能找到這樣一本既涵蓋廣泛，又能忠實無誤的記載美國歷史的書。事實上，這是一個相當重要的問題。遍覽坊間有關美國史的中文書籍，卻是少之又少。如今林立樹教授所著的這本鉅著，卻是今日看到的最爲完善的有關美國史的出版物，作爲一個研究美國史的學生，我非常高興地看到此書之問世。

這本書共有三十六章，共約三十萬字，從北美原住民的印地安土著之活動，一直寫到柯林頓之第二任總統任期，是一本極爲豐富的編年史，作者在書中以極大篇幅提出美國史上有關社會、經濟及文化上之變化及動盪，予讀者以對美國史有一窺全貌之欣慰，這是本書寫作方向正確之處。

作者林立樹教授，執教美國史多有年矣，故本書之取材得宜，再加上他的順暢文筆，閱讀本書是一種享受。承作者囑爲之序，僅此樂爲贅言推介。

李本京
民國八十七年十月十日於淡水
（淡江大學國際研究學院院長兼美國研究所所長）

序(一)

　　俗話說「江山代有才人出，各領風騷數十年」，觀乎歷史發展，尤為貼切。十六世紀之葡萄牙、西班牙，十七世紀之英國，十八世紀之法國，十九世紀之德國，二十世紀之美國，分別影響世局發展，左右人類活動。因此，研究美國歷史在本世紀有其必要。美國為一後文明國家，與其他國家不同的是，美國並非經舊石器、新石器、青銅器、銅器、鐵器時代等階段演變發展而成，而是由移民直接承續歐洲既有的文明所形成的國家。這也是為什麼許多國家師法美國，卻無法凌駕其上之理由。

　　傳統研究歷史多重視政治變遷，強調政治史影響，歷史替少數權貴服務；十九世紀社會學蔚為風氣，社會史當道，馬克斯、韋伯理論成為顯學；二十世紀羣眾地位抬頭，大眾文化漸次重要，文化史成為研究主軸。因此在研究美國史時，如何兼顧政治、社會、文化層面，並以文化為重，悟其神髓，切合時代潮流，成為思考的面向。歷史之價值不僅「事實」而已，更重要的是意義建構，即文明與文化的表現。文化與文明不同，文化為生活的表徵、文明為生活的累積。美國文化展現了食衣住行育樂等多元化的豐富內容，美國文明顯示出二十世紀政治、經濟、社會的特殊成就。

　　研究任何國家必先知其始末，再詳其經緯，美國歷史亦不例外。美國始於何時？如何進展不可不知。美國人不同其他國家人民之組成。中國人以血緣為區隔，美國人以膚色來分辨，因此形成所謂的種族問題。美國人包括印第安原著民、英裔白人、非英歐裔移民、亞裔移民、拉丁美洲移民，其中以英裔白人及黑人為主流，印第安人是被征服的對象，而其餘人種多屬於非主流「移民」。美國人雖無貴賤之分，但有膚色之別。白色、有色、黑色是傳統區分的標準，但隨著時代的發展、歷史的變遷，黑人經由參戰，犧牲奉

獻，地位提昇，但存在心靈的黑白芥蒂依然存在。或許假以時日，人口結構轉變，美國人種的價值觀會有新義。

美國政治、社會、經濟、思想因其獨特環境，別有所見。民主政治、平等社會、富裕經濟、實用思想是美國文明的特徵。政治上美國是一個經由認同（identity）而形成的國家。與歐洲認可的政治結構不同，認同由下而上，認可由上而下。美國重視地方權益，中央只是各州的聯合體，因此美國政府又名聯邦政府。美國的政權並非馬上得之，馬下治之，而是依「文獻」而生，循「法律」而治。美國所以被譽為「法治國家」，在於其立國精神為「獨立宣言」，立國基礎為「聯邦憲法」。這兩大文件奠定了美國文治規模，孕育美國的成長。

美國社會受技術及傳媒發展影響深遠，社會進步一日千里，仰賴科技之賜匪淺。大體言之，美國社會有「三路」進展：馬路、道路及網路。馬路社會泛指殖民時代至一八六九年第一條東西橫貫鐵路築通為止，此時社會活動、往來多依靠馬匹或驛車，人與自然關係密切。一八七〇年至二次世界大戰，美國邁入道路社會，鐵道、車道、航道漸次重要，它拉近了人與人的距離，但也疏離人與自然的關係。一九七〇年代後美國網路社會逐漸發展，終端機改變了人與人的關係。「虛擬」真實取代了傳統人的地位。歷史奠基於時間與空間的交錯，真實為其價值。馬路時代時間流動速度緩慢，空間較具真實感。道路時代時間流動速度迅捷，空間真實感受到玻璃窗阻隔，已不若前。網路時代時間接近光速，空間為電腦的顯示器，真實成為虛擬。昔日研究人文學科：哲學求真理，歷史究真相，文學講真情。此一「真實」充分顯露在美國三路社會結構中。如今「真實」存疑，虛擬入侵，社會發展再現波浪，如何分辨有待研究美國，探尋未來展望。

美國思想早期受歐洲影響，喀爾文宗教教義左右東北方地區生活，南方則受英國國教影響，西部開拓後，邊疆精神匯入美國思想。一八八〇年歐洲達爾文思想傳入美洲，影響美國實用主義誕生。經詹姆士及杜威等哲學家大力厚植，逐成為美國人生活及思考的依據，美國哲學從形上系統轉變為知識用途的實驗性，實用成為真理檢驗的標準。

　　美國文化之影響力無遠弗屆。印第安人玉米、馬鈴薯；新英格蘭的冰品；西部的牛肉、牛仔褲；南方的煙草，以及晚近的可樂、速食、T恤、重金屬音樂、媒體廣告，成為世界的寵兒。MTV帶動了全球「共時」的感官，取代了過去「歷時」的音樂，全球一致觀賞MTV，不分界域，不論國別。英語成為全球唯一「講的通」的話語，美國之為美國，有其引人入勝的一面。

　　一般粗論美國，多循「民族」本位立場，或妒羨、或撻伐，愛恨交加，溢於言表。美國驕色傲態固令人難堪，但其立國精神，眾志成城的客觀，量化行為方式，亦足以作為借鑑。本書撰述美國，以時間為經，事件為緯，縱橫交錯，舖陳各時代的風貌，希望為初識美國者提供一個探索的參考。

　　全書草成，承蒙羅光總主教以及恩師李本京教授百忙之中撥冗賜序謹表個人最敬謝意。

林立樹

1999 年於輔仁大學

序(二)

　　二十一世紀序幕方昇，即出現石破天驚的大事，一向被視為世界巨人的美國，竟然在毫無預警，出人意料之外的情形之下，被人打了一記悶棍，而且是位於紐約世貿大樓的美國心臟地帶，世人不可置信在電視聲光傳播之下，目睹雙子星大樓倒塌。哀痛之餘，美國向邪惡挑戰，直逼巢穴，空襲阿富汗，甚至暗示攻打伊拉克，美國此舉，固然喚起民族情操，但也激起回人反美聲浪。「干戈易動不易止」，美國究竟要如何收拾殘局，恐怕是本世紀最大的難題，畢竟科學的成效是有限的，美國的核武是否可以遏阻生化所帶來的心理危機？美國何去何從？有賴歷史的見證。

　　長久以來，歷史界傳言，「二十一世紀為中國人的時代」，儘管令人質疑，但美國卻於世紀之初遭到史無前例的災難，時也！命也！美國動干戈，多師出有名，予人「正義之師」感覺。一次世界大戰、二次世界大戰、韓戰、越戰，皆為替天行道，弔民伐罪，因此各國對美國出兵多所期待，並挑剔再三。如今美國「救亡圖存」，不再是「王者之師」，正義也面臨考驗。值此世人苛責美國之際，究竟應如何看待此事，有待慧者之見。

　　美國通史出版迄今二年，世事多有變遷，五南出版社擬再版此書，為切合時代潮流趨勢，添補並修訂一些材料，供讀者參閱，謹此對該公司表示謝意。

林立樹

2001 年 10 月於輔仁大學

目次

第 一 章

美國原住民星羅棋布

　　研究美國歷史首先必須澄清的問題是：誰是美國人。美國人由原住民及移民兩大族羣合併而成，原住民泛指距今二萬年至五萬年前由亞洲越過白令海峽（*Bering Strait*）經由今日之阿拉斯加及西伯利亞抵達美洲的印第安人。移民則包括公元一千年來自北歐的維京海盜，一四九二年由哥倫布（*Christopher Columbus*）率艦抵美的歐洲人，以及陸續赴美的白人、黑人、有色人種等。

　　印第安人遍佈美洲各地，以狩獵採集自然植物為生。沿阿拉斯加至南美，依不同環境，孕育出多元的文化，組成不同的部落，本章將敍述早期美洲印第安人及其生活情形。

第一節

美洲原住民印第安人

　　遺物及傳說是研究古代歷史的重要依據。有關美國原住民印第安人的歷史，由於文字記載有限，因此仰賴遺物成份較多。大致說來，中南美洲的印第安人如馬雅族（*Maya*）有文字記載，瞭解較多。北美洲的印第安人無文字記錄，考古學家只能憑藉印第安人之廟宇、住所、獵物、墳地，了解他們生活的情形。印第安人的狩獵武器、食物殘骸、炊具、服飾等隨著挖掘紛紛出土，印第安人之洞穴及河床沿壁的岩畫亦漸為人習知，印第安文化得以重建完形。

　　美洲印第安人之發展依地形分佈有中南美洲的馬雅及阿茲特克（*Aztec*），南美之印加（*Inca*），以及北美東部、北美西南部的印第安人。他們文化上自成格局，政治發展不同，彼此攻伐征戰或和睦相處，其共同的農業作物是玉蜀黍及馬鈴薯兩種農作物。玉蜀黍大約於公元前五千年即出現在中美洲或墨西哥地區，是馬雅人的主要食物，以後成為印第安人的主要作物，迄今仍是美國的重要主食。

中 南美馬雅及阿茲特克

馬雅是中南美洲重要的古文明之一、最盛時期約在公元三百年至九百年之際。馬雅人曾在墨西哥南部修建許多宏偉、壯觀的祭台,迄今猶存。馬雅的統治者包括教士及官員,多居住城中。老百姓多為農人,依城市邊緣居住,主要以種植農作物為主。馬雅人以數學、天文及建築見長。在帝卡(Tikal)有一座金字塔型廟宇廢墟,高達十七層樓高,雕刻、彩繪,鬼斧神工,令人嘆為觀止。馬雅人生活工具簡陋,以石器、木器、骨器為主。至公元九百年,馬雅文化突然中斷,原因不詳,是戰爭?瘟疫?下層人士反抗?亦或農業枯萎各有說詞。總之,馬雅生活中心的寺廟,地位不再,人民散落四處。

馬雅文化式微不久,另一支阿茲特克人在北方興起,逐漸遷入墨西哥肥沃河谷地,阿茲特克人英勇善戰,征服四鄰,強行徵稅納貢,日漸強大。一五一九年西班牙人抵此時,即對該地之富裕壯麗、廟宇宏偉、花園處處、市集熱鬧,印象深刻。今人對馬雅文化之了解,多得自西班牙人,唯西班牙初抵中美之際即將馬雅文明焚毀,以致殘存有限。

北 美印第安人

北美的印第安人際遇不同,發展有別。他們未曾修建大城市,以織布、珠寶及陶器聞名,迄今仍受人讚譽。北美印第安人之生活,早期以狩獵為主,隨著農業的發展,改變了生活方式,許多印第安部落羣居在鄉村,食物供給漸趨穩定,閒暇增加,各項藝術、建築、製陶技術漸次發展。

在北美諸多部落中,俄亥俄河(Ohio river)流域的霍普威爾文化(Hopewell Culture)較富盛名。大約在公元六百年之後,該地印第安人在肥沃地區種植玉米,開始建築土塚作為祭祠中心及安葬之地。隨著社會發展之後,土塚愈加精緻,最大的佔地高三十呎、寬二百呎,土塚內部有

陶器、珠串、羊毛衣、銅飾物以及其他物件。土塚有蛇、烏龜及其他動物的造形。據估計，全美地區共有印第安土塚逾十萬座，是研究早期印第安文化的重要資料。

公元一千年開始，位於密西西比河（ *Mississippi River* ）東南地區的印第安人開始修建大土塚，正方形、平頂，供宗教儀式使用。土塚四周農村散佈，人們採用新的農耕技術，勞力分工，社會階級形成。密西西比河文化持續成長至一六○○年代，早期西班牙及法國拓荒者對他們描述甚詳。

北美西南部氣候乾燥炎熱，農事不易，當地印第安人必須發展灌溉系統。公元六百年左右亞利桑那（ *Arizona* ）中部的霍胡坎（ *Hohokam* ）印第安人修建運河及較大的灌溉設施，種植玉米、南瓜、豆類及棉花。在北美西南部四個地區，包括今日之猶他（ *Utah* ）、科羅拉多（ *Colorado* ）、亞利桑那及新墨西哥（ *New Mexico* ）之印第安人文化有其共同特色。在阿那沙茲（ *Anasazi* ）遺址存有高度的文明成就。他們是朴布羅（ *Pueblo* ）印第安族之祖先，從事農耕。阿那沙茲人早先在地面掘洞居住，然後才在地面上營建房舍。以竹子為支架，獸皮圍繞，頂上覆蓋泥土。公元八百年他們利用石頭建造居所，這種類似現代公寓的建築有幾層樓高，蓋在河床深處或土塚頂部，保護村民避免外患。公元一千二百年左右阿那沙茲人棄城南遷，原因不詳，有人認為是受外患所迫，也有人認為是面臨長期乾旱，必須遷居另覓水源。總之，阿那沙茲人留下了他們生活的用物及建物，保留完整，迄今已成為觀光勝地。

第二節

北美密西西比河以西之印第安人

北美印第安人主要分佈在西部地區，各部落生活因環境差異而有所不

同。大部落多生活在農業發達地區，加利福尼亞（*California*）印第安人住地陽光充足，食物充裕，西南地區的朴布羅印第安人住在貧瘠的沙漠之中，西北海岸地區印第安人魚產豐富，平原地區印第安人則浪跡落磯山脈（*Rocky Mountains*）與密西西比河之間，獵捕野牛。

加 利福尼亞印第安人

加利福尼亞氣候溫和，土壤肥沃，宜人居住，許多印第安部落散布其間，包括北美身材最高的莫哈弗（*Mojave*；亦可寫成 *Mohave*）以及個子最矮的尤奇族（*Yuki*）。加利福尼亞印第安人生活簡樸，住在簡陋、覆蓋柴枝的住宅內，以家族或小鄉村為單位，沒有部落組織，靠採集為生，沒有農業，一年四季到處遷移，尋找食物、果實及貝殼，他們主食為橡實（*acorn*）。加利福尼亞的印第安部落及村落各有其傳統及宗教，有些村落內居住不同的部落，奉行不同儀式，相互競技，男人訓練男孩，女人教導女孩，學習不同性別的宗教及文化儀式，跳舞唱歌是活動的主要內容。

加利福尼亞印第安人又稱為「傳道印第安人」（*Mission Indians*）。西班牙人抵美之後，西班牙教士在印第安人遷離地區設立傳道所，平均每一天里程設立一所，共設立二十一傳道所。一七六九年在聖地牙哥（*San diego*），一七七六年在舊金山（*san Francisco*）。他們在此保護並安頓印第安人，使其皈依為基督徒，但有許多印第安人安於自由自在，不願接受束縛。

西 北海岸地區的印第安人

沿太平洋北方海岸的部落，文化多彩多姿。分布地區由加利福尼亞北部到阿拉斯加（*Alaska*），主要有魯克（*Nootka*）科瓦凱烏得（*Kwakiutl*）及希達（*Haida*）。這些印第安人得天獨厚，鮭魚迴流，果實，獵物眾多，靠華盛頓州（*Washington*）海岸地區的部落划木舟出海捕

魚。這些部落好戰，經常長途跋涉，侵襲鄰族，掠奪財貨並搶人為奴。

　　西北地區印第安人利用石器及木楔蓋房子，當第一位白人抵美，看到這些巨大美好的建築，不靠釘子，也不用金屬利器建造，簡直難以置信。普吉特桑德（*Puget Sound*）的婦女利用高山羊的毛、乳汁植物纖維，以及狗的白毛編織長袍，用樹皮做籃子，更利用木頭、骨頭、貝殼及石頭製作精緻、美麗的圖騰長柱，每一個部落有其特殊形狀，每一張面具雕刻品及木盒都有美麗的動物形狀，含有深刻的宗教意義，代表自然，及對祖先的崇拜。

　　美國西北海岸線北部地區的印第安部落，屬母系社會，財產歸女人，往南延伸則為父系社會。這些部落重視私人財產，每一個人的地位視其財富及能力而定。

西　南地區印第安人

　　在美國西南部包括亞利桑那及新墨西哥等地的印第安人，生活方式全然不同。此地由於天然資源不足，印第安人必須辛勤開墾，利用智慧，開發水源，種植作物，提高收穫。西南沙漠地區孕育了另一種色彩的文化，河流沿岸部落為酷愛和平的農業部落，其他則從事灌溉。當地印第安人主食為玉蜀黍、南瓜及豆子，他們種植棉花，編織色彩鮮艷的毛氈，製作漂亮的陶器。男人女人皆下田工作，女人採集野生植物，男人則獵捕鹿、羚羊或小獵物。西南部印第安部落多為母系社會，女人擁有繼承權並擁有房舍、土地及其他家產。男人婚後須住在女方家，雙方離婚，女方將男方所有丟棄屋外，男人則回家與母親同住。

　　西南部印第安人部落眾多，阿那沙茲族住在社區，用石頭及磚塊蓋的多層房屋中，西班牙人稱這種房屋為村落（*pueblo*），所以他們也叫做村落印第安人，其中一支為住在亞利桑那的何比族（*Hopi*），另一支為墨西哥的朱尼（*Zuni*）。由於他們住在乾燥不毛之地，崇拜太陽、雲和雨。人數最多的印第安人為那瓦何斯（*Navajo*），他們由北南下，在朴布羅印

7

第安人附近落戶，學習農事及編織，其毛氈及籃子，銀器迄今仍受推崇。此外尚有阿帕契族（*Apaches*），未曾定居，以狩獵及戰鬥著稱，不時出現山谷之中，阿帕契人英勇善戰，遲至一八八六年經過長期浴血奮戰，才向白人輸誠。

平 原區印第安人

　　平原區西臨落磯山，東達密西西比河，南界德克薩斯（*Texas*）中部，北至加拿大南部，生活其中的印第安部落，獵捕野牛為生，穿著皮衣，居住帳篷之中，這羣平原印第安人被非印第安人視為典型的印第安人。

　　大平原區的印第安人部落眾多，但可分為東西兩區，東區如曼丹斯（*Mandan*）及波尼斯（*Pawnee*）住在鄉村中，女人種植玉蜀黍、南瓜、豆子，男人則在大平原區中獵捕野牛。西區如達科他（*Dakota*）、科勞（*Crow*）、及希尼斯（*Cheyenne*），不務農事，整年追逐野牛度日，野牛提供了印第安人生活必需品，包括食物、衣服以及帳篷。此地印第安人話語不一，日常交易及會談採通用的手勢，利用煙火與遠方通訊。大平原區印第安人有軍事、宗教目的組織，通常這種組織只准男人參加。女人則參加女性團體，每一個團體均有其服裝，打仗時成員表現也較勇敢。平原區印第安人重視精神力，他們由夢及個人活動中找尋這種力量，他們相信精神可以療病，並在戰爭中提供保護。平原印第安人的醫生或巫師具有天賦的精神力量，主持齋戒、舞蹈之儀式。

　　一五○○年西班牙將馬匹引入墨西哥改變了平原區印第安人的生活。一七五○年代野馬奔馳大平原區，印第安人可以遠行，同時法國貿易商自北方加拿大售槍枝給印第安人，從此印第安人利用槍枝獵牛，並成為歐洲移民中最頭痛的鬥士。一直到平原區野牛被白人獵殺殆盡後，他們才臣服。

第三節

北美密西西比河以東印第安人

　　美洲東北及東南部的印第安人以務農、狩獵及捕魚爲生，他們分別居住在小村落中，也組織鬆散的同盟。

東 北地區的印第安人

　　東北地區印第安部落組成政治聯盟，與其他印第安人或歐洲人競爭。這個強而有力的政治聯盟稱爲易洛魁聯盟（ *Iroquois League* ），由五個部落：摩霍克（ *Mohawk* ）、塞納卡（ *Seneca* ）、歐奈達（ *Oneida* ）、奧倫多加（ *Onondaga* ）及卡尤加（ *Cayuga* ）所組成，住在現今紐約州一帶。易洛魁人的生活方式與其他居住在密西西比河東區森林裡的印第安人相近，他們精於農事，男人耕地，女人從事農作，種植玉蜀黍、豆子、南瓜，收成可觀。易洛魁人爲母系社會，女人擁有農地並可留傳給女兒。易洛魁人的集合住宅（ *longhouse* ）也歸女人所有，這種用樹皮及竹竿所蓋的集會所容納八到十個家庭，男女結婚，男人必須住進女方家的集合住宅與女方母親、姊妹及家人同住。一個村落約有五十個集合住宅。易洛魁男人打獵、捕魚、穿鹿皮衣服、戴珠子及插羽毛。易洛魁人爲自然崇拜者，認爲大自然中之動物、石頭、樹木、風、雨都有精靈，世上有股看不見的力量，人唯有在夢中才能與此力量接觸，他們相信夢，夢見作戰失利，即班師還朝。

　　易洛魁聯盟較其他印第安部落強大的原因在其緊密的政治組織。對內彼此和平共處，對外則團結一致。該聯盟約於一五七○年成立。早先五大部落彼此攻伐征戰，幸賴兩位傑出領袖，德克安爾維達（ *Dekanawida* ）

及希爾渥斯兒（*Hiawatha*）將五大族結合起來，其他部落亦獲邀加入。易洛魁聯盟共有五十位酋長，分別推自各族，女人由家族中選出適當人選出任酋長，每一族內政自主，對外事務尤其戰爭由聯盟決定。易洛魁族人數從未超過一萬六千人，戰士僅一千人，他們可以指揮任何人，易洛魁人親英反法，雖然在戰爭上損失慘重，但接納征服部落，因而屹立不衰。

東 南區之印第安人

東南區印第安部落戰爭不斷，易洛魅聯盟勢力未及，當地部落村莊修築柵欄及竹籬，保護安全，喬治亞（*Georgia*）及阿拉巴馬（*Alabama*）的溪族人（*Creek*）組成防禦聯盟。東南區印第安人善於築土墩，被稱爲密西西比「寺廟土墩」（*Temple Mound*）文化，村莊圍繞著一個祭典土墩。這種文化至歐人抵達時式微，隨著瘟疫、災荒，人們四處散居，大大減少東南印第安人口。

密西西比河東南地區氣候溫和，土壤肥沃，物產豐富，女人從事農作種植玉蜀黍、豆子、南瓜，男人打獵，池中捉魚。早期法國及西班牙人抵此，大力推崇土墩文化社會。土墩文化可以納西茲（*Natchez*）爲代表，納西茲族印第安人於一六○○年初沿密西西比河居住，由一位國王統治，人們對這位國王奉若神明，稱爲「大太陽」（*Great Sun*），住在土墩最高的廟內，部落中另有一位女「太陽」，權力龐大。納西茲社會階級有四：大太陽是最上階級，階級間可以通婚。

東南地區印第安部落在歐人抵美後結合成爲五大文明部族（*Five Civilized Tribes*），包括查克托族（*Choctaws*）、溪族、基寇索族（*Chickasaw*）、色姆諾族（*Seminole*）以及查羅其族（*Cherokee*），其中查羅其族發明字母，出版報紙，並撰寫一部憲法。五大文明部族以務農爲主，愛好和平，但由於歐洲移民垂涎其土地，被迫遷移。

結　語

　　對歐洲人而言，印第安人是一個羣體，但就印第安人自身來說，卻是眾多不同的部落。白人與印第安人對土地的認知不同，導致雙方的敵對與衝突。印第安人認爲土地屬天神所有，大家共享；歐洲人則將土地視爲私有並據此劃分階級。歐洲人無法理解印第安人文化，用各種手段購買或騙取土地，並將印第安人驅趕至保留區中。

　　對印第安人的文化重建在美國已引起重視，除了認識印第安人對美國生活的影響外，如何尊重印第安人的貢獻及價值，並協助印第安人生活在當代，是件刻不容緩之事。

第 二 章

歐洲移民前仆後繼

　　美洲探險與開拓以及美國之建立得力於歐洲移民之貢獻。歐洲移民分爲三個時期。包括公元一千年左右抵達紐芬蘭（ Newfoundland ）之古代斯堪地那維亞人（ Norse ），公元一千四百年前往北美海岸的葡萄牙、英國和丹麥水手，以及一四九二年哥倫布率領西班牙艦隊抵達美洲，帶動歐洲國家對「新大陸」的一連串殖民。前二時期移民無疾而終，第三階段導致今日美國誕生。一四五〇年至一五五〇年間，歐洲先後有西班牙、葡萄牙、法國、荷蘭、瑞典、英國人士前往美洲，建立殖民地。其中以英國及法國最具成效，影響後來美國發展至深且鉅。本章將敍述歐洲人赴美探險原因，以及葡萄牙、西班牙、英國、法國殖民經過。

第一節

歐洲人赴美探險原因

　　歷史事件之發生受主客觀因素影響。歐洲人赴海外探險的客觀因素：與商業革命、宗教改革、民族主義休戚相關，主觀因素則有三：追求財富之慾念，誘使歐人尋找前往亞洲之途徑，而發現了大西洋另一端的美洲：傳教士希望藉此向亞洲、非洲及美洲土著傳播基督福音：文藝復興以來，歐洲人對世界充滿好奇及求知慾以及受海外探險家傳言及文字渲染的影響。

歐洲形勢轉變

　　十五、十六世紀，歐洲政治、社會、宗教轉型，導致海外探險活動得以展開。政治方面，此時歐洲權勢由五個國家主導，分別爲英國、法國、西班牙、葡萄牙，以及由日耳曼、奧地利及部分義大利組成的神聖羅馬帝國。英國都鐸王朝（ Tudor ）亨利七世（ Henry VII ）終止了三十年內戰；法國自百年戰爭中復原；西班牙由於卡斯提爾及里昂（ Castile and

Leon）的王后伊莎貝拉（ *Isabella I* ）與亞拉崗（ *Aragon* ）國王斐迪南
（ *Ferdinand II* ）聯姻，獲得統一，並於一四九二年將盤踞西班牙之摩爾
人（ *Moor*，來自北非的回教徒）驅逐出境；葡萄牙擊敗摩爾人統一全
國。歐洲列強經過長期對峙戰爭，各國皆致力培養愛國情緒，宣揚愛國情
操，影響所及，貴族地位日趨沒落、勢力日微。君王利用有野心商人，開
展鴻圖大志，經國大業，紛紛向海外探險，增加財富，炫耀國威，大西洋
成為冒險致富的樂園。社會方面：歐洲自十字軍運動（ *The Crusades*，公
元一〇九五年至一二七〇年）之後，城市迅速發展。地中海沿岸地區、法
國南部及西班牙城市興起，一二〇〇年威尼斯（ *Venice* ）及熱那亞
（ *Genoa* ）是歐洲商業市集中心。隨後北歐城市陸續發展，成為商業及手
工業中心。宗教方面：一五〇〇年代，宗教改革（ *Reformation* ）瓦解了
傳統以來基督宗教一統的局面，從此基督信仰分裂為天主教與基督教
（ *Protestantism* ）兩派，各有國家信奉。政府與宗教結合，影響海外拓
展，西班牙、葡萄牙及法國禁止其殖民地內有基督教。觀乎今日美國南部
天主教居多，北部基督教佔大宗可見一斑。

新 中產階級興起

　　西歐中產階級商人及銀行家的出現帶動了海外探險活動。商人經商須
靠貨幣媒介，銀行業順勢而生。銀行家貸款商人投資新企業，抵押貨品，
承保船運風險，地位日趨重要，國王爭相邀寵，貴族因缺乏資金亦不得不
向銀行家告貸求援，助長其地位。

　　在一四〇〇年代歐洲仍以農業文化為主，國王、貴族位居領導階層。
但至一五〇〇年代，銀行家、商人、技工成為中產階級，位於貴族與農奴
之間，他們人數漸增、地位日高、聲望日隆，此外成員還包括有律師、醫
生及政府官員。中產階級支持國王對抗貴族的欺凌迫害，熱衷追求財富，
尤其受到威尼斯商人馬可波羅（ *Marco Polo* ）所寫《東方見聞錄》（ *Description of the World*，又名《馬可波羅遊記》）所載東方之財富影響，興

趣盎然，亟思向外冒險。

重 商主義

　　新中產階級出現帶動海外探險，並影響貿易形態及組織。股份有限公司（*Joint Stock Company*）紛紛在英國、法國、荷蘭成立。這種新興商業組織是由一羣人購買公司股票，爲公司籌資，公司獲利與虧損，則由股東共同承受。股份有限公司可以讓小額投資人購買少數股份，參與大規模投資，或讓有錢人同時投資幾家股份公司分擔風險。一家股份有限公司可經由幾百位股東，共同集資建立殖民地。

　　此時歐洲從事海外探險的國家有葡萄牙、西班牙、法國、荷蘭、瑞典及英國等。葡萄牙在非洲、亞洲，西班牙在中美及南美率先獲得成功。他們發展出重商主義（*Mercantilism*）理論，強調與外國貿易及商業的重要性。政府須控制國家貿易，國家富裕強大端看金銀庫存多寡，其取得方式有：1.征服金銀礦儲藏豐富的國家，如墨西哥及秘魯。2.重視貿易出超，輸出多於輸入則國庫有餘，因此國家必須鼓勵農、工、製造業發展，以增加輸出，維持出超。3.殖民地應生產歐洲必需品，如糖、煙草、染料、藍靛，並只能與母國貿易，禁止殖民地生產與母國競爭貨物。終十九世紀，重商主義理論影響了歐洲各國經濟發展。

航 海技術改善

　　中世紀末航海技術改良，有益商業及海外拓展。幾千年以來航行地中海的船員，多依靠有關海岸及港口的文字記載行船。至十五世紀地圖出現，辨認方便。以後，海圖更加詳盡，包括了歐洲大西洋沿岸及北非。一五〇〇年阿拉伯人開始使用航海工具，譬如確定方向的指南針，最早爲中國人所發明，十三世紀經阿拉伯人改良，將指針固定在軸上。此外星盤、四分儀觀測星星位置，決定南往或北行距離，大大幫助遠航準確度。以往

航行地中海船隻爲大型划船，後改爲大型帆船（ *carrack* ）及同型較小的帆船（ *caravel* ）利用檣及舵航行。哥倫布於一四九二年航行大西洋「聖馬利亞號」船（ *Santa Maria* ）就是大型帆船。

第二節

葡萄牙及西班牙海外活動

　　歐洲國家首先展開大規模海外探險的是葡萄牙，其次爲西班牙。葡萄牙活動範圍在非洲、印度，西班牙則朝大西洋發展。一四九二年十月二日哥倫布抵聖薩爾瓦多（ *San Salvador* ），爲歐洲國家至美洲探險開闢途徑。此後一百年內，歐洲各國蜂湧而至。早先歐洲人將美洲誤認爲亞洲，俟確定這塊新土地阻擋歐人赴亞洲途徑後，探險家們即設法另覓道路繞過。一四九九年及一五〇〇年，歐哈得（ *Alonso de Ojeda* ）與另一位義大利佛羅倫斯商人維斯布奇（ *Amerigo Vespucci* ）沿南美海岸深入，發現豐富採珠場。維斯布奇詳細記載航行經過，並發現他們所到之處並非亞洲而是新大陸。一五〇七年一位歐洲地理學家公開了維斯布奇的報導及其地圖，並建議將這塊地命名爲美洲「 The Land of Americas or America 」（ *Americas* 的義大利文爲 *Amerigo* ）。

　　一五一九年八月葡萄牙航海家麥哲倫（ *Ferdinand Magellan* ）爲證明美洲不是亞洲，在西班牙資助下，率領五艘船及二百四十多名水手橫越大西洋。一五二〇年十月，他抵達智利南端的麥哲倫海峽（ *Strait of Magellan* ，後人命名）時遭遇風暴，耗費了三十八天方才順利通過。當見到一望無際、風平浪靜的大洋時，麥哲倫稱其爲太平洋（ *Pacific Ocean* ，意爲和平海洋）。一五二一年三月，麥哲倫一行抵達菲律賓，他自己不幸遇害，一五二二年倖存的十八名船員返抵家門，完成了環繞地球一圈的壯舉。

　　繼麥哲倫之後，其他國家爭相探險，尋找金銀財貨、香料及奴隸。早在一四九七年英國的卡伯特（*John Cabot*）已至紐芬蘭海岸探險，一五二四年瓦拉沙諾（*Giovanni da Verrazano*）在法國支助下航抵紐約港。一六〇九年亨利・哈得遜（*Henry Hudson*）為荷蘭東印度公司（*Dutch East India Company*）尋找一條西北航道，希望穿經北美大陸至亞洲。他駛入紐約港，沿河上行至阿本尼（*Albany*，後人將此河命名為哈得遜河），隔年哈得遜再往北行至哈得遜灣（*Hudson Bay*）。冬季來臨船隻冰凍，船員譁變，將其放逐，漂返歐洲，西北路線探險至一七〇〇年代美國革命時停止。英國船長詹姆士・科克（*James Cook*）指西北並無航路可到亞洲。科克是第一位發現夏威夷島的歐洲人，當時他稱此地為三明治羣島（*Sandwich Islands*）。

　　西班牙人抵達美洲後，傳教士即致力歸化印第安人，並力促西班牙當局公平對待印第安人，天主教會及西班牙政府並准許西班牙人與印第安人通婚，減少雙方摩擦。西班牙傳教士從美洲西南部沿加利福尼亞海岸，從聖地牙哥到落磯山，教導印第安人農業及手工業。經過一個世紀努力，西班牙殖民未獲成功，究其因：1.十五世紀西班牙為鞏固霸業，除了在美洲及菲律賓建立殖民地外，並在地中海與土耳其人作戰、捲入義大利戰爭、鎮壓荷蘭反西班牙革命、試圖征服英國。一五八八年西班牙無敵艦隊（*Armada*）遭英擊敗後，西班牙在歐洲及美洲勢力相繼衰微。2.西班牙嚴格管制殖民地貿易，至一七一三年以前，任何輸往西班牙貨物必須用西班牙船隻運載，限定停泊少數港口，殖民地人士與外國貿易一經查獲即處死刑。雖然這些規定未嚴格執行，但打擊了貿易及工業發展。3.西班牙殖民地社會階級固定，少數富人居社會領導地位，多數百姓生活貧困，導致社會缺乏朝氣，個人能力受限，難以發揮。

　　西班牙主要殖民據點多在中南美洲，他們先後征服墨西哥阿茲特克帝國及秘魯的印加帝國（*Inca State*），只有巴西係由葡萄牙人殖民。西班牙人在北美洲表現相形見絀。一五一三年西班牙探險家里昂（*Juan Ponce de Leon*）至佛羅里達尋找神話中「青春之泉」（*Fountain of Youth*）及

黃金，結果大失所望，空手而返。一五二八年那瓦茲（*Panfilo de Nar-vaez*）率領四百位殖民者至坦帕灣（*Tampa Bay*），登陸之後船隻流失，回首無望只好在今天德克薩斯州的卡文斯頓（*Galveston*）定居下來，遭印第安人襲擊以及飢荒、疾病的肆虐，經過八年煎熬僅四人倖存。一五三九年索圖（*Hernando de Soto*）率領五百十名士兵自佛羅里達之坦帕北行至喬治亞，再往西越過密西西比河，但未發現金銀，僅了解當地印第安人生活情形。索圖途中去世，近半兵士返回墨西哥。一五四〇年科羅那多（*Francisco Vasquez de Coronado*）率領三百名部衆乘騎北行，前往亞利桑那之大峽谷及堪薩斯（*Kansas*），尋找傳說中的「七座黃金城」（*Seven Cities of Gold*），結果僅發現朴布羅族的土牆，沒有什麼財寶，科羅那多將馬匹留下，改變了印第安人的生活。一五四二年後西班牙人發現北美資源不若南美，土壤亦不肥沃，因而將注意力集中於中南美洲，墨西哥以北之殖民則責成傳教士。

第三節

法國的殖民

法國在北美的殖民地活動較西班牙晚約百年。法國最早赴美洲探險為一五二三年至一五二四年的瓦拉沙諾，一五三四年至一五三五年的卡蒂埃（*Jacques Cartier*），為法國探險聖羅倫斯河（*St. Lawrence River*）。法國漁船自一五〇〇年左右航行至紐芬蘭岸外的大岸灘（*Grand Banks*），至一六〇〇年後，法國開始積極向北美殖民。法國在北美建立一連串據點，從墨西哥灣紐奧爾良（*New Orleans*）到北方聖羅倫斯河及加拿大之新斯科夏半島（*Nova Scotia*）這些殖民地沿密西西比河流域、五大湖（*Great Lakes*）及聖勞羅斯河連繫起來。

法 國殖民人士

　　法國探險家雖未在北美尋獲金銀財富，但至一五五○年卻因海狸皮致富。法國漁民在紐芬蘭及加拿大離船上岸後發現，當地土著印第安人希望以海狸皮毛交換鐵器、鋼壺及毛衣，這些海狸皮運至法國製作高尙皮帽，獲利豐厚。從此皮毛貿易成爲法國赴加拿大殖民的誘因。法國在美洲最早的殖民地歸功於尙普蘭（*Samuel de Champlain*）。他於一六○三年至一六三五年有計畫地沿加拿大之大西洋岸進入聖羅倫斯河，探險鄰近之地，詳細記載見聞。一六○八年尙普蘭建立魁北克（*Quebec*）皮毛殖民地，隔年他乘木舟至尙普蘭湖，並介入印第安人戰爭，尙普蘭幫助阿功崙（*Algonquin*）及休倫（*Huron*）印第安人擊敗易洛魁（*Iroquois*）印第安人，此後易洛魁即與法國爲敵，影響法國殖民發展。

　　法國殖民除了皮毛商人之外，耶穌會士也扮演了重要的角色。他們致力傳敎、弘揚基督眞理。一六七三年馬圭特神父（*Jacques Marguette*）在蘇必略湖（*Lake Superior*）岸邊脫隊與捕海狸的獵人路易士・朱麗耶（*Louis Joliet*）和另外五人調查河流西岸的印第安人。馬圭特與朱麗耶經威斯康辛（*Wisconsin*）發現密西西比河，再下行至阿肯色河（*Arkansas River*）。他們兩人此行喚起卡弗利葉（*Robert Cavelier*）及拉沙勒（*Sieur de La Salle*）注意到，密西西比河流至墨西哥灣間之大片土地並非西班牙所有。一六八二年拉沙勒率領探險隊乘木舟下行，由伊利諾河（*Illinois River*）至密西失必河口，升起法王路易十四（*Louis XIV*）旗幟，並將這塊河谷地命名爲「路易斯安那」（*Louisiana*）。

法 國殖民地的困擾

　　法國在北美海外探險活動固多，但卻不受重視。法國商人熱衷西印度羣島的糖，法國國王則較關心歐洲局勢的發展，因此在北美殖民活動最大

困擾是有意者少。政府不得已採欺騙方式，派部隊赴加拿大，就地解散，士兵無法回家，只能留住當地。其次法國禁止休京諾派（*Huguenots*）清教徒赴美移民，這些清教徒多為富商、工匠，並樂於赴美，受法國禁令影響，他們多前往北美英國殖民地生活。

法 國殖民政府與社會

法國殖民人士未曾擁有自治政府，政治權力屬王室總督，土地則歸大地主，這些領主（*Seigneurs*）由農民（*habitants*）供養，當地雖為貴族社會，住民較西班牙屬民獨立。天主教影響力大，主教權力與王室總督權力不相上下，政府直接管理各種貿易。法王路易十四熱衷北美殖民活動，由財政部長柯伯特（*Jean Baptiste Colbert*）負責督導，柯伯特堅信重商主義經濟理論，嚴格限制貿易。他的政策是提高外國貨物進口關稅，發展新工業，禁止技術工人離法，殖民地生產的皮毛、木材及魚貨只能輸往法國或法國殖民地，殖民人士僅能利用法國船隻輸入法國貨品，法國商人必須保證不得與荷蘭、英國進行貿易。

法 國與印第安人

法國多與印第安人保持友善關係，印第安人也供應法人皮毛並成為戰友。法國傳教士積極傳播基督福音，皮毛商也常與印第安人通婚，由於尚普蘭在一六○九年印第安人戰爭中，支持易洛魁之敵人，導致法國疲於奔命，殖民地元氣大傷。易洛魁是美國東北部最勇猛戰士，他們佔領安大略湖（*Lake Ontario*）南岸，協助紐約及賓西法尼亞的荷蘭人及英國人對抗法國人，迫使法國繞道前往俄亥俄及密西西比河流域。一六四二年易洛魁五部落公開對法作戰，佔領法國蒙特婁（*Montreal*）殖民地，殺死數百名殖民人士、皮毛商、獵人及傳教士。印第安人之威脅持續至一六六六年，法國派兵千人擊潰易洛魁族人，雙方簽訂和約。法國由於政策錯誤，加上

政府興趣缺缺，殖民活動進展緩慢。至一七五〇年，經過一百五十年努力，殖民地僅有八萬名法國人，而同時間，英國殖民人口接近二百萬。

英國殖民

英國赴北美殖民始於一四九七年。英國商人派遣威尼斯船員約翰・卡伯特（*John Cabot*）西行，尋找赴亞洲航道，卡伯特抵達紐芬蘭、新斯科夏及拉布拉多（*Labrador*）時將此地誤認為是亞洲，並以為到達日本。後來第二支探險隊證實，此地為拉布拉多及格陵蘭（*Greenland*）的荒蕪海岸，英國遂喪失西向探險殖民的興趣。一五〇〇年代，英國政局較前安定，國力大增，但由於愛爾蘭情勢不穩，英國不得不予關注。此外，都鐸王室的亨利八世及伊利莎白一世（*Henry VIII and Elizabeth I*）須面對內部宗教紛擾，以致無暇殖民事務。

英國人轉而熱衷殖民與西班牙霸權有關。英國水手及海盜掠奪西班牙殖民地，在美洲西屬沿岸搶劫商船，騷擾城鎮。英國想在美洲設立永久基地，攻擊西班牙人，但受阻於西班牙強大國力。一五八八年西班牙無敵艦隊遭英擊敗，英國海外殖民地障礙去除，殖民活動從此一往直前。

英 國赴北美殖民原因

英國赴北美殖民原因很多，主要有：英國傳教士希望將土著皈依爲基督徒；政府爲窮人及懶人找出路；美洲之漁場及貿易可增強英國海軍力量；希望發現金銀珠寶財貨。英國殖民地未幾即迅速成長，則有賴於：英國的島國形態，鼓勵海上發展。水手優秀，善於遠航、勇於自衛；社會長期繁榮，資金充裕投資海外企業；社會階層流通性大，人民富活力，易於

適應新環境；農業社會轉型迫使許多農人遠赴他鄉。

英 國殖民成功原因

英國殖民方式異於法國及西班牙，其殖民地係由私人企業而非政府主導。探險資金籌措以及風險均由業主負擔，例如馬里蘭州（ *Maryland* ）之業主喬治・卡爾弗特（ *George Calvert* ），維基尼亞（ *Virginia* ）州之倫敦股份有限公司（ *London Company* ），皆可說明私人企業活動力大於政府，機動性強、適應力高。其次，英國殖民地容許宗教異議份子參與，讓國內受迫害宗教人士前往殖民地，一六四〇年前許多英國人赴美尋求宗教自由，導致殖民地人口迅速成長。最重要是，英國殖民地人民享有充份的自治權，擁有其他國家不曾給予的個人自由及政府自治權，使得殖民人士可以彈性面對現實。

結 語

自新航路、新大陸陸續加入人類歷史活動之後，歐洲人前仆後繼，爭相移殖拓展。葡萄牙、西班牙、法國、英國各顯神通，各有所獲，唯各國國情不同，手段方法迥異，成果有別。西班牙、法國為天主教國家，保守大於進取，以致心餘力絀。舊觀念與老方式無法面對新環境、新挑戰而功虧一簣。英國為新教國家，重實務、講實際，以民間力量從事海外探險，以致後來居上，領有北美。

第 三 章

英國殖民後來居上

在歐洲各國赴美洲殖民活動中，英國起步雖晚，但卻迎頭趕上並成為美洲最重要殖民國家，究其原因與英國之政策有關。法國、西班牙、荷蘭之殖民多由王室政府主導，一旦遭逢國事或財力困窘之際，殖民活動則難以為繼，任其了斷。英國不然，殖民地所有權歸王室所有，殖民活動悉由民間籌組公司自行開發。民間不同政府，利之所趨，不避艱難，不畏辛苦，前仆後繼，由淘金至種植煙草、棉花，由逃避宗教迫害至追求宗教自由，不一而等，在在掀起殖民熱潮。

英國在北美殖民有二種方式：一為股份有限公司，另一為王室酬庸，稱為業主殖民地（*proprietary colony*，或特許殖民地）。殖民地分布北中南三地，共十三區。北部移民以宗教因素為主，南部多為經濟因素，中部則多取自他國之殖民地。北部殖民地有五個：普利茅斯（*Plymouth：1620*）、新罕布什爾（*New Hampshire: 1623*）、麻薩諸塞灣（*Massachusetts Bay：1630*）、羅德島（*Rhode Island*）、康乃狄克（*Connecticut*）、南部殖民有維基尼亞（*1607*）、馬里蘭（*1634*）、北加洛林那（*North Carolina：1650*）、南加洛林那（*South Carolina：1670*）、喬治亞（*1733*）；中部殖民地有紐約（*New York*：原荷蘭所有 *1626*）、紐澤西（*New Jersey*：原荷蘭所有*1626*）、得拉瓦（*Delaware*：原瑞典所有 *1638*）、賓西法尼亞（*1682*）。

第一節

英國在美洲第一個殖民地：維基尼亞

一五八七年英國華特‧雷利爵士（*Sir Walter Raleigh*）率領九十一名男人、十七名女人及九名小孩前往北加洛林那附近的洛亞諾克島（*Roanoke Island*）定居。為了紀念英國國王伊麗莎白一世（*Virgin Queen*），將此地命名為「維基尼亞」（*Virginia*）。一五八八年英西發生海戰，中斷雷利與殖民地的來往，當他重返洛亞諾克時，不見眾人人

影，只看到樹上刻有印第安克洛托安（Croatoan）部落之字跡。殖民人士迄今仍音訊緲茫，歷史稱這段時期之殖民爲「失落的殖民」（Lost Colony）。這是英國對北美最早的殖民。

詹 姆士鎮

英國在北美第一個永久殖民地係由股份有限公司設立。一六〇六年倫敦股份有限公司在倫敦成立，股東有男有女，包括貴族、主教、店員、木工。他們從國王處獲得特許狀（Charter），建立維基尼亞殖民地。一六〇七年倫敦公司召募一百四十四名殖民人士搭乘三艘船前往北美。登陸後即遭印第安人襲擊，退回船上，隨波逐流，幾經探尋，在離詹姆士河（James River）六十哩的半島上，找到一處較可靠安全地點，以詹姆士國王之名，建立了詹姆士鎮。

詹姆士鎮（Jamestown）殖民人士經過長途跋涉，疾病肆虐，惡劣環境，印第安人突襲及飢饉迫害，舉步唯艱，生活困窘。幸賴約翰・史密斯（John Smith）船長，睿智領導，機敏應對，勇氣過人，並靠印第安人提供玉米，幫助殖民地人紓困脫險。次年，新移民抵詹姆士鎮時發現，仍有三十人名殖民人士倖存。

早期詹姆士鎮的殖民工作非常艱苦，移民初抵此間熱衷淘金，對開墾種植興趣缺缺。殖民地人迫切待決的是住屋問題，而首批移民中只有四位木匠，近半移民爲紳士，缺乏勞動經驗，手不能舉，肩不能挑，苦不堪言，結果因水土不服，適應不良而一蹶不振的大有人在。據統計，在殖民地前幾年中，五百位移民中只有六十人安然渡過一六〇九至一六一〇年的荒年殘多。新移民及新任總督改弦易轍，強迫新來移民，要人人工作，使得殖民活動得以繼往開來，弦歌不輟。

首 批殖民者與印第安土著關係

　　早先抵美的英國人希望，土著印第安人能提供勞役，他們與土著交換食物以便專心淘金致富。移民赴美目的不在求生，而是爲股東謀利，所以成員之中金匠、珠寶商多於農人、木工。維基尼亞移民原希望與土著結盟，和平相處，印第安人也接受白人。但不久情勢轉變，印第安人糧食僅夠自足，無法與白人分享，雙方出現猜忌、衝突。一六一一年維基尼亞總督派軍剿印，殺害二十名印第安人，焚燒村落，毀損玉蜀黍農產品，印第安人反撲報復，一六二二年情勢惡化，印第安人殺死三百五十位移民。由於詹姆士鎮印第安人問題日趨嚴重，移民飢餓，病倒死亡人數遽增，詹姆士一世於一六二四年取消倫敦公司特許狀。維基尼亞殖民地成爲王室殖民地（ *Royal colony* ），由國王直接管轄。

維 基尼亞殖民成功原因

　　維基尼亞能夠吸引英人繼續移殖原因並非金銀財貨，而是有利可圖的農作物──煙草。儘管英王詹姆士一世撰文立論，指陳煙草弊害「薰眼、傷鼻、損腦、害肺」有礙健康，但英國人卻樂此不疲，蔚爲時尙。早先維基尼亞煙草品質低劣，無法與西班牙加勒比海（ *Caribbean Sea* ）島國之產品相比。一六一二年約翰‧羅夫（ *John Rolfe* ）引進西印度羣島之煙草種子，使得維基尼亞煙草大受歡迎，輸出暢旺。由一六一八年之二萬磅遽增至一六三〇年的五十萬磅。一六四〇年由維基尼亞出口至倫敦的煙草近一百五十萬磅。

　　煙草生產勞力需求孔殷。雖然殖民公司採免費供應土地方式，誘使數千英人赴美，但猶嫌不足。倫敦公司乃招幕契約工（ *Indentured Servants* ），倫敦街上流浪孩童、罪犯、窮人、貧農等皆爲爭取對象。這些契約工以在殖民地工作七年，換取由英至美路費、住膳費用及一些利潤。這種方

式確實有效，但契約到期，工人無利可圖，紛紛求去。為了彌補不足人力，倫敦公司又設計出人頭制（*headright*）——每一位移民可獲五十畝地，但必須在所獲土地上開墾、築屋——這項制度逐漸流行，賓西法尼亞、紐澤西紛紛仿效跟進，為了解決人力不足，公司又輸入黑人。一六一九年首批非洲人抵達詹姆士鎮，他們並非奴隸而是契約工，事實上許多黑人工作到期後亦獲得自由及土地。因為根據基督教教義，只有異教徒才會成為奴隸，許多黑人接受洗禮，契約屆滿亦理當獲得自由。但至十七世紀中葉，由於經濟需求大於宗教約束，使得黑人不再是契約工而成為奴隸。

第二節

南部殖民地

南部殖民地有維尼基尼亞、馬里蘭、南加洛林那、北加洛林那及喬治亞等五個地區。

維 基尼亞殖民地

一六〇七年詹姆士鎮建立後，維基尼亞殖民地呈穩定發展，土地肥沃、價格低廉，適合生產玉蜀黍及飼養牛豬，煙草是輸出大宗。維基尼亞人口眾多，至一六七〇年達四萬人，包括六千名白人契約工及二千名黑奴。為吸引移民，維基尼亞提供每名來此移民者五十畝地，造成有錢人擁有大批土地，許多地主擁有百畝以上，甚至數千畝土地。由於務農需要勞力，早先引進契約工，但逃亡及到期求去者情形嚴重，乃自非洲購入奴隸。擁有土地及奴隸者致富成為社會名流，在政府中深具影響力。

根據倫敦公司早先獲得的特許狀，殖民地人士如同英國人一樣，擁有在當地自由、選舉、免稅等權利。事實上由於英國距離遙遠，殖民地人士

較英國人更自治。早年殖民地總督專制獨裁，不久倫敦公司決賦予殖民者在政府中發言地位，總督指派要人組成議會，提供建言。一六一九年殖民者獲准選舉議會代表，從此下議院（*House of Burgesses*）及上院（*Council*，由總督指派的代表）成爲殖民地立法機構。由於殖民地經營不善，英王詹姆士一世於一六二四年直接插手管理，維基尼亞成爲王室殖民地，由國王指派總督，但仍允許下議院繼續運作。下議院逐漸擴權，決定總督及其他官員的薪資。

維基尼亞早期殖民地座落在乞沙比克灣（*Chesapeake Bay*），長約五千六百里，有一百五十多條小河匯入。維基尼亞殖民方式與新英格蘭不同，只有農莊，沒有城鎮，地方政府爲郡（*county*），官員有法官（*justices of the peace*）、警長，由總督及議會任命。一六三四年維基尼亞有八個郡，隨著人口增加，地方組織迅速擴展。

維基尼亞殖民地發展，造成西部邊民與東區富農之間間隙日深，西部邊民不滿殖民地政府未能保護他們人身安全，免遭印第安人攻擊。在撒尼爾・培根（*Nathaniel Bacon*）領導之下，邊民開始有反政府措施行動，並攻擊印第安人，爆發培根叛變（*Bacon's Rebellion*）。當時維基尼亞總督威廉・柏克萊（*William Berkeley*）希望與印第安人保持友好，維繫貿易，一再設法阻止培根攻擊印第安人，培根不爲所動，焚燒詹姆士鎮。一六七六年培根病逝，叛變敉平，但東西間的緊張猶存。

馬 里蘭殖民地

馬里蘭是英國在北美洲的第一個業主殖民地，換言之，是英國王室酬庸有功爵士之殖民地；喬治・卡爾弗特即巴爾的摩閣下（*baron Baltimore*）所建。巴爾的摩是英王查理一世麾下重要大臣，爲一天主教徒，他要將殖民地變成在英國遭迫害天主教徒的庇護所。一六三二年查理一世國王授予巴爾的摩閣下，乞沙比克灣維基尼亞北方一千萬畝地，巴爾的摩及其繼承人擁有全部治權，查理一世並建議此地以其王后赫理塔馬里亞（*Herrietta*

Maria）命名爲「馬里蘭」（Maryland）。

巴爾的摩生前並未開始移民，其子西希爾·卡爾弗特（Cecil Calvert），巴爾的摩二世繼承爲業主，並於一六三四年派遣二百位移民前往馬里蘭，船上有幾位天主教士及二位耶穌會神父。此地早先被視爲天主教庇護所，不久基督徒尤其是清教徒較天主教徒多，巴爾的摩給予所有基督徒宗教自由。當殖民者開始要求參與政府時，巴爾的摩允許他們組織立法議會，有權制訂法律。立法議會於一六四九年通過寬容法（Toleration Act），承認基督徒有權在馬里蘭奉行自己的宗教，這是殖民地第一次宗教容忍法案。巴爾的摩爲吸引殖民者，授予每位移民者一百畝地，馬里蘭以輸出煙草營利，城鎮規模不大，巴爾的摩是最大城市，至一七七五年人口僅五千五百人。

北 加洛林那

受到維基尼亞及馬里蘭種植煙草成功影響，部分英國貴族開始沿大西洋岸南下尋找新殖民地。一六六三年八名英國貴族獲得特許狀前往加洛林那（Carolina），即由維基尼亞南部至西班牙所屬佛羅里達，西行至太平洋地區殖民。北加洛林那土地貧瘠，糧種僅夠自足，偶而出售少量煙草獲利，主要輸出品爲森林產品如瀝青、松脂。

南 加洛林那

南加洛林那與北加洛林那，吸引不少移民。第一批移民於一六六九年由西印度之巴貝多島（Island of Barbados）抵此，建立查理斯鎮（Charles Town）即今日之查理斯頓（Charleston）。該地吸引法國休京諾派教友、英國及蘇格蘭人，迅即繁榮。巴貝多島採大規模奴隸耕作方式，引入南加洛林海岸沼澤地區，利用奴隸發展米業。由於森林地區有豐富的樹脂，瀝青也成爲輸出大宗。南、北加洛林那殖民均各有其議會及總督，由

於業主與殖民者之間相處不合，王室於一七二九年收回成為王室殖民地。

喬 治亞殖民地

喬治亞是英國在美洲最後成立的一個殖民地。一七三二年獲得特許狀，因英王喬治二世而命名。由英國富有慈善家之稱詹姆士‧歐格爾索普（James Edward Oglethorpe）所建，他希望將喬治亞發展為英國窮人的避難所，以及英國對抗西屬佛羅里達的軍事據點。喬治亞內第一個殖民地是於一七三三年在沙瓦那建立。歐格爾索普允許德國基督徒、蘇格蘭人、猶太人以及法國休京諾派教友入境。由於他嚴格限制移民住所，以及生產作物類別，且禁止甜酒、奴隸進口，引起殖民者不滿，導致多數移民越界前往南加洛林那。一七五〇年經營喬治亞移民的英國董事會取消多項禁令，並允許殖民地選出議會議員，但無大進展。一七五二年王室收回特許狀，成為王室殖民地。

南 部殖民地之經濟

南部殖民地以大農莊居多，作物以外銷為主，有煙草、米及染料，多集中東部海岸平原地帶，農場可以將農糧直接裝船輸出。但在河流上游，亦即阿帕拉契山（Appalachian Mountains）山麓地帶，多小農，他們耕作僅夠自足，鮮少輸出，當地居民半農半獵，必須面對印第安人騷擾；他們對東部富農多表不滿。維基尼亞煙草獲利漸豐，農莊主期望能增加勞力供應，但由於契約工不足，導致奴隸貿易更趨重要。一六七二年英國授予皇家非洲公司（Royal African Company）特許狀，獨享供應奴隸給英國殖民地。英國船隻載運生活用品、衣服、槍枝、食物、酒至西非沿岸非洲五國，以貨物換購奴隸，再船運至美洲港口拍賣。黑奴從此不見天日，寄人籬下，渡過悲慘的一生。根據統計，由一六〇〇年代至一八〇〇年代，從非洲購買至美的奴隸高達一千萬人。

北部新英格蘭移民

一六〇七年維基尼亞公司招募移民至美洲北部今日緬因（*Maine*）州，沿肯尼貝克河（*Kennebec River*）一帶，建立殖民地。這批移民渡過寒冬即返英，此後只有皮毛商及漁夫沿新英格蘭（*New England*）地區海岸臨時暫住，一直到喀爾文清教徒（*Puritans*）受宗教迫害，由英國旅居荷蘭，輾轉至新英格蘭之普利茅斯，才建立永久殖民地。

普 利茅斯清教徒殖民地

一五〇〇年代英國教會與天主教會分裂。英國教會內部因信奉儀式不同，派別林立，其中一派認為英國國教未能徹底擺脫天主教儀式，而擬予淨化，自稱為「清教徒」。清教徒多要求英國國教革新，有一派認為最好與英國國教劃分界線，另立門戶。這批「分離份子」（*Separatists*）如同其他宗教異端一樣，遭受逮捕、囚禁、甚至處死等迫害。

一六〇七年一羣被稱為「朝聖者」（*Pilgrims*）的分離派清教徒，為了逃避宗教迫害，離開英國前往荷蘭，雖然獲得信仰自由，但文化差異，生活不如人意。他們不願下一代被迫接受外國語言及外國生活，乃轉向美洲謀生，希望在美洲可以保有英國生活習慣，繼續採用英語。一六一九年一批「朝聖者」清教徒獲得倫敦公司許可，前往維基尼亞殖民，共有大人小孩一〇二人，其中男性七十三人，女性二十九人，他們搭乘五月花號（*Mayflower*），於一六二〇年九月自英國普利茅斯出發，由於船隻航道偏北，未抵維基尼亞，一六二〇年十一月到達麻薩諸塞之科德角（*Cape Cod*），此地並非維基尼亞管轄範圍，朝聖者清教徒於登陸之前草擬了

「五月花號公約」（*Mayflower Compact*），作爲管理的法治基礎。這是美洲第一個自治政府，爲後來英國殖民地樹立典範。

朝聖者淸教徒歷經月餘尋覓，終於決定在普利茅斯定居，並建立殖民地，在經過了冰天雪地，寒風蝕骨的冬天，半數移民不支倒斃。不過在宗敎信念鼓舞之下，倖存者克服了種種困難，並於一六二一年選出威廉‧布雷福德（*William Bradford*）爲總督。普利茅斯得以苟延殘喘，得力於史匡托（*Squanto*）族印第安人敎導他們如何適應環境求生。布雷福德在其著作中提及這段歷史時寫到，「印第安人敎導殖民者如何種植玉米、釣魚、捕獵並充當白人嚮導」。一六二一年春天，殖民者開始播種，秋天豐收，大肆慶祝，感謝上主，此即後來「感恩節」（*Thanksgiving Day*）由來。隨後殖民陸續抵此，但普利茅斯始終侷限一隅自治，至一六九一年併入麻薩諸塞灣殖民地管轄。

麻 薩諸塞灣殖民地

麻薩諸塞灣殖民地亦是由一羣追求宗敎自由的淸敎徒移殖而成。他們不是「分離分子」，而是原留在英國國內致力淨化英國國敎改革，唯不見容於當局。一六二五年英王查理一世（*Charles* I）主政，強迫英國人民遵行英國國敎宗敎儀式，淸敎徒不從，面對迫害威脅，部分淸敎徒深感在國內信仰不自由，再加上分離派在美國的成功樣板，開始計畫赴美殖民，建立一個以宗敎爲基礎，讓世人效尤的殖民地。誠如麻薩諸塞第一任總督的約翰‧溫斯羅普（*John Winthrop*）所言，他們要建立一個「山上城市」（*City upon a hill*）。一羣富裕的淸敎徒籌組麻薩諸塞灣公司（*Massachusetts Bay Company*），並於一六二九年自英王查理一世獲得特許狀，前往新英格蘭，公司股東選溫斯羅普擔任總督。特許狀容許公司對殖民地有管轄權，但與其他特許狀不同，它未特別限定公司總部設置地點，亦未規定股東會議地點。淸敎徒股東利用這項規定疏漏及不周延，決議將公司由英國遷往麻薩諸塞，並在當地召開股東會議，進而控制殖民

地，清教徒得以自治。麻薩諸塞灣是英國在美洲建立的第一個自治殖民地。

　　一六三〇年，一千名清教徒搭乘十七艘船駛往麻薩諸塞，隨後十年，二萬名移民抵此，殖民地蓬勃發展，波士頓（*Boston*）地位日顯。由於環境不同，傳統的習俗、觀念、生活目標等在新世界產生重大變化，其中以聚會方式改變最大。清教徒離開英國之際，仍以英國國教教友自居，但移居麻薩諸塞，建立新市鎮之後，每次集會選出教士執事。教士改革宗教儀式，使會眾、教團（*Congregation*）——而非英國教會領袖——成為教會決策最高權威，美國殖民地的清教徒成為公理教會教友（*Congregationalist*），迄今仍在美國社會中占有一定地位。

　　除了教會之外，政治權亦逐漸釋放、擴散。早先，只有少數公司股東是「自由人」（*freemen*），在殖民地擁有各種權力。一六三〇年溫斯羅普及少數股東組織法庭（*General Court*），成為麻薩諸塞的立法機構，不久一百多位殖民人士亦要求公司賦予自由人身份，溫斯羅普表同意。一六三一年通過法律，凡是清教徒教友皆被視為自由人，有選舉權。不出數年，麻薩諸塞灣公司允許各城鎮之自由人，選出兩名代表參加公司會議，使得原先的專制形態管理，變為殖民地立法機構。

　　雖然麻薩諸塞灣殖民地的政府與教會並非一體，但麻薩諸塞灣公司募民赴美，顯然是宗教考量，因此清教徒政治影響力不容忽視。總督、立法會議代表、殖民地官員皆為教士，政治由官員與教士共同治理。清教徒們認為，政府的任務是根據教會的指導，實行上帝的戒律，他們並嚴格監視殖民地的官員與人民，不得違反清教思想或倫理規範。

羅 德島

　　清教徒雖為了追求信仰來到麻薩諸塞，但卻無意給予他人信仰自由。他們排擠浸信會（*Baptists*）、桂格派（*Quaber*，即 *The Religious Society of friends*）及其他不同信仰的團體，導致教派中有人離開麻薩諸塞，尋找

新殖民地。羅傑・威廉斯（*Roger Williams*）於一六三一年抵麻薩諸塞，後來成爲塞勒（*Salem*）地區教會牧師。從一開始他即批判教會之教條及儀式，他認爲教會與政府應分離，教會一旦涉及政治將腐化，殖民地人無權定居於此，除非向印第安人購買土地。威廉斯要求清教徒完全脫離英國國教，危及清教徒之權威，便遭溫斯羅普驅逐，南行與印第安人結識。一六三六年他開始在羅德島建立殖民地，一六四四年自英國國會獲得特許狀。他歡迎各種宗教，包括猶太及基督徒。羅德島政教分立制度成爲美國重要的政治遺產。麻薩諸塞之安・哈契森（*Anne Hutchinson*）亦對清教徒信仰方式不滿，他在家鄉集會時被捕，一六三七年審判，遭驅逐出境，前往羅德島，開始建立新殖民地。

新 罕布什爾及康乃狄克

約翰・惠爾賴特（*John Wheelwright*）批評清教徒宗教思想，於一六三七年遭麻薩諸塞驅逐，他及隨行者在新罕布什爾定居，簽署艾克斯特契約（*Exeter Compact*）建立政府。一六七九年新罕布什爾脫離開麻薩諸塞，並自英王查理二世取得特許狀，有些前往緬因。

一六三六年，一些追求肥沃土壤及享有更多政府自由的殖民人士，繼續前往康乃狄克建立新殖民地。湯馬士・胡克（*Thomas Hooker*）牧師及追隨他的教友在哈特福（*Hartford*）覓獲一據點，沿康乃狄克河流域附近，由塞布魯克（*Saybrook*）至春田（*Springfield*）建立一系列城鎮，一六三九年溫沙（*Windsor*）、哈特福及威澤菲爾得（*Wethersfield*）聯合組織政府，一六六二年合併新哈芬（*New Haven*）其他城鎮爲康乃狄克，一六三九年完成了美國第一部成文法「康乃狄克基本法」（*Fundamental Orders of Connecticut*）。

新 英格蘭殖民地

　　新英格蘭各地區殖民地長期以來各自為政，形同獨立。一六五二年麻薩諸塞宣佈為獨立共和國（Commonwealth）達三十年之久，一六八四年英國取消麻薩諸塞灣特許狀，改為王室殖民地，歸國王直接管轄。一六八六年詹姆士二世指派總督治理「新英格蘭領地」（Dominion of New England），即俗稱之新英格蘭殖民地。

　　當王室任命的總督艾德穆得・安德羅斯爵士（Sir Edmund Andros）抵殖民地，即取消當地殖民會議，限制地方城鎮議會每年舉行一次，他直接掌管地方民兵，要求重審地目及稅賦。一六八八年英國發生光榮革命（Glorious Revolution），詹姆士二世下台，殖民地人士逮捕安德羅斯，並試圖取回政治權力。一六九一年，麻薩諸塞接獲新特許狀與普利茅斯及麻薩諸塞灣皆成為王室殖民地，選出殖民地議會，但總督仍由國王指派。

　　麻薩諸塞殖民地曾發生「巫術事件」（witchcraft）引起政治騷動。一六九二年間麻薩諸塞塞勒（Salem）地區數名十幾歲女孩中邪（evil spirits），行為舉止怪異，人稱之為「巫術」，法院調查為巫術漫延。殖民地某些要人被控具有巫術，影響人心惶惶，歷時數月，水落石出，確實子虛烏有，純屬冤獄，但百餘人因此被捕坐牢，二十人問刑受害。

　　新英格蘭地區近海，土壤貧瘠，氣候嚴寒，資源不足，唯一重要生產為木材。新英格蘭人勤儉、務實，稱為北佬（Yankee），以漁獲、造船、捕鯨及貿易為生。一七七〇年代，百分之三十的英國船隻在美建造，貿易則行駛非洲、西印度與北美之間，由新英格蘭輸出甜酒至非洲，換得奴隸，轉往西印度交易糖、金銀，再返新英格蘭。新英格蘭地區人民才智絕巧，由於氣候嚴寒，河川水流凍結成冰，他們利用大自然資源發展「冰」食，成為美國「冰鎮」文化的起源，如冰箱、冰淇淋、冰棒等。

第四節

中部殖民地

　　中部殖民地多屬業主殖民地，其形成與英國局勢發展有關。一六四○
年至一六六○年間，英國王室與議會傾軋日劇，一六四九年英王查理一世
被送上斷頭台，克倫威爾（Oliver Cromwell）主政，英國成爲共和政體
（Commonwealth），忽視對殖民地管轄。一六六○年英王查理二世復
辟，重新注意殖民地發展，授權許多功臣前往移殖，包括紐約、紐澤西、
賓西法尼亞及得拉瓦（Delaware）等地，而成爲業主殖民地。

紐約殖民地

　　一六六四年英王查理二世將位於康乃狄克與得拉瓦河間，新英格蘭以
南往西的地方，授予其兄詹姆士・約克公爵，此地早先爲荷蘭人移殖。一
六○九年亨利・哈得遜沿哈得遜河探險並要求擁有該地，荷蘭在奧倫治堡
（Orange Burg）及曼哈頓（Manhattan）島設立貿易據點，荷蘭西印度
公司（Dutch West India Company）獲權治理該殖民地，稱爲新尼德蘭
（New Netherland）。一六二四年第一批移民及一位總督抵曼哈頓島，展
開新阿姆斯特丹（New Amsterdam）殖民，其他殖民地紛紛沿哈得遜
河、康乃狄克河及得拉瓦河邊建立。荷蘭西印度公司爲了鼓勵殖民，將哈
得遜河沿岸土地給予地主，募民開墾。一六二六年並引入奴隸從事勞務，
但允許奴隸結婚、受教。

　　荷蘭在美洲的殖民地，位於新英格蘭及維基尼亞和馬里蘭之間，控制
新阿姆斯特丹港口，對英國構成威脅。一六六四年約克公爵派遣四艘船隊
攻佔新阿姆斯特丹。荷蘭總督彼得・史得佛尙特（Peter Stuyvesant）因

缺乏奧援，棄械投降，約克公爵將此地易名爲紐約，奧倫治堡改名爲阿本尼。新英格蘭清教徒遷入東長島（*Eastern Long Island*），英國人與荷蘭人和睦共存。曼哈頓劃歸紐約，人口多元，有荷蘭、瑞典、印第安人、非洲、猶太、還有英國及法國人，但荷蘭色彩最濃，影響最大。

紐約（*New York*）殖民地內，約克公爵派人治理管轄，一六八三年設立民選議會。二年後約克公爵成爲英王詹姆士二世，紐約也就成爲王室殖民地。一六八八年英國發生光榮革命詹姆士二世下台，紐約發生變亂，德國商人賈克柏‧里斯勒（*Jacob Leisler*）建立一個民選議會之政府，一直到一六九〇年英國新總督抵此，里斯勒被處死。紐約受地理環境以及周鄰加拿大和印第安人威脅影響，發展較慢，但紐約港一直是重要貿易中心。

紐 澤西殖民地

約克公爵於一六四四年獲贈美洲土地之後，即將位於哈得遜河至得拉瓦河間之土地給其好友約翰‧柏克萊（*John Berkeley*）及喬治‧卡得雷特爵士（*Sir George Carteret*），成爲業主殖民地。英國及荷蘭人散居其間，爲了吸引移民，當局保障宗教自由，大地主得參加議會，並提供移民大筆土地。

紐約殖民地視紐澤西爲其一部分，無權組政府。一六七四年柏克萊將其產業售予兩位桂格派教士，導致該地一分爲二：東紐澤西（*East New Jersey*）及西紐澤西（*West New Jersey*）。另一羣桂格派教友則自卡得雷特後裔，購入紐澤西其他土地，自此，紐澤西即成爲桂格派尋求宗教自由之地。殖民地分裂，影響政經不穩，加上擔心紐約人收歸失地，英國政府於一七〇二年將兩地合併爲王室殖民地。早先紐約總督兼掌紐澤西，一七三八年紐澤西自有總督。

賓 西法尼亞殖民地

　　賓西法尼亞殖民地由威廉・潘恩（*William Penn*）所建。潘恩爲英國海軍將領之子，其父有功於英王查理二世及詹姆士二世，死後潘恩繼承父業，要求詹姆士二世頒賜美洲土地。潘恩在牛津就學時曾參加宗教團體兄弟會，即桂格派（*Quaker*）。這是一個急進宗教團體，相信每個人都可經由內在探索（*inner light*），瞭解上帝旨意，根本不需要教士。他們反對教士，拒絕繳稅、服役、宣誓，被英國及國教視爲危險分子。一六八一年英王授予潘恩特許狀，成爲得拉瓦河以西一塊廣大森林地，即今日之賓西法尼亞的業主。一六八二年潘恩抵賓西法尼亞，建立費城（*Philadelphia*），宣揚宗教寬容，吸引移民。潘恩深信眾生平等，他的政府組織有民選議會及平民大會，多數殖民地人士有選舉權。他堅持必須平等對待印第安人。一六八四年潘恩返英時，賓西法尼亞殖民人口逾七千人，此後費城在商業、文化上發展足可媲美波士頓及紐約。

得 拉瓦殖民地

　　約克公爵將賓西法尼亞沿大西洋岸約三個郡售予潘恩，俗稱得拉瓦。此地多次易主，最早爲瑞典探得，後爲荷蘭所有，一六六四年英國占領此地，雖然潘恩要求此地，但並不在特許狀內。一六八二年潘恩擁有此地後，草擬了一份特權書（*Charter of Privileges*），允許當地自選議會，不過迄美國獨立革命，賓西法尼亞總督兼任得拉瓦總督。

中 部殖民地經濟

　　中部殖民地土壤肥沃、河川便捷，俗稱爲「麵包殖民地」（*bread colonies*）。穀類及家畜爲出口大宗，哈得遜河旁豪宅林立，賓西法尼亞

境內到處是務實德國農人，中部地區貿易興旺，各類手工產品引人入勝，
西部邊陲地帶盛產皮貨，運往歐洲交易，森林富木材爲一大利多。中部殖
民地移民多爲契約工，賓西法尼亞沒有奴隸，黑人得入教，從事貿易，在
賓西法尼亞尚可享有自由，唯多數州仍立法限制黑人自由。

第五節

殖民地社會與生活

社 會階級

　　殖民地是一個依法律風俗而形成的階級社會，有上下之別。新英格蘭
地區的商人、船東、店主是上層階級人士；南部及中部紐約哈得遜河一
帶，大地主是上層貴族階級。他們模仿英國紳士生活，男人衣著飾銀釦，
女人穿絲綢。社會階級顯現在學校目錄、婚姻證書及墓誌銘中。以現行標
準來看，美洲殖民地並不民主，但仍較英國民主，個人可依其能力、精
力、野心起伏升降。殖民地社會下層階級包括契約工及奴隸。契約工按契
約年限工作，通常是七年，到期後即爲自由身，可自行選擇工作。殖民地
工資較英國高出二倍至三倍。有些州爲鼓勵契約工前往移民，提供每名五
十畝地，期滿後，即可成爲地主。

家 庭生活

　　家庭是殖民地社會生活重心。男人是家長，位高權重，掌管一家大小
及奴工幫傭，他們打獵、伐木、築屋、耕地，有選舉權，甚至可參與政治
事務；已婚女人沒有私產，鮮少權利。英國殖民地女人較法國及西班牙殖

民地多，女人早婚，育兒是主要責任。農家女人工作繁重，除耕作之外，家事、燒飯、製衣、做肥皂等無一可免。殖民地生活艱苦，女人必須自助，甚至承擔男人工作，如打獵、殺牛等，雖然女人沒有什麼政治權或投票權，但較其他殖民地擁有更多的自由與機會。女人在美國社會具主動地位，學習技藝、貿易，丈夫過世，得擔負家事，從事出版商、鍛鐵所等不同工作。殖民地一般家庭有八至十二名小孩，由於生活艱苦，小孩多幫助農作。

早期英國殖民地生活極端困難，旅途勞累加上水土不服，英年早逝大有人在。印第安人襲擊，疾病肆虐，飢饉迫害皆影響殖民地人口成長。一六〇〇年代殖民地人口僅二十五萬，至一六八〇年代情況有所改善，隨著移民增加，出生率提高，一七二〇年至一七六〇年人口由四十六萬六千增至一百五十九萬四千人。

美洲殖民地人口來源不一，早期多來自英國，荷蘭人分佈在新阿姆斯特丹，瑞典人在新瑞典。一六一九年首批非洲人抵美，一六八二年賓西法尼亞殖民地成立後，其他歐洲人紛紛抵美，包括德國人、蘇愛人、愛爾蘭人、猶太人。

殖 民地弱勢團體

美洲繁榮多由於土地價格低廉及人民辛勤工作，懶惰在此被視為罪惡，殖民地沒有乞丐，罪犯不多，真正窮人很少。

1.黑人奴隸

殖民地奴隸南北待遇不同，南部人數較多，南加洛林那黑人占全部總人口四分之三。美國殖民地黑白比率為五比一，黑人在此沒有權利，亦無法律保護，更沒有機構為他們申張正義。一六五〇年代南部殖民地法律宣告奴隸終生不得解放，為了防止暴動，對奴隸的限制日趨嚴厲。奴隸法典（ Slaves Codes ）禁止奴隸擁有武器、離開農場、私下集會，甚至禁止奴

隸學習，防止異端思想。奴隸沒有私產，福咎順逆端視主人關愛與照顧。
出售奴隸者多罔顧倫常，奴隸家庭經常妻離子散，各事其主，造成人間慘
劇。北方奴隸較少，有些宗教團體如桂格派禁止蓄奴，奴隸在此遭遇較爲
人道。新英格蘭地區奴隸可以結婚，擁有私產，甚至可以出庭作證，奴主
殺害奴隸被視同殺人罪。北方人逐漸認爲蓄奴不道德，賓西法尼亞、新罕
布什爾等地之德國教派皆反對奴隸制度，自由黑人處處可見，唯習慣上黑
人仍爲次等人民，沒有選舉權亦無擔任公職權利。

2.印第安人

殖民地除了黑人之外，印第安人亦未獲得公平對待。殖民人口增加不
免影響印第安人居住環境，獵區遭破壞，生活受干擾。白人渴望獲得新土
地，迫使印第安人西行，形成殖民者與印第安人戰鬥。少數殖民人士如羅
傑・威廉斯及威廉・潘恩等人要求公平善待印第安人，及少數教士爲感化
印第安人，榮耀上帝或作爲戰友以及貿易夥伴外，多數印第安人皆未獲公
平待遇。

在歐洲殖民者心目中，印第安人逐水草而居，因此奪取他們的土地乃
合法之舉。有些清教徒相信，印第安人是邪惡之子與巫師差不多，殖民地
人理當消滅印第安人。事實上，印第安人勇敢善戰，忍辱負重，但由於部
落林立，無法長期結盟，在面對武器優良、組織嚴密之白人時，退居劣
勢，慘遭迫害，亦屬必然。

殖 民地人生活

殖民者早期僅關心如何生存，生活除了工作及信仰儀式外，少有其他
活動。殖民地發展之後，生活內容逐漸豐富，各殖民地有其宗教制度、教
育及政府。他們融合了歐洲遺產及美洲環境，開創新的生活。

1.宗教

宗教信仰多元化。南部殖民地的農場主人多信奉英國國教（*Anglican Church of England*）也有天主教，美以美會（*Methodist*）、浸信會及長老會（*Presbyterian*）。北部新英格蘭地區大多數人民屬公理教會，羅德島浸信會佔多數。中部殖民地宗教教會最複雜，有荷蘭改革派（*Dutch Reformed*）、德國路德派（*German Lutheran*）、門諾派（*Mennonite*，反對嬰兒洗禮、誓約、任公職、服兵役）、桂格派、長老會及英國國教。每一個殖民地只有一個官方教會，由稅收支持。最初，殖民地宗教多排除異端，驅逐異議份子，甚至有不少迫害事件，隨著羅德島、馬里蘭、賓西法尼亞宗教寬容逐漸發展，美國宗教自由日趨普遍。

2.教育

為了提昇宗教信仰，新英格蘭清教徒堅信，市民必須學習閱讀聖經及殖民地法律。一六四七年麻薩諸塞通過法律，要求每五十個家庭支持一所學校，麻薩諸塞一般學校法（*Massachusetts General School Act of 1647*）為美國教育奠訂了基礎：社區有責任設立學校。依目前標準，殖民地學校水準低落，書籍短缺，每年上課時間二至三個月，女孩較少受教、多由母親教導育嬰、理家之務，少許富人請家教。宗教是英屬北美殖民地教育動力，九所大學包括哈佛（*Harvard：1636*）、耶魯（*Yale：1701*）紛紛建立，以訓練年輕人擔任教士。早先大學教授課程為拉丁文、希臘文及希伯來文，至一七〇〇年代才開始重視科學及一般實務課程。

3.思想

殖民地時代美洲人士主要思想多承自歐洲，包括基督信仰及啟蒙思想。基督信仰多屬喀爾文教派之教義，重視「得救」的經驗。並強調選民的觀念（*uncoditional election*）。他們認為人生而有罪，無法經由本身力量及行為獲救，上帝是一切，沒有拯救任何人的義務，隨自己的意志拯救

若干人。選民「入選」與信仰行為無關，是否得救是預先注定的，人必須服從神的旨意。神恩是不能抗拒的，上帝的選民有充分的力量去實現上帝的旨意，並能終身過著正直的生活。這種思想根基於北方清教徒社會中。

由於清教徒規定教會的教友限於接受聖約的成人和他們的第二代，但第二代成人成家時並沒有覺得受神的感召，卻希望他們的孩子能被接納為教友，導致對教友身份認定的困難，比較嚴格的牧師堅持只有正式宣誓接受聖約者的第二代才准受洗，比較寬大的牧師則認為未受神感召的教友孩子亦可受洗。一六六二年麻薩諸塞教會代表大會作成裁決，通過「聖約對折協定」（*Half－way Covenant*），容許願接受聖約，但未獲神感召的人及孩子受先，但無權過問教會事務。

十八世紀初，殖民地宗教熱衰退，經濟繁榮使得人們不再重視來生。一七四〇年代中部殖民地出現宗教復興運動又名大覺醒（*Great Awakening*）運動，這般風潮源於歐洲，一七三〇年代傳抵美國逐漸擴展，其中最主要代表人物為約納遜・愛德華滋（*Jonathan Edwards*），他是牧師之子，畢業耶魯大學，終生獻身清教事業，他原認為上帝絕對權力是一種可怕的思想，可是自從經驗到一次神秘的神感召之後，他相信上帝的偉大，從此即以激動的情緒溝通，讓聽眾在情緒激動時，認為是受了神的感應，非常衝動地為自己的罪孽號啕大哭，或捶胸叫喊，倒在地上打滾，這種方式與清教習慣不可，遭到攻擊但也讓千萬人感到上帝的偉大。經過十年，宗教情緒逐漸撫平，一七五〇年後大覺醒逐漸沈寂。

一七〇〇年代歐洲啓蒙思想傳入美洲。啓蒙思想（*Enlightenment*）特別重視人的理性，其中以約翰・洛克（*John Locke*）影響最大。洛克相信人可經由實驗及觀察獲得較有用的知識，人生即擁有某些自然權利，如生命、自由及財產，為了確保這些權利，人們組織政府，亦可推翻違背這些權利的政府。洛克思想響殖民人士，視政府為代理人而非統治者，為後來美國革命（*American Revolution*）獨立宣言奠定基礎。

殖民地思想之傳播受惠於報紙、書籍及公立圖書館。殖民地首份報紙為《波士頓新聞》（*Boston News－Letter*），一七〇四年出版，至一七五

〇年殖民地有二十五份報紙。報紙爲私人傳遞，半數以上的人可以在地方小酒店中找到。報紙編輯常批評英國法律或官員。

美洲殖民地人士皆爲英王屬民，受英國國會及貿易委員會（ *Board of Trade* ）管轄。每個殖民地有其政府，一位總督（ *governor* ）、上議院（ *governor's council* ）、議會（ *legislature* ），各殖民地選民有權選出議會代表。議會有徵稅權並爲政府籌措經費。各殖民地總督產生方法不一，王室殖民地總督，如維基尼亞，由國王任命。業主殖民地如賓西法尼亞，總督由業主指派，至於契約殖民地如康乃狄克（ 未被王室收回 ）則由殖民人士選出。王室及業主殖民地總督權大，可否決殖民議會所通過的法律，並決定土地之贈予，但議會擁有徵稅及籌款權力，亦可制衡總督。地方政府則歸殖民人士自治，新英格蘭地區探城鎮會議（ *town meeting* ）方式，人民在此決定地方事務。南部殖民地，郡是主要地方單位。中部殖民地則有郡及鎮。雖然殖民地政府民主距今落後太多，選舉有很多限制，必須是白人成年男子，有財產，而且常常必須是政府規定教會的教士，但英國殖民地人參與政治比率較其他國家高。

結　語

英國在北美殖民可分爲北中南三區，各有千秋，各具特色。北方以淸教徒居多，重視道德理念，南方爲英國國敎，強調經濟發展，中部則來源不一，多元文化在此調合，進而發展爲大融爐社會。原住民、移民者間的歧異，成爲最大問題，而矛盾衝突的調和、適應成爲美國文化最具代表之特色。殖民地的發展，奠定了美國之立國精神，也顯現了美國的價值。

第 四 章

尋求獨立大勢所趨

　　隨著歐洲局勢轉變，美洲之發展亦遭波及。法英爭霸影響歷史舞台成
爲英國一支獨秀。英國在勝利之餘要求美洲殖民地分擔責任，承受部分債
務，美洲人士以身份有別，待遇不同，拒絕合作，導致英國強行採取多種
措施，干擾殖民地人民生活。不滿的情緒加上少數有心人士的煽動，美洲
終於形成一股風暴。由稅收及財務問題演變爲抗拒國王暴政，終而成爲民
主革命。歷史之變化往往令人嘆爲觀止，俗話說「形勢比人強」，美洲走
向獨立是最佳寫照。

　　本章將敍述英、法在美洲之爭霸以及英國對殖民地之管轄及其所形成
的衝突、對立與革命的經過。

第一節

英、法在美洲的衝突

　　英、法宿仇，自百年戰爭（ *Hundred Year's War* ）以來，雙方戰多和
少，衝突地點包括歐洲、地中海、東印度羣島（ *East Indies* ）、印度
（ *India* ）、加勒比海及北美，其中以在北美最激烈，由沿海至內陸。從
時間來看可劃分爲二個階段。第一階段由一六八九年至一七一三年，在歐
洲稱爲奧格斯堡同盟戰爭（ *War of the League of Augsburg* ）及西班牙王
位戰（ *War of the Spanish Succession* ），美洲則叫威廉王之戰（ *King
William's War* ）及安妮王后之戰（ *Queen Anne's War* ）。第一階段戰爭
英國取得新斯科夏半島、紐芬蘭及哈得遜灣土地。第二階段自一七四二年
至一七六三年，在歐洲稱爲奧地利王位繼承戰（ *War of Austrian
Succession* ）及七年戰爭（ *Seven Year's War* ），美洲稱爲喬治王戰爭
（ *King George's War*，*1745～1748* ）及法印之戰（ *French - Indian War*，
1754～1763 ），第二階段戰爭英國獲得大勝，法國放棄在北美洲大陸的全
部據點。

法印之戰決定了英、法在北美的地位，也改變了殖民地人士對英國的態度。一七五四年，法印之戰前夕，北美七個殖民地代表在阿本尼集會，尋求聯合方式。班哲明‧法蘭克林（*Benjamin Franklin*）在會中提出一份文件，稱爲阿本尼聯合計畫（*Albany Plan of Union*），建議所有殖民地組成大議會（*Grand Council*），處理與印第安人關係、新殖民地問題、籌組軍隊及徵稅供防務使用，但英國王室有權否決這個議會的行動。富蘭克林計畫未曾落實，殖民地及英國政府均擔心因此失勢。

法 印之戰

法印之戰由俄亥俄河谷地區開打。一七〇〇年代中期，法國決定維護這個肥沃、美麗的地區並驅逐英國皮貨商人。法人在現在俄亥俄河之匹兹堡（*Pittsburg*）建立了杜坎納堡壘（*Fort Duquesne*），對維基尼亞及賓西法尼亞構成威脅，也阻止該地區英人向西發展。一七五四年華盛頓（*George Washington*）率領一百五十名維基尼亞民兵向堡壘進兵。華盛頓軍隊突襲法軍小勝，但未幾，法軍即在尼西斯堤堡壘（*Fort Necessity*）虜獲英軍，全數繳械後，予以釋放，戰爭未經宣告，於焉展開。

法印之戰法軍先盛後衰。一七五五年夏，英軍將領愛德華‧布雷多克（*Edward Braddock*）率領一千四百五十名英軍及殖民地軍隊攻擊杜坎納堡壘，但遭遇二百名法國及加拿大軍隊和六百多名印第安戰士埋伏，大軍九百多人死傷，布雷多克負傷陣亡，印第安人紛紛見風轉舵，支持法軍，法國勝利在望。法印聯手攻擊英國偏遠殖民地，濫殺男女、小孩，英軍陸續失利，法國節節進逼，迫使許多殖民地人東行尋求保護。值此危難之秋，英國國防部長威廉‧彼特（*William Pitt*）得勢，信心十足，他自稱「我能挽救這個國家，沒有人能夠做到」，彼特爲英軍注入活力。一七五八年底英國攻占路易斯堡（*Louisburg*）及杜坎納兩座堡壘，一七五九年九千名英軍在聖羅倫斯河紮營，離法軍魁北克城堡只有幾哩。

魁北克失陷是法印之戰的轉捩點。威廉‧彼特指派一名傑出的年輕將領詹姆士‧沃爾夫（James Wolf）指揮在魁北克的英軍。沃爾夫耗時兩月，一籌莫展，有感時間不再，加拿大寒冬在即，大膽出招，不顧幕僚反對，師法漢尼拔（Hannibal），出奇制勝。他發現峭壁高處有婦女洗灑衣服，必有小徑，乃率軍摸黑攀登，出其不意，由背後突襲，此即著名的亞伯拉罕平原之役（Plains of Abraham）。法軍措手不及，英軍迫使法軍及加拿大軍隊投降，沃爾夫受傷。一七五九年魁北克淪陷，象徵法國在北美勢力告終。

巴黎和約

一七六三年英、法簽訂巴黎和約（Paris Peace Treaty），英國獲得土地超過以往歷次和約。英國獲得法屬加拿大及密西西比河以東的土地，自法國盟友西班牙取得佛羅里達。法國為了補償西班牙損失，將密西西比河以西，即路易斯安那讓渡給西班牙（一八〇〇年拿破崙又收回此地，並將之售予美國）。

相對於英國的驕傲，法國灰頭土臉，多年努力經營毀於一旦，期望北美十三州會革命反英。此役之後，殖民地與英國關係生變，法國威脅不再，美洲人士不需依賴英軍及戰艦保護，而英國則決定加強管理殖民地，不願再放縱，任其自治，英國納稅人認為美洲人士應承擔英、法戰爭部分開銷，雙方關係漸趨緊張。

第二節

英國對殖民地管理

英國雖讓殖民地人自治但卻管制其外貿。根據重商主義理論，英國國

會於一六五一年通過航海法（*Navigation Act*），規定所有來往殖民地與英國間的貨物運輸，必須使用英國或殖民地船隻。一六六〇年又通過另一條法案，要求某些殖民地生產的貨物，如煙草、棉花、染料、糖，只能輸往英國。此舉顯然圖利英商，使他們可將多餘商品銷往其他國家。法案並規定，美洲船隻自英國以外的歐洲國家駛返殖民地，途中必須停靠英國港口，繳交貨物稅，不僅提高歐洲物品價格，更擴大英國產品市場。

除了航海法之外，英國甚至不惜犧牲殖民地權益，立法圖利少數英國特殊團體。一七三三年蜜糖稅法（*Molasses Act*）施惠英國西印度羣島的糖農，但為了保護英國農人免於競爭，殖民地人士不得將穀類輸往英國，亦不得從事大規模製造業，威脅英國同行，製鞋、鋼鐵業皆屬非法。

儘管法令如毛，但並未嚴格執行。殖民地人士可自由販售漁貨、木材、皮貨至世界各地，走私情形普遍，即便被捉，也多無罪開釋。英國漠視，沿習成風，彼此相安無事，一旦英國欲加強管理，衝突不可避免。

加 強法律

一七六三年至一七六五年，喬治·格陵威爾（*George Grenville*）擔任英國財政大臣，開始嚴格執行現行法律。鑑於美洲走私猖獗，英國政府官員在當地之支出為稅收四倍，因此他將稅吏一職調赴殖民地，而不留在國內。稅吏獲准有搜捕狀（*writ of assistance*），搜捕查緝走私，不必每一次請領搜捕狀，英艦亦前往協助遏止走私，任何人被控走私則押往英國海事法庭（*Admiralty Court*）審理，此地沒有陪審團，而且法官得從罰鍰中抽成百分之五。

徵 收新稅

一七六四年至一七六七年，英國國會為了轉嫁戰債負擔，決加強對殖民地徵收新稅，這項史無前例創舉對殖民地影響甚大。格陵威爾規定，殖

民地許多貨物在售予其他國家之前，必須先輸往英國，剝奪了殖民地與歐洲貿易利潤。此外格陵威爾並說服國會通過法案，對殖民地徵收進口稅，其中影響最大是一七六四年的糖稅法（ *Sugar Act* ）、通貨法（ *Current Act* ）及一七六五年的印花稅法（ *Stamp Act* ），還有一七六六年湯森稅法（ *Townshend Acts* ）。

糖稅法目的在加強執行一七三三年的蜜糖稅法案（ *Molasses Act* ）。美國蒸餾業仰賴進口蜜糖釀酒，尤其是羅德島，蜜糖稅法限制了大部分蜜糖進口，但殖民地人民以走私解決困難。糖稅法雖略降低進口蜜糖關稅，但卻提高其他精糖及酒、綢緞等奢侈品進口稅，並加強緝私，將走私者送交海事法庭審理，對北美殖民人士造成嚴重影響。通貨法是為了安撫英國債權人，英國國會進一步禁止殖民地發行貨幣，避免殖民地債務人藉貨幣貶值解決債務，此舉導致許多殖民人士償債無門，進而破產。印花稅法於一八六五年在格陵威爾力爭之下通過。該法最大特色是對殖民地內部交易，而非殖民地涉外貿易徵稅，要求在報紙、撲克牌、法律文化、出讓田契等五十四種文件或印刷品貼印花，稅金從一分至十分，且須用硬幣繳付。

格陵威爾過去提高關稅，只引起商人及船東不滿，如今徵收印花稅則激怒殖民地各層人士，尤其是一些通曉法律的律師、新聞從業人員及教士。許多人因而發現殖民地的利益與英國有別，在印花稅法生效當天，男女老少著黑色喪服，各地教堂鐘響致哀，由於殖民人士強烈反對，印花稅法無法嚴格執行，國會於一七六六年取消。一七六七年另立湯森稅法，僅對茶、紙、玻璃、染料徵稅，但依然無法有效執行。一七七○年，湯森稅法僅保留對茶類徵稅，其餘均予取消。

加 強管理西部

一七六三年美國西部印第安人譁變。印第安人領袖龐蒂亞克（ *Pontiac* ）認為，法國是印第安友人，不僅提供保護，並與之通婚，英國擊敗

法國將威脅並驅趕印第安人，顯然不利印第安人。龐蒂亞克從阿帕拉契山向英國堡壘發動突襲，摧毀八座要塞，殺戮不少移民，但未攻下底特律要塞（ *Fort Detroit* ），戰鬥持續二年，至一七六六年簽署和平條約。爲了防範類似悲劇重演，英國政府發佈「文告」（ *Proclamation of 1763* ），禁止移民越過阿帕拉契山，西部地區保留給印第安人。對英國來說，封鎖西部移民將導致移民轉向南或向北發展，有利殖民地與英國的關係發展。

美洲殖民人士早先認爲此舉可以避免流血，多表接受，但稍後則滋生怨懟。殖民地人士認爲「文告」剝奪了特許狀容許他們自由移民的空間，爲了英國毛貨商的利益，將西部保留給印第安人，犧牲了移民的權益。殖民人士罔顧文告禁令，仍往西部探險。

對 自治之威脅

英國在殖民地的各項舉措，無非要提高英國的權力。格陵威爾調派一萬名英軍赴美洲，並要求殖民地人士提供食宿及補給。英國強調派軍保護殖民人士，但法軍已敗，印第安人和平相處，英軍功能何在？令人質疑。英軍著紅衣稱爲紅衫軍（ *Redcoats* ），並未駐防邊塞，而是在波士頓及紐約等都會地區，更令人懷疑其目的，是在加強協助總督管轄殖民地人士。英國希望總督不受殖民地人士左右，將海事審判由地方轉至英國負責的海事法庭。一七六七年的湯森稅法，也將皇家法官及總督的薪資，由地方議會改爲英國稅收中給付，避免受制地方勢力。此外並阻止地方議會集會，一七六七年紐約議會、一七六八年麻薩諸塞議會皆被迫取消會議，嚴重傷害了地方自治。

第三節

美洲人士之反抗

美洲殖民地人士抗拒英國加強控制，方式不一，大致有不服從英國法律，對英國違反美洲人士權利作出正式抗議及聯合十三個殖民地區抵制英貨。

不 服從英國法律

美洲人士素來慣於規避英國法律，也不在意新的法律，儘管英國海關關員加強作業，走私如常。美洲海岸綿長，海關緝私不易，加上當地人士刻意掩護，績效不彰。一七六五年英國國會通過駐軍法案（*Quartering Act*），要求殖民地提供一萬名紅衫軍的軍營及補給。紐約及麻薩諸塞地方議會斷然拒絕提供經費，視此為變相徵稅，其他許多殖民地亦設法逃避。

至於西部地方，一七六三年文告禁令之後，新的邊民根本無動於衷。俄亥俄地區的移民長久以來與印第安人搏鬥，培養出新的行為性格，他們與印第安人一樣，善於叢林生活、勇敢作戰。他們越過阿帕拉契進入紐約、肯塔基（*Kentucky*）、田納西（*Tennessee*）等印第安人獵區及牧地。

抗 議英國違反美洲人權利

不服從英國法律只是消極對策。殖民地人士發現，如果他們屈服新的英國政策，等於放棄他們作為英國子民的權利。維基尼亞地區的派屈克·

亨利（*Patrick Henry*）草擬抗議印花稅時曾指出，殖民人士和英國人一樣擁有自由、選舉及免稅權。美洲人士訴求的重點是「沒有代表不得徵稅」（*no taxation without representation*）。他們認為，由於英國國會中沒有美洲地區代表，因此無權在殖民地徵稅。殖民地人士堅持，他們只接受殖民地合法的徵稅，類似的訴求在各鄉鎮議會、殖民地議會及一七六五年紐約舉行印花稅法議會（*Stamp Act Congress*）中一再被提及。殖民地人士願效忠英王喬治三世，但卻反對印花稅。

殖民地間的合作

迄一七六五年印花稅法通過前，殖民地人士鮮少合作來往。一七六五年他們首度聯合對抗英國，麻薩諸塞議會中的一個委員會發函各殖民地議會首長，要求派遣代表集會商討，研擬對付英國政府的政策。一七六五年十月「印花稅法議會」在紐約集會，九個地區議會派代表參加，其他地區則書面支持。代表草擬決議文，並對英貨普遍抵制。賓西法尼亞之約翰·狄更生（*John Dickinson*）為了推動殖民地統一，於一七六七及一七六八年《賓西法尼亞報》（*Pennsylvania Gazette*）刊登〈來自賓西法尼亞農夫的一封信〉，呼籲十三個殖民地人民基於共同權力、利益及面對共同危機，緊密團結，組成一個政治團體，每一個殖民地為一代表。一七六八年麻薩諸塞議會發出通告信（*Circular Letter*），要求各殖民地議會加入麻薩諸塞行列，共同以行動來抗議湯森稅法。

抵抗與暴動

殖民地反對印花稅法，至採用抵制英貨手段後，始見成效。殖民地人士拒穿英裝，只著當地出產衣服。商人簽署不進口協定，直至英國國會取消稅法為止。英貨不久即大幅下降，英商面臨崩盤，包圍國會，請求廢止印花稅法，國會面對壓力，不得已於一七六六年廢止這項法案，但同時又

頒布「公告」（*Declaratory Act*），重申英國國會具有對殖民地至高無上
的權力。而一七六七年之湯姆森法即根據這項原則通過。湯森稅法與印花
稅法不同，它屬於外國貨物之進口稅法，英國國會希望能因此減少民怨，
但殖民人士反對任何未經他們同意的徵稅。他們再發起不進口協定，而
「自由之子」（*Sons of Liberty*）也開始執行巡視，禁止英貨交易買賣。

　　「自由之子」是由一羣小商家、員工及技工等人所組成，他們抗拒並
監視是否有人買賣英貨，公然威脅、恐嚇任何違反這項措施的人。例如當
「自由之子」獲悉，安得魯‧奧利佛（*Andrew Oliver*）被指派擔任波士
頓印花批發商時，即將其肖像掛在自由樹上（*Liberty Tree*），用石塊投
擲，之後又搶劫其房舍，迫他辭職。當麻薩諸塞代理總督托馬斯‧哈契森
（*Thomas Hutchinson*）試圖保護奧利佛時，暴民立即攻擊其住宅，破壞
殆盡。這些暴力行動令同情英國的人噤若寒蟬，雖然有些人反對這種作
法，但卻不敢表示。

　　殖民地女人亦組織「自由女兒」（*Daughters of Liberty*）抵制英貨，
她們不再穿著華麗進口衣服及飲用外國茶，改用本地貨，女人開始紡織比
賽。在北加洛林那艾登頓（*Edenton*），一位婦女發表「艾登頓宣言」
（*Edenton Proclamation*），抵制英國茶及衣服，並宣稱女人有權參與政
治。在過去歷史中，不曾有如此衆多女人參與政治，當時有一位非常重要
且具影響力的女人為摩西‧華倫（*Mercy Otis Warren*），以男人化名，
出刊政治小册子，支持抗英活動。

波 士頓屠殺

　　英國國會廢止湯森稅法案同時，英軍與殖民地軍隊發生首次衝突。英
國兩團紅衫軍被派往波士頓協助當地總督，並嚇阻由激進份子塞繆爾‧亞
當斯（*Samuel Adams*）所領導，以麻薩諸塞為基地的反英激進份子。一
七七〇年三月五日晚上，五十多名羣衆在波士頓海關外嘲諷英軍，並投擲
木棍及雪球，英軍慌亂之際，開鎗驅離，殺了五名羣衆，包括一名黑人。

稍後陪審團釋放了英軍指揮官，判決兩名士兵屠殺罪，「波士頓屠殺」
（*Boston Masscare*）中英軍暴虐無道，傳遍全殖民地。此事亦成為殖民
地美人抗英之首舉。

第四節

暴風雨前寧靜

　　一七七〇至一七七三年間英國與美洲殖民地之間風雨稍憩。美洲人士
贏得某些稅法上讓步，也就容許英國徵收一些其他稅捐。殖民地人士雖繼
續抵制茶葉進口，但未嚴格執行，違反者大有人在，從一七六八年至一七
七一年英貨輸入美洲，由八百萬元增至二千一百萬元。美、英之間關係雖
略見和緩，但基本問題並未解決，英國堅持國會有權為殖民地立法，殖民
地雖承認英國有一些權力規範貿易，但仍堅持殖民地人所繳納之稅不得高
於英國人。在這段期間，殖民地仍不時發生一些暴力事件。一七七一年一
艘英國海關船隻扣押一艘美洲走私船隻時，於晚間遭攻擊，美船逃亡，英
國官員被囚禁，船隻嚴重受損，美洲反抗人士領袖也開始重組。維基尼亞
及麻薩諸塞之傑出領袖派屈克・亨利及塞繆爾・亞當斯組織通訊委員會
（*Committees of Correspondence*）將有關消息傳播至各殖民地，並協助
激進分子草擬共同政策及組織共同行動陣營。

波 士頓茶黨

　　美、英三年停戰歲月，隨著波士頓茶黨（*Boston Tea Party*）事件而
結束，並開始一連串衝突及戰爭。一七七三年英屬東印度公司（*British
East India Company*）經營不善，加上產地荒年，美洲市場萎縮，面臨破
產。為了挽救危機，並替政府官員投資解套，英國國會乃通過免除該公司

茶稅，並准予獨占美洲殖民地茶葉市場，對殖民地形成重大衝擊。殖民地獲悉，擔心如果國會能准予東印度公司獨占茶葉貿易，也可以容許獨占其他貿易。殖民地人士反對茶業獨占，係擔心此舉暗示國會有權在殖民地徵稅。恰於此時，謠傳英國將指派一名英國國教的主教來美，引起教會人士惶恐，基督教派擔心因此淪落為附屬地位。

東印度公司茶抵美之後，美洲激進派團體之抗爭日趨積極。無論在查理斯頓、費城、紐約及波士頓的茶均無法售出。查理斯頓的茶堆積在倉庫中，直到革命爆發時，赴紐約及費城的茶船被迫駛返，波士頓激進份子假扮印第安人登上茶船，將價值七萬五千元之茶拋入港內，後人稱此為「波士頓茶黨」事件。

不 容忍法案

波士頓茶黨事件激怒英人，決予重懲。一七七四年三月，英國國會通過殖民地人士所謂的「不容忍法案（Intolerable Acts）」，規定波士頓港航運停止，至賠償茶葉損失為止。英國官員被控瀆職，得在英國而非美國法庭受審。英軍得在麻薩諸塞任一地點，包括私宅駐紮。修正麻薩諸塞特許狀，大幅減少殖民地自治政府權利，城鎮議會未經總督許可，每年集會不得超過一次。在「不容忍法案」中，魁北克法案（Quebec Act）最令美洲人士憂慮。這項法案將加拿大魁北克省南界延伸至俄亥俄河流域，容許法裔加拿大人可採用自己的法律制度，也容許信奉天主教。美洲人士認為魁北克法案影響了他們的司法審判以及基督教信仰，並將美洲人士永遠排除西部土地之外，擴大魁北克疆域，侵犯了麻薩諸塞、康乃狄克及維基尼亞的特許狀授權。「不容忍法案」顯然代表了英國政府維護在殖民地的權威。

第 一次大陸會議

英國國會「不容忍法案」希望藉由殺雞儆猴，達到對殖民地嚇阻效果，結果適得其反，促成殖民地的團結。美洲人士認爲，英國統治者係利用不容忍法案剝奪其自由。麻薩諸塞的遭遇，任何地方皆可能發生，許多殖民地乃大力支助波士頓。一七七四年北美各地區殖民地除喬治亞外，皆派代表參加第一次大陸會議（ *First Continental Congress* ），會中向國王請願取消不容忍法案，並以斷絕與英貿易作爲手段。代表草擬「訴願宣言」（ *Declaration of Rights and Grievances* ）宣言用詞平和，強調效忠英王，但反對英國自一七六三年以來對殖民地的徵稅，並視此爲否認殖民地人士作爲英國的公民。

結　　語

造化弄人，得失難料。法印之戰，英國大勝，囊括北美洲法屬殖民地，志得意滿，開始加強對殖民地管理，要求分擔戰債，但卻遭反抗。殖民地人士以「沒有代表」的徵稅爲暴政，堅持作爲英國子民的權利。兩造各持一論，各有其理，如何協調，考驗雙方。然在少數有心人士煽動，及多數人利益受損之下，衝突難免。星星之火足以燎原，縱然英國表示讓步，有意修好，然時不我予，形勢不再，心餘力絀之際，只能鎗下見眞章，勝負分高下，美國革命於焉展開。

第 五 章

革命戰爭史蹟斑斑

　　美國獨立革命是西洋歷史重要篇章，也是近代民主的重要里程碑。獨立宣言揭示了人類發展的新面向，「生命、自由、追求幸福」的權利，也奠定了美國「治者基於被治者同意」的民主精神。美國獨立革命成功受惠於美英之間距離遙遠，英國鞭長莫及，補給困難以及法國新仇舊恨，欲藉美遂其復仇之志，歷時五年（1776～1781）終獲成功。本章將介紹有關美國決心脫離英國，宣布獨立，革命經過及其影響。

第一節

戰 爭 爆 發

　　一七七四年第一次大陸會議召開之後，殖民地人士即開始備戰，除了加強兵員訓練，並儲備各種武器及彈藥。英軍駐波士頓長官蓋奇將軍（Thomas Gage）發現情勢可慮，決定搜捕反叛軍之軍火，導至革命槍響，掀起殖民地人士推翻英國統治壯舉。

　　一七七五年四月十九日清晨，七百名英軍秘密由波士頓出發，前往康考特（Concord），摧毀美軍軍需補給。消息走漏，當英軍抵勒星敦（Lexington）之前，已為殖民地獲悉，派出一隊民兵（Minute Man）等候，雙方相遇，民兵開火，英軍還擊，予以擊退，繼續進兵至康考特，三百多名美軍埋伏突襲，英軍獲勝，回防波士頓，沿途再遭美軍偷擊。美軍缺乏組織，散騎遊勇，零星射擊，仍造成英軍二百五十人死傷，殖民地損失不到百人。

　　勒星敦及康考特衝突事件，傳遍全殖民地，負責殖民地愛國組織的麻薩諸塞公安委員會（Massachusetts Committee of Public Safety）召募三萬名軍士保家衛民。新英格蘭各地區民兵紛紛擁向波士頓，英軍將領蓋奇驚覺陷於重圍之中。一七七五年六月班克山之役（Battle of Bunker Hill）美軍獲勝，奠定革命成功基礎。此役發生於十七日，英軍發現美軍

佔領布里得山（*Breed Hill*），俯視波士頓北方，乃決定從正面發動攻擊。英軍攜重裝備，持十五磅重之毛瑟槍，射程不及五十碼，予民兵可乘之機。他們重創英軍，擊退兩波攻勢之後，彈盡援絕不得不撤退。班克山之役，殖民地民兵阻止了英國正規軍，英軍損失達四成，喚起了美軍的士氣。

第二次大陸會議

早在一七七五年五月十日，殖民地人士即在費城舉行第二次大陸會議（*Second Continental Congress*），草擬進一步反抗英國計畫，並計畫勒星敦以後的各項戰爭工作。第二次大陸會議要求殖民地備戰、整軍、派代表赴法爭取援助，鼓勵法裔加拿大人起義反英，並尊稱參與波士頓戰役之美軍為「大陸軍」（*Continental Army*），推喬治・華盛頓為大陸軍總司令，一者借其經驗以及能力，再者利用其維基尼亞人身份，讓南部及中部殖民地人士不會誤以為這是一場新英格蘭戰爭。

走向分離

大陸會議早先並未與英國分裂，多數與會代表普遍仍效忠英王，要求自治權，但不願屈服英國。他們向喬治三世請願時，將一切過錯歸咎國王的臣屬，批評這些幕僚「利用國王權勢，蒙蔽層峯，欺壓殖民地人民」。大陸會議呼籲國王，幫助殖民地人士免受國會迫害，並繼續公開集會，為國王健康祈福。儘管大陸會議致力維繫雙方關係，但情勢已趨分裂，雙方衝突漸增。殖民地人入侵加拿大，避免其地成為英國基地。一支美軍由理查・蒙哥馬利（*Richard Montgomery*）將軍率領，由狄康德羅加（*Ticonderoga*）出兵，佔領蒙特婁，並經聖勞倫斯河前進魁北克。另一支美軍由本尼狄特・阿諾得（*Benedict Arnold*）將軍率領，經緬因抵達魁北克。一七七五年十二月，兩軍會師，不到一千二百人，發動拂曉攻擊，不幸失

利，蒙哥馬利殉職，阿諾得受傷，加拿大仍爲英國所有。

英 王喬治三世態度

隨著衝突加劇，英國態度轉趨強硬。英王喬治三世拒絕聽取大陸會議的低調請願，反而斥責這羣領導殖民地人士的「邪惡、亡命」。英王呼籲忠君份子，將美國領導者以叛國罪送審。一七七五年十月，一支英國海軍將毫無防備，位於緬因的福毛斯（Falmouth）港焚毀殆盡。一七七五年十二月，喬治三世宣布不再保護美洲殖民地，英國艦隊可封鎖所有港口。惟英軍在美作戰不得人望，影響兵員不足，徵兵不易，英王只好向日耳曼小國領袖募兵，這羣由赫斯（Hesse）王子提供的兵士稱爲「赫斯佬」（Hessians）傭兵。赫斯所獲報酬爲每年可獲五十萬元，每死一名士兵外加三十五元，傷一名十二元。情勢發展至此，雙方裂隙漸深，修好愈趨困難。

潘 恩之《常識》

革命行動非文宣不足以成功，美國革命亦不例外。一七七六年一月《常識》（Common Sense）小冊，廣泛流通，大衆爭相傳閱。《常識》作者托瑪斯・潘恩（Tomas Paine）爲英國激進派份子，甫自英國抵美，嚴厲抨擊仍試圖效忠喬治三世的殖民地部分人士，維繫美英關係的想法。潘恩譴責君王專制，尤其是喬治三世，他認爲王位世襲是透過謊言及章回小說所進行的愚民統治，國王是「流氓頭子」，喬治三世是最佳寫照。潘恩並分析，若無英國貿易限制或免除英國與其他國家作戰干擾，殖民地所獲的利益不知若干。他提醒美國人是上帝選民，是自由先鋒。《常識》一書喚起美國人決定與英國分手。

就在《常識》鼓吹「決裂的時刻」（time to part），美洲人士在各地的革命行動捷報頻傳。維基尼亞殖民地人士驅逐英國王室指派的總督及駐

防當地的英軍，北加洛林那民兵擊敗欲登陸的紅衫軍，南加洛林那英軍向查理士頓大舉進兵時遭擊敗。波士頓殖民地軍隊獲得重大勝利。

邁向獨立

美國之所以邁向獨立與尋求外援有關。美英戰爭期間美洲殖民地人士急需軍援，繼續對外貿易。殖民地人士缺乏槍枝、彈藥、軍服、帳篷、醫藥、器材，而本身又無法自行籌措。美洲船東、商人由於美英貿易中斷，損失慘重，為了開拓新市場，必須與其他國家簽訂新貿易條約，而這一切有賴國家獨立才能運作。

大陸會議代表希望獲得法國援助。自一七六三年以來法國難忘法印之戰屈辱，伺機報復。一七七五年十一月法國即派人與大陸會議秘密接觸，幾個月後，法國政府開始私運武器接助美洲人士。但法國明白表示，除非美洲殖民地宣佈獨立，否則沒有結盟可能，甚至無法進行雙邊貿易。

一七七六年四月北加洛林那議會要求其大陸會議代表支持獨立，各州紛紛響應，六月七日維基尼亞代表理查・亨利・李（Richard Henry Lee）提案，訴求獨立及與外國結盟，大陸會議經過一個月辯論，終於在七月二日，十二個殖民地代表同意李的看法，七月四日大陸會議接受「獨立宣言」。

第二節

獨立宣言

美國獨立宣言係由五人小組委員會起草，但實際上是湯瑪斯・傑佛遜（Thomas Jefferson）一人之傑作，因為其餘四名委員中二人未曾與會，另二人班哲明・富蘭克林及約翰・亞當斯表示完全信任傑佛遜的言詞。傑

佛遜起草宣言，因時間緊迫，無暇創新，乃以喬治‧梅森（*George Mason*）的「維基尼亞權利法案」（*Virginia Bill of Rights*）及理查‧李的提案為藍本，完成這篇宣言初稿，交富蘭克林修訂。富蘭克林略作更改提交大會，再經些微修正，獨立宣言大功告成。共分三部分：前言說明美國獨立革命的一般概念；其次列舉喬治三世之不當措施；最後是對宣言的正式說明。

宣言之前言

美國獨立宣言以前言部分最重要。它闡釋人權及民主對世界各國及人民的影響。傑佛遜受洛克《政府契約論》影響頗深，洛克認為英國人在光榮革命中有權推翻英王詹姆士二世。獨立宣言中強調「人生而平等，造物主賦予不可被剝奪的權利：生命、自由及追求幸福」。過去的認知是，人生而不平等，沒有兩個人會在體格、能力、性格上雷同；權利在暴君或個人放棄自衛情形下亦可能遭剝奪。傑佛遜看法不然，他認為平等不是指能力或環境，而是權利平等，換言之，在上帝之前人人平等，上帝賦予人平等的權利，法律之前人人機會均等。其次君王並非不能奪取人民權利，但不可違反法律。

獨立宣言主張政府源自「契約」或「議定」。換言之，人民將權利交付統治者，換取他們的權利受到保護。十八世紀以來政治權利之取得多憑藉征服或傳承，因此鮮少顧及百姓之權利，獨立宣言則堅持政府權責在保護個人，換言之政府是代理人而不是主人，合理的政府應獲得人民的同意，政府官員為人民的僕役。這種理念與當時君權神授（*Divine Right of Kings*）矛盾衝突。

宣言中強調「政府基於人民同意」一節，延伸為人們可以拒絕同意不公平的政府，可以推翻並建立自己的政府，換言之，人民擁有革命的權利，自決的權利（*right of self-determination*），早先殖民地人反對國會的不當措施，如今演變為譴責英王的暴政。

列 舉英王喬治之失策

獨立宣言大部分言論譴責英王的不當措施。傑佛遜抨擊英王時用「他拒絕」、「他禁止」、「他完全忽視」、「他阻撓」、「他掠奪」等語言，將殖民地的困境全然歸咎英王的指控。事實上喬治三世早先並未與殖民地衝突，也未在美洲殖民地的外交政策上扮演重要角色，只是一七七四年後，拒絕讓步，導至革命。獨立宣言所以強烈評英王喬治三世，按美國史學家多納德‧里奇（ *Donald A. Ritchie* ）的看法是，抨擊國王較批評國會容易，國王是個人行為，國會是政治體制。傑佛遜的說法確有言過其實之處。

獨 立宣言之意義

獨立宣言結論指出，美洲殖民人士已盡一切努力與英國兄弟保持和好，但遭拒絕，因此不得已宣布「殖民地聯合，且有權成為自由和獨立的州」，美國人將以生命及榮耀致力革命；大陸會議代表並在宣言上簽字。一七七六年之前，殖民地人士在英國特許狀的範圍內爭取作為英國人的權利，如今他們依據人生而自然賦予的權利，要求脫離英國而獨立。獨立宣言從此成為近代獨立革命尋求民主的重要文獻，並為後來法國大革命的主要依據，人類追求自由的里程碑。

第三節

戰 爭 經 過

獨立革命戰爭美英雙方各有所長，勝負難料，英國為當時歐洲最強大

國家，財經均優於美洲殖民地，軍隊訓練，紀律較嚴明，海上勢力尤為壯盛。美洲殖民地雖然為各地區聯盟，但其優勢不容疏忽，首先是美洲人士只要能堅守陣地，即可獲得最後勝利；英國必須遠赴大西洋另一端作戰，運補耗時；英國人民不熱衷戰爭，迫使英王必須僱傭兵；此外美國政治領袖較英國優秀，又有外國援助，勝算不小。但戰爭仍需視戰場表現，獨立革命戰爭殖民地軍隊先負後勝，一七七七年為轉捩點，戰爭過程如下。

英 軍赴美先馳得點

一七七六年八月英國首次由歐洲派遣大軍赴美至紐約城外海岸。由威廉・豪（*William Howe*）率領的三萬二千名大軍，輕易擊潰華盛頓指揮訓練欠佳的二萬名民兵。英軍順利佔領紐約達七年之久，至戰後才撤退。華盛頓兵敗退往紐澤西，英軍繼續追趕，美軍殘存五千人，大陸會議則由費城遷往巴爾的摩（*Baltimore*）。

美 軍反敗為勝

華盛頓兵敗至紐澤西後，重整軍容，極思反攻。特倫頓（*Trenton*）及普林斯頓（*Princeton*）兩戰傳捷報，扭轉頹勢，革命再見曙光。特倫頓係由日耳曼赫斯傭兵防守，指軍官傑罕・羅爾（*Johann Rall*）輕視美洲人士，也不在意防禦工事。華盛頓深知這批日耳曼傭兵慶祝聖誕節時必然酩酊大醉，乃決定次日拂曉攻擊，一七七六年十二月二十六日黎明，華盛頓越過得拉瓦爾河進攻赫斯部隊，不到四十五分鐘，一千多名赫斯傭兵被殺或俘虜，美軍僅損失兩人。

豪將軍獲悉英軍在特倫頓失利，改派查理士・康華里士（*Richarles Cornwallis*）自紐約率六千兵士討伐華盛頓部隊。華盛頓軍僅一千五百人，佯裝被圍後潛逃，並於一七七七年一月三日成功突襲駐防普林斯頓的英軍。華盛頓再移師紐澤西高地。這些勝利為美軍提振不少士氣。

　　一七七六年美軍試圖征服加拿大失利後，促使英國將駐守加拿大軍隊投入戰爭，進攻紐約及紐澤西，一七七七年英軍兵分三路，沿尚普蘭（Champlain）湖及哈得遜河，將殖民地戰線一分爲二，豪將軍由紐約沿哈得遜河上行，約翰·伯格尼（John Bergoyne）揮軍由蒙得婁南下，柏里·里格（Barry St. Leger）將軍沿安大略湖（Lake Ontario）及摩霍克河（Mohawk River），三軍至阿本尼會師。豪將軍未攻下費城，亦未與伯格尼將軍會師，因而未能執行原先計畫，由於延遲一年才抵達費城，造成伯格尼將軍單獨作戰。一七七七年九月豪將軍攻占費城，布蘭第萬一役（Battle of Brandywine）擊敗華盛頓軍隊。一七七七年十月日耳曼敦（Germantown）一戰，予美軍痛擊。大陸會議再由費城遷往賓西法尼亞之約克（York），此時伯格尼之八千大軍南下。美國裝備貧乏，紀律不整，將領之間不合，一七七七年夏即被擊潰，伯格尼進軍阿本尼，希望抵此與衆將軍會師。美軍並未因此束手就縛，一千名美軍砍到樹木，阻止伯格尼大軍前進，里格之軍隊於歐里斯可尼（Oriskany）一役受阻，豪將軍亦改由南路進軍費城。

　　一七七七年十月沙拉脫加（Saratoga）一役改變獨立革命軍的頹勢。美軍將領荷拉蒂·蓋茲（Horatio Gates）率紐約及新英格蘭民兵包圍伯格尼，英軍後援無力，伯格尼五千軍士在沙拉脫加棄械投降，自此美軍士氣大振，並獲得法國公開支持。過去法國雖暗中協助美軍，但避免公開，沙拉脫加一役後，法國表態。一七七八年二月法美簽署兩項條約，承認美國獨立，給予美國貿易特權以及一般盟國待遇。法國公開與美結盟產生重大影響，此後大陸軍隊後援無慮，兵員不斷，法國海軍阻撓英軍活動。受法國影響，西班牙，荷蘭亦對英作戰，蘇聯、普魯士、丹麥、瑞典、葡萄牙組成武裝中立聯盟（League of Armed Neutrality）對抗英國海軍。

　　法國援美雖提振士氣，但美軍表現仍不理想。一七七七年至一七七八年美軍飢餓困乏，英軍徵糧民間，給養豐厚，一七七八年英軍自費城出發經紐澤西至紐約、華盛頓雖於紐澤西之蒙毛斯（Monmouth）攔截，但因指揮錯誤，部衆譁變，功敗垂成，這是北方戰場最後一場重大戰役。

　　一七七八年起，英軍移師南部作戰，英國認為南部效忠英國，也適合英國重商理論，三年內英軍在喬法亞，加洛林那及維基尼亞，攻無不克，所向披靡。法軍六千人擬於羅得島之新港（ *New port* ）登陸，遭英艦擊退，美軍將領阿諾得叛變，並打算將西點要塞（ *west point* ）讓給英國，大陸軍士氣不振，情勢岌岌可危。但此時英國亦有其困難：愛爾蘭叛變，倫敦發生親美人士暴動，英國無法贏得美國南部人士完全效忠，加上當地游擊隊神出鬼沒，騷擾不已，令英軍防不勝防，苦惱不已。英軍在美國南部受創最大來自法國海軍，英喪失海上控制權。英軍駐守在維基尼亞約克鎮（ *Yorktown* ）的將領康華里遭法美聯合圍攻，法艦由印度羣島北駛，封鎖乞沙比克灣入口，大陸軍由維基尼亞進逼羅得島，華盛頓由紐約率領精兵南下，海陸包夾，康華里士於一七八一年十月投降，約克鎮一役後，英軍大勢已去，準備謀和。

巴黎和約

　　一七八三年英美展開和談。美國代表富蘭克林、約翰・亞當斯和約翰・傑（ *John Jay* ）發現，法國試圖利用美法同盟規定不得單獨諦和，阻撓美國與英締約，英國則力圖離間美法同盟。一七八三年九月三日正式締約，英國承認美國獨立，北鄰加拿大，南部以北緯三十一度為界，西部以密西西比河為限，美國擁有紐芬蘭海域捕魚權，一七六三年英取得之佛羅里達歸還西班牙。英美兩國在密西西比河均有航行權。英國堅持美國人應償還積欠英人債務。巴黎和約顯示美國外交重大勝利。美國獲得四倍法國版圖大小之土地，資源豐富，從此邁向強國之林。

第四節

革 命 影 響

革命之影響以政治、社會最顯著，美國革命除了在政治上推翻英國統治之外，社會亦有重大變化。

政 治分裂

美國內部對革命看法不一，約可分為二派，一為保皇人士（*Royalists*）另一為愛國人士（*Patroits*）。兩派人馬傾軋，嚴重程度不遜於愛國人士與英國人間的敵視，愛國人士視保皇人士為叛國者。保皇人士多為富有階級，但紐約地區不少貧農及南部鄉間農人亦加入保皇行列。這些富人包括王室官員、軍官、英國國教派教士、大學校長、大地主、醫生、律師、商人，至於南部人士保皇係由於他們不滿愛國商人及東岸的地主。保皇人士多羣集在紐約、費城、查理斯敦等地。戰爭結束，英國敗北，保皇人士四處潛逃，流亡海外，少許問刑，也有被迫宣誓效忠新政府，財產遭沒收，公開拍賣，美國廢除長子繼承制，宗教信仰更趨自由，無論新英格蘭或南部地區皆重視宗教容忍。各地推翻英國之後紛紛建立新政府，唯有康乃狄克及羅得島早已自治，故仍沿用舊特許狀，各州依選舉權有財產規定，如五十畝地或相等金錢，擔任政府官員則有更多限制，女人及奴隸皆無選舉權。

雖然美國獨立革命並非立即為美國人帶來完全平等或民主，但已為美國開啓一個新方向，革命影響後來法國大革命，改變英國殖民政策，促使英國政府更民主。

女 人及弱勢團體

革命時期女人愛國情操不遜於男人，她們秘密提供軍情，爲軍隊募款，替出征良人持家操勞，有些女人甚至參加軍隊行列，從事烹飪、醫療、洗衣及嚮導工作。少數女人也參加戰鬥，如瑪麗・海斯（*Mary Lndwig Hays*）於一七七八年蒙毛斯一役中爲士兵運水，眼見丈夫被擊倒，立即上前替代，其英勇表現讓她後來每年可獲得政府五十元撫恤金。還有德波拉・桑普森（*Deborah Sampson*）女扮男裝，加入麻薩諸塞兵團，參與許多戰役，嚴重受傷，自軍中退伍，返鄉結婚生子；對於曾參加服役一事，引以爲傲。

印 第安人及黑人

印第安人及黑人立場最艦尬。獨立革命爆發之際，黑人多站在愛國人士一邊，但奴主擔心黑人武裝後果堪慮。一七七五年十一月大陸議會下令大陸軍不得徵召黑人，黑人必須解除武裝。但維基尼亞親英政府卻允諾黑人參戰後可獲得自由，迫使大陸會議改變政策，給予入伍服役黑人自由。爲了響應獨立宣言，許多州通過立法，禁止輸入黑奴，北方各州更允諾逐步釋放黑奴，賓西法尼亞法律規定，一七八〇年後出生的黑奴，至二十八歲即可獲釋，麻薩諸塞州於一七八三年規定奴隸非法。維基尼亞、北加洛林那及其他州亦方便奴主釋放奴隸，但多數奴隸於獨立革命後身份待遇依舊。

至於印第安人在獨立革命，支持對象不一。一七七五年大陸會議致函易洛魁族印第安人表示，「這是殖民地人士與英國人間的家務事」，要求印第安人勿加入任何一邊。雖然有些部落保持中立，但也有許多部落加入英方，他們認爲一七六三年的巴黎和約是英國要確保印第安人在西部的土地。

英國人鼓勵印第安人攻擊邊民，他們提供武器給查羅其族印第安人，掠奪維基尼亞、喬治亞及加洛林那邊界，英軍並在俄亥俄區刺激印第安人加入戰爭，在紐約地區易洛魁聯盟中的四個部落支持英國，華盛頓派兵討伐，印第安人兵敗，許多部落逃至加拿大。美國獨立革命成功後，由於印第安人曾支持英軍，因此雙方關係呈現緊張狀態，持續至未來。

結　語

　　美國獨立革命意義非比尋常，開啓文獻宣導革命之先例。洛克的民治觀念以及平等理念從此深植人心。翻閱歷史，各國革命多發生在國界以內，唯美國革命遠在海外殖民地，且淪爲國際權力角逐場合，加上法國的介入，使得美國革命成功機率大增，這也是美國革命不同其他國家所在。

　　獨立革命賴各殖民地捐棄己見，共襄盛舉，得以成功；革命之後地方政權勢力依舊，邦聯或聯邦之中央政府成爲爭論所在。

第 六 章

邦聯聯邦順序漸進

　　美國獨立革命推翻英國統治之後，如何建立新政府，考驗了開國先賢。邦聯（*Confederation*）政府猶或聯邦政府頗費思量？基於對英國統治之不滿及疑慮，邦聯是自然的趨勢，但地方各自爲政，影響美國之團結與發展，在內憂外患雙重迫害之下，聯邦逐漸抬頭。如何協調地方，共同一致行動，成爲憲法的基礎，「三權分立」消除了地方疑慮，人權條款促進了彼此的合作。美國聯邦政府於焉正式誕生。

　　本章將敍述邦聯政府之發展及聯邦政府憲法之制訂經過及其主要精神。

第一節

邦 聯 政 府

　　邦聯政府係指一七八一年邦聯條款通過至一七八九年聯邦政府成立爲止，爲美國「臨時政府」時期。邦聯與聯邦不同，前者爲地方結盟，後者爲地方授權一超地方組織——聯邦政府來統籌共同事務，協調地方事務。

　　獨立革命爆發，大陸會議結合十三州共襄盛舉，克竟其功。表面看來，美國似乎已趨統一，事實上，只是十三州非正式結盟而已。大陸會議充其量執行了一些中央政府的工作，如派任軍官、外交斡旋，但並無法源，亦於法無據。因此一七七六年決定草擬一部建立中央政府的文件，並據此設立了邦聯政府。

邦 聯條款之簽訂

　　由於十三州之間彼此缺乏互信，對中央政府欠缺信心，影響建構政府一事，延宕再三，遲至一七七七年大陸會議才同意草擬「邦聯條款」（*Articles of Confederation*），正式將十三州組織爲一個美國政府。由於

各州對西部土地看法不一，條款無法獲得批准，直到一七八一年馬里蘭通
過後，才正式生效。西部土地位於十三州以西，七個州依據殖民時代特許
狀，獲准擁有兩洋之間土地，要求開拓這些土地。譬如維基尼亞宣稱他們
的土地，包括目前的肯塔基、西維基尼亞、俄亥俄、印第安那、伊利諾
（*Illinois*）、密西根（*Michign*）以及威斯康辛等地。其餘六州沒有西部
土地缺乏開發空間。馬里蘭即因此堅持各州放棄西部土地，作爲其通過條
款的交換條件，所幸七州均以大局爲重，關心新國家之建立，同意將西部
土地交由大陸會議處理，促使馬里蘭州批准邦聯條款。

邦 聯政府組織

　　殖民地好不容易擺脫英國國會統治，即不希望再找一個政府管轄，邦
聯條款不指望建立一個強大的中央政府。但是條款爲了實際需要仍賦予新
的立法機構，即邦聯國會（*Congress of the United States*）相當權力。國
會有宣戰、媾和、締約權力，還有組軍、鑄造貨幣、確定度量衡、處理各
州之間糾紛、管理印第安事務以及設立郵政的權力。各州同意，相信彼此
的公共政策，如法律等，並同意遣返罪犯及逃亡奴隸。人民可自由越界來
往，不需要護照，有遷徙自由，各州爭端賴仲裁解決。

　　邦聯條款的中央政府機構爲國會（*Congress*），各州在國會中至少有
二名代表，但僅有一票表決，且必須七州代表與會才能開會。國會選出總
統，並設立五個部門分別處理外交、財政、陸軍、海軍及郵政事務。由於
邦聯政府沒有行政機構，國會領袖被稱爲「國會集會時的美國總統」
（*President of the United States in Congress Assembled*）。由一七七四年
第一次大陸會議至一七八九年邦聯條款結束爲止，共有十四人享有這份頭
銜。

　　邦聯政府組織鬆散，事權不一，效能不彰，不僅缺乏行政機構執行法
律，甚至沒有邦聯法庭解釋法律。國會無法管轄州際及對外貿易，更無權
徵稅，只能仰賴各州供養。從一七八一年至一七八九年，各州僅繳交國會

所需款項的六分之一。邦聯國會缺錢無權，不受重視，各州輕蔑，甚至不參加開會。一七八三年革命戰爭結束簽定巴黎和約時，與會人數竟然不足。同年許多軍人遊行至國會要求政府發放積欠薪水，許多代表目睹於此，紛紛走避，國會也一再遷地，最後才在紐約安頓。

邦 聯政府外交

邦聯時代美國外交面臨重大考驗。依照潘恩在獨立宣言中的提示，美國應儘量不要介入歐洲事務。此時歐洲也不太重視美國，一七八〇年代六個國家承認美國，而只有法國及西班牙派遣使者。美國邦聯政府由於無權管轄貿易，也無法約束各州遵守條約，由於無權徵稅，則無力償還債務或負擔開銷，籌組軍隊。

1.與英國之關係

邦聯政府與英不睦是意料中事。英國雖然接見美國使者約翰・亞當斯，但卻拒絕派遣使者赴美，藉口他們不知該派一位還是十三位大使。美、英兩國皆未充分履行巴黎和約。美國同意英國人可以向美國法庭訴請美國債務人償還戰前積欠債務，同時允諾國會將向各州建議，停止迫害忠君份子。可是當英國商人向美國法庭訴請美國人還債時，法庭判決多不利英商，各州亦不理睬國會勸告，沒收保皇份子的財產，有時甚至還動用私刑。

英國政府利用保皇份子及英商為藉口，試圖保有美國北界的一些城堡。這些皮貨城堡位於五大湖區及俄亥俄河流域內，與印第安人交易據點，每年交易值約達一百萬元，由於金額龐大，英國決心保留此區。美國脫離英國之後，貿易受挫，煙草及海上用品不再享有英國市場特別待遇，美船攜帶美國產品外，一律不得駛入英國港口，美船亦被禁止進入西印度羣島。英國在兵敗之餘準備對美國展開貿易戰。

2.與西班牙關係

西班牙雖與法國在美國獨立革命時共同對付英國,但西班牙不滿美國於巴黎和約中獲得阿帕拉契山以西的廣大土地,擔心危害西班牙在美屬地,而堅持美國阿帕拉契山以西土地的南界,並非巴黎和約中所指的三十度線,而應向北推一百哩。西班牙並提供印第安人武器,策動美人提供情報等對付美國。

西班牙控制密西西比河口,箝制美國西部對外貿易,西部產品如木材、穀類、鹿皮等必須靠船運,沿俄亥俄及密西西比河下行至大西洋岸。西部人士要求西班牙給予倉儲權(*right of deposit*),讓他們免稅將貨物靠放新奧爾良(*New Orleans*)或其他西班牙港口,再換大型船隻出海。西班牙拒絕提供這項優惠,西部人士乃要求國會與西班牙簽約,允許美國人免費航行密西西比河。同時,美國北部船東及商人要求與西屬西印度貿易,彌補對英貿易損失。一七八五年美國代表約翰·傑與西班牙代表加多執(*Jay – Gardoqui*)草擬條約,美國放棄對密西西比河口及其他流入墨西哥灣河流的倉儲權,而西班牙港口開放美國人使用。此舉顯然犧牲了西部人利益,國會拒絕簽署。

3.與法國關係

美、法關係不盡如人意。獨立革命戰爭最後幾年由於法國支援,美所以屹立不倒,然而美國戰後卻無力還債,令法國不滿。此外法國對美國未能提供貿易機會亦感不悅,法國認為可以取代英國在美貿易機會,但事實不然,至一七八九年美、英貿易持續繁榮,而美、法僅些微增加。

4.海盜

最令邦聯政府感到奇恥大辱之外交事件為海盜國家的勒索。北非摩洛哥、突尼西亞、的黎波里(*Tripoli*)、阿爾及利亞等四國對航經其水域國家船隻,強行徵收保護費。美國獨立後,英國不再提供護航,美船屢遭侵

襲，在無錢又無力之下，美船被迫不敢駛往地中海。

邦 聯政府內政

邦聯政府內政最大問題是西部土地如何劃歸。西部土地幅員廣大、資源豐富，是冒險家的樂園。首先抵達西部拓荒多爲獵人，其次是農人，他們在俄亥俄河流域或肥沃地區定居，如匹茲堡等，奠定社會基礎。

邦聯政府時期，東西來往交通路線有限，一七八〇年至一七九〇年間，許多家庭騎馬、步行、翻山越嶺，向西移民，使得西部人口在十年內由二千人增至十萬人。西部生活艱苦，意外死亡比率遠大於壽終正寢。餓死、病倒、印第安人射殺致死，四處可見。獨立革命後邦聯政府名義上擁有密西西比河至阿帕拉契山間之西部土地，但國會卻無能爲力，既不能令英人撤出在北界之堡壘，亦無法說服西班牙人，給予西部人在西班牙港口之倉儲權，更無法阻止西班牙或英國人提供印第安人武器。一七八八至一七八九年，僅肯塔基一個地方，印第安人即殺害一千五百名移民，而邦聯政府在缺錢、人力不足情形之下，面臨分裂危機。在田納西東部，移民建立了「富蘭克林州」（ *State of Franklin* ），但未獲國會承認，倖存片刻而已；其他如肯塔基也談論退出。儘管邦聯政府拙劣不堪，但卻通過了兩項重大法案，有助西部對美國的認同。

1. 一七八五年土地法令

殖民時期美國土地有二種分配方式。新英格蘭地區是先成立城鎮，才分配土地給移民，整個移民漸次發展，沒有土地問題。南方不然，尤其在維基尼亞，土地取得方式不同，個人先獲得土地或找尋選擇他們所能發現的土地，此方式造成混亂、衝突，無法建立社區。

邦聯國會在處理俄亥俄河以北土地時，通過「一七八五年土地法令（ *Land Ordinance of 1785* ）」，仿效新英格蘭制度：每六平方公里設立一個市鎮，每個市鎮又分爲三十六個地段，每一段六百四十英畝。其中第

十六地段出售所得，供作建立公立學校經費，為政府資助教育之始。每一英畝售價一美元，至少得購買六百四十畝，所得歸政府，西部土地因此順利規劃。

2. 一七八七年之西北土地法令

一七八七年之西北土地法令（ *Land Ordinance of 1787* ）奠定了俄亥俄河、大湖區以及密西西比河流域之政治發展基礎。這塊地被規劃為三至五個州，其中任何一塊地成年白人公民達到五千人即可成為領地（ *territory* ）或準州，設立準州政府（ *territorial government* ）。住民得選出準州議會，邦聯政府選派法官或總督治理，他們可以否決準州議會通過之法案，一旦居民到達六萬人，可制訂州憲法，建立州政府，若得到國會批准，即可加入聯邦，成為美國一州。所有加入邦聯各州必須保證給予人民宗教、言論自由，而且不得蓄奴，西部土地根據這項法令，順利加入聯邦。

3. 幣值問題

邦聯政府缺乏通貨。大陸會議所發行的紙幣一落千丈，一元黃金可兌換四千元大陸貨幣。由於普遍缺乏金銀，各州自行發行紙幣，面值不一，彼此互不相通，影響州際間貿易。羅德島及北加洛林那州紙幣泛濫，一文不值，對債務纏身的農夫構成重大壓力，隨著西印度羣島及英國市場不再，農人力謀求生管道不見，只能企望通貨膨脹來支付債務，造成各州幣值連番大挫，急遽下降。

4. 謝斯叛亂

一七八四年麻薩諸塞之債權人得勢主政，州議會通過徵收重稅償還州債一千四百萬元。這些稅大幅增加小農負擔，他們威脅法院不得沒收未繳納稅收之農人財產。一七八六年憤怒羣眾阻止法院審判債務案件，大陸陸軍退伍軍官謝斯（ *Daniel Shays* ）率領大約一千人，攻擊位於春田的政府

軍火庫。他們襲擊法院，打開牢房。謝斯叛亂（*Shays' Rebellion*）只是一時之興，缺乏組織、領導、理念，一七八七年二月即被擊潰，不過數週，叛亂敉平，雙方共計有十人喪亡，二名叛軍被問吊。謝斯事件雖然無關大局，但卻引起美國警覺統一團結之重要。從麻薩諸塞迫切期待中央援助可以體認到，邦聯政府之軟弱與缺失，加強美國人對中央政府之盼望。

第二節

美國憲法民主楷模

　　邦聯政府事權不一，國家形同割據，影響國事懸盪。爲長治久安，一七八五年維基尼亞及馬里蘭州代表在華盛頓居所維農山莊（*Mount Vernon*）集會，商討有關在乞沙比克灣及波多馬克河（*Potomac River*）流域航行問題。雙方達成協議，共同處理貨幣、關稅及航運，並決議邀請其他各州至馬里蘭州之安那波里（*Annapolis*），協商如何增進彼此貿易，促成憲法會議（*Constitutional Convention*）誕生。

　　美國憲法及其所衍生的立憲精神、制憲經過、憲政體系和憲政運作是本世紀的重大政治成就。美國自譽擁有一部「活生生的憲法」（*Living Constitution*）治國，一切政事均可「依法辦理」。憲法七條正文及二十七條修正案推動了二百多年的歷史進展，開展了共和「憲政」的典範，並樹立了民主「文獻」的楷模。

　　美國憲法奠基於「制衡」（*Checks and Balances*）的理念之上。政府三足鼎立，行政、立法、司法三權相互牽制、協調，不僅維護了人民的利益，也確保了國家的統一。修正案反應了時代精神，使憲法得以歷久彌新，國家長治久安。有關美國憲法制定及批准經過說明如下：

經過

一七八六年殖民地代表召開安那波里會議（*Annapolis Convention, 1786*）。僅五州代表與會，無法獲致有效共識，紐約代表漢彌爾頓鑑於中央政府不可或缺，乃勸請其他代表同意發函十三州及國會，召開新會議，以便統一管理貿易，讓邦聯政府更具行政效力。國會接受提議，要求各州代表至費城集會，修訂邦聯條款，促成憲法會議之召開。憲法會議預定於一七八七年五月十四日召開，由於代表姍姍來遲，十天後才正式開會。除羅德島之外，共有十二州派代表參加，七十三名代表中僅五十五名與會，平均每場會議與會代表約三十人左右。會議共進行十六週，探秘密方式，不對外公開以便於協調，華盛頓被選為主席。會議代表中不乏優秀傑出政治領袖，包括華盛頓、漢彌爾頓、麥迪遜、富蘭克林等，他們多曾擔任公職，或在大陸會議或在邦聯政府，對中央政府缺失知之甚詳。代表們年輕富活力，平均年齡四十二歲，多半為律師、商人及農莊主出身，傾向中央政府，因此後來有人質疑，美國係由富人為了私利所設置的政府，並斥責這項會議為「富人的陰謀」。

與會代表對服膺自然法、重視國家主權、保護私人財產均有共識，但基於州的權力分配以及南北經濟生活差異，會議陷於大小州爭執之中。大州如維基尼亞要求各州依人口為準選出兩院議員代表；小州如紐澤西則堅持維持邦聯條款所規定的每州一名代表。雙方各有支持，會議呈膠著局面。七月四日時逢國慶，與會代表輕鬆休假之際，工作小組委員會達成妥協（*The Great Compromise*），國會設兩院：眾議院（*House of Representatives*）依人口多寡選出代表，參議院（*Senate*）各州有二名代表。

除了代表名額之外，南北雙方對代表產生的人口計算方式也有爭議。南方要將黑人納入選舉代表的人口比率計算之中，但卻不要將奴隸列入納稅人頭中，北方則要將黑人列入納稅人頭中，但卻不在選舉代表的人口比率中。雙方最後達成「五分之三妥協」，以五名黑人視同三名自由人來計

算選舉人口比率及納稅人頭，如此等於憲法承認了奴隸之合法性。

批准

　　一七八七年九月十七日制憲大會召開最後一次會議，代表簽署文件，舉行晚宴，但憲法工作尚未竟了，仍有待各州批准。憲法不可能獲得一致認可，只要九州批准即可生效，這是一樁艱難工作，羅德島確定不會贊同，其他各州亦多疑慮。贊成憲法為聯邦人士（*Federalists*），反對憲法為反聯邦人士（*Anti‑Federalists*）。一般說來，商人、船東、大農莊主支持憲法，小農則反對憲法，雙方壁壘分明，勢均力敵，不過總的來說，形勢有利聯邦人士，他們不僅奮鬥目標明顯具體，領導人才亦孚眾望。

　　憲法批准多得利於漢彌爾敦頓、麥迪遜及約翰・傑所撰述的《聯邦論文集》（*Federalist Papers*）一書，經紐約報紙刊出，為聯邦憲法作了恰當適宜的辯證。憲法經聯邦人士努力，在各州陸續獲得通過，惟票決比數均非常接近，麻塞諸塞州以一八七票對一六八票，維基尼亞州以八八票對七八票，紐約以三十票對二十七票通過。至一七八八年七月，除了羅德島及北加洛林那州外，皆批准了憲法，立憲工作到此告一段落，一七八九年三月四日憲法正式通過。

第三節

憲　　法

　　美國聯邦憲法是美國政府的基本文件和最高法律，它也是世界各國所實施憲法中年代最久遠的成文憲法，該法簡單明瞭並富於彈性，有關憲法之精神及其運作如下。

憲 法精神

憲法「序文」闡釋了聯邦憲法的基本精神及目標：「我們，合衆國的
人民，爲了組織一個更完善的聯邦，樹立公平和正義，保障國內的安寧，
建立共同的國防，增進一般人民的福利，爲我們自己和我們的後代爭取自
由幸福，因而爲美利堅合衆國制定和確立這套憲法」。這部憲法是基於
「獨立宣言」中「治者來自被治者同意」的理念，經人民選出代表同意而
擬訂。憲法之目的在締造一個統一的國家，保障國內秩序，維護正義公
理，提供安全防禦，促進社會福利並確保人民自由。

聯邦憲法循「分權」（ *separation of power* ）及「制衡權」（ *balance
of power* ）兩項原則草擬，採「嚴格」（ *strict construction*，狹義解釋）
及「彈性」（ *loose construction*，廣義解釋）兩種方式解釋，以維繫政府
運作，確保憲法於不墜。所謂「分權原則」是根據孟德斯鳩的《法意》及美
國殖民經驗，將美國政府分爲三個重要機構，行政、立法、司法。每個機
構由不同的人執行。憲法第一條第六款第二則明文規定，禁止國會議員在
位時擔任任何公職，確立了總統制的政府。至於「制衡權原則」是採牽制
方式，防範聯邦政府任何機構凌越權限，例如總統有權否決或拒絕國會所
通過的法律，總統可以大赦法院判處的官員；國會參議員也可以否決總統
任命的官吏及法官。分權與制衡對政府權力運作利弊兼具。當國會與總統
理念不合之際，國會反對總統措施，往往會妨礙行政效力，不過國會之權
力亦可防止總統獨斷獨行。

美國聯邦憲法對中央與地方之分權，採聯邦事權列舉式（ *enumerated
powers* ）的授權法及各州事權概括式的保留法兩種。聯邦政府設立之前，
各州已擁有自主權，因此聯邦政府之權力係出於各州的讓予。美國憲法對
聯邦權力採用列舉方式，按美國憲法第一條第八款規定，美國聯邦政府有
十八種權力，包括外交及州際間的管轄權，所有未經列舉的權力皆保留歸
各州及人民擁有。美國憲法第一條第八款第十八則「爲了行使上述（列舉

賦予聯邦政府）各項權力，以及行使本憲法賦予合衆國政府或其各部門或其官員的種種權力，制定一切必要的和適當的法律」。其中「必要的和適當的」造成了對憲法的嚴格與彈性的不同解釋。

主張從嚴解釋憲法者，採「必要」的立場，限制聯邦政府的權力，他們將政府職權侷限在列舉的條目內。主張彈性解釋憲法者，採「適當」的立場，擴大聯邦政府的權力，他們強調憲法上隱含的權力，（implied power）或間接表達的權力。不論憲法彈性尺寸多寬，在理論上，聯邦權力必須依憲法規定行使，憲法修正案第十條指出「凡憲法未載明賦予聯邦政府的權力，或禁止州行使的權力，則保留歸各州及人民擁有」。美國憲法雖有嚴格與彈性解釋之爭，但它確保了憲法的活力並使政府繼續對人民負責。

憲法運作

美國政府三權分立：行政、立法、司法各司其職，彼此牽制，安邦定國，有關其架構、運作，分別說明如後。

1.立法

美國立法機構國會爲兩院制（Bicameral System），仿英國上下兩院設置，一爲參議院，一爲衆議院，兩院地位平等不分上下。依據憲法規定，衆議院以人口爲準，代表全民，參議院以州爲準，代表聯盟，而組成聯邦政府。參議員每州兩人，任期六年，每二年改選三分之一。由於人數較少，任期較長，因此聲望較隆，易引人注意。衆議員依人口總數分配選出任期二年。早先每三萬人選出一名衆議員，由於人口成長快速，衆議員人數扶搖直上，國會不堪負荷，後來有上限設計。換言之，衆議員最多四百三十五人，而每次選民數則依大選年人口總數重新分配，如此一來，不論選民若干，議員人數不變。事實上參衆議員地位平等，皆爲立法委員，彼此制衡。

美國國會兩院各有特權。眾議院在政府官員及司法人員重大犯罪之
際，可以行使彈劾權，此外有關籌款之類法案必須由眾院提出。參議院則
在眾院提出彈劾後，組庭調查，並且有權同意或拒絕總統的人事任命。參
院最特殊的權力是外交權，總統與外國簽約，得經參院三分之二參議員同
意副署才能生效。

參眾二院內皆設有委員會（committee）處理相關問題，如農業委員
會、財政委員會、外交事務委員會、武器管制委員會、貿易委員會、勞
工委員會、程序委員會等。參眾議員在國會中發言待遇不同，眾議員人口
較多，發言均有時間限制；參議員人數較少，可以自由發言，因而出現少
數議員採冗長發言（filibuster）方式，阻止法案通過。參院規定經三分之
二參議員決定，可制止冗長發言，逕行表決。

2.行政

美國行政權採「總統制」，總統經由民選產生，職權有：(1)負責外交
事務；(2)三軍最高統帥；(3)任命行政及司法官員；(4)立法否決權；(5)大赦
權。

美國總統之選舉係由人民選出選舉人團（Electoral College），再由選
舉人團投票產生。凡年齡三十五歲以上，居住美國境內達十四年，且為美
國公民皆可參加競選總統。選舉辦法依憲法第二條第一項規定：各州應依
照州議會所定程序，選派選舉人，選舉人人數應與各州選出之參議員與眾
議員之總數相等，如紐約州有參議員二人，眾議員四十三人，則選出選舉
人四十五人。選舉人在本州投票選舉總統及副總統，其中至少有一人與選
舉人不同住在一州。選舉人造具總統候選人之姓名及每人所得票數之名
單，署名並證明，封印後，送達國會，交參議院議長，參議院議長當參議
院與與眾議院全體議員之前，拆開所有證明書，然後計算票數，凡獲得選
舉人票最多數者即當選為總統。

按規定，各州選舉人團之計票方式係以州為單位，任何黨派獲一州較
多數選舉人票，即取得該州全部選舉人票，譬如紐約州應選出選舉人四十

五位，即有四十五票。任何總統候選人獲得選舉人多數票，如二十三票即囊括該州全部四十五票。待各州累計票數結果，多數者當選總統。這種制度不甚公平，常導致候選人只獲少數的民衆票支持而當選，例如一八六○年林肯雖以一八○選舉人票多數對一二三票的少數而當選爲總統，但其選民的總票數僅達百分之四十，部份政治家擬議修改，唯尚未定論。

　　總統選舉是在選舉年的十一月第一個星期一後的星期二，同年十二月第二個星期三後的第一個星期一。各州選舉人分別在各州州議會投票選舉總統及副總統，次年一月六日參議院議長於參衆兩院議員之前，拆開所收之各州選票，宣布結果。

3. 司法

　　美國法院體系分聯邦法院和州法院兩系統，各有其管轄權，兩系統法院之間也保有相當關係。聯邦法院採三級區劃，即最高法院（ *Supreme Court* ）、上訴法院（ *The Courts of Appeals* ）及地方法院（ *District Court* ）。地方法院受理所有違反聯邦法律的案件，上訴法院主要任務爲審理不服地方法院判決的各種上訴案。最高法院有大法官九人，其主要職權爲解釋憲法，以及對訴訟案（有關大使、公使、領事或各州爲當事人）的初審權，對上訴案的覆審權。

　　除了上述三級法院外，還有特別法院，包括求償法院（ *the Court of Claims* ）、海關法院（ *the Customs Court* ）、海關與專利上訴法院（ *the Court of Customs and Patent Appeals* ）與軍事上訴法院（ *the Court of Military Appeals* ）等。

第四節

憲法修正案

美國憲法條文雖只有七條、八十九句，短過其他國家憲法，但憲法的修正文，適時彌補了社會變遷的需求。憲法修正必須在國會兩院各有三分之二之議員認爲必要，或三分之二州之州議會請求時，由國會召集會議提出。再經四分之三之州議會或經四分之三之州修憲會議批准，始發生效力。

美國憲法迄今共有二十七條修正文，第二十一條修正文係取消第十八條禁酒修憲，所以不但第十八條修正文失其效力，第二十一條亦無實質意義。修正文第一條至第十條於一七九一年一次制定，主要內容關於人民的權利，第十一條明定一州之普通法不受他州公民之控訴。第十二條修正文規定總統副總統應分別選舉，第十三、十四、十五條修正文係關係解放黑奴，給予黑人政治特權及投票權，第十六條授權國會得徵收所得稅，第十七條將參議員間接選舉改爲直接民選，第十八條、第二十一條皆有關禁酒，第十九條賦予婦女平等選舉權，第二十條將總統任職日從原來三月四日改爲一月二十日。第二十二條規定總統連任以兩任八年爲原則，第二十三條有關哥倫比亞特區得選出總統副總統之選舉人。第二十四條廢止選舉稅，第二十五條是有關總統副總統任內，離職接任人選問題，第二十六條是將投票年齡降爲十八歲。第二十七條限定參議員及衆議員任內薪俸不得變更。

結　語

　　美國憲法原文七條奠定了美國政府精神，憲法修正文增加權利條款，使美國憲法更趨完備。隨著環境變遷，時代演進，憲法修正文擴大憲法內容以符合社會需求，使美國憲法更蔚為大觀。綜觀美國憲法不僅開啟了後代民主政治理念，更保障天賦人權，確立聯邦制度、分權與制衡、司法審查制與法治之基礎。

第七章

聯邦政府奠定國本

一七八八年十一月，美國依據新憲法舉行首屆國會議員及總統大選，華盛頓膺選首任總統。新政府定於一七八九年三月四日在紐約市（臨時首都）開始運作。由於多數議員受到天候惡劣影響，未能如期與會，遲至一七八九年四月國會才湊足法定人數開議。

華盛頓總統在位八年，適逢建國之初，百廢待舉，如何確立宏規，千頭萬緒。幸賴華盛頓個人魅力及守正不阿的情操，才奠定了美國的千秋大業。

本章將由華盛頓其人，論及華盛頓的內政及外交，包括財政部長漢彌爾頓的措施和遭遇的困難、西部印第安人及邊疆問題，還有涉外與英國、法國及西班牙的諸多複雜關係。

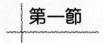

第一節

華盛頓總統

華盛頓其人

華盛頓出身農家，熟稔農事，專長軍事，曾任獨立革命軍總司令。由於缺乏行政經驗，自謙不適任總統，但美國人卻視之為當今「聖上」。自獨立革命特倫頓及普林斯頓二役獲捷後，美國人即對之敬仰有加。政府成立，人民崇拜心理未曾稍減，甚至取代了殖民初期英王喬治三世在美國人心目中的地位。

華盛頓思維細膩、行事嚴謹、勤於政事；處理問題，廣徵意見，切磋商議，達成決定，交專人執筆，撰文說明。任內走訪全國十二州（唯一未到之處為喬治亞州），虛心向賢達名流請益國家大政，甚獲好評。華盛頓致力建立一個「民意」的政府。為了實現理念，棄絕個人蓄奴生活。除了

批評奴隸將導致全國陷入危機之外，並釋放個人所擁有的全部奴隸，歷史
上讚譽他是一位「行動領袖」（ *a man of action* ）。

籌 組政府

　　華盛頓就職時，美國憲法甫經通過，各類政府機構依據憲法規定陸續
成立，惟憲法對司法機構未有明確設置規定。一七八九年國會通過了「一
七八九年司法條例」（ *Judiciary Act of 1789* ），為美國各級法院奠定了
基礎，確立了三權分立的政府。

　　華盛頓是一位強勢總統，為了籌設一流政府，除了延攬人才之外，並
且禮賢下士，集思廣益，組成「行動內閣」，共商大計。惟對於國會議員
掣肘舉措不以為然，他堅持國會議員對行政首長任命只有同意權，沒有否
決權，拒絕到會備詢。華盛頓親自處理外交事務，經常主動要求國會通過
由其幕僚草擬，有益民生的法案，因此有人譏諷他為「立法首長」
（ *Chief Legislator* ）。華盛頓堅守信諾，兩任總統屆滿，不再戀棧，替美
國政治樹立榜樣，為後人津津樂道。

首 屆國會

　　美國國會自建國以來即為一獨立機構。彼時參議員僅有二十六人，由
各州州議會選出。一七八九年八月美國參議院討論印第安條約（ *Indian
Treaty* ）時，華盛頓曾出席聆聽，表示「關心」，引起議員不滿，並杯葛
會議，華盛頓拂袖而去，導致此後總統不再參加參議院辯論。早先參議院
採秘密會議方式，一七九四年才增加旁聽席，供民眾及新聞界使用。至於
眾議院，有六十五名議員，由人民選出，公開供民眾及新聞界採訪。

第二節

財 政

財政良窳關係國家穩定與否，聯邦政府能否賡續經營，開闢財源爲當務之急。在華盛頓就職前，國會即討論到稅收問題，兩院也一致同意，徵收進口關稅，籌措財源。華盛頓任內並拔擢漢彌爾頓出任財政部長，爲美國籌措財源，振興經濟。

一 七八九年之關稅

美國遲至一七八九年七月才通過關稅法（ *Tariff Law* ），各州對徵稅項目及稅額高低看法不一。美國係由各州聯合組成的國家，州的利益必須獲得尊重，各州因生產項目不同、需求不一，自然對關稅之開徵不易獲得共識。譬如賓西法尼亞州產鐵，嚴防英國鐵品傾銷，乃力主提高鐵品關稅，其他各州則希望廉價進口英國鐵；南部要求對大麻徵收高關稅，新英格蘭則需要大麻製造船索，傾向低關稅。爲了解決這項爭端，國會構想出「滾動圓木」（ *Logrolling*，互投贊成票 ）方式，即「利益交換」，「我支持你要的，你支持我要的 」，最後獲得協議是將進口稅率定在進口物價的百分之八左右。

美國早期稅收多用於償還五千四百萬元的國債，債務包括：1.革命期間積欠法國及荷蘭的一千兩百萬元；2.戰爭期間發行的債券四千一百萬元。此外還有向個人借貸的款項以及二千五百萬元左右的州債。

財 政部長漢彌爾頓的對策

　　漢彌爾頓於一七五五年生，氣宇不凡，年少即才華洋溢，十三歲單獨
經營生意，十五歲在友人集資之下前往紐約受教，一七七三年畢業於皇家
學院（ *King's College*，今日哥倫比亞大學前身 ），二十一歲前即爲華盛
頓幕僚，後來轉任律師，並與貴族聯姻。漢彌爾頓重視富商、地主、支持
中央政府。他在《聯邦論文集》中撰文護憲，但他本人卻不欣賞憲法，並認
爲這是一部「破碎沒有價值」的文件，他批評憲法賦予各州及人民太多的
權力。

　　漢彌爾頓不僅理財出衆，並以文筆見長。他草擬了兩份的財政措施報
告：〈公債報告〉（ *"Reports on Public Credit"* ）及〈製造業報告〉（ *"
Report on Manufactures"* ）。〈公債報告〉是漢彌爾頓的施政重點，國會分
別於一七九〇年及一七九一年循此通過一系列法律。綜合其報告主要訴求
內容有：

　　(1)聯邦政府仰賴歲收支付各項開銷、償還利息、縮減債務。除了關稅
之外，他並提議徵收貨物稅，由買方負擔。一七九一年國會即立法徵收威
士忌酒稅；(2)外債應立即償還，以確保美國獨立地位。一七九六年美國隨
即清償了法國及荷蘭的外債；(3)債券面值外加利息來清償內債，並建議發
行新公債替代舊債券。這項舉措有利債券持有人，因爲當時債券實值已遠
低於面值，甚至有些不到十分之一。不過他仍堅持己見，希望藉此向世人
證明美國的信用；(4)聯邦政府應承接州債。一者減輕州的負擔，再者加強
聯邦政府的徵稅權。一七九〇年國會通過「承受法」（ *Assumption
Act* ），由聯邦承受全部州債；(5)聯邦政府應成立「第一國家銀行」，統
籌各項金融業務，提供州際間貿易擔保，發行貨幣，增進流通。中央銀行
屬私人經營性質，百分之八十的股權由私人擁有，政府僅占百分之二十的
股權，但財政部得隨時進行金融檢查，維護民衆權益。一七九一年國會通
過設立第一國家銀行，資產一千萬美元，合約期限二十年。第一國家銀行

的設置迅速恢復了美國的債信。

〈製造業報告〉於一七九一年提交國會，這是美國歷史上極具影響力的文件之一。此份報告呼籲聯邦政府振興工業，將資金挹注工業生產，所獲回饋將遠超過農業收穫。同時鼓勵發展工業，刺激技藝人才赴美移民，提供婦女、孩童就業機會。這項建議由於嘉惠外貿業，引起農人之焦慮與恐慌。農人擔心關稅提高，影響購物成本，迫使國會不得不否決了這項提議。

由於美國農民占人口大宗，漢彌爾頓的計畫遭遇挫折不足爲奇。譬如「償還債券法」即引發債券原持有人的不滿，這些退伍軍人及寡婦、孤兒往往爲了生計，低價出讓債券，如今按面值償還，內心不滿溢於言表。至於「承受法」則讓已清償債務之州不滿。而第一國家銀行之設置更引發了派系的衝突。反對設置銀行，以維基尼亞州的麥迪遜最具代表性。他認爲聯邦政府無權設銀行，無論是憲法中列舉賦予聯邦政府的權力，以及概括性的權力皆然。麥迪遜承認設置第一國家銀行嘉惠頗多，但此舉造成政府無限擴權，影響深遠，非同小可。儘管國會以二比一懸殊比例通過設置第一國家銀行，華盛頓仍有所顧忌，不敢簽署，大法官蘭道夫（*Edmund Jennings Randolph*）及國務卿傑佛遜亦持異議。惟漢彌爾頓獨排衆說，堅持己見，強調國家銀行設置合法性。美國史家曾評論「這是美國憲政史上孤軍奮鬥最精彩的一章」。

漢彌爾頓的政策嘉惠商人、銀行家、投機客，深獲北方人士支持，反對者多來自南部的農民、工人以及西部的邊民，他們舉傑佛遜爲首，反對中央擴權，開啓了美國派系的傾軋。傑佛遜捍衛民主，主張縮小聯邦政府權限，強調地方重於中央，反對常備軍，認爲唯有國會才能代表民意，奠定了美國民主政府的基礎。

內政──西部的騷動

與 印第安人之關係

華盛頓政府任內，美國西部問題方興未艾，許多邊民橫越阿帕拉契山探險，與當地原住民印第安人發生衝突，而導致慘烈戰鬥。

一七八三年美英締和簽約時，英國將俄亥俄河流域土地讓渡美國，但當地印第安人卻無視此一紙約的效力。他們自認未被征服，亦未參與簽約，因此在獨立革命戰後，仍接受英、西援助，攻擊美國邊民。

華盛頓非常關切印第安問題。在獲得國會撥款建軍之後，即於一七九○年派軍討伐印第安人，可惜出師未捷，損失慘重。一七九一年再派卡來爾（*Arthur St. Clair*）將軍指揮大軍，包括二千三百名正規軍及多支民兵，越過阿帕拉契山遠征。由於士兵逃亡及疾病感染，大軍與印第安人遭逢時，僅餘部眾一千四百人。韋恩（*Wayne*）堡一役大敗，僅六百人倖免逃脫，引起國會譁然，並展開調查。華盛頓再派韋恩將軍（*General Anthony Wayne*）剿印，韋恩不負所托，一七九四年八月鹿寨（*Fallen Timbers*）一役將印第人逐至邁阿密斯堡（*Fort Miamis*）。一七九五年美國西北地區的印第安人同意簽署格林威爾條約（*Treaty of Greenville*），放棄俄亥俄一半區域的土地，承諾維持和平。此後美國雖不再以武力奪取印第安人土地，但經由交涉談判，印第安人被迫再往西遷移。

一 七九四年威士忌酒叛亂事件

一七八〇年邊民情勢不穩，意圖脫離聯邦。韋恩將軍擊潰印第安人之際，西部即爆發「威士忌酒叛亂事件」（*Whiskey Rebellion*）。此事肇因於漢彌爾頓的徵收酒稅而起。西部農人種植穀物爲生，由於交通不便，運售不易，乃將之蒸餾成酒，不僅銷售方便，並可替代通貨使用。一七九一年美國開始徵收酒稅，西部農人譁然，尤其以賓西法尼亞西部農人爲最。不僅抗稅並攻擊稅吏，甚至組軍，蔑視聯邦政府。由於賓州政府首長立場猶豫不決，華府迅即徵調四州民兵一萬二千人，平定叛亂。爲了安撫人心乃從寬發落，二人被處叛國罪，其餘獲赦。

西 部移民

自從印第安人降服之後，從一七九〇年至一八〇〇年間，大約有三十萬移民前往俄亥俄州落戶。根據邦聯政府時代的西北土地法令規定，肯塔基乃得以於一七九二年、田納西州於一七九六年加入聯邦。佛蒙特（*Vermont*）則早於一七九一年加入聯邦。

西部陸續加入聯邦，爲美國政治添注不少活力。這些新州較東部各州民主，田納西及肯塔基的選舉皆無財產限制，只要年滿二十一歲即可投票，任何人敢與印第安人作戰即可出任公職。西部人多支持傑佛遜，反對漢彌爾頓。終華盛頓任內，西部終止分裂，印第安人綏靖，英國及西班牙停止干預美洲西部事務，爲美國發展奠定了基礎。

外　　交

　　美國自獨立革命以還，親法反英情緒熾烈，尤其法國大革命標榜人權，更喚起美國人同情。對英國不時鼓勵印第安人作戰，殊表不滿，但基於美英兩國文化相似、血緣相近，美國立場頗為尷尬，「中立」乃成為唯一可行的方式。

與法關係

　　一七九三年法英兩國爆發衝突，法國希望美國能恪守一七七八年美法盟約，提供軍事援助，容許法國在美徵兵，使用美國港口，此舉令美國為難。由於英國是美國的重要貿易夥伴，英國貨物稅佔聯邦稅收大宗，一旦兩國發生戰爭，貿易中止，聯邦政府即將陷入危機。華盛頓值此危難之秋，與幕僚商議，於一七九三年四月發布「中立宣言」（ *Proclamation of Neutrality* ），警告美國人不得協助任何一方，否則將得不到政府保護。

　　美法關係可由紀涅（ *Edmond Charles Genet* ）事件窺其端倪。紀涅是法國新任駐美大使，他由南加洛林那登岸，前往費城履新，途中接獲無數邀請，參加親法慶祝活動，並替法軍在美徵召船員，抵達費城後，要求美國預付薪資，支付這項開銷。紀涅此舉在美遭反彈，華盛頓冷淡接待，漢彌爾頓及傑佛遜不僅反對，更拒絕這項要求，並囑法國將他召回。紀涅因而丟官，在美渡過餘生。

與英關係

英法交惡後，美國中立立場即面臨考驗。戰爭期間，英國發佈「樞密令」（Orders in Council），禁止任何中立國船隻前往法屬西印度羣島貿易，並乘勢緝捕數百艘美國船隻，沒收貨品，嚴重違反中立國的權利。此外英國並強制徵用美國水手爲英國服務，透過加拿大英國總督，誘使印第安人驅逐美國邊民，激起美國憤怒。美國會於一七九四年通過爲期二個月的禁運，試圖影響英國對外貿易。華盛頓派大法官約翰・傑以特使身份赴英，解決兩國爭端。一七九四年雙方簽訂傑條約（Jay Treaty），次年送交參院批准。

根據此約，英國撤出在美國的西部貿易據點，美英船隻可相互進駐對方港口，條約中英國在西印度的港口開放較少，美國的港口則全部開放。但兩國在某些方面未獲協議，譬如獨立革命戰爭前美國積欠英國商人的債務，以及美國船隻遭英國扣押所造成的損失等。英國在這項條約中得多失少，既沒有承諾終止緝捕中立國船隻，亦未停止供應印第安人武器。「傑條約」傳抵美國，羣情憤慨，參院仍以二十票對十票比數通過。華盛頓雖不滿意，但擔心法國陰謀營造反對勢力，逐予簽署，衆院經過一番爭議，以五十對四十九，一票之差，驚險過關。

與西班牙關係

英美簽署「傑條約」，西班牙深感不安，擔心英國人會支持美國進攻佛羅里達及新奧爾良。美國派遣品克尼（Thomas Pinckney）赴西班牙商討兩國之間的問題。雙方於一七九五年簽署品克尼條約（Pinckney Treaty），西班牙大幅讓步：(1)美國有權在密西西比河口裝卸、儲存貨品，無須繳稅；(2)確定美國的南界爲緯度三十一度；(3)雙方同意約束印第安人不得進犯對方。

結　語

　　華盛頓於一七八九年出任美國總統，一七九七年卸職返回佛得蒙老家。觀其八年總統生涯，無論內政、外交均功在國家，惜其第二任內過份信賴漢彌爾頓，引起諸多批評，遭人攻訐有意獨裁。

　　華盛頓於下野前夕發表了「臨別宣言」（ *Farewell Address* ），申言做完兩任絕不戀棧。宣言中並提示美國人在外交事務中確保中立原則，避免介入英法衝突之中；美國絕不與任何國家締結永久盟約，只保持短期商業往來。這項「中立主義」言論成爲美國外交政策沿襲的主要方針。宣言亦呼籲美國人不要結黨營私，造成國家動亂，但大勢所趨，已非個人一己之力所能挽回。美國終於朝向以漢彌爾頓爲首的聯邦黨（ *Federalists* ）及以傑佛遜爲主的民主共和黨（ *Democratic‒Republicans* ）兩黨政治發展。

第 八 章

政黨政治反映民意

　　美國立國之際並無政黨組織，不僅憲法之中未曾提及政黨一詞，華盛頓總統在其卸職臨別宣言中，也呼籲美國人，不可有黨派歧見。但自一七九二年華盛頓第一任期屆滿時，黨派卻儼然成形。

　　本章討論美國兩黨：　聯邦黨及民主共和黨的形成，以及聯邦黨的領袖──美國第二任總統亞當斯以及民主共和黨領袖──美國第三任總統傑佛遜首屆任期的功業。

第一節

政黨政治

　　美國政黨形成其來有自，獨立革命時期因對英國態度不同，分爲保皇人士及愛國份子；立憲時對憲法之歧異，分爲聯邦人士及反聯邦人士；開國時期針對漢彌爾頓的財政政策，分爲聯邦黨及民主共和黨，對立形態可見。

　　美國政黨最早分爲聯邦黨及反聯邦的民主共和黨，因著歷史的背景不同，意涵不同。聯邦黨具有三種不同層次的意義：立憲之前爲鬆散的聯盟；一七八七至一七八八年支持立憲；一七九〇年代表早期執政者的理念，如華盛頓、亞當斯、漢彌爾頓，強調中央集權。而民主共和黨係指反對聯邦黨統治的政黨，由傑佛遜、麥迪遜領導，強調地方分權。

聯邦黨成員

　　早期聯邦黨成員多爲支持漢彌爾頓政策的人士。包括債權人、商人、債券持有人、保守人士如英格蘭地區的公理會牧師、南部聖公會教士、維基尼亞一帶地主等，此外尚有船業工人、小農場主人。聯邦黨主張強勢中央政府，擴大行政權力，並成立常備軍。雖然聯邦黨中的權貴擔心民主暴

亂，但爲了勝選，仍與民衆妥協。他們展現了高度的政治手腕，發揮組織功能，在一七九〇年代期間，召開多次民衆大會，設立地區委員會，發動請願活動，並且在國會成立黨團會議（ *Caucus* ），爲選舉活動預作準備。

民 主共和黨成員

民主共和黨成員以農人、工人爲主，包括南部農場主人、內地自耕農、木匠、鞋匠以及城市內的共濟會會員。一七九〇年代民主共和黨勢增，獲得許多蘇、愛地區、日耳曼及非英移民的支持。民主共和黨（ *Mason* ）早期領袖爲傑佛遜及麥迪遜，主張維護美國人獨立自主、自由、平等、反對聯邦黨的貴族及專制傾向。他們堅持減少中央政府及總統權限，確保個人自由。

兩 黨之成形

美國兩黨之成形受法國大革命影響頗深。法國大革命由推翻專制君王演變成暴民亂政，深化了美國人的黨派對峙。聯邦黨對法國暴民危害宗教及人民財產，至爲震驚，因此當一七九三年英法發生衝突之際，支持英國維護秩序，制止暴亂。民主共和黨對法國暴亂嫌惡，甚至對殺害君王之舉表示哀痛，但卻認爲這是追求人權過程中應付出的一些小小代價。

美國兩黨之衝突，於一七九五年臻至高潮。爲了辯論是否批准傑條約，聯邦黨批評部分親法國的民主共和黨員爲「邪惡的雅各賓」（ *Filthy Jacobins* ），指控他們寡廉鮮恥、奪人錢財、侮蔑聖經、濫殺無辜。民主共和黨則批評親英國的聯邦黨員爲「保皇黨」，試圖恢復王權、踐踏人權。

一七九六年的美國總統大選，兩黨蔚然成形。聯邦黨的亞當斯獲七十一張選舉人票，當選總統，民主共和黨的傑佛遜獲得六十八票，當選副總

統。在選舉中最引人矚目的是，亞當斯只獲得南部五十二張選舉人票中的二張；傑佛遜在紐約及新英格蘭區五十一張選票中掛零，充分顯現兩黨的走勢。

第二節

亞當斯政府（聯邦黨主政）

亞當斯為美國第二任總統，能幹、誠實、自傲、難處，一生多服務公職。美洲革命第一、二次大陸會議時擔當重任：戰爭時出使法國、荷蘭；戰後參加與英締和。邦聯政府時代奉派出使英國；華盛頓總統任內，擔任副總統，亞當斯任職總統僅一屆，表現平平。由於華盛頓前朝遺老猶在，無法拔擢知己，以致鴻圖難展。一七九五年漢彌爾頓辭財政部長，但閣員有疑惑，仍就教漢彌爾頓，鮮少遵從亞當斯。

亞當斯任內，外交困難，內政措施多紛擾，茲分別說明。

外交

自華盛頓於一七九三年宣佈中立，並與英國簽訂傑條約以後，法國即對聯邦政府不滿。一七九六年美國大選，法國更積極反對亞當斯。一七九六年品克尼（*Charles C. Pinckney*）奉派出使法國，被迫離境，法國海軍亦開始攻擊美船。亞當斯試圖修好與法關係，甫就職，即派遣三人小組代表團，前往巴黎交涉締約。法國此時由督政府（*Directory*）執政，腐敗顢頇。當美國代表團抵法時，法國外交部長塔里蘭（*Prince de Talleyrand*）屬下的三位官員即告知，他們須行賄才可能被接見，美國代表團拒絕，雙方關係破裂。消息傳抵美國，亞當斯知會國會，並將這三名官員稱為 X、Y、Z，此即歷史上的「ＸＹＺ事件」。美國代表團成員

之一，品克尼事後揚言，「寧可負擔數百萬國防經費，亦不給一分賄賂。」

亞當斯就職未幾，召開國會特別會議，要求加強國防，成立海軍部，並派十四艘戰艦、二百艘私掠船，準備對法進行海戰。美國並與英國展開合作，由英國援助美船導航系統、槍炮彈藥。值此戰雲密佈、煙硝待發之際，多位聯邦政府高層，欣喜若狂，漢彌爾頓等人認為可乘勢擴大中央權力，為一八○○年大選造勢。亞當斯不以為然，拒絕將外交與選舉混為一談。因此當塔里蘭提出願正式接見美國代表時，亞當斯立即向參院提議，遣一名特使赴法。此舉引起聯邦黨人士譁然，但又不便反對和平，於是政府再派出三人小組代表團。美國要求二千萬元賠償毀損船隻，並終止一七七八年的美法盟約。一八○○年雙方達成協議，美國放棄賠償要求，法國同意終止雙方盟約。亞當斯對其任內，甘冒不諱，矢志和平，洋洋自得，要求在其墓誌銘中書寫「約翰·亞當斯於一八○○年獨自負責與法國締和責任。」

內政

亞當斯之內政，受制外國勢力影響，多項舉措遭人攻訐，尤其「戒嚴法」（*Martial Law*）激怒民怨，影響聯邦黨繼續執政。他在位期間並將美國國都遷至華盛頓（哥倫比亞特區）。其任內主要措施為：

1. 戒嚴法

許多聯邦黨人士憂心民主共和黨人士與法國勾結，圖謀不軌、陰謀叛國，乃於一七九八年藉國會議員居多數之優勢，通過三項法案，打擊民主共和黨。這三項法案分別是：歸化法（*Naturalization Act*）：將外國人歸化美國之年限，由五年延長為十四年。外人法（*Alien Act*）：要求所有外人必須前往聯邦政府登記，總統有權未經審訊，驅逐任何他認為「危害美國安全與和平的人士」。叛亂法（*Sedition Act*）：此法係針對民主共

和黨新聞媒體而訂，法案規定任何醜化聯邦政府官員，或批評政府的言論及出版品皆屬違法，最高可處二千美元罰金及判處二年徒刑。這三項法案的頒定，弄巧成拙，不僅未予民主共和黨重創，反而自食其果。歸化法及外人法激怒許多新的移民，紛紛加入民主共和黨。叛亂法雖囚禁了許多民主共和黨新聞工作人員，但這些人反被譽為新聞自由鬥士。

2.肯塔基及維基尼亞決議案
（ *Kentucky and Virginia Resolutions* ）

一七九八年及一七九九年肯塔基及維基尼亞議會中，為數較多的民主共和黨議員通過決議文，指責叛亂法違反憲法第一條修正案，「國會不得制訂法律，剝奪新聞及言論自由」。這份由傑佛遜及麥迪遜起草的文件，是美國歷史上第一次出現「廢止理論」（ *Theory of Nullification*，即否認原則）。它認為憲法只是一份契約或同意書，聯邦政府是各州的代理人，各州有權決定聯邦政府是否踰越。如果任何一州認為聯邦法律逾越憲法所授予聯邦政府者，可以廢止這項法律，即可以宣佈法律無效或拒絕遵守；換言之，州有權保護州民免於聯邦權力濫用。這項文件令許多州憂慮，聯邦將因此瓦解，所幸它只是一八○○年的競選文宣而已，沒有真正執行。

第三節

傑佛遜政府（民主共和黨主政）

傑佛遜其人其事

傑佛遜是道地的維基尼亞人，為人平和，衣著隨便，舉止優雅，平生討厭禮節束縛，酷好音樂、繪畫、幾何、天文、自然哲學。雖然不喜歡政

治，但表現不俗，無論立法、從政皆為人讚譽。他才華洋溢，曾引進數百
種外國植物品種，改善作物；此外並自己設計住宅，有名的維基尼亞大學
建築即為其規劃。他曾收集許多藝術品，為後來國會圖書館奠定了基礎。
傑佛遜也是位科學家，一七九六年被選為美國哲學會（*American Phil-
osophical Association*，科學團體）會長，連任長達二十年之久。他也以人
權鬥士聞名，視奴隸為專制產物，獨立革命之後，曾提出多項方案試圖逐
步解放奴隸，但本人卻仍依賴奴隸耕種、服侍。為了維繫貴族生活，無論
在理念上如何痛恨奴隸，豢養依舊，只是對待奴隸較為人道。傑佛遜對印
第安人的態度曖昧不清，他認為必須以宗教及教育方式，將印第安人融於
美國社會，但又認為印第安人必須放棄他們的傳統，以適應美國社會。他
呼籲印第安人放棄游獵，從事農耕。就任總統後，購買路易斯安那土地，
與印第安人談判；鼓勵自由農向西遷移。傑佛遜較輕視女人，對法國女人
活躍政壇不以為然，堅持美國女人不要為政治操心，應在丈夫政爭之餘為
之解勞分憂。因此在總統任內，紐澤西州的女人，無論白人或黑人，都喪
失曾擁有的投票權。

傑 佛遜政府（1801～1809 年）

一八〇〇年民主共和黨提名傑佛遜及布爾（*Aaron Burr*）競選總統，
險勝聯邦黨提名的亞當斯及品克尼。由於兩人得票相當，無法分別誰是總
統、副總統，只有轉交眾院處理。經過六天三十六次投票，傑佛遜在某些
聯邦黨人士支持之下，膺選總統。此後，憲法十二次修正案規定，總統、
副總統分別投票，以免重蹈舊轍。

1.政治理念

傑佛遜相信政府之權力基於人民，在就職宣言中充分闡述了這項理
念。他堅持民主，重視個人自由，強調所有的決定必須取決民意。他認為
維繫政府最好的辦法是保持憲法的活力，讓人民自治。這種「放任自由」

（ *Laissez Faire* ）的政治理論，主張政府不應管制人民，但應防止彼此傷害。

面對聯邦黨人批評，弱勢政府所可能產生的諸多弊病，譬如不滿人士及外國人的煽動、缺乏常備軍等，傑佛遜別有所見。他相信美國是一流國家，只要爲維護自由，人民必然會挺身自衛，而所有的異議，經過充分討論，亦不足造成傷害。

2.內政成就

傑佛遜將其第一任政府稱爲「革命」政府。但與其他革命相比，這只能算是「最溫和的革命」，沒有暴力，又順利地廢除了聯邦黨所通過的法律。聯邦黨的外人法及叛亂法告終，外國公民歸化年限也由十四年減爲五年，威士忌酒稅停徵。至於漢彌爾頓的財政措施則維持原狀，未曾變動。爲了加速償還債務，傑佛遜縮減政府開支，裁撤常備軍至三千人，並建議全面撤除海軍。

3.與國會關係

傑佛遜雖有意削減總統的權限，但就職後即發現，一旦喪失領導權，民主共和黨面臨分裂，因此從政黨領袖身份影響國會立法，推動政令。一八〇〇年大選，民主共和黨在參眾兩院皆占多數，傑佛遜與國會民主共和黨領袖磋商，讓支持他的人位居要津。他並透過正式或非正式管道，促使法案通過。傑佛遜干預立法與華盛頓難分軒輊，亦被稱爲「立法首長」。

4.司法問題

一八〇〇年大選，民主共和黨勝選，除了著手廢除聯邦黨所立之法外，並試圖削減聯邦黨法官人數，削弱聯邦司法權。民主共和黨此舉係鑑於：(1)聯邦法官爲終生職，人民無法控制；(2)聯邦法院判決某些州法律違憲，此舉顯示聯邦法院可加強聯邦政府權力，削弱州的權力；(3)亞當斯任內最後一個月修改一七八九年司法條例，通過一八〇一年司法條例，增加

法官名額，並迅即批准了六十七名「午夜任命的法官」（*Midnight Judges*）。

　　傑佛遜上任之後，國會首要工作之一是廢除一八〇一年的司法條例，然後再利用彈劾方式，將一些法官如比克寧（*John Pickering*）免職。傑佛遜挑戰司法權，未獲成功。聯邦大法官馬歇爾（*John Marshall*）爲美國留下彌足珍貴的司法慣例，並確立了美國司法威信，其中最爲人津津樂道的是一八〇三年「馬布里控麥迪遜案」（*Marbury v. Madison*）。馬歇爾致力維護聯邦權力，他堅信聯邦法院有權決定聯邦法律是否違憲。有關馬布里控訴麥迪遜案之主要內容爲：馬布里爲亞當斯總統任內「午夜任命」的一位治安法官，亞當斯已簽妥任命狀，但尚未發出即告下野。麥迪遜繼任國務卿後，發現任命狀仍擱在桌上，乃予扣壓，並派另一名民主共和黨人士出任該職。馬布里向聯邦最高法院控訴，要求發出命令狀，下令麥迪遜交付任命狀。最高法院陷入兩難，如果下令讓馬布里出任法官，傑佛遜及麥迪遜可能不予理會，如此將傷害法院信譽；如果法院不下達命令，民主共和黨則因法院懦弱而得逞。馬歇爾左右爲難，另謀對策，發現一七八九年司法條例規定法院下令政府機構發任命狀違憲，因爲憲法沒有賦予這項權力，因此法院無權要求國務卿發出委任狀。馬歇爾的論證是，法院執行法律，而憲法是美國最高法律，法官判案時應先視國會所通過的法律是否違憲。馬布里控訴麥迪遜案對美國影響深遠，儘管民主共和黨不滿意，但最高法院卻因此確立了美國「制衡」政治體制中的「監督」責任。最高法院可以解釋憲法，鞏固了美國民主的發展。

結　語

　　中央集權？地方分權？中央與地方之分際何在？隨著聯邦政府之成立，逐漸受到政治人物關切。歷史的形勢比人強，儘管華盛頓告誡言猶在耳，聯邦黨、民主共和黨已成氣候，美國兩黨的政治情勢發展，沛然莫之

能禦。

亞當斯總統師承華盛頓，極力鞏固聯邦治權，惜外交紛擾，內憂不已，一旦祭出戒嚴法，民心頓失。民主共和黨領袖傑佛遜取而代之，標榜民主，重視自由，去惡法，贏人心，深獲國人讚許，史稱「傑佛遜民主」（ *Jeffersonian Democracy* ），嘉許所言所行。

傑佛遜任內，聯邦大法官馬歇爾矢志護憲，智取勇奪，捍衛聯邦，銳不可擋，為美國史蹟添下佳話。

第九章

早期外交柳暗花明

美國脫離歐洲獲得獨立，惟迄一八○○年，美國與歐洲各國關係仍糾纏不已，懸盪未決。美國以兩洋與歐洲分隔，但卻置身列強環伺之中：英國與美國西部印第安人勾結，製造騷動；英屬加拿大在北方虎視眈眈；法國擁有路易斯安那；西班牙控制佛羅里達以及南美各地。美國初創，國勢猶弱，腹背受敵，張惶可見。幸賴傑佛遜、麥迪遜，機智相應，得以苟全，並創新局。

本章將介紹美國一八○○年至一八一五年間傑佛遜及麥迪森總統任內之外交舉措，包括內陸之擴張及涉外關係之發展，尤其是一八一二年美英之戰，史稱美國第二次獨立革命戰爭，美國從此真正擺脫歐洲列強之干預。

第一節

外交問題

國家安全與否，端視國力強弱而定。傑佛遜反對中央集權，早先擬採自然疆界（大西洋、太平洋）捍衛國防，縮減軍備，匠心獨具，惜昧於實際，曲高和寡，窒礙難行，不得不改弦易轍，以國家安全為重。傑佛遜政府時代之涉外事務包括：處理非洲海盜國家之勒索、購買法屬路易斯安那土地以及處理美英間之衝突。

對付非洲海盜國家

非洲西北海岸的黎波里（目前利比亞的一部分）、摩洛哥、突尼西亞、阿爾及利亞等國家海盜猖獗，強徵保護費，任何國家拒繳即可能船隻遇擊，人員被俘為奴。邦聯政府時期，美國無力支付款項，美船只得遠避地中海航行；聯邦政府建立，為息事寧人，從一七八九年至一八○一年共

繳付保護費二百萬美元,但的黎波里等國仍嫌不足,不時恫嚇,希望榨取更多財帛。

傑佛遜力倡和平外交,卻也不甘受脅,乃擬訂對付的黎波里四年作戰計畫,在地中海部署十四艘船艦。一八〇五年美國駐埃及使館更僱用阿拉伯、希臘傭兵,橫越撒哈拉沙漠(Sahara Desert),成功地突擊的黎波里,迫使的黎波里求和。美軍於一八〇七年撤離,海盜掠奪事件復起,直至一八一五年才在歐美聯合剿匪之下,始告匿跡。北非海盜事件,讓美國海軍越洋作戰,為美國海軍在一八一二年的美英作戰,提供了演練機會。戰爭之中美國總統的統帥權也獲得鞏固。

與 法國關係(購買路易斯安那)

一八〇〇年拿破崙雄霸歐洲,擬在美建立新的法國殖民地。同年,西班牙偷偷將路易斯安那轉讓法國。由於路易斯安那的新奧爾良港是美國進出口貨物的主要港口,西國此舉令傑佛遜惶惶不安,深恐一旦法國取得新奧爾良,美國將被迫與英國合作。為確保美國安全無虞,傑佛遜訓令美國駐法大使李文斯敦(Robert Livingston),以一千萬美元購買新奧爾良及西佛羅里達,同時並派遣門羅(James Monroe)赴巴黎前往協助。此舉尚在成敗難料、得失未卜之際,法屬海地(Haiti)革命成功,影響拿破崙對美國的野心。一八〇三年四月,法國外交部長塔里蘭出人意料的詢問李文斯敦,美國是否願出價購買路易斯安那?李文斯敦迅速與門羅商量,未幾即達成協議,美國以一千五百萬美元購得此地。傑佛遜憂喜參半,喜的是美國領土倍增,憂的是如何處置新領土事宜。新土地一旦為美國所有之後,該地人民勢必成為美國人,這將觸及加入聯邦成為新州及外人成為美國公民問題。依憲法規定,須交參議院決定。傑佛遜擬採修憲方式使購置路易斯安那合法化,但內閣及國會議員擔心,曠日持久,難免拿破崙三心二意,轉念變卦。於是傑佛遜乃同意將此案送參議院,並一反過去主張,改採「彈性」立場釋憲。一八〇三年十月參院通過購買路易斯安那,

十二月美國真正擁有這一塊土地。

第二節

內政問題

　　路易斯安那劃入美國版圖，對美國之政治、西向拓展以及美印間的關係都產生重大影響。分別說明之。

西 向拓展

　　美國自購得路易斯安那後，即對這塊陌生土地興趣盎然，為了揭開神祕的面紗，傑佛遜總統親自遴選兩位美國軍官，劉易士（*Meriwether Lewis*）及克拉克（*William Clark*）率領探險隊，沿密蘇里河深入西部，尋找一條越過落磯山脈至太平洋的途徑，探究密蘇里河資源，瞭解印第安人風俗民情，認識各種野生動植物、氣候及土壤的特色。由傑佛遜親自草擬計畫，政府資助的這支科學探險隊，共有二十九名團員。一八〇四年五月由聖路易（*Saint Louis*）乘三艘船出發，歷經二年跋涉始返。期間與印第安人建立了良好的友誼，為美國提供了有關這塊土地的各種資訊，加速了美國向西部的拓展。

政 治方面

　　新英格蘭地區對路易斯安那併入美國憂心忡忡，擔心西部勢力擴增，將損及新英格蘭地區的政治力量，並影響東部的商業發展。他們試圖脫離聯邦，並拉攏紐約助長聲勢，他們利用副總統布爾的野心。布爾對民主共和黨心存不滿，一八〇四年擬脫離民主共和黨，改以聯邦黨候選人身份競

選紐約州長，一旦膺選，即讓紐約州脫離聯邦。布爾的計畫遭漢彌爾頓反對，怒不可遏。一八〇七年七月某日，在紐西哈得遜河懸崖的一角，兩人決鬥，漢彌爾頓被擊倒地，次日辭世，布爾被紐約法院陪審團判決謀殺，逃之夭夭。一八〇四年布爾被剔除民主共和黨副總統候選人名單外，即往西行，傳言將發動陰謀政變，但未獲得證實。一八〇七年布爾被捕，在維基尼亞州以叛國罪受審，由於罪證不足，被判無罪，放逐赴歐，四年後重返紐約。

與 印第安人關係

傑佛遜認為密西西比河以東的印第安人，應移居至路易斯安那空地，堅持基寇索族及查羅其族等印第安部落應遷離居所（今日之阿拉巴馬（*Alabama*）及喬治亞）前往阿肯色（*Arkansas*）。儘管美印雙方曾簽署格林威爾條約，但卻無法阻止邊民侵犯印第安領地，危害他們的生計。美國西北地區總督哈里遜（*William Henry Harrison*）所撰述的報告中，對印第安人充滿偏見。他曾與印第安人簽署十五項條約，迫使印第安人放棄所有在今日伊利諾州的土地。在美印對峙之際，印第安夏安尼族（*Shawnee*）酋長特庫姆塞（*Tecumseh*），試圖聯合各部落對抗白人，並要求哈里遜放棄一些「騙取」來的土地。一八一一年哈里遜展開剿印，印第安人在英人支援下奮勇抵抗，戰事慘烈，一八一三年特庫姆塞托孔色戰死，美夢成空，部分印第安部落轉而與哈里遜謀和。

第三節

美英之戰

美英關係錯綜複雜，曖昧不明。美國移民多來自英國，美國人的生活

方式、生存之道亦多仰賴英國。但美國卻在一七七八年藉法國一臂之力（美法同盟）背離、棄絕英國，走向獨立。美法以「義」相權，美英以「利」相濡，獨立革命後美國面臨義、利之辨，終了以「見利忘義」收場，一八○○年廢止與法盟約，與英委蛇，惟仍不見容於英國。此後，如何擺脫英國干預，成爲外交施政的重要考量。

一八一二年美英之戰（ War of 1812, 1812～1815 ）提供了美國眞正獨立的契機。一七七六年的獨立革命僅止於政治，而一八一二年的戰爭讓美國在心理、社會、經濟上邁向自主。此次戰爭牽連傑佛遜、麥迪遜兩位總統，對傑佛遜影響尤大。戰爭迫使他屈就現實，背棄一向尊重「個人自由」，強調「有限政府」的理念。傑佛遜晚年不以任職總統爲榮，致力創辦維基尼亞大學（ University of Virginia ）。死後，墓碑上僅刻「獨立宣言及維基尼亞宗教自由法案起草人，維基尼亞大學創辦人。」

一八一二年戰爭對美影響深遠，有關其源起、經過、影響，分別敍述如下。

源 起

一八○三年英法戰火復熾，美國希望維持中立，遊走兩國需求之間。惟拿破崙領導下之法國於一八○五年成爲歐洲盟主，英國因納爾遜（ Horatio Nelson ）海戰勝利，控制海權，使得美國處境尷尬。一八○六年及一八○七年拿破崙發佈柏林及米蘭詔書（ Berlin and Milan Decrees ），禁止任何國家在法國轄區進口英國貨物及英國船隻進出港口，任何中立國船隻載運英國貨物，或停靠英國港口以及允許英艦搜尋，皆將予以逮捕。爲了報復法國的舉措，英國亦發出樞密令。英國擔心拿破崙的禁令，將使美國受惠，取代英國成爲歐洲貿易大國。樞密令主要針對美國，規定任何中立國船隻與歐貿易，必須先駛往英港，此外不得載運任何法國殖民地貨物，也不得運送軍事物資。拿破崙的公告以及英國的樞密令一旦嚴格執行，均將危害美國，並終結美歐之間的貿易。所幸兩國外張

內弛，美國依然僥倖受惠。

戰端

一八〇七年美艦乞沙比克號（Chesapeake）艦離港前往地中海途中，遭英艦攔阻，要求登船搜捕英籍逃兵。美軍拒絕，英艦開火，三名美軍殉難，十八人受傷，美船被迫投降受檢，四名水兵被押。消息傳抵美國，民情沸騰，傑佛遜值此國恥之際，一面下令向外購買武器，一面籌謀解決之道，擬沿用革命時期採用之禁運政策。惟執行困難，多所更迭，仍不得舒困，終而導致戰爭。

英美兵戎相見之過程為：1.一八〇七年之禁運法案：一八〇七年十二月國會通過傑佛遜所提之禁運法案（Embargo Act），禁止美船駛往世界任何港口。此舉甫經實施，即遭困阻，英國受到部分傷害，法國些微損傷，美國受創最深。船員失業，貨物堆積碼頭，價格滑落，商業蕭條，新英格蘭地區人民羣起反對。傑佛遜為貫徹禁運政策，改弦易轍，擴大兵員，援用搜捕方式，緝拿走私加拿大貨物。2.一八〇九年之不交往法案（Nonintercourse Act）：一八〇九年三月傑佛遜任職屆滿，榮退之前，國會即因禁運法遭致民怨而予廢除，並通過拒絕通商法取而代之。該法規定，禁止與英法所管轄之港口進行貿易，但開放其他港口。此法雖減少美國損害，對英法約束，仍然有限。3.一八一〇年之麥孔二號法令（Macon's Bill NO.2）：美國國會於一八一〇年取消不交往法命令，改採「麥孔二號法令」，重新開放與各國貿易，但規定英法任何一國家，尊重美國中立權，美國即中止與另一國家的貿易往來。拿破崙利用該法之不周延，愚弄美國。一八一〇年率先表示廢止柏林及米蘭詔書，誘使美國於一八一一年二月中斷與英貿易，但法國仍繼續搜捕美國船隻。至於美英之間，由於缺乏溝通管道，戰爭硝煙日濃，一觸即發。4.國會議員的推波助瀾：來自西部及南部的國會議員，多主張與英國攤牌。這批「好戰份子」（War Hawks）由肯塔基州的克萊（Henry Clay）及南加洛林那州之卡

洪（*John C. Calhoun*）領導，他們聯合賓西法尼亞州的議員，形成國會
多數，最後在衆院以七十九票對四十九票，參院以十九票對十三票的決議
下，決定對英國作戰。

戰 爭經過

一八一二年六月十八日美國向英宣戰。此次戰爭可分爲陸海兩方面，
陸地方面的戰爭先衰後盛，海上則是先勝後敗。不過早期海上之勝利，爲
美國提昇不少士氣。

1.陸地方面

陸地戰爭以加拿大爲重心。加拿大爲英國屬地，英國軍隊由加拿大集
結南下，美軍則以加拿大爲作戰目標。戰爭甫起，美派六千部衆北上攻
加。由於主帥老邁，指揮零亂，事權不一，未能制勝，反而加拿大一支英
國軍隊攻佔底特律及密西根湖畔的兩座堡壘。所幸一八一三年後西部情勢
改觀，扭轉了劣勢。美國伯里（*Oliver H. Perry*）將軍在伊利湖（*Erie*）
戰勝英軍，迫使英國撤離底特律。哈里遜揮戈進軍加拿大，擊敗英軍，振
作了美軍士氣。

一八一四年，歐州局勢底定，拿破崙兵敗遭放逐，英國得以增兵赴
美。是年夏天，英軍一萬四千人由蒙特婁南下，美軍奮力抵抗，迎頭痛
擊，英軍損失慘重，被迫折返蒙特婁。後再派兩支軍隊，一支前往巴爾的
摩及華府。他們於八月攻下華盛頓，焚燒掠奪後，繼續發兵巴爾的摩。麥
亨利堡（*Fort McHenry*）一役，美軍誓死捍衛，擊退英軍。凱伊（*Francis Scott Key*）爲紀念是役英勇表現，撰寫美國國歌（*Star‐Spangled Banner*，星條旗頌）歌頌星條旗飄揚，沿用迄今。

另一支前往新奧爾良。這支爲數六千名的英軍，遲至一八一四年十二
月才抵密西西比河。美軍在傑克遜（*Andrew Jackson*）領軍之下，於一八
一五年一月八日展開決戰。新奧爾良之役英軍死傷逾三分之一部衆，美軍

獲勝。事實上，這場戰爭已無必要，因爲美英兩國已於兩週前締和，但礙於交通不便，訊息未達，主帥不知，故仍兵戎相見。

2.海上

一八一二年戰爭爆發之際，美國海軍勢力薄弱，沒有大型戰艦，只有一些中型快速戰艦，但由於曾與北非海盜作戰經驗，火力較旺，操作熟練，因此在戰爭初期捷訊頻傳。英國係海軍大國，軍力爲美國二十倍，根本無視美國能耐，少許挫敗原無傷大局，但卻令英國難以釋懷。隨著戰爭曠日持久，美軍海上情勢日蹙，英軍封鎖了大西洋海岸線，美國海軍窒礙難行，終而先勝後衰。

締 和

美英之戰，乏善可陳，是否必要，人言言殊。西部、南部主戰，東北部反戰，尤其新英格蘭人爲最，不僅拒絕出兵，更不輸捐，並譏之爲「麥迪遜先生之戰」（ *Mr. Madison's War* ）。一八一四年新英格蘭地區領導人士準備討論脫離聯邦政府。十二月代表們在康乃狄克州的哈特福，祕密集會，商討如何面對貿易及商業蕭條、船業停擺等問題。他們希望以增修憲法修正案方式，減少南部政治發言權（如廢止黑人人數計算方式），提高新英格蘭政治地位。此外並強烈建議，如戰爭持續未決，新英格蘭地區將脫離聯邦。哈特福會議選派代表赴華盛頓擬向總統及議員陳情，代表抵達華府之際，聞悉新奧爾良大捷，美英雙方已締和，乃黯然而歸。

一八一四年七月美英雙方代表在比利時根特（ *Ghent* ）會晤，美國代表是約翰・昆西・亞當斯（ *John Q.Adams* ）、亨利・克萊、亞伯特・加勒廷（ *Albert Gallatin* ）。兩國代表於一八一四年聖誕夜簽字，雙方同意停戰，維持舊疆界，其餘問題留待未來。條約未提及中立國權利以及美國水兵被俘等問題。一八一五年二月美國參院通過和約。

結　語

　　一八一二年戰爭俗稱「第二次美國獨立革命戰爭」。就戰爭而言，美國發動這場戰爭乃形勢所迫。戰爭之際，舉國步調不一，首都一度淪陷，影響國家瀕臨危機；戰爭結束，美國雖勝，卻一無所獲。然就戰爭意義而言，這場戰爭讓美國人拾回自信與自尊，拋棄內部歧見，忘卻失敗陰影，同心協力，建立一個更富強康樂的國家。

第 十 章

中央地方兼容並蓄

一八一五年美英戰爭結束後，美國邁入歷史新紀元，從此擺脫歐洲干預，致力國家發展。但隨著內部的開發，區域間的衝突逐漸浮現：關稅高低、西部移民、黑奴問題、交通建設等，各州利益不同，爭執不決，導致國內紛爭日益擴大。

一八一五年到一八四〇年的美國，國家主義及地方主義兼容並蓄。外交上，門羅主義（*Monror Doctrine*）宣示了美國不接受歐洲干預的決心。內政上，好感時代（*Era of Good Feelings*）的一黨獨大逐漸走向分裂，南北之間的地域衝突隨著國內建設的發展，益形尖銳。有關這時期之歷史，可分外交與內政兩方面探討。

〰〰 **第一節** 〰〰

國家主義之理念

國家主義之興起與一國之地理、經濟、政治、社會條件息息相關。美國地處兩洋之間，服膺民主，追求平等，尤其美英戰爭之後，更是舉國一致。無論在經濟方面、政治方面、法律方面皆朝國家總體目標努力。

經 濟政治

一八一五年前，美國東北部、南部、西部之經濟發展，各行其是，各取所需，彼此之間鮮少共識。但工業革命卻刺激城市興起，市場原料互通有無，彼此依賴，影響交通建設需求日殷，國家團結日趨重要。政治方面，一八一二年戰爭將美國人凝聚一堂，深化了戰後的國家意識。由一八一七年至一八二五年，美國政治進入了「好感時代」。聯邦黨因新英格蘭地區反戰情結，喪失人心，至一八一四年逐漸式微。一八一六年民主共和黨的門羅膺選總統，一八二〇年後聯邦黨不再推出候選人。當時美國報紙

報導「政黨派系在美國似乎已消失，全國團聚在一黨之下」，民主共和黨成為全國唯一的政黨。

銀 行稅法

一八一二年戰爭顯見傑佛遜的「有限政府」理論，已不切時宜，戰後民主共和黨援用漢彌爾頓理念，通過許多法律，其中最具代表性有：1.一八一六年美國第二銀行（*Second Bank of the United States*）的設立。一七九一年通過的美國第一銀行，期約二十年，至一八一一年到期，未能繼續，美國金融危機隨之出現。由於缺乏聯邦金融機構，各州沒有準備金，無法發行通貨，使得聯邦貨幣價格低貶，甚至一文不值，影響國內經濟發展及對外貸款。民主共和黨在一八一一年反對續予美國第一銀行特許狀，但隨著經濟情勢惡化，客觀條件不再，國會於一八一六年通過設置美國第二銀行。一向反對設置銀行的麥迪遜總統，亦不得不審慎度勢，簽署批准。2.一八一六年之關稅法（*Tariff Act of 1816*）。一八一二年戰爭期間，美國無法續由英國進口貨物，被迫自謀發展，自力更生。戰後，英貨廉價傾銷，美國製造品面臨衝擊，國會乃於一八一六年通過關稅法案（*Tariff Act of 1816*）對外國貨物進口徵收高關稅，保護美國貨物免於競爭壓力。這是美國國會首次通過保護性關稅，雖然各地區看法不一，但多普遍支持這項法案。

法 律：馬歇爾的國家至上理念

馬歇爾大法官維護私人財產，鞏固中央政府不遺餘力。一八一九年麥洛克控馬里蘭州政府案（*McCulloch v. Maryland*）、達莫斯學院控伍德渥德案（*Dartmouth College v. Woodward*）、一八二四年吉朋控歐格登案（*Gibbons v. Ogden*），在在提昇了聯邦政府的權力。1.麥卡洛克控馬里蘭州政府案。此案是馬里蘭州試圖向美國銀行設在該州的巴爾的摩分行徵

稅所引起。馬歇爾認爲，美國銀行係由憲法依解釋性原則所設立的機構，憲法係由人民而非各州所同意簽訂的國家大法，地位高於各州法律，因此馬里蘭州無權向聯邦政府機構徵稅，確立了聯邦大於州的地位。2.一八一九年達莫斯學院控伍德渥德案。此案係一八一五年新罕布什爾州議會通過法律，變更喬治三世於一七六九年所頒發給達莫斯學院的特許狀，該院董事會反對這項法案而提出控訴。馬歇爾支持原特許狀，他認爲特許狀是一份合約，州無權過問。確保了公司財產不受州議會控制。3.一八二四年吉朋控歐格登案。此案係紐約州給予富爾頓（ *Robert Fulton* ）及其合夥人，哈得遜河由紐約至紐澤西段，以及其他紐約州河流航運的專利權。馬歇爾認爲此舉違法，侵犯了聯邦政府對州際間貿易的管轄權。馬歇爾的判決，雖令州不滿，但對憲法的彈性解釋，足以使憲法在往後衆多的危機與挑戰中，屹立不搖。

國家主義的實踐──國內建設

一七八九年美國建國之際，陸路交通建設落後，雨季泥濘，乾季塵揚；水路交通簡陋，多爲平底船，沿河岸航行。一八○○年情勢改觀，道路改良，運河、鐵路、汽船應運而生，促進貿易發展，加強國人凝聚。有關此時重要的交通建設爲如下：

陸 路運輸系統

美國阿帕拉契山脈阻撓了西部農產品與東部工業品的交易。密西西比河只能順流，無法逆航，加上一八一二年戰爭，兵員運輸以及移防所造成的困擾，導致有識之士促請聯邦政府修建高速公路及運河，改善國內運輸

網。一八一六年南加洛林那州的卡洪向衆議院提案，由銀行之私人股東撥款，修建道路，主要有：1.國道：第一條國道坎伯蘭國道（ *Cumberland Road* ）由馬里蘭州波多馬克河之坎伯蘭到維基尼亞州俄亥俄河之惠林（ *Wheeling* ），此路由國會於一八〇六年通過撥款，一八一一年開始修建，一八一七年完成。一八三八年續向西延伸至伊利諾州的萬達利亞（ *Vandalia* ）。一八一六年麥迪遜總統否決了特別津貼法案（ *Bonus Bill* ），政府不再提供資金築路，使得坎伯蘭國道成爲絕響。爾後之國內交通維修，皆由各州或私人公司自行辦理。2.收費公路：一七九〇年至一八二〇年又稱爲「收費公路時代」（ *Turnpike Era* ）。這段期間內，由州頒發特許狀給私人公司營建的道路，逾數百哩長，這種道路採用付費方式經營，故稱爲收費公路。東部商業繁榮，需求較多，獲益較大；西部較差。這類道路多由州政府自營。

水 路運輸

公元一八〇〇年前，汽船問世，美國密西西比河流域成爲全國性航道。一八〇七年富爾頓所屬的輪船克萊蒙（ *Clermont* ）在哈得遜河舉行首航，開啓了汽船時代（ *Steamboat Era* ）。它縮短了紐約至阿本尼航程數日的光陰，至一八五〇年，在密西西比河流域航行的汽船約八百艘，超過英國全國商船總數。汽船航行爲美國運輸增添不少便利，城鎮興起，人民遷徙容易，加速了美國人的共識。隨著汽船廣泛使用，河道需求日殷，運河的開鑿益形迫切。十九世紀前半葉，完成航道長達數千里，最爲人稱道的是伊利運河（ *Erie Canal* ）全長三六三公尺，寬十二哩，深一點二公尺，沿哈得遜河之阿本尼通往伊利湖的水牛城（ *Buffalo* ），由紐約州承建，費時八年（ *1817～1825* ），耗資七百萬美元。伊利運河效益顯著，由紐約州至水牛城，每噸貨物運費由一百元降至八元，此外更重要的是加速了東北與舊西北區的連繫，增進雙方的經濟來往。鑑於紐約州修築伊利運河之績效，美國各州一窩蜂搶築運河，賓州、俄亥俄州不落人後，至一八

三〇年美國人修建運河已長達一萬哩。

國家主義之實踐——外交事務

一八一五年美英之戰結束後，美國外交洋溢國家主義情操。與英西簽訂條約，擴大疆域，鼓勵拉丁美洲國家獨立革命，向歐洲國家宣示，美洲主權不容干預。

與 英國關係

一八一五年美英儘管簽署和約，但根特條約未能解決雙方間之爭端，包括在聖勞倫斯河口的捕魚權、海軍競武、未定邊界爭議等，均令美國怨尤難消。不過鑑於彼此貿易利益所在，英國提供了美國原料市場，美國為英國貨品大宗出口區，雙方仍力圖維持友好來往，採和平方式解決爭端。主要成就為：1.一八一七年之拉什・巴格特協定（ *Rush - Bagot Agreement* ）。這項協定是由美國駐英大使約翰・昆西・亞當斯與英交涉所獲致的成果。條約中，美英同意放棄在五大湖的海軍武力，但同意彼此的緝私活動，雖然此約未能廢止邊界堡壘，但卻為雙方裁減海軍創下首例。2.一八一八年協定。英美雙方於一八一八年達成協定，容許美國漁船在加拿大水域作業；確定路易斯安那由明尼蘇達（ *Minnesota* ）之梧茲湖（ *Lake of Woods* ）至落磯山的北界為北緯四十九度；落磯山以西之俄勒崗（ *Oregon* ），由美英共管十年，兩國自由從事皮貨交易，自設據點，互不干涉。

與 西班牙的關係：一八一九年之亞當斯・歐尼斯條約

自法國讓售路易斯安那予美之後，美國與西班牙之間的關係日趨緊張。西班牙認為其所屬之佛羅里達西界為密西西比河，美國則堅持應在密西西比河以東約二百哩處之柏度多河（*Perdido River*）。雙方認知面積差距達二百哩之多。一八一二年戰爭期間，英西結盟，佛羅里達成為反美陣地，戰後續作為英國盟友印第安人的駐地。一八一八年田納西民兵總司令傑克遜，越界追擊印第安人，並攻佔西班牙在聖馬克斯（*St. Marks*）的潘沙可拉（*Pensacola*）據點。西班牙獲悉震怒，要求美國賠償，並懲罰傑克遜。美國內閣傾向與西班牙妥協，惟國務卿昆西・亞當斯獨排眾議，堅稱西班牙若無法有效維持佛羅里達秩序，即應將之割讓美國。一八一九年西班牙與美簽訂亞當斯・歐尼斯條約（*The Adams-Onis Treaty*），將佛羅里達讓售美國，得款五百萬元。此外，美國不再將德克薩斯（*Texas*）視為路易斯安那土地的一部分，西班牙不放棄要求對俄勒崗的所有權。這是亞當斯的一項勝舉，也是美國外交上的一大勝利。

與 拉丁美洲國家關係：門羅主義

一八二三年的門羅主義（*Monroe Doctrine*）是昆西・亞當斯任內的重大表現，涉及美國、拉丁美洲、歐洲間的複雜關係，奠定了美國在拉丁美洲的領導地位。

1. 緣起

(1)拉丁美洲獨立問題：拿破崙席捲歐洲，大肆宣揚「自由、平等、博愛」理念，流風所及，拉丁美洲國家紛起推翻西班牙統治，至一八二三年墨西哥及中美洲許多國家宣布獨立。未幾，法兵敗，歐洲列強組「四國同盟」、「神聖同盟」，鎮壓反動，協助西班牙、義大利掃蕩革命，並試圖

干預拉丁美洲國家獨立。歐洲列強此舉，損及英國利益，拉丁美洲國家獨立後，對世界各國開放自由貿易，英國受惠最大，一旦重返西班牙懷抱，英國將無利可圖。一八二三年八月英國外相向美國駐英大使建議，由英美發表聯合聲明，西班牙不得恢復其在拉丁美洲殖民地，美英兩國亦不染指這些國家，聲明並建議成立美英同盟。

(2)俄國的影響：俄國擁有阿拉斯加，對太平洋岸野心可見，沙皇宣稱，俄國領土應南至北緯五十一度的俄勒崗。並警告非蘇俄船隻，必須遠離蘇俄所宣示領土一百哩外。

2.發展

一八二三年後下半葉，美國處境日艱，是否容許蘇俄深入北美？又如何面對歐洲四國同盟對拉丁美洲的干預危機？應不應該與英國合作？猶或美國獨自應付？門羅總統與幕僚商議，並與傑佛遜、麥迪遜等人討論。各人看法不一，有人主張與英合作，亦有人認爲應獨自奮戰，最後門羅裁決自行解決，發表一八二三年的門羅主義。其內容爲(1)任何歐洲國家將其制度引伸至西半球，均將危害美國的和平與安全，因此歐洲國家不得干涉拉丁美洲事務；(2)歐洲國家不得在北美及南美殖民，主要是針對蘇俄向俄勒崗的擴張；(3)美國不會干預歐洲國家已有的殖民地，未來也不會；(4)美國不會干涉歐洲事務亦不會參加歐洲國家間戰爭，未來也不會。

3.意義

門羅主義發表徒具形文，賴英國海軍實力，四國同盟方不敢妄動。一八二四年蘇俄同意自俄勒崗撤離，以北緯五十四度四十分作爲阿拉斯加南界。對美國而言，門羅主義是一項「孤立」及「不介入」的聲明，它延續了華盛頓的中立原則以及傑佛遜的「不干涉」理念。但對拉丁美洲國家而言，美國是一廂情願。拉丁美洲國家從未要求美國保護，而且該項聲明亦未保護拉丁美洲國家免於美國干預。

地方主義之形成

隨著國家主義之發展，美國各地區之利益亦逐漸浮現。東北部、西部、南部，由於地理、歷史、生活條件不同、需求不一，爭執亦形尖銳。

東 北部

東北部以製造業爲主。一七三〇年至一八〇〇年英國發生工業革命，爲獨占利益，禁止向外國輸出機器並限制技工向海外移民。一七八九年，英國移民斯萊特（ *Samuel Slater* ）憑其個人記憶，在美仿造紡紗機，並於羅德島之波特克特（ *Pawtucket* ）建立首座工廠。美國東北部水力豐沛、資金充裕、人民吃苦耐勞，「洋基」（ *Yankee* ）代表著當地人節儉、純樸、勤勞的表現。一八四〇年新英格蘭地區有棉花廠七百座、羊毛廠五百座，僱用工人約五萬名。小型工廠充斥，多從事製鞋、鐘錶、驛車、紙張製造。除了新英格蘭地區外，賓西法尼亞、紐澤西、紐約等大西洋沿岸都市亦因交通運輸便利，歐洲移民提供廉價勞工，形成工業都市。東北部工業發展影響當地(1)城市快速成長，如紐約、賓西法尼亞；(2)交通運輸網擴建；(3)城市勞資階級形成；(4)金融機構日漸重要；(5)女人童工數量增加，成爲工廠主力。

西 部

根據一八二〇年人口調查顯示，全美四分之一人口居住在阿帕拉契山脈以西地方。一八三二年後西北之印第安人已多遷往密西西比河西岸。西

北地區自然資源豐富，河流清澈，森林密茂，土壤肥沃，飛禽走獸，鹿、熊、鴨、火雞、鵝、鵪鶉等，遍佈叢林。西部最大資產爲土地，由於價格低廉，吸引大批移民湧入，包括來自南部的小農及貧苦白人、東北部的農民、以及歐洲的移民。他們在此擁有私地，自力更生。西部之發展有賴城市之興起，辛辛那堤（ Cincinnati ）、匹茲堡、路易斯維爾（ Louisville ）、納士爾（ Nashville ）皆爲重鎮。西部城鎮工資優渥，財源廣被，致富便捷。西部人充滿自信及自主，憑能力辦事，生活講究平等，無論政治、法律、軍事、宗教皆服膺民主，職業不拘形式，粗活細工不分彼此。只要成年男人皆有選舉權，是一個唯才是舉的社會，但可惜的是，這種精神不包括印第安人在內，印第安人被迫俯首稱臣，或逃向更蠻荒之地。

南部

南部以農業爲生，早期作物以煙草、染料、棉花、穀類爲大宗。英國工業革命後對美國南部的棉花需求日殷，一七九〇年後棉花成爲主要作物。一七九三年惠特尼（ Eli Whitney ）發明軋棉機，棉花生產遽增，收益擴大，影響美國南部社會奴隸的地位與生活。美國棉花生產始自南加洛林那及喬治亞，以後向西推展至密西西比河及阿拉巴馬的的肥沃之地，再沿密西西比河及其支流兩岸之沃地南下。密西西比於一八一七年、阿拉巴馬於一八一九年、阿肯色於一八三六年加入聯邦，南部因而成爲棉花王國。

南部之奴隸制度因爲棉花生產而獨樹一幟。一七〇〇年代末期，南加洛林那及喬治亞州農主雇用奴隸耕種稻穀，但收益有限。這些奴隸不僅缺乏一技之長，無事可做，予以釋放，也無以爲生。維基尼亞、馬里蘭、肯塔基的奴主曾成立美國殖民會社（ American Colonization Society ），將獲釋奴隸送往非洲，一八一九年國會通過撥款十萬美元，資助這項計畫。一八二二年該會社在非洲西岸成立賴比瑞亞共和國（ Republic of

Liberia）即「自由之地」，作爲奴隸的天堂。但由於不夠實際，只有少數黑人願意離美前往此地。不過，棉花栽培簡單易學，又可消耗奴隸怠惰之性，自然對奴隸的批評也就日減。少數奴主擁有五十至二百名奴隸耕作，一般人蓄養少數奴隸，生活也不太富裕。奴隸因其才能不同，從事工作亦有差別，由農事到家事不等。

地方主義之紛爭

美國各地區之間爭議較大的問題有四：公地政策、保護關稅、聯邦撥款修建國內交通網、奴隸問題。1.公地政策：西部邊民偏愛廉價土地、移居方便、重視拓荒者的權利。東部農人反對西部廉價出售土地，擔心影響競爭力。南部看法不一，大莊主要求迅速公開售地，但拓荒者反對，他們早已佔有較佳的土地。2.保護關稅：東北製造業主及工人傾向高關稅，避免外國貨品競爭。南部人士反對高關稅，減少採購支出。至於西部，多半贊同高關稅，因其認爲，隨著工業城市興起，農產品需求日增，保護關稅將刺激依賴對阿帕拉契山脈以西的貨品，西部可藉由稅收，開闢道路及運河。3.聯邦投資興建交通網：西北部人士需要道路及運河，方便採購及銷售，普遍贊同興建。南部河流營運普遍，反對聯邦資助修建交通網。東北部可藉此拓展市場，亦表同意。4.奴隸問題：南部堅持可自由擴大奴隸區，東北及西北部反對，北部視奴隸背棄道德。大半的美國人同意南部保留已有的奴隸，但不得擴張。

結　語

一八一五年至一八四〇年是美國歷史上一個關鍵的時代。美國團結在一個政府的理念之下，也分歧在一個多元的利益之上。美國的國家主義造就了美國自主、獨立，而美國的地方主義也突顯了美國的矛盾與衝突。

　　值此美國的多元社會價值觀與美國的一元國家政治觀激盪之際，如何調適也就考驗了執政諸公的睿智。門羅及昆西‧亞當斯的表現，雖不盡理想，但也差強人意。畢竟，美國仍朝著理想向前邁進。

第 十 一 章

傑克遜民主毀譽參半

　　好感時代的政治團結氣氛，隨著地區利益的再現，以及總統大選的熱烈競爭，而趨淡薄。一八二四年，約翰・昆西・亞當斯入主白宮，黨派紛爭復燃。一八二八年，傑克遜膺選美國第七任總統，西部勢力抬頭。美國民主再創新猷，而黨派政治亦告重現。

　　本章將敍述一八二○年至一八二八年間美國地域之見，美國總統大選所引發的政爭，傑克遜任內的措施，以及一八三七年美國經濟危機及輝格黨（ the Whigs ）的出現。

第一節

一八二○至一八二八年的政爭

　　一八二○至一八二八年間，美國政治的難題有地域間的紛爭以及政黨間的政爭。

 區衝突

1. 奴隸制度的擴張

　　奴隸制度是地域問題的關鍵。一八一九年密蘇里州（ Missouri ）申請以奴隸州身份加入聯邦，引發爭端。美國係由各州加盟而組成的國家，州的權益關係著聯邦政府的政策走向。長久以來南北維持在均勢的權力之下運作，密蘇里之加入聯邦導致南北雙方政治生態失衡。紐約州的衆議員詹姆士・托梅吉（ James Tallmadge ）提議允許密蘇里加入聯邦，惟需逐年解放奴隸，此舉獲衆院通過，卻遭參院反對，結果申請案被擱置一年。從此議會爭論益形惡化，傑佛遜稱之爲「夜晚的火警」，恐怖駭人。一八二○年密蘇里案在緬因州脫離麻薩諸塞，以自由州身份申請加入聯邦時，

暫告平息。此時雙方在參院各擁有十一州，北方在眾院佔一百零五席，南方有八十一席，緬因州加入後雙方在參院席位仍舊相當。一八二○年的密蘇里妥協案（ *Missouri Compromise of 1820* ），雖讓密蘇里及緬因州分別獲准加入聯邦，但北緯三十六度三十分以北，沿密蘇里南界往西的土地禁止蓄奴。南部所以願接受妥協，係認為三十六度三十分以北不宜種棉。不過事實上，這項爭議只是開端，誠如昆西‧亞當斯所言：「目前的問題只是悲劇作品的序言而已」。

2.美國體系問題

美國各州，各具特色，各有所需。東北地區，新英格蘭製造業主張高關稅，但船東怕影響外國貨物輸入，嚴加反對；西部人要求廉價土地，獲北方工人支持；南部商人仰賴北方金融界。各州間之關係視利益而定，無一定成見，常引發衝突。當時有意角逐問鼎白宮的亨利‧克萊是一位擁護國家至上的人士。他草擬一項計畫，希望能協調各州利益，凝聚國是。這項名之為「美國體系（ *American System* ）」的方案，試圖透過立法方式，嘉惠各州。該方案建議提高關稅以支持東部製造商，免於競爭；利用稅金修建交通網，討好西部；改善河流運輸，圖利南方。他認為如此一來東部紡織業協助婦女就業，提供南方棉花及西部羊毛市場；東部城市可作為西部食物的市場，國家銀行可供應貨幣。

政 黨政爭

克萊的「美國體系」確實發揮功能，舒緩各州衝突，但卻無法阻止各地區推派候選人角逐總統。一八二四年的美國總統大選共有五人參選，除了卡洪（ *John C. Calhoun* ）一人競選副總統，並且輕易當選外，其餘四位角逐總統寶座者，皆未獲得半數以上選票。來自肯塔基州的克萊獲三十一張選舉人票，喬治亞州的克勞福德（ *William H. Crawford* ）獲四十一張選舉人票，新英格蘭地區之昆西‧亞當斯，獲八十四張選舉人票，田納

西州之傑克遜獲九十九張選舉人票。按照美國憲法第十二條修正案，如無人過半，則獲票較高的前三名送交衆院投票決定，按每州一票，選出一人爲總統。卡萊排名第四，率先被淘汰出局，但他卻具關鍵角色，可以左右選情。克萊來自肯塔基，偏愛新英格蘭區的亞當斯，兩人的公共政策理念接近，克萊與傑克遜私誼不睦。在其運作之下亞當斯獲十三票，傑克遜七票，克勞福德四票。亞當斯當選，引起傑克遜不滿。

亞當斯就任總統之後，指派克萊出任國務卿，傑克遜支持者譁然，咸認此舉爲「政治交易」，並譏之爲「腐敗交易」。傑克遜原不以爲意，未幾，怨懟亦溢於言表，指稱「華府的陰謀及腐敗，瓦解了人民的意願」。儘管亞當斯草擬了多項政策，促進政府立法，運用政府資金修築道路、運河、建立大學、從事科學研究，但仍遭政敵攻訐，他們竭盡所能醜化其治蹟，使他無法享譽政壇。

一八二八年美國總統大選，參加角逐候選人只有亞當斯與傑克遜兩人。亞當斯支持者多集中在美國東北部地區，稱爲國家共和黨（*National Republicans*），支持傑克遜多爲西部及南部的農人，稱爲民主共和黨或簡稱民主黨（*Democrats*）。此次大選無關政見，多係人身攻擊。民主黨批評亞當斯任人循私，敗壞文官體系，贊譽傑克遜爲人民的候選人，並推崇其爲「老胡桃木」（*Old Hickory*）。亞當斯則視傑克遜粗魯鄙陋，像凱撒一樣箝制美國人民自由，像屠夫一樣戮害蒼生。一八二八年大選結果，傑克森獲得大勝，對美國歷史而言，意義非凡。首次來自阿帕拉契山脈以西的候選人膺選總統，顯示美國政治勢力已由東岸轉移至西部；其次，過去總統多半家世顯赫，出身背景良好，傑克遜卻大相逕庭，出身平凡，但獲選民認同。傑克遜勝選得力於美國民主改革，一八二八年大選有一半以上白人成年男子得以參選，使傑克遜獲有力的支持。

傑克遜的民主

傑克遜何許人也，歷史上眾說紛云。歌頌贊譽、毀損批判，兼而有之。有譽之為偉大將領，亦有譏之為不懂戰術；有人憐其出身寒微，亦有人罪之為「安得魯國王」，榮辱得失，莫衷一是。不過「傑克遜民主」與「傑佛遜民主」卻是歷史的驕傲。

其人

大致說來，傑克遜並非傳言不學無術，他本人飽讀史書，廣泛閱覽報章雜誌。五歲受教，八歲熱愛地理，研習法律，曾在田納西州執業律師，並擔任法官。傑克遜年少氣盛，常與人決鬥，有五次之多；年老體衰，性情丕變，由剛而柔。其個性率真，為人誠實中肯，是非分明，富領袖魅力，三十歲以前即出任聯邦眾議員。一八一二年戰役，身先士卒，召募黑人入伍，驍勇善戰，戰功厥偉。入主白宮之後，內斂自制，頗受人讚譽。其人心智訓練不若傑佛遜、昆西・亞當斯，政治見解也不突顯，但富果斷力，常徵詢幕僚及知己商議國事，這些人被政敵稱為「廚房內閣」。

民主理念

傑克遜之勝選被美國人譽為「革命」，此與其個人理念有密切關係。傑克遜相信人民，並賦予人民更多政治權力，其黨人更自許為傑佛遜的傳人。就職之日，仿效傑佛遜，採步行參加大典，乘騎進入白宮，引起騷動，羣眾蜂湧，桌椅毀損，傑克遜不得已由後窗出走，僅以身免。

儘管傑克遜、傑佛遜之理念頗多相似之處，但兩人的民主仍有諸多不同。傑佛遜積極投入組織，領導黨人，並闡述個人政治哲學；傑克遜並未創黨，以「英雄」角色入主白宮。傑克遜之民主與傑佛遜最大之不同，在於政權與治權的差別。傑佛遜民主是「民享」（ *For the People* ），領導人士多為自由派貴族如麥迪遜、加勒廷等人，施政目標在嘉惠下層民眾，此時（政權）選舉權仍限於有產階級。傑克遜的民主是「民有」（ *By the People* ），無論東部或西部，凡滿二十一歲以上白人男子皆有選舉權，擴大民主基礎。但黑人仍被拒斥在外，至一八三〇年，全美僅少數黑人擁有選舉權。

傑 克遜的內政

傑克遜雖被譽為民主政治，但其治國之道卻往往另有定見：1.分臟政治（ *Spoils System* ）：為了迎合選民的期盼及要求，政黨邁向責任政治，理所當然，而分臟政治也就成為大勢所趨。分臟政治係基於政黨效忠及政黨服務程度來分配官職，雖然此舉並非傑克遜獨創，但卻從此開始廣泛運用。傑克遜認為「公家事務簡單易行，才智之士只會自我賣弄。」從此聯邦政府官員的素質普遍下降。2.提高總統權勢：傑克遜為了推行政策，不得不消除雜音。他另闢蹊徑，採「擱置否決」（ *Pocket Veto* ）手段，杯葛國會法案。按憲法第一章第七節第二條規定，總統對國會會期最後十天之內通過的法案，擱置不予簽署則自然失效，而國會在休會期間，無法推翻總統的否決。傑克遜任內不大理會最高法院大法官馬歇爾的裁決，他也不在乎國會的態度，將一切訴諸民意，堅持與民同在。3.與印第安人及黑人的關係：傑克遜民主鮮少惠及黑人及印第安人。隨著棉花種植廣被，南方蓄奴益發鞏固，北方黑奴雖獲釋放，但備受歧視，有關釋奴的爭論多遭擱置。至於對待印第安人，則沿續傑佛遜政策，逼迫印第安人遷徙至密西西比河以西地區。二萬名車查羅族印第安人由喬治亞被趕往阿肯色及俄克拉荷馬（ *Oklahoma* ），大約四千人在淚之旅（ *Trails of Tears* ）途中遇

害。至一八四○年，共約六萬名印第安人完成撤遷，僅少數印第安人住在東部保留區內。

傑 克遜政府之困擾

傑克遜政府任內最大的問題是關稅及「第二銀行」的設置，影響南加洛林那州試圖走分離路線，幸賴傑克遜斷然處置，維繫聯邦統一。

1. 關稅問題及無效宣告（Ordinance of Nullification）

(1)源起：一八一六年美國首度通過保護性關稅，但稅率偏低，不符製造業訴求。一八二四年、一八二八年再度通過關稅，提高兩倍，引起南方，尤其南加洛林那地區民眾憤慨，降半旗，拒購北方貨物，議論脫離聯邦。一八二八年南加洛林那州議會公布「南加洛林那說帖及抗議文」。一般咸信，此文出自卡洪手筆。卡洪曾支持一八一六年關稅，但一八二八年萌生他念，認為保護性關稅違憲、剝削、不公正。唯一抗衡的方式是恢復肯塔基及維基尼亞之「廢止理論」。卡洪的廢止理論在國會引起爭辯，來自南加林那的海恩（ Robert Hayne ）及麻薩諸塞的韋伯斯特（ Daniel Webster ）針鋒相對。海恩為廢止理論及州權抗辯，希望能獲得西部及南部同情。海恩的論述是：聯邦由各州同意而成立，州可以決定聯邦政府是否越權。韋伯斯特則極力維護聯邦政府，駁斥廢止理論。他在〈再覆海尼〉（ Second Reply to Hayne ）一文中力陳廢止理論將瓦解聯邦，聯邦並非各州的聯盟，它是民有民治民享的人民政府，惟有最高法院才能裁決法律是否合憲。

(2)傑克遜之態度：南部人士希望傑克遜能支持低關稅及廢止理論。由於卡洪與傑克遜兩人於一八二八年競選總統時，得票相當，卡洪並幫助傑克遜遴選幕僚，因此贊同州權者多寄望傑克森在一八二九年向國會發表的就職諮文。傑克森在文中提醒國會「國家治權的合法範圍」，他反對利用聯邦經費修築各州的鐵路及運河，但未對關稅著墨。主張廢止理論者則希

望傑克遜在一八三〇年四月十三日紀念傑佛遜誕辰晚宴上表態，與會者多反對高關稅贊同廢止理論，並希望藉現場氣氛感動總統。傑克遜不為所動，強調任何一州不能規避法律，他並面對卡洪，要求與會人士起立向「我們的聯邦，保持完整」致敬。

傑克遜強調國家至上，主張嚴格釋憲。在梅斯威爾築路案（ Maysville Road Bill ）中，國會通過由聯邦政府資助半數經費，修築由梅斯威爾至勒星頓的高速公路，但遭傑克森否決。傑克遜認為這條道路在肯塔基州內，應由州負擔，而非聯邦出資。

傑克遜內最大的煩惱是與卡洪間之爭執，除了廢止理論的政治議題外，夫人間的私誼與華府社交圈內的衝突，影響更大。卡洪太太與國防部長太太；佩琦‧伊頓（ Peggy Eaton ）不合。伊頓梅開二度，遭致冷落，惟傑克遜同情伊頓，導致內閣閣員的間隙，更影響到卡洪於一八三二年辭卸副總統職位。

(3)危機及解決：一八三二年國會通過新的關稅法案。雖較一八二八年之稅率低，但仍然偏高。南加洛林那立即召開特別會議，以壓倒性多數，通過「無效宣告」，宣佈聯邦關稅法無效，無法約束該州官員及百姓。宣告並威脅退出聯邦，同時開始練兵備戰。傑克遜面對威脅，迅即發表〈告南加洛林那人民書〉，強烈表示廢止理論瓦解聯邦，是叛國行為，更對海恩提出警告，不惜採取武力護憲。無效理論所產生的危機，於一八三三年獲得妥協。是年，傑克遜要求國會通過動武法案（ Force Bill ），授權總統必要時可對南加洛林那州用兵，同時亨利‧克萊亦提出一個新的關稅法，在十年之內，關稅漸降至一八一六年水準。兩案同日通過，南加洛林那鑑於關稅既降，目的已達，乃取消無效宣告，聯邦也得以倖存免戰。

2. 第二國家銀行之爭

傑克遜統任內，第二國家銀行問題爭執不決。雖然銀行成效顯著，但仍遭致民怨；州銀行視之為強勁對手，農人只相信「金銀貨幣」。此外不滿專賣壟斷者亦反對國家銀行，尤其東部的工人及企業老闆，他們認為銀

行股東壟斷政府事業，人爲干擾形成財富不均，造成工人致富無門。傑克
遜看待第二國家銀行，不免西部人眼光。他相信硬幣，懷疑紙幣，討厭銀
行，視銀行爲東部富人謀利工具。但他在首屆總統前三年任內未對第一國
家銀行採取任何行動，只抱怨銀行權力太大。一八三二年克萊向國會提案
給予銀行新的特許狀。克萊此舉意圖不尋，舊的銀行特許狀至一八三六年
才到期，克萊爲求下屆總統勝選舖路，試圖先提案困擾傑克遜，迫使他表
態。國會通過新特許狀並送交總統，傑克遜予以否決，認爲銀行導致貧富
不均，此外憲法亦未授權聯邦政府設立銀行。一八三二年傑克遜連任總
統，立即下令第二國家銀行停業，並提領聯邦政府儲存銀行之資金，轉存
至各州立銀行，傑克遜撤資行爲遭對手批評違憲。銀行總裁比德爾
（*Nicholas Biddle*）停止借貸業務，造成許多商人破產，州銀行倒閉，但
傑克遜不爲所動，比德爾不得已，重開借貸業務，景氣復甦，但銀行則告
破產。一八三六年特許狀到期，傑克森獲勝，美國第二銀行宣告瓦解。但
也帶來不少弊端，州銀行不受管轄，州議會濫發特許狀，銀行巨幅成長，
發行貨幣無需準備金，造成幣值下滑，引發經濟危機。

第三節

一八三七年之經濟危機及輝格黨現形

在傑克遜總統第二任內，反對團體及國家共和黨和其他政治團體組成
輝格黨。輝格黨之命名襲用英國政黨，反對十八世紀英王而來。他們視傑
克遜爲「安德魯國王」。該黨由克萊及韋伯斯特領導。一八三六年之總統
大選，輝格黨內部意見分歧，步調不一，民主黨之范布倫（*Martin Van
Buren*）在傑克遜鼎助之下，以一百七十張選舉人票對一百二十四票入主
白宮。在這段期間美國面臨了重大經濟危機。

一八三七年的經濟危機

一八三七年經濟危機的原因很多。一八三〇年的土地投機,傑克遜摧毀美國銀行,州銀行濫貸無度,發行債券修建公路、運河,導致各州及投機份子債台高築。一八三六年傑克遜下令採硬幣流通公告(*Specie Circular*)辦法,規定所有購買公地者,除了現住戶外,必須以硬幣(金幣或銀幣)支付,造成硬幣需求大增,影響許多體質不良的銀行倒閉。導致經濟不景氣的另一項因素來自英國,英國是當時世界上最大的債權國,英國資金受到美國高利息引誘,紛紛流向美國,由一八三五年之六千六百萬至一八三七年高達一億七千四百萬元。由於資金外流情形嚴重,英國開始回收,造成惡性循環,倫敦銀行要求美國銀行償還貸款,紐約銀行要求新奧爾良棉花經紀人還錢,棉花商乃拋售棉花求現。如此循環不已,造成價格大幅下跌,商業蕭條,銀行倒閉,百業困頓,經濟不景氣一發不可收拾。

一八四〇年之獨立國庫體系

一八三〇年代之經濟不景氣被視為「天災」,不是「人禍」,因此,政府不便干預。范布倫在就職演說中特別提到,各團體別太指望政府。但由於美國聯邦銀行倒閉,傑克遜指定的州銀行又不堪擔當大任,范布倫遂提出「獨立國庫體系(*Independent Treasury System*)」濟世匡時。根據這項計畫,聯邦政府之稅收以繳金幣銀幣為限,儲存於全國各保險庫,聯邦政府支付款項亦以金幣銀幣為準,務使聯邦政府信譽可靠如金;州銀行發行貨幣亦必須有足夠的硬幣準備金。獨立國庫法案(*Independent Treasury Act*)於一八四〇年通過,妨礙了貸款及商業成長,並阻撓了一八三七年不景氣復甦的步伐。

輝 格黨得勢

一八四〇年大選，輝格黨推出哈里遜將軍爲候選人。哈里遜剿印有
功，在面對民主黨范布倫當權的優勢條件之下，被塑造爲一位來自邊疆的
貧民。輝格黨批評范布倫爲美國帶來不景氣，輝格黨將爲美國營造繁榮。
大選結果，哈里遜獲勝。輝格黨雖贏得大選，但未能成功執政。哈里遜徒
有虛名，克萊及韋伯斯特幕後操盤。未幾，哈里遜即因肺炎病逝，約翰·
泰勒（ *John Tyler* ）隨之繼位，他是美國第一位因總統故去，接長職位的
副總統。泰勒篤信州權，認同「廢止理論」，與克萊及韋伯斯特的國家至
上論大異其趣，雖然任內曾批准多項克萊建議，但仍堅持反對設置聯邦銀
行。由於理念不合，作風迥異，除了韋伯斯特外，內閣中的輝格黨員杯葛
辭職，克萊辭卸參議員。內閣譁變加上中樞無人，宏規不見。一八四二年
國會選舉，輝格黨重挫，民主黨重新掌握衆議院，輝格黨仍保有參議院，
泰勒總統無所歸屬，聯邦政府孤立獨行。

結　　語

美國民主發展，受惠傑佛遜，成就傑克遜。隨著西部疆土劃歸美國，
傑克遜入主白宮，美國政治方向轉變，傳統英式治國已不敷所需。東西互
通，南北交流，如何去蕪存菁，有賴識見。

傑克遜崛起西部，以「頭家」氣勢，爲民囑託，任內諸事紛擾，美國
第二國家銀行、關稅爭議，困擾難決，後以一八三七年不景氣告終，引人
詬病，影響傑克遜評價。輝格黨繼起，態勢依舊，美國分裂危機在即。

第 十 二 章

民主社會氣象萬千

　　獨立宣言標榜「生命、自由及追求幸福」的理念，在早期美國社會中表露無遺。自獨立革命以還，美國逐漸擺脫歐洲國家的干預，邁向自主的發展，而如何追尋幸福的人生，也成為美國人嚮往所在。

　　美國不同於其他歐洲國家，無從緬懷過去，只能放眼未來。為了迎頭趕上，美國人席不暇暖，食不知味，凡事講求時效，強調改革。苟日新，又日新，使得社會氣象萬千。本章將討論一八二○至一八六○年代美國教育，文藝表現以及社會各種改革成就。

第一節

教育知識普及

　　美國之民主根基於全民教育的成就。美國立國之後即致力推動學校教育，統一語言文字，重視詩文藝術，講究科學發展，使美國得以後來居上，傲視羣倫。

推動公立學校教育

　　早期教育多由教會創辦，旨在訓練教士。一八三○至一八四○年代美國公立學校漸增，主要原因為：1.美國人堅信機會均等來自教育普及；2.民主投票需要教育協助辨識能力；3.提供女人受教機會，養育優秀後代；4.菁英份子鼓吹教育，如麻薩諸塞州的曼恩（*Horace Mann*）放棄高薪公職，出任州教委會秘書，致力推動設立學校，培訓教師，鼓勵分班教育。

　　公立學校發展不易。最引人質疑的是「為何稅金我繳，別人小孩受教？」至一八五○年，北部及西部許多州發展免費小學教育。美國南部的社會領導多為大農莊主，鄉村多，城鎮少，公立學校未能普及。公立學校未必績優，許多公立學校，校舍簡陋，教師水準低落，報酬微薄。家長也

質疑唸書有什麼用？十九世紀初期中等學校多由私人興辦，而非公家籌辦。私立學校賴學費及募款，而不是靠稅收運作。至一八六〇年全美有六千所私立中等學校，三百多所公立中等學校，其中三分之一在麻薩諸塞州。傑克遜主政時期，美國高等女子學校紛紛應世，比較有名的有麻薩諸塞、紐約的特洛伊學堂（*Troy Female Seminary*）、南加洛林那的霍里約克學院（*Mt. Holyoke College*）。此外俄亥俄州的歐伯林學院（*Oberlin College*）為男女兼收，也招收黑人。一七九五年北加洛林那州創辦州立大學，美國成人教育開始普及。

美 國文字及文學之誕生

至一八二〇年止，歐洲人推崇美國人勇敢、勤勞、坦誠，但卻也卑視美國文化水準低落。他們質疑何人會閱讀美國書籍，觀賞美國繪畫、雕像，也懷疑美國醫學有何成就等。美國人自嘆不如，卻也奮勉直追，其中以韋伯斯特（*Noah Webster*）貢獻尤為顯著。韋伯斯特編纂了首部美國字典。他於獨立革命期間任職教員，開始獻身統合美國語言，他認為「語言是維繫國家團結之道」。除了字典之外，他還撰寫了《美國拼字課本》（*American Spelling Book*），至一八三七年共售出一千五百萬冊，根據一八八〇年出版商統計，該書的全球售量僅次於聖經。一八二五年至一八六〇年間美國作家開始撰寫本土文學，暢銷大西洋兩岸。如歐文（*Washington Irving*）描述哈得遜河兩岸之生活習俗；古柏（*James Fenimore Cooper*）對紐約邊疆的報導；霍桑（*Nathaniel Hawthorne*）撰寫新英格蘭地區清教徒的傳統；以及梅爾維爾（*Herman Melville*）詳述人與天爭、人與人爭的孤寂與恐懼，膾炙人口，流行坊間。除了文學作品之外，詩作亦受重視，朗費羅（*Henry Wadsworth Longfellow*）歌頌印第安英雄海瓦沙（*Hiawatha*）；懷特爾（*John Greenleaf Whittier*）描述新英格蘭冬季即景。頗富盛名的詩人愛倫坡（*Edgar Allan Poe*）細述大千世界，林林總總，非常人所見。此外文學評論家愛默森（*Ralph Waldo*

Emerson）及梭羅（ *Henry Thoreau* ），鼓勵美國人破除陳見陋規，培養自信。女作家福勒（ *Margaret Fuller* ）在其作品中喚醒美國女人維護自身權利。

科學的發展

繼文學表現，科學亦顯成果。米契爾（ *Maria Mitchell* ）自行探測研究，發現一顆新彗星，並記載一些有關其他星球的研究，她是首位獲選加入科學團體的女性。亨利（ *Joseph Henry* ）發現電磁馬達，於一八四六年擔任史密森學會（ *Smithsonian Institution* ）主管，帶動科學、歷史及藝術研究。此外還有美國海軍軍官莫里（ *Matthew Maury* ）發現預測風向、潮流的方式，縮短了海上航行的時間。第一次利用醚進行麻醉外科手術也是於一八四〇年代從美國開始。

藝術與建築

美國藝術表現遜於文學、科學，但也有一些本土藝術作品。如賓漢（ *George Caleb Bingham* ）對密蘇里邊界及密西西比河的寫實作品，受到歡迎。哈得遜河流學派（ *Hudson River School* ）之風景畫表現突出。至於美國建築，迄十九世紀前半葉，主要形式有二，一為新英格蘭地區模倣英國的「聯邦」（ *Federal* ）形式，如麻薩諸塞州首府；另一為「希臘復興」（ *Greek Revival* ）式，將古典廟宇配合現代需求，應用於住家及公共建築，最有名的代表作為傑佛遜的維基尼亞州首府。十九世紀中葉後，美國建築不再侷限於上述兩種形式，開始採用一些中古哥德形式。

工人意識抬頭

　　隨著工業革命自英傳入美國社會，介入生產活動之後，工人的生活與以前大相逕庭，生活情景顯然不同。機械工業生產無論速度、效益均勝於手工業生產，工人地位日降，失業比率劇增，主僱關係淡薄，工人生計欠缺安全、安定。

　　技工率先開始籌組工人團體，如木工、鞋匠等。至一八三○年東北地區城市出現許多商業工會，會員繳交會費，提供失業救濟、喪葬補助。工會要求提高工資、縮短工時，不得僱用非會員工人。工會團體爲強化力量進行串聯，組成聯盟，共同行動。一八三五年賓西法尼亞商業工會發動全市大罷工，強迫僱主限定工人每日工作爲十小時。六城市商業工會組成全國商業聯盟（ *National Trade Union* ），會員三十萬人。一般工人由於缺乏一技之長，僱主輕易可以找人替換，談判籌碼不如技工，成就不大。新英格蘭地區紡織廠女工，工資低廉，每週兩元，每日工作十二至十三小時，女工亦自組團體。一八二四年在羅德島的編織女工發起首次女子罷工，一八三三年在麻薩諸塞州林恩（ *Lynn* ）成立工廠女工聯盟，工廠女工協會隨後成立。雖然這些團體成就不多，但卻爲美國史上大規模女工運動肇端。

　　至傑克遜總統時代，工會爭取的目標已逾越工資與工時，擴及設置公立學校、土地廉售、售地條件簡化、廢止債務囚禁、扣押僱主機械用以代償工資等。爲了達到目的，工人更採取行動，一八二九年工人組黨推出候選人角逐紐約市地方官員，但不久即因內鬨而分裂。隨著職業政客介入，美國兩黨紛紛提出工人政綱吸引工人，民主黨范布倫提出爲聯邦政府工作之工人每日工作十小時爲限，受到工人選民支持。早期勞工團體受法律制

約，當他們與僱主談判爭取工資與改善工作環境時，州法庭多會引用英國普通法予以禁止。遲至一八四二年聯邦控訴韓特案例中（Commonwealth vs. Hunt），麻薩諸塞最高法庭判決，工會以和平方式，採集體行為的罷工與抵制，改善員工福利，可視為合法，為工會集體抗爭開創新頁。

值此勞工運動萌芽之際，歐洲社會主義思潮進入美國社會。社會主義堅信個人私有制及商業競爭會導致貧窮與不公，希望以合作取代競爭，社會共有代替個人擁有。美國由於土地取得方便，小規模社會主義試驗較易進行，如英國富商歐文（Robert Owen）即在印第安那州、新哈莫尼（New Harmony）購地，推行實驗社區。

第三節

社會勵行革新

美國社會隨著人口增加及版圖擴增，除了公立學校教育普及與工人生活獲改善之外，如何提昇人民福祉，擴大參與層面，成為社會的時潮與風尚。當時社會主要的革新運動如下。

宗教運動

十九世紀前半期，美國宗教運動蓬勃發展、派別林立，新英格蘭唯一神論（Unitarians）漸盛，清教徒公理會遭抨擊為頑固與保守的教派。基督教派，尤其是浸信會、美以美會逐漸抬頭，他們舉辦各式各樣信仰集會，蓋教堂、設大學，吸收教友。至於天主教在歐洲移民需求刺激之下，亦逐漸成長。例如波士頓及紐約的天主教堂為歐洲移民提供了禮拜、上學、托嬰以及其他慈善團體活動的場地。

根據法國政治學者托克維爾（Alexis de Tocqueville）的說法，美國人

之宗教信仰不是為了來生而是現世，強調人有能力改善環境。事實上，有些美國宗教團體仍走遁世路線，他們循理想成立烏托邦團體，如賓西法尼亞的教友派之支派震動派（*Shakers*）設立許多共產村落，財產為大家共同擁有，還有摩門教徒（*Mormons*）被迫離開東部家園，於一八四七年在鹽湖城（*Salt Lake City*）開始團體生活。大致說來，美國宗教團體多傾向改革社會，懷著濟世精神，致力各種活動，包括廢止奴隸，從事禁酒運動。

禁 酒運動

酒在美國文化成長中，具有重大影響力。有人釀酒為生，有人飲酒作樂，更有人藉酒滋事，還有人酗酒壞事，禁酒成為革新社會的訴求。早期從事禁酒活動多為教會人士，一八二六年全美禁酒聯盟（*American Temperance Union*）組成，撰寫文稿，發行刊物，策動孩童，遊行歌唱，勸導成人戒酒。此外並試圖經由立法，禁售烈酒。一八四六年緬因州首度通過禁酒法律，隨後許多西部及北部各州效尤。也有些州容許各地方自行決定，在各自轄境內禁止銷售酒品。

精 神病患照料

一八〇〇年代精神病患仍被視為罪犯，後經麻薩諸塞州老師多羅西·狄克斯（*Dorothea Dix*）個人努力奮鬥而獲改善。一八四一年狄克斯探視監獄，駭人目睹，感於所見，乃走訪全國各監所，並於一八四三年向議會提出報告，說明精神病患慘遭凌虐，無情對待的殘酷事實，引起譁然。麻薩諸塞州即通過法律，設置收容所，照顧精神病患。此後美國有二十州仿效麻州，建立收容所，收留精神病患。一八三〇至一八四〇年代，美國社會瀰漫改革精神，無論軍中體罰、童工受虐、監獄不平、濫服酒品等皆受到注意並獲改善。

第四節

女權運動萌芽

　　至一八五〇年前，成年白人男子幾乎皆擁有選舉權，惟女性不然，仍被視爲次等公民。婚後女人所擁有的財產及子女全歸丈夫，女人只能從事低薪工作，無法接受高等教育，衣著服裝亦受相當約束。相對歐洲國家而言，美國女人仍較自由、平等。西部邊疆開墾拓荒，急需勞力，女人參與工作，地位自然提昇。此外西部地區陽盛陰衰，女人稀貴，備受珍愛。至於東部地區，女人投入工廠，不再仰人鼻息，自主性亦高，少許富家女熱衷閱讀，增廣見聞，女性雜誌如《戈地淑女書》（ *Godey's Lady's Book* ）等，擁有讀者十五萬人之衆。

　　早期女權運動備受歧視、訕笑，甚至不得公開言論，更遭人指責寡廉鮮恥。政客們對女性主義不僅蔑視且懷敵意，因此成就有限。至一八五〇年代僅少數州通過法律，允許已婚女子可擁有並自理財產，當然也有少數婦女僥倖從事公務，如伊莉莎白・布萊克韋爾（ *Elizabeth Blackwell* ）就是美國第一位女醫師。

　　美國女性追求平等具體表現，最早在一八四八年於紐約佛斯（ *Seneca Falls* ）召開的女權會議。由摩特夫人（ *Lucretia Mott* ）及伊莉莎白・史丹頓（ *Elizabeth Cady Stanton* ）籌組的這項會議，草擬了一份可媲美獨立宣言的「情緒及決心宣言」（ *Declaration of Sentiments and Resolutions* ）。宣言首先指出「男女平等天經地義」，佛斯會議中並列舉女性的苦境，要求與男性完全平等。

廢奴運動燃熾

黑奴制度對美國民主而言，如芒在背，至一八四〇年益加尖銳。隨著傑克遜總統時代民主情感日升，廢奴運動者（ *Abolitionists* ）更形活躍，並成為一八三〇至一八六〇年美國改革運動主流。

論及廢奴，可溯其源始。美國最早廢奴組織約於一七五〇年由宗教團體發起，一七七六年教友派同意不再蓄奴。一七八九年維基尼亞州的浸信會反奴，一八〇八年美禁止非洲奴隸輸入。　廢奴運動早先在南部獲得支持，紐澤西的班哲明・藍迪（ *Benjamin Lundy* ）曾組織反奴團體，阿拉巴馬律師兼棉主詹姆士・伯尼（ *James G. Birney* ）主張釋放私有奴隸，一八三一年維基尼亞州議會曾討論該州廢奴問題。然而，隨著棉花種植業之發展與利潤廣被，南部廢奴立場亦告瓦解。美國首份反奴報紙《解放者》（ *The Liberator* ）於一八三一年一月一日在波士頓發行，由威廉・蓋里森（ *William Lloyd Garrison* ）負責主編。蓋里森見解偏執，言詞挑釁，嚴厲抨擊南北支持蓄奴人士，要求迅即釋奴，無需賠償奴主損失，他甚至批評憲法內容維護奴制，無疑「與亡者為伍，與地獄結盟。」蓋里森及其夥伴傾向採激烈手段，與其他廢奴者格格不入，終而分道揚鑣，自身陷於分裂之中。　一八三九年一羣主張採選票方式廢奴者，組織自由黨（ *Liberty Party* ），提名伯尼於一八四〇及一八四四年參選總統，獲得幾千張選票。

一八三一年維基尼亞發生奴隸暴動。由特納（ *Nat Turner* ）領導的這項叛亂不久亦被綏靖。特納是位黑人牧師，堅信上帝指派他協助黑人掙脫束縛。特納之變亂歸咎受北部廢奴運動影響，影響南部廢奴運動發展。較有名的廢奴者紛紛逃亡北方，留在南部者多保持緘默，但也有例外，如卡

西斯・克萊（*Cassius Marcellus Clay*）留居肯塔基，主編廢奴報紙。廢奴者攻擊奴隸制，迫使南方人士挺身保護「奴隸制度」，開始要求停止廢奴宣傳，作爲不退出聯邦的條件。一八三六年衆院屈從南部壓力，通過擱置對廢奴請願者的辯論。

黑人之中亦不乏從事廢奴而獲盛名者，如菲特烈・道格拉斯（*Frederick Douglass*）。他生於馬里蘭州，一八三八年二十一歲時逃亡北方，致力改革。一八四五年出版自傳，揭開奴隸面紗，並發行報紙《北方之星》（*North Star*），成爲反奴最重要一份文宣。至一八三〇年全美約有五十個黑人反奴團體。一八三三年黑人與蓋里森及其他反奴人士組成反奴會社（*Anti-slavery Society*）領導廢奴運動。在反奴運動中，「地下鐵路」（*Underground Railroad*）組織協助南方奴隸逃亡。這個秘密組織提供據點匿藏奴隸，逃亡加拿大，他們不僅在北方服務，並深入南方，引導奴隸尋求自由。其中最傑出的人物爲哈利特・杜伯曼（*Harriet Tubman*），被譽爲黑人摩西（*Black Moses*）。她出身奴隸，雖逃往北方，卻一再重返南部，幫助三百多名奴隸出走，南部曾懸賞四萬美金捉拿她。儘管廢奴運動風起雲湧，對美政治面衝擊有限，兩黨南北雙方政治領袖都不願觸及這項問題，以免傷害聯邦統一。但奴隸問題終究無法避免。

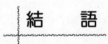

結　語

民主精神，改革爲要。觀乎美國早期社會發展，政局初定，社會弊病猶存，如何掙脫陋規舊習，成爲重大考驗。一八二〇至一八六〇年，工業革命甫起，知識需求殷切，本土創作興起，工人地位提昇，女權抬頭，黑人情況獲重視，爲美國邁往民主社會奠定了基石。

第 十 三 章

版圖擴張無遠弗屆

　　美國自從擺脫歐洲列強英國、法國、西班牙的掣肘之後，信心倍增，舉國上下，樂觀進取，洋溢著神聖的使命感（*Manifest Destiny*），致力擴張版圖。誠如昆西・亞當斯總統所言，美國命中注定要將其邊界從大西洋岸延伸至太平洋岸，以「擴大自由領地」。

　　一八四〇年代，美國人即在這種使命的號召之下，前仆後繼，奪佔德克薩斯、俄勒崗，並發動美墨戰役，取得今日加利福尼亞、新墨西哥（*New Mexico*）等大塊土地，但也為美國外交內政帶來了新的問題。本章將敍述美國版圖擴張原因經過、結果及其影響。

第一節

美國領土擴張的原因

　　自從一八一九年美西簽訂亞當斯・歐尼斯條約後，美國南疆暫告確定，西向發展卻不可避免。究其因有：(1)邊民渴望新地：由於氣候因素，南部棉花栽培勢必向德州發展，無法往北延伸。美國人越過密西西比河與落磯山之間的大沙漠，即今日之大平原區，向西遷移。太平洋沿岸地區適宜農耕又利於經商，商人在此可進行皮貨交易，船東則可經由聖地牙哥、舊金山等地與東亞或中國貿易；(2)愛國主義號召：愛國主義是促成美國使命感的重要心理因素。美國人向以地靈人傑自許，但除了優越感外，也擔心英國人企圖染指俄勒崗、加利福尼亞及德克薩斯。美國人堅信有責任開拓美洲，傑克遜總統表現尤為明顯強烈。紐約時報編輯約翰・蘇利文（*John L. Sullivan*）於一八四五年撰文時，將美國之擴張運動譽為天命（*Manifest Destiny*），要「散播自由的經驗以及聯邦自治政府所賦予美國的一切」，從此天命成為擴張領土的代名詞；(3)地利人和：美國向西擴張面對的是印第安人挑釁及墨西哥人抗拒。所幸西向拓展是一片空地，既無山險可防，又無列強支援。印第安人雖然驍勇善戰，箭術精良，但由於

部落林立，彼此不合，尤其在一八四〇年代，柯特（*Colt*）發明六連發子彈手槍問世之後，印第安人更是喪失先機，一籌莫展，面臨生死交關。大致說來，太平洋沿岸的印第安部落以及西南部印第安朴布羅族（*Pueblo*）熱愛和平，不曾對美國白人構成威脅，俄勒崗區內的印第安人受白人流行病感染，死亡慘重，至於加州及西南部的印第安人早已接受西班牙人安撫。墨西哥人於一八二一年脫離西班牙獨立後，雖有意捍衛領土，防止美國入侵，但加利福尼亞、新墨西哥及德克薩斯等地，地處邊陲，鞭長莫及。此外墨國內亂不已，政局不穩，無力與美動干戈，美國西向亦就坦然無阻；(4)東北版圖危機的化解：自獨立革命以後，由於巴黎和約規定不詳，美國緬因州居民與加拿大木材工人不時在阿魯斯托克（*Aroostook*）發生爭執，爆發了小規模阿魯斯托克戰爭（*Aroostook War*）。鑑於英美之間貿易相互依偎，戰爭不利彼此來往，雙方致力協調，經美國國務卿丹尼爾·韋伯斯特（*Daniel Webster*）與英國大使阿契伯頓（*Lord Ashburton*）斡旋，於一八四二年達成韋伯斯特－阿契伯頓條約（*Webster－Ashburton Treaty*），解決了緬因、新罕布什爾、佛蒙特、紐約等疆界，化解了戰爭的危機。

第二節

俄勒崗之兼併

自一八一八年以來，俄勒崗一直是由美英共管，一八五九年後才合併為美國一州。美國自一七八七年以來即對奧拉崗滿懷野心。是年波士頓籍商船哥倫比亞號（*Columbia*）運載新英格蘭生產之人參，展開中美貿易處女航，途經俄勒崗，順載水獺皮毛，赴華交易，回航滿載中國茶及絲綢，一七九〇年返抵國門，獲利豐厚，從此開啓了雙邊貿易。

美國對俄勒崗之野心經皮貨商、傳教士及移民的努力而實現。

一、皮貨商

俄勒崗內陸河流發現了海狸後，吸引了大批皮貨商人。海狸皮原爲法屬加拿大之出口大宗，一七六三年後改由英國皮貨商經營，一八〇〇年代因美國東岸長期獵捕，貨源短缺，使得落磯山之海狸奇貨可居，美英皮貨公司展開競爭。英美雙方皮貨公司爲了營利，挖空心思，竭盡所能拉攏印第安人，賄賂、盜竊，無所不用其極。當平地海狸日絀之際，乃僱用「山人」（ *Mountain men* ）深入落磯山荒山峻嶺中，憑其膽識、技巧、自信，獵捕海狸。他們爲稍後移民奠基，探勘了加利福尼亞及俄勒崗之內陸途徑。

二、傳教士

美英共管俄勒崗時代，美國對此地興趣遠低於英國，唯自一八三〇年美國傳教士抵此後，形勢丕變。透過傳教士的細膩及詳盡報導，俄勒崗的美景及沃土吸引移民者心嚮往之，其中以傳教士馬可仕（ *Marcus* ）及那西沙‧惠特曼（ *Narcissa Whitman* ）的報導最膾炙人口，廣泛流傳。

三、移民

奧拉崗之旅須具備極大勇氣及耐力，除了乘船外，大半移民駕篷車經由俄勒崗驛道（ *Oregon Trail* ）往赴。他們在密蘇里集合，西行千哩，越過大平原，穿經落磯山南道，再西行千哩，進入俄勒崗。途中風沙滾滾，河水湍流，印第安突襲，野牛竄逃，往往人馬困頓，步履艱辛，半途喪命者不知其數。伴行女人亦一改昔日養尊處優的生活態度，同夥打拼，分擔工作，女人擁有更多的自由，享有更大的平等，爲美國西部女權地位奠定了基礎。至一八四二年，抵奧拉崗的移民約達五百名，一八四三年後移民更絡繹不絕，充塞道途。俄勒崗雖然禁止黑人移民，但一八四三年一名自由黑人喬治‧布希（ *George W. Bush* ）率領三十二名白人移民抵此，成爲傑出農人，一八八九年其子更獲選爲俄勒崗第一任州議員。一八四三年

俄勒崗之移民草擬憲法，組織政府，決定讓美國而非英國管轄。一八四六
年俄勒崗人口逾萬人，遲至一八五九年才合併爲美國一州。

摩門教的移民

一八四七年至一八四九年摩門教徒展開大規模移民，前往鹽湖（ *Salt
Lake* ），即今日的猶他。摩門教發源於紐約，由約瑟夫・史密斯（ *Joseph
Smith* ）所創，由於該教主張一夫多妻，不見容於美國社會，遭迫害驅
逐，一八四四年史密斯在伊利諾州一場暴動中被殺。摩門教西行猶他係由
伯明罕・楊格（ *Brigham Young* ）促成。楊格出身紐約，早年參加各類宗
教活動，未曾信服，一八三〇年初識《摩門經》（ *Book of Mormon* ），驚
爲天書，從此改信摩門教，追隨史密斯，赴俄亥俄、密蘇里、伊利諾等
地。一八四四年史密斯身亡，即負起領袖重責大任。此人善於組織，長於
計畫，歷經各種困難以及災疫，一八四七年率衆抵達鹽湖區，建立鹽湖
城，即今日之猶他。一八六九年抵此人口達八萬五千人，遲至放棄一夫多
妻制才成爲美國的一州。

德克薩斯州之吞併

德克薩斯幅員廣大，由路易斯安那西南界延伸至里格・格蘭特河
（ *Rio Grande* ），西行至落磯山腳，長期以來隸屬西班牙所有。一八二一
年墨西哥脫離西班牙後，擁有德克薩斯，歡迎美國人前往移居。一八二一

年史蒂芬・奧斯汀（*Stephen F. Austin*）率領首批移民抵此，改信天主教，艱苦開墾。一八三〇年抵德克薩斯美人逾二萬，引起墨國政府錯愕驚惶，乃通過法律，限制更多移民，可惜爲時已晚，不僅未能化解危機，反而刺激德克薩斯人與墨國政府之間隙與衝突，甚而疏離了兩國文化的融合，影響美國人無視墨國政府之法律。墨國政府爲加強對德克薩斯管理，於一八三五年派安那（*Antonio Santa Anna*）將軍率領部衆，越過格蘭特河，一八三六年二月包圍住有一百八十八名德州人的據點阿拉莫（*Alamo*），二週後阿拉莫住民棄守，但德克薩斯人並未就此屈服。一八三六年四月傑克遜麾下的一名大將桑・休士頓（*Sam Houston*）出人意料地擊敗安那軍隊，逮捕安那本人，墨國領導同意讓德克薩斯獨立，並以格蘭特河爲界。安那獲釋後，墨西哥政府反悔不願讓德克薩斯獨立，遲至一八四五年墨西哥政府仍視德克薩斯爲叛亂省份。

　　一八三六年德克薩斯甫獲獨立，當地人即壓倒性通過加入美國，但美國卻因內部意見出入，終傑克遜及范布倫任內，遲遲未允。德克薩斯位美國南界，適合棉花耕種，南部人士強烈支持吞併，惟傑克遜總統不願因此與墨國兵戎相見，北方人士又不願見南部乘勢坐大，故僅承認獨立，而不欲吞併。泰勒總統於一八四〇年續任美國總統後，德克薩斯問題復燃。英國爲增加棉花來源並擴大產品市場，加強與德克薩斯關係，英國廢奴團體並提供美國奴隸逃亡管道，凡此種種，均引起美國南方人士不安。卡洪向參院提案要求吞併，惟北方反對，以三十五票對十六票遭否決。一八四四年總統大選，民主黨提名的波克（*James K. Polk*），以「使命感」當選，在位尚未卸職的泰勒即以波克當選，民心所歸爲由，要求吞併德克薩斯。一八四五年二月國會兩院通過決議案要求德克薩斯加入聯邦，一八四五年七月四日德克薩斯宣布放棄獨立，成爲美國一州。但美墨邊界依然未定，影響兩國走向戰爭。

美墨之戰

　　波克於一八四五年就任美國總統，矢志解決加利福尼亞與德克薩斯邊界問題。波克總統心智堅定，勤於政事，秉承前輩傑克遜理念，致力強化總統職權，發動墨西哥戰爭（*Mexican War*，*1846～1848*）。究其因有二：

一、加利福尼亞問題

　　‧長久以來，加利福尼亞在美國人心中是世上最「富裕、美麗、宜人」居住的地方。惟一八四〇年代加利福尼亞境內騷動不安，四次譁變，墨國政府處置無方，加上英法虎視眈眈，波克乃決定佔領兼管，除卻心頭之患。一八四五年底，波克派遣史利得（*John Slidell*）權充大使赴墨西哥商議德克薩斯邊界問題，並洽談購買加利福尼亞以及兩地間之新墨西哥（*New Mexico*）土地。墨西哥喪失德克薩斯在前，創痛猶存，乃挽拒晤談。波克不為所屈，一八四五年十二月對英法提出警告，促遵守門羅主義，不得赴加利福尼亞殖民。

二、邊界問題

　　美墨之戰的近因出自德克薩斯邊界問題。由於兩國皆申言擁有紐埃西斯河（*Nueces River*）及格蘭特河土地，雙方互不見讓，惟彼此尚能自制，陳兵於外，相互見容。史利得墨國之行受辱後，波克即派泰勒將軍（*Zachary Taylor*）率兵旅以保護德克薩斯邊界為由，南下格蘭特河。一八四六年四月底，墨國軍隊越河攻擊美國騎兵一支分遣隊，消息傳抵華府，總統即要求國會宣戰，波克表示與墨和談失敗，墨西哥在美國土地上

殺害美人，應負起戰爭責任。一八四六年五月十三日國會宣布對墨西哥作戰。

美墨之戰究係何方意圖，人言言殊。新英格蘭地區人譏之爲南方擴大奴隸陰謀，輝格黨駁斥波克總統將之歸咎民意求戰。惟迄一八四六年美國並未備戰，國會也遲至宣戰後才同意擴大軍備，美軍訓練不足，軍紀廢弛，官員無能。所幸一八〇二年在西點（ *West Point* ）設立軍校所培訓的軍官如尤里西斯‧格蘭特（ *Ulysses S. Grant* ）及羅勃‧李（ *Robert E. Lee* ）等表現傑出。至於墨西哥方面，亦無作戰準備，國內政爭不已，軍中將領過多，軍糧短缺，刻薄兵士，影響前線，逃亡頻傳。由於墨西哥軍隊缺乏士氣，勢力薄弱，美軍輕易控有加利福尼亞、新墨西哥及德克薩斯，但墨西哥拒絕屈和。一八四七年春，波克另派溫希德‧史考特將軍（ *Winfield Scott* ）圍攻墨西哥城市。史考特領軍萬人於維拉克魯茲（ *Veracruz* ）登陸，經過六月鏖戰，一八四七年九月方佔領墨國首都。

一八四八年二月美墨兩國於墨西哥城附近的伊達爾戈（ *Guadalupe Hidalgo* ）簽訂和約，美國擁有德克薩斯，以格蘭特河爲界，同時獲得加利福尼亞及當時的新墨西哥，包括今日的亞利桑那、新墨西哥、內華達、猶他及科羅拉多等地。美國爲新墨西哥及加利福尼亞兩地付出一千五百萬美元，並同意代償墨國積欠美人三百二十五萬美元。美國除獲得五十英哩土地外並擁有墨國美人和印第安新部落的司法審判權，大約七萬五千名西語人士納入美國管轄。由於美西文化差距，彼此瞭解有限，英語、西語人羣不時發生內閧。墨國美人領土被佔，卻無法擁有美國公民權，影響深遠。此外美墨之戰促使美國決心解決俄勒崗邊界問題，美國不願與英再爆發戰事，英國政府也願意放棄俄勒崗南部土地，一八四六年美英同意沿四十九度劃分俄勒崗。

美墨戰後的形勢

美墨戰爭結束之後，新土地納入版圖，蓄奴問題、美國對待拉丁美洲態度以及海外擴張、對中日的貿易等皆成為政爭的話題。

奴 隸問題

一八二〇年密蘇里折衷案暫時解決了美國蓄奴問題所引發的政爭，惟美墨戰後，新墨西哥、加利福尼亞等土地加入美國後是否可蓄奴引起爭議。早在美墨戰爭結束之前，北方已醞釀反奴，國會通過威爾蒙特但書（ *Wilmot Proviso* ），宣稱所有從墨西哥戰爭中獲取的土地不得蓄奴。儘管參院否決了這項但書，但引起南方人士譁然，他們認為國會無權禁止新土地蓄奴，並表示拒絕奴主將個人私產攜入國家認定的新土地，是否認這些財產持有人做美國公民的權利。終波克任內，新土地是否加入聯邦因著奴隸問題而未能確定。奴隸問題於加利福尼亞發掘金礦之後更益惡化。一八四九年約八萬人來到加利福尼亞並要求以自由州地位加入聯邦，使國會陷入緊張局面，部分議員攜械與會，北方議員多支持威爾蒙特但書，南部則威脅退出聯邦阻撓但書。值此危急之秋，參議員克萊提出折衷辦法，調和南北雙方的需求，此即一八五〇年妥協案。

按照克萊的妥協案，加利福尼亞以自由州身份加入聯邦，哥倫比亞特區禁止奴隸交易，但不禁止奴隸存在，有利北方。嚴格執行奴隸逃亡法，取締地下鐵路逃亡管道，新墨西哥割讓土地劃分為猶他及新墨西哥兩地，該地奴隸問題由公民投票決定則有利於南方。克萊建議案早先並未獲得國會議員支持，泰勒總統亦不熱衷，但經八個多月冗長辯論，情勢改觀。泰

勒駕崩，米拉德‧菲爾摩（*Millard Fillmore*）繼位，支持妥協案。在國會技巧性安排之下，參議員道格拉斯將原案分爲五案，總統簽署同意。一八五〇年妥協案雖然暫時化解了政治分裂的危機，但並未徹底解決南北雙方的歧見，奴隸問題如鯁在喉，美國內戰終究不可避免。

美 國對拉丁美洲態度

南部人士多認爲，唯一維繫南北政治勢力平衡的方式是繼續向南擴張，增加新土地，部分北方民主黨人士亦表同意。美國總統富蘭克林‧皮耶斯（*Franklin Pierce*）於一八五三年就職演說中表示「不會輕易停止擴張」。美國擬以一億三千萬與西班牙交易古巴，三位美國外交人員並擬妥一位非官方的奧斯坦得聲明（*Ostend Manifesto*），申言如果西班牙拒不出售古巴，美國將以武力奪取。一八五四年聲明公開，引起抗議，國務院不得不予以否認，購買古巴之議作罷。

除了古巴之外，美國亦採武力方式干預拉丁美洲各國內政，例如南部人士支持羅培兹（*Narciso Lopez*）三次試圖登陸古巴，幫助威廉沃克（*William Walker*）在尼加拉瓜獨裁，但這些擴大蓄奴版圖行動皆因北方人士反對而不了了之。除了古巴之外，一八五三年以一千萬美元從墨西哥手中再購買了嘉斯登（*Gadsden*），此一沙漠地區，作爲興建鐵路之用。爲了加強太平洋與大西洋的連繫，縮短航距，美國與英國在一八四〇年代起即設法爭取巴拿馬地峽，雙方關係日趨緊張。一八五〇年英國派遣一特使布爾維（*Henry Bulwer*）赴美會晤國務卿約翰‧克萊頓（*John M. Clayton*），雙方簽訂克萊頓—布爾維條約（*Clayton‐Bulwer Treaty*），同意聯合修建大洋間的運河，公平開放各國使用。

對 亞洲態度

中美貿易於十八世紀末葉逐漸活絡。美國傳教士繼貿易商之後陸續前

往中國，約佔中國之基督教傳教士人數比例五分之二。鴉片戰爭後，中國被迫賠款割地，開放港口，美國亦不例外。一八四四年美國外交官顧辛（Cable Cushing）率領四艘戰艦抵華，要求中國貿易優惠。由於美國無意併吞土地，較獲中國人友善對待，中國同時也展開對美貿易，華人移民於一八四八年抵加利福尼亞。

一八五三年由馬梭・培里（Matthew C. Perry）率領的一支美國艦隊抵達日本東京灣，停留十天，要求日本政府開放港口通商，次年復領更多戰艦抵日，並致贈日皇許多珍貴禮品，在軟硬兼施、恩威並濟之下，打開了日本門戶。

結　語

帝國主義也好，擴張主義也罷，基於天命，發於人道，出於商機，美國垂涎周邊鄰國土地愈發可見。由范布倫總統，歷哈里遜、泰勒至波克而集大成。美國版圖越過落磯山達太平洋岸，為美國開創新局，但也帶來政爭話題如奴隸制等。

墨西哥與美為鄰，土地糾紛不可避免，一八四八年美墨之戰，墨西哥割地售土，遭美吞併版圖不計其數。美墨文化相去甚遠，見容不易，影響迄今日未決。

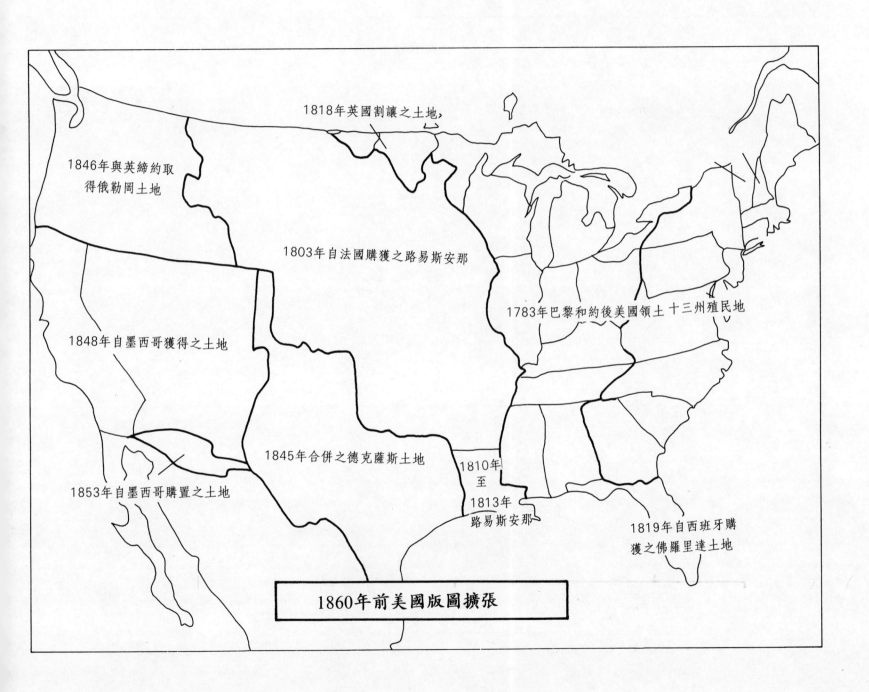

1818年英國割讓之土地，

1846年與英締約取
得俄勒岡土地

1803年自法國購獲之路易斯安那

1783年巴黎和約後美國領土 十三州殖民地

1848年自墨西哥獲得之土地

1845年合併之德克薩斯土地

1810年
至
1813年
路易斯安那

1853年自墨西哥購置之土地

1819年自西班牙購
獲之佛羅里達土地

1860年前美國版圖擴張

第 十 四 章

南北歧見益形惡化

一八四○至一八六○年美國隨著版圖擴增，金礦開採，人口迅速增加，農工業高度發展，國內建設蓬勃成長。繁榮之餘，潛在的南北經濟差異，尤其是奴隸所形成的政爭，益形惡化。一八二○年密蘇里折衷案、一八五○年妥協案皆無法滿足各方需求，戰爭的陰霾逐漸籠罩了美國天空。本章將敘述美國南北經濟發展所形成的差異，奴隸制度的爭論，以及南北如何走向戰爭的途徑。

第一節

北方經濟發展

隨著科技發明，資金累積，勞工就業，農品增加，交通便捷，工廠營建，商機無窮，美國北方經濟發展邁向新契機。

工業成長

新的科技加速了工業成長。一八四六年尹拉斯‧豪威（ Elias Howe ）發明縫紉機，縮短製作襯衫時間，由原先的十四小時減至個把小時。一八四○年代問世的滾筒印刷，促成報紙發行量擴大。一八四四年電報開始啟用，至一八六一年橫跨大陸之電報線舖設竣工，同年，美英之間的電報電纜亦告完成。美製產品開始打入國際市場，一八五一年參加倫敦一項展覽時，美國產品鬧鐘、左輪手槍、機械攪孔器均獲青睞，大受激賞。此後美國產品迅速成長，迄十九世紀末成為工業大國。

農業發展

美國農業生產與工業發展並駕齊驅，毫不遜色。中西部肥沃土壤吸引

東北地區及歐洲移民往赴，鐵路及運河開鑿，暢通西部產品銷售。此外農業機械化，如迪里（John Deere）的鐵犁及麥考密（Cyrus McCormick）的收割機皆影響農業快速成長。

航 業擴張

生產愈多，運輸工具需求愈甚，在這段期間，無論遠洋、近航、海外、內陸的載運量均有驚人成長。一八四六年航運量爲九十四萬三千噸，至一八五七年成長爲二百二十二萬六千噸。美國航運主力爲快帆船（Clipper），承攬高價值貨物，一八四五年至一八六○年間獨領風騷，直至英國致力發展汽船，美國船運才受影響。內陸運河載運量由一八五○年至一八六○年亦創高峯。五大湖水域地位日趨重要，每年自芝加哥（Chicago）航行船隻逾六千艘，此外密西西比河的航運亦受重視，小說家馬克吐溫（Mark Twain）有不少詳盡報導。

鐵 路運輸

一八三○年美國首列火車由南加洛林那駛出，全國各路線紛紛展開營運，但阻力頗多。有人認爲每小時十五哩至三十哩車速太危險，力加反對，同時火車機件要求嚴格，馬虎不得，造價高昂，維修不易，皆影響早期發展。惟至一八六○年，技術開發突破，再度掀起風潮，鐵路網由一八五○年的九千哩擴大爲三萬哩，加強了美國西部與北部之聯繫。

移 民貢獻

迄一八○○年，每年約八千名外國移民赴美，一八四○至一八六○年則增至二十萬人，一八六○年每八名美國人中即有一名外人。移民多半是受迫害者或貧窮人士，但也有少數係遭政府流放者。他們多來自英國、德

國、愛爾蘭等，他們希望在美國享受較好生活。美國鐵路及輪船公司亦在歐洲各國設置據點，廣爲宣傳，招徠移民。許多抵美人士在家書中，推崇美國社會自由、平等，助長移民赴美。移民過程艱辛，十分之一喪生途中，抵美之後往往因宗教、語言、風俗隔閡，遭歧視對待，甚至爲某些組織排斥。一八四九年美國出現一個秘密團體「星條旗體制」（Order of the Star - Spangled Banner），反對移民在政府機構工作。這個團體會員自稱「無所知」（Know Nothings），對任何問題均回以「我不知道」。他們要求限制移民，並將歸化年齡延長爲二十一年。排擠效應導致移民休戚與共，念舊懷故的情懷。僅紐約地區，一八五一年即出現七家外文報紙：四家德文、一家法文、一家義大利文、一家西班牙文。移民擴大了美國文化，且任勞任怨，艱苦工作，奉獻所長，孕育了美國新精神。

黑人處境

雖然北方黑人於十八世紀末已獲自由，但仍不具投票權也無法擔任公職，更不能做技工。黑人子弟限就讀黑人學校，搭乘交通工具亦遭隔離歧視，有些州甚至禁止黑人入境。一八六〇年新英格蘭地區略爲放寬對黑人限制，惟大半的北方黑人仍是二等公民。

第二節

南方經濟發展

棉花是南方經濟之命脈。自從英國發明的紡織機量化生產應市之後，原棉之需求即告不敷。美國南部於一八五〇年代棉產量突破記錄。一八四九年美國棉產量爲二百萬捆包，至一八五九年即劇增爲四百五十萬捆包。全世界八分之七棉花來自美國，而棉花佔全美外銷值的五分之三。除了棉

花之外，美國南部煙草生長也有顯著成長。由於南方資金、勞力投入作物生產，自然發展出不同於北方形態的經濟方式，對關稅、交通、西部土地的關切不同，尤其是黑奴制度更是獨樹一幟。

南 部的奴隸制度

一八五〇年代黑奴制度得以發展，係基於黑人最適於擔任奴隸的錯誤信念。南部普遍接受奴隸制度，未見公開批評奴隸制，但少許個人信件及日記中透露一些富農承認奴隸制邪惡，批評對待黑人不公。可是形勢比人強，一旦奴隸制根深蒂固，釋放奴隸即困難重重，有些州甚至立法規定獲自由的黑人必須離境或是重爲奴隸。

黑人所受待遇不同，家僕較受寵幸。奴隸可以租用，甚至有整座工廠都是黑人。黑人偶爾會發明一些機械工具，但卻無法獲得專利權。泰半奴隸在農場工作，艱苦、勞累、孤獨、不能合法結婚、家庭隨時因成員販售而被拆散。黑人不可讀書，但有少許南部白人卻違法偷偷敎黑人閱讀。自由黑人處境也不好，一八三〇年南部限制自由黑人的活動，出外旅行得攜帶身份證、沒有投票權、不得集會、不能攜帶武器，更不可爲反對白人出庭作證。

由非洲遺產加上美國經驗所孕育的黑人文化自成一格，多表現在寫作、故事及歌曲之中。有些奴主試圖採基督信仰迫使奴隸服從，部分奴隸亦能循此獲得慰藉。奴隸身世堪憐，前景渺茫，但多少仍懷有獲釋期盼，聖經中摩西的出埃及記經常被引爲精神支柱。奴隸反抗的方式可分爲：怠工、破壞工具、逃亡、陰謀叛變等。投資奴隸利潤多寡，言人人殊。無疑的，少數大奴主，的確因此獲利，由一七九〇年代至一八六〇年，黑奴價格由三百元增爲一千八百元，顯見蓄奴有利可圖。黑奴制度，破壞了工作的尊嚴，影響白人的工資下降，歐洲移民被迫離開南部。且爲了防範黑人不軌，南部社會保持在警戒狀態，夜間備槍，擴大巡邏。

南 部捍衛奴隸制度

當英國及大半的拉丁美洲國家解放奴隸以及美國北部廢奴情緒高漲之際，美國南部日趨孤立於世界潮流之外。為了鞏固生計，維護利潤，南方積極捍衛奴隸制，強調農奴生活歡愉。他們辯稱，為了滿足勞動力需求，奴隸具積極正面意義，他們提供了勞力並可獲得完善照料。南部約四分之三白人未曾擁有奴隸，蓄奴者為了拉攏這些人，向他們表示，社會之等級不在貧富而是黑白，所有的白人不分貧富都屬上層階級，並獲得應有尊重及禮遇，而黑人是次等公民。

第三節

南北奴隸爭論持續擴大

一八五〇年的妥協案在某些時候似乎獲得雙方肯定，兩黨咸表支持。一八五二年總統大選民主黨候選人皮爾斯獲勝，主要得力於北方輝格黨被懷疑有廢奴主義傾向。富商、農主及部分國會議員皆譴責任何討論奴隸導致誤國之事。事實上奴隸問題未曾消失。

北 方持續反奴

在北方，廢奴運動日益茁壯，反奴運動日漸增多。蓋里森所發行的《解放者》（ *Liberator* ）報紙，繼續聲討奴隸制，女權運動亦展開聲援。雖然廢奴者之間的理念方式不盡相同，但影響力逐漸擴大。北方人士強烈反對一八五〇年妥協案中嚴格執行「逃亡奴隸法」（ *Fugitive Slave Law* ）部分。根據該項法令，奴隸逃亡無論在何地遭逮捕，一律視為奴隸。在北

方，廢奴人士劫囚釋放逃亡奴隸，許多自由州通過人身自由法（*Personal Liberty Law*），廢止奴隸逃亡法，禁止州政府官員協助緝捕逃亡奴隸。一八五二年斯托（*Harriet Beecher Stowe*）所著《黑奴籲天錄》（*Uncle Tom's Cabin*）一書出版，北方反奴情緒，臻至高峯，雖然斯托引用之材料並非一手，但卻描繪奴隸制醜陋罪惡的一面以及悲慘的結局，充分顯露奴隸制的錯誤。此書出版一周年即售出三十萬本，改編之劇作，成爲北方最受歡迎的舞台劇之一。

一八五四年的堪薩斯——內布拉斯加法案

一八五四年美國黑奴問題隨著堪薩斯——內布拉斯加法案（*Kansas-Nebraska Act*）復熾。此案係由參議員道格拉斯所提，他雖無意藉此掀起地域衝突，而是想利用此案解決密蘇里河以西土地協議及修建芝加哥西行橫越大陸鐵路而提出該案。堪薩斯——內布拉斯加法案的辦法是，愛荷華（*Iowa*）及密蘇里以西土地劃分爲兩塊新地：內布拉斯加及堪薩斯。至於這兩地是否蓄奴留交未來該地人民自決。此案無異廢止了密蘇里折衷案。根據一八二〇年密蘇里案，由密西西比河至落磯山，以北緯三十六度三十分爲線，線北不得蓄奴，線南則爲奴隸州，堪薩斯及內布拉斯加皆在線北，理應禁奴，如今卻一反成規可公開討論，豈能不引起軒然大波。北方人士譴責此舉公然將罪惡合法引入新地，南部則要求北方承認美國奴主的權利。內布拉斯加地理偏北，奴隸制度不易發展，堪薩斯地理偏南，情況不一，需求不同，南北雙方爲爭奪勢力，制敵機先，紛紛湧往堪薩斯，北方居民獲得廢奴組織移民促進會（*Emigrant Aid Society*）提供驛車、工具、家畜、農具及槍枝的援助：南方親奴秘密組織藍屋（*Blue Lodge*）則由密蘇里派武裝人士進入堪薩斯。親奴、反奴團體雙方較勁，內戰一觸即發，人們稱之爲「血腥堪薩斯」（*Bleeding Kansas*）。

一八五六年之大選

一八五六年總統大選前夕，堪薩斯動亂達到高潮。自從堪薩斯——內布拉斯加法案通過兩年間，輝格黨分裂爲親奴派與反奴派。一八五六年大選，美國出現兩個新的政黨：美國黨（ American Party ）及共和黨（ Republican Party ）。美國黨包括無所知人士及前輝格黨員（ ex-Whigs ），他們提名前總統菲爾摩，試圖掀起反移民話題，以轉移對奴隸問題關注。共和黨主張「自由土地」（ Free Soil ）或驅逐奴隸制，他們訴諸廢奴主義及擔心奴隸影響生計的農工階層，此黨組織嚴密，推出英雄人物佛里蒙特將軍（ John C. Fremont ）參選，並試圖規避奴隸問題。民主黨以南部人士居多，爲了選舉，採平衡方式，提名北方人士賓州的詹姆士・布坎南（ James Buchanan ），結果勝選。布坎南獲選舉人票一百七十四張，佛里蒙特一百一十四票，菲爾摩八票。

一八五七年史考特案

一八五七年三月布坎南總統在就職演說中建議，將奴隸問題交由最高法院解決，不久即發生了史考特控桑福德案（ Dred Scott v. Sandford ）。史考特是一名奴隸，其主人曾將他從密蘇里州帶往自由的伊利諾及威斯康辛州，根據密蘇里折衷案，這兩州不得蓄奴。以後史考特又回到密蘇里州，在廢奴者之大力支持下，向法院上訴爭取自由，聲稱曾在自由土地內居住過，可以獲釋。大法官羅傑・唐尼（ Roger Taney ）於一八五七年三月六日裁示：在自由州住過並不表示史考特獲得自由。唐尼認爲史考特無權向聯邦法院提出上訴，因爲黑人並非公民。法庭更進一步裁決，密蘇里折衷案違憲，國會無權規定禁奴，因爲它否決了奴主的私有財產權，違反了憲法第五條修正案。史考特案不僅未撫平奴隸紛爭，反而治絲益棼。南部對此判決咸表滿意，推展奴隸的人爲障礙既除，剩下只是天候土壤等自

然因素。北方怒不可遏,共和黨遭到重創,因為他們提出的自由土地論被
視為違憲,因而宣稱這項判決沒有約束力。

一 八五八年林肯——道格拉斯辯論

史考特事件後,奴隸問題更趨混亂,南部人士支持法院判決,北方人
士堅決反對。民主黨對判決亦有所質疑。住民自決原則意義何在?史考特
判例是否禁止居民有權決定蓄奴與否?導致一八五八年林肯——道格拉斯
辯論(*Lincoln－Douglas Debates*)。

林肯(*Abraham Lincoln*)與道格拉斯兩人角逐伊利諾州參議員。道
格拉斯已擔任參議員十二年,被人譽為「小巨人」(*the Little Giant*),
以支持住民自決獲選民支持,在國會中頗富影響力,是民主黨的要角,打
算於一八六〇年競選總統。林肯則名不見經傳,僅擔任過一屆眾議員,曾
經是輝格黨黨員,支持一八五〇年妥協案,以後加入共和黨,以辯論見
長,善於述說故事,舉例辯證,思路清晰,是一位聰明的律師。林肯反對
奴隸,但卻不是位廢奴者,他認為依據憲法,聯邦政府無權干涉南部人蓄
奴,但他堅持可驅逐奴隸,林肯認為,如果奴隸制被侷限在既有之地,南
部最終亦將廢奴。

道格拉斯被迫與林肯展開辯論。在某次辯論中,林肯質問「任何土地
成為美國一州之前,該地居民可否驅逐奴隸?」如果道格拉斯表示「可
以」,顯然是贊同住民自決原則,但卻反對史考特判決,此舉將喪失了南
部人支持競選一八六〇年的總統大選。如果回以「不可以」,將否決了居
民自決,自相矛盾,將喪失參議員當選機會。道格拉斯值此兩難,發表
「自由港主義」(*Freeport Doctrine*),表示「居民可自行依法引進或排
除奴隸。奴隸制除非獲得地方警力規範,無法存在。」道格拉斯承認地方
勢力,間接否定了史考特判決,使他在參院勝選,但卻喪失一八六〇年總
統大選時南部人士的支持。

第四節

南北雙方兵戎相見

　　南北雙方政見分歧，社會差異，文化隔閡，使得兩地人民心存芥蒂，彼此猜忌。一八五〇年代一連串有關奴隸問題的爭議如逃亡奴隸法、堪薩斯血腥事件等造成雙方關係緊張。南方鑑於廢奴運動日熾，擔心北方廢奴之舉將危及南方的生計，謀脫離聯邦以求自保；北方則害怕南方將奴隸推展至全國。一八五九年至一八六〇年的偶發事件，加速雙方走向決裂。

一 八五九年之布朗事件

　　布朗（ *John Brown* ）是一位急進的廢奴者，自命獲上主差遣釋奴並懲罰奴主。一八五九年十月，率眾十八人佔領位於維基尼亞州哈伯斯渡口（ *Harpers Ferry* ）的聯邦軍火庫，試圖武裝黑奴，發動叛變，解放奴隸。布朗此舉失利，十位徒眾被殺，本人亦被捕，以叛亂罪問吊，但他在庭上的答辯，感動了許多北方人士。南方人士視布朗行徑為恐怖事件，憂心掛慮莫此為甚，他們對北方廢奴者經援布朗，舉布朗為自由鬥士，甚為驚訝。儘管北方多數人譴責布朗，南部仍以為北方在試圖廢止奴隸。南方的憂慮隨著某些作品出版益加不安，一八五七年辛頓・赫爾普（ *Hinton R. Helper* ）撰寫《南方迫切危機》（ *The Impending Crisis of the South* ）一書，攻擊奴隸制為圖利少數奴主，讓多數無奴的南方農人身陷貧窮、無知之中，他呼籲小農打倒奴主，向奴主徵稅，遣返奴隸。由於此書頗富煽動性，分化南部團結，南部大力查禁。

一 八六○年大選

一八六○年大選民主黨呈現分裂狀態，北方支持道格拉斯的「住民自決法案」，南方提名約翰‧布里肯里奇（John C. Breckinridge）維護史考特判決，另一支前南方輝格黨所組織的憲法聯盟黨（Constitutional Union Party）推出約翰‧貝爾（John Bell）規避奴隸問題。共和黨提名林肯，雖然他們反對奴隸，但為贏得南方保守派支持，否認顛覆南部行動，強調克萊的美國體系重要性，反對無知黨對移民歸化的嚴格態度。選戰結果共和黨獲勝，林肯獲得一百八十張選舉人票，令南部美國人士震驚。

長久以來美國南部的吞火者（Fire－Eaters）一直威脅退出聯邦，他們對林肯深具懼心，認為一旦膺選，廢奴不可避免，奴隸騷動將更趨嚴重。選戰結果揭曉，南加洛林那即退出聯邦。從一八六○年十一月至一八六一年三月林肯就職前夕，另有六州追隨退出聯邦（包括密蘇里、佛羅里達、阿拉巴馬、喬治亞、路易斯安那、德克薩斯）。這些州根據州權理論，視憲法為各州所簽署的一份合約，認為自由州拒絕執行逃亡奴隸法，間接否認了南部各州在這些土地內的平等權利，南部各州係為恢復州的平等權而進行抗爭。一八六一年南部各州草擬憲法，組織新聯盟──「美國邦聯」（The Confederate States of America）。

內 戰前夕

南部宣佈退出聯邦後，布坎南總統除了表示此舉無理外，並未採取任何行動，將這個燙手山芋留交新總統。值此危難之際，肯塔基州的參議員約翰‧克里坦頓（John J. Crittenden）提出妥協案，希望重新建立三十六度三十分的分界，將奴隸制限於線界以南地區。林肯不表同意，全案泡湯。林肯於一八六一年三月就職時，美國七個蓄奴州退出聯邦，八個蓄奴州留在聯邦內。他在就職演說中表示「南部退出聯邦違反了民主原則，未

尊重多數人意願，乃錯誤之舉」，但也未採取積極行動，強迫邦聯各州重返聯邦，而只要求堅守南部各州內未被佔領的聯邦軍事堡壘。林肯希望南北「化敵為友」，因此並未反對憲法修正案中禁止聯邦干預南部各州蓄奴。

戰 爭爆發

　　林肯首先面對的是南部兩座聯邦堡壘的存續：佛羅里達的皮肯斯（ *Fort Pickens* ）及南加洛林那查理斯頓港的桑特堡（ *Fort Sumter* ）。桑特堡物資短缺，軍需不足。一八六一年一月布坎南總統曾派遣一艘補給船前往抒困，但遭南方砲擊阻撓而返，林肯決定再次補給桑特堡守軍，並預先通知南方此一行動。邦聯總統戴維斯（ *Davis* ）陷入兩難，如果讓堡壘守軍獲得補給，無異向林肯投降；如果攻擊補給艦，等同宣戰。戴維斯下令查里斯頓駐軍要求桑特堡守軍投降未果，一八六一年四月十二日邦聯軍隊開火，經過四十小時砲擊，桑特堡淪陷。消息傳抵北方，群情激昂，不分男女老幼，揮舞國旗，走上街頭，矢志維護聯邦。當林肯號召七萬五千名兵士戡亂時，爭相報國者絡繹不絕。南部反應亦不遜色，早先有些州反對脫離聯邦，如今也爭相效尤，維基尼亞、北加洛林那、田納西、阿肯色紛紛加入邦聯。

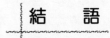

結　語

　　南北社會，先天有別，後天失衡，工農發展，境遇不同，理念不一。北方反奴，南方蓄奴，各有所據，各有其理。但隨著西疆開拓，政爭日劇，衝突日甚，如何化解，考驗諸賢。歷史發展，往往有跡可覓，無理可循，南北戰爭，危機四伏，識者可見，惟真理難明，武力公決，在所難免。

第 十 五 章

南北戰爭兄弟鬩牆

南北戰爭（*Civil War*）被視為美國統一的進行曲，也是美國戰史上的分水嶺。舊式戰爭落幕，新式戰爭揭幕。傳統兵士拉曳大砲以及騎兵作戰的盛況隨著此役逐漸隱退。鐵路、戰艦、觀測汽球等新式發明投入戰場，改變了戰爭形態，軍民一體的總體戰（*Total War*）觀念漸受重視。

南北戰爭前夕，美國僅有部隊一萬一千人駐紮在西疆。戰爭期間南北動輒集結數十萬大軍，規模龐大。北方為求勝戰，提高聯邦政府權限，加速經濟成長，限制民眾自由；南方則全民皆兵（*Nation in Arms*），徵召十七至五十歲男人入伍，規範農人耕作，要求女士參與縫紉及醫療服務。戰爭末期北方採焦土政策（*scorched earth policy*），雙方損失慘重，戰爭結束，死亡人數逾六十萬，南方斷垣殘壁，觸目驚心，令人對戰爭多了一份反思。其因何在？發展為何？結局及影響又如何？本章將分別加以敘述。

第一節

概　　述

南北戰爭是美國由區域邁向統合的過程。美國地方先於聯邦存在，地方與聯邦之間、地方與地方之間的衝突，雖然透過協調、溝通、談判的方式，但仍難擺脫一己的私利，建立共識的基礎。歷史的命運往往在不自覺中將人類帶向毀滅。南北戰爭原因迄今仍莫衷一是，戰爭期間，雙方各有所長，彼此各盡所能，究其發展，耐人尋味。

原因

探討南北戰爭原因是研究美國歷史的重要課題之一。究竟南北之間的爭議何在？有無免戰可能？令人好奇。傳統多以林肯的就職宣言做為註

腳：「我們國家一部分人相信奴隸是對的，應予擴張；另一部分則不以爲然，並阻撓其發展。」其實，奴隸是南北歧見的表象，潛存內在的是雙方政治、經濟、社會的差異，其中又以政治奪權爲最高指導原則。自從輝格黨勢力不再，民主黨復告分裂，使得前此以政黨作爲溝通的管道消失，理性對話無由從出，爭執易流於極端。南北戰爭不是解放黑奴而是廢除奴制。南北生活差異，南方以農業生產爲主，有賴奴制，鞏固生計，此外脫離聯邦可以不必再供養北方財團及商人。南方強調州有權脫離聯邦，並將邦聯發展成一個國家，有國歌（*Stars and Bars*）、國旗（*Dixie*）（*The Bonnie Blue Flag*）。北方堅持維持聯邦統一，發兵討伐，確保國家免於分裂。

南 北勢力比較及策略運用

戰爭甫起，南北雙方傾力以赴，爭取勝利，除了厚植本身勢力外，並積極拉攏外國。從形勢上看：

1. 南方的優勢

南方視此役爲保家衛民，爭取獨立的戰爭。南方交通不便，來往不易，大城市不多，一二次戰役無法定奪大局，只要能阻擋敵人入侵即可獲勝，將領多採守勢，以逸待勞。一八六一年邦聯組成，愛國情操凝聚，南方人士捐棄成見，共謀國是，他們痛恨北方工業主義，堅信社會經濟奴隸制之可貴，並誓死衛道。南方將領訓練精良，人才濟濟，早年多參加軍旅，如戴維斯將軍曾就讀西點軍校，具有多年作戰經驗，還有許多前美國海陸軍高層軍官爲邦聯效命，維基尼亞的李將軍是典型代表。

2. 北方之優勢

資源豐富，軍士較衆，財力豐厚，交通便捷，糧秣充足，工廠林立。據計，北方製造廠有十一萬家，南方僅一萬八千家，多屬小規模，無法迅即滿足軍隊的大量需求，所幸北方可以仰賴外交上優勢，阻止外國承認南

方的邦聯地位。

3.北方之戰略

從戰略上看，雙方各有盤算。林肯總統在桑特堡事件後即對南方港口展開全面封鎖，阻止船隻進出。南方海岸線長達三千五百英哩，早期北方兵艦不足，海軍人力缺乏，無法奏效，後加速發展海軍，至一八六二年底聯邦海軍軍艦逾七百艘，水手達五萬人，完全封鎖了南方各港口。南方依賴外國貨品輸入頗深，北方加強封鎖之後，邦聯之生活及醫療用品立即面臨短缺之虞，如何突破封鎖即爲當務之急。一八六二年三月南方在維基尼亞州之諾福克（Norfolk）整修改裝了一艘聯邦軍艦，重新命名爲維基尼亞號（Virginia），並擊沉二艘北方木船，使士氣大振，試圖藉此瓦解北方封鎖。北方適時推出一艘鐵殼船「莫尼特號」（Monitor），裝備新穎，行動便捷，迅即制服了「維基尼亞號」，從此北方控有海上交通。

除了海上封鎖、斷絕外國貨品輸入南部之外，北方並設法在外交上孤立南方，阻止英法及其他歐洲國家承認南方。林肯派特使查理斯‧亞當斯（Charles Francis Adams）前往英國遊說。南方爲爭取歐洲國家支持，將內戰解釋爲民族自決而非奴隸戰爭，這項說詞贏得英法高層支持。英國早先同情南方情境，英國上層階級不喜歡美國民主，爲了見到世界最大共和國分裂，英國製造商期盼南方獨立，以便拓展英貨市場，而且南方一旦獨立，缺乏工業，無從保護關稅，對英國爲一利多。一八六一年十一月美英發生特倫特事件（Trent Affair），使得雙方瀕臨戰爭邊緣。英船特倫特號遭美戰艦攔阻，二名南方邦聯政府外交官梅森（James Mason）及史利德（John Slidell）被押。消息傳出，英國政府大怒，認爲美國此舉破壞中立國權利，要求釋放兩名外交官，並派軍至加拿大，下令英艦出海備戰。林肯爲顧全聯邦，不願與英爲敵，發生大戰，乃下令釋放梅森及史利德。林肯此舉雖令北方人士不悅，但其維護聯邦，用心良苦。特倫特事件後，美英關係獲改善，英國棉商不再完全仰賴美國，轉向埃及和印度採購，同時向美國北方輸出軍用物資亦有利可圖。英國中下層階級支持北方，他們

視此役爲民主之戰，而林肯的表現較爲民主。

第二節

經　　過

戰爭攸關雙方生存理念，非至一方屈服，不得善罷。北方矢志維護聯邦統一，擬採封鎖港口、瓦解經濟以及興兵南伐、攻占首府兩計並進方式；南方則以捍衛家園爲主。南北戰爭，戰場廣被，遍及全美，由賓西法尼亞南部至新墨西哥皆籠罩在烽火濃煙之中。南北雙方動員正規軍達三百萬，後勤人員亦有數百萬人，死傷慘烈，哀嚎千里。戰場可分爲東、西兩方，以阿帕拉契山爲界，線東之戰地爲華盛頓首府及南部都城李察蒙（Richmond），線西集中在密西西比河一帶。戰爭初起，南方佔地利之便，取得優勢。美國首府華盛頓界臨親南部的維基尼亞與馬里蘭州之間。一八六一年四月北方發兵增防華盛頓首府，部隊至巴爾的摩，遭暴民投擲石頭發生軍民衝突，四名兵士、十二名百姓遇害。林肯爲防止華府淪陷，加強構築堡壘，圍繞保護都城。

　　南方在戰爭號角吹起之際，將首府由阿拉巴馬之蒙哥馬利轉進至維基尼亞的李察蒙。李察蒙位於邦聯北界，易遭攻擊，但卻能提昇士氣並兼顧指揮東方作戰。縱觀整個戰爭經過，南軍先盛後衰，北方則是後來居上。西部戰場是勝負關鍵，南軍早先在東線獲捷，但西部失利，影響東部戰局，終而棄械投降，究其經過如下：

東 線戰事

　　早期東線作戰南方賴李將軍及傑克遜（*Thomas J. "Stonewall" Jackson*）之卓越領導，迅速移防，提振士氣，擊退聯邦政府軍隊。主要之戰役

有：

1. 牛奔河之役（ *Battle of Bull Run* ）

一八六一年七月二十一日，三萬名聯邦軍隊在維基尼亞馬納薩斯（ *Manassas* ）靠近河邊的牛奔河遭逢南軍，兩軍兵力旗鼓相當。北方自認勝券在握，來自華府的國會議員及百姓，懷著野餐的心情觀戰。此役參戰各州，提供軍服不一，敵我模糊，往往辨識不清，有些南軍穿著美國北方藍色軍服，也有北方伊利諾軍隊穿著南方灰色制服。南軍紀律嚴明，進退有據，北方不支敗卻，士兵百姓爭相竄逃，場面騷動混亂。牛奔河役後，北方重整軍隊，數度南下進攻李察蒙，皆未能得逞，戰爭至此成為持久消耗戰。

2. 安提塔姆之役（ *Battle of Antietam* ）

南方在第二次牛奔河之役獲勝後，於一八六二年九月試圖進軍北方，李將軍二度侵入北方，均遭北軍攔阻。一八六二年李將軍班師回防，至馬里蘭州之安提塔姆，南北兩軍遭逢，作殊死戰。此役血流成河，天地變色，死傷達二萬二千名軍士，為南北戰爭早期中犧牲最慘烈的一場戰爭。

3. 一八六三年蓋茨堡之役（ *The Battle of Gettysburg* ）

一八六三年六月李將軍再度領軍越過波多馬克河，希望藉由東線作戰施壓，舒解南軍在西部的壓力。大軍進入賓西法尼亞南境，北方掀起一陣恐慌，連麻薩諸塞州州長也宣佈進入緊急狀態。南軍直逼蓋茨堡，展開三天浴血戰。北軍沿西蒙特利山脊（ *Cemetery Ridge* ）部署。南軍發動數次全面攻擊，但皆未能突破北軍防線。此役聯軍死傷二萬三千人，南方二萬八千人。李將軍在慘受重挫之後，率軍回返維基尼亞，北軍並未乘機追擊。

西 部及南部戰事

　　西部是北軍的天下，雖然聯邦軍隊也有失利時刻，但重要戰役皆能獲捷。在二年內，他們將邦聯一分為二，並打通密西西比河航道，供輸運聯邦軍隊。一八六一年西部戰爭演變為邊界各州爭奪戰。肯塔基與密蘇里州雖有少數強烈支持南方人士，但北軍仍居優勢，可以剷除兩州的南軍。此外維基尼亞的西部鄉鎮脫離邦聯，自組西維基尼亞州，削弱了南方在俄亥俄河流域的防務。北軍沿密西西比河南北兩路夾攻南軍，由格蘭特將軍領銜圍攻位於田納西河的亨利堡（ Fort Henry ）及坎伯蘭河（ Cumberland River ）的多那遜堡壘（ Fort Donelson ），城堡淪陷之日，俘虜一萬二千名南軍及四十門大砲，並打開南進之路。至一八六二年底北軍控有田納西州西部並南下密西西比河。同時法拉格特（ David Farragut ）將軍由海上佔領新奧爾良港，準備向北挺進。

　　綜觀南部及西部戰場，主要戰役有：

1. 威克斯堡之役（ Vicksburg Campaign ）

　　威克斯堡是監控密西失西比河的要地，背山面水，自然天險，易守難攻，一八六二至一八六三年北軍曾五度進逼皆未能得逞。一八六三年五月格蘭特將軍再度發兵，一反軍事常態作戰方式，不仰賴基地補給，士兵僅攜帶沿途所需糧食，長趨直入，未遇阻撓，抵達威克斯堡附近之地，然後進擊威克斯堡郊區。十八天內行軍二百哩，經過五場重大戰役，於一八六三年七月四日攻陷威克斯堡，北方正式控制了整條密西西比河，南方一分為二。

2. 查塔諾加之役（ The Battle of Chattanooga, 1863 ）

　　聯邦軍隊續企圖經由田納西東部及喬治亞分割南軍。查塔諾加位居喬治亞州西北之田納西流域，係南方鐵路重鎮。一八六三年羅斯柯倫斯

（William S. Rosecrans）將軍率北軍南下，契克蒙加（Chickamauga）一役慘敗，南軍圍攻查塔諾加，幸賴格蘭特將軍馳援，於十月將南軍驅離，至一八六三年底北軍進入喬治亞。

3.格蘭特與李將軍對決

格蘭特在西部大舉獲勝，獲林肯總統拔擢，出長東部聯邦軍隊。林肯此舉情非得已，因為格蘭特聲名不佳，貪愛杯中物，但鑑於南部李將軍，縱橫捭闔，無人橫阻，只能大膽嘗試。格蘭特畢業於西點，戰前一度從事農事及店員，內戰重返軍職，作戰果敢，毫無卻色。一八六四年五月格蘭特南下進攻李察蒙遇阻，不僅未撤，繼續挺進，不畏損失，終於進軍圍攻彼得堡（Petersburg）及李察蒙。

4.謝爾曼將軍之進攻（Sherman's March）

除格蘭特外，北方另一名將軍謝爾曼由田納西進軍喬治亞。一八六四年攻佔亞特蘭大（Atlanta），當南軍胡得（John B. Hood）試圖逼他退卻時，謝爾曼仿格蘭特作法，採堅壁清野戰略，摧毀喬治亞農地，破壞鐵路、農舍、農場，百姓受害慘重。一八六四年十二月十二日大軍抵喬治亞大西洋岸的塞芬那（Savannah），以後再向北進軍蹂躪南加洛林那。

戰爭結束：阿波馬托克斯之役（Appomattox）

一八六五年三月格蘭特向李察蒙施壓，謝爾曼由南加洛林那進軍，北軍勝利在望，邦聯總統戴維斯派遣三名代表討論北方終戰條件。林肯堅持恢復聯邦的國家威信，解放奴隸，解散邦聯軍隊。戴維斯反對。李將軍不久即向戴維斯稟告無力再防衛李察蒙，戴維斯向南部人民發表聲明，南方將進入「新的形勢」（New Phase），呼籲人民從事游擊戰。一八六五年四月九日李將軍在維基尼亞的阿波馬托克斯法庭向格蘭特投降，其他將軍亦不顧戴維斯聲明，陸續投降。至一八六五年六月戰爭終於結束，戴維斯

被囚於維基尼亞門羅堡（*Fortress Monroe*）至一八六七年獲釋。

第三節

動　員

內戰歷時四年，社會動員無數，雙方由徵兵作戰到北方釋放黑奴參戰，動用女人協助作戰並利用印第安人，影響不可謂之不大。

徵 兵

南北戰爭初期，雙方均賴自願兵作戰，不久即因兵員不足開始徵兵。南方於一八六二年四月展開作業；北方於一八六三年三月，國會通過徵兵法案（*Conscription Act*）。惟此法因規定不周，沿用不當，而備受爭議。按法令規定，任何被徵士兵可繳交三百美元免役或找人頂替，引起窮人不滿，他們質疑這是「富人開戰，窮人作戰」。一八六三年七月紐約市反對徵兵，形成流血暴動。暴民騷動四天，掠奪殺戮，攻擊富人，摧毀徵兵辦公室，焚燒黑人住家，後經軍隊鎮壓始告平息。北方政府為鼓勵從軍，由聯邦或州，發放每一名被徵服役三年的士兵一千五百元獎金，導致逃兵事件層出不窮。一名士兵被徵，領取獎金之後，即開溜至他處應徵，再領取另一筆獎金。獎金也吸引許多北方農人、工人甚至歐洲人前往應徵。

黑 人

南北對黑人態度由同生異。在北方，林肯起初也不同意徵召黑人作戰，怕刺激邊疆各州反感，但隨著黑人自願服役邊增，林肯改變初衷。大

約有十八萬六千名黑人從軍，另外十五萬黑人在後勤部隊服役，表現傑出，有二十二人曾獲得國會榮譽獎章（Congressional Medal of Honor）。南部儘管兵員不足，仍拒絕徵召黑人，至多僅從事修築城堡、煮飯、駕車及其他勞役。至一八六五年三月形勢危急，李將軍強力建議徵召黑人，南方始同意允許黑人當兵，可惜爲時已晚，對大局無所助益。

女人

隨著戰爭的進展，南北雙方的女人亦投入。南部農場女人自主人離家從軍之後即負起農務，並爲戰士織布縫衣。戰爭期間女人放下身段，做起粗活，或赴工廠工作，甚至隨軍至戰地擔任煮洗、護理事務，少數婦女更裝扮爲男人潛入北軍陣營。南方生活雖然艱苦，但女人努力維持家庭運作。北方女人雖然未曾遭逢像南方一樣家園焚毀、財產受損，但也受到重大影響。男人出外征戰，女人也開始從事勞務、耕種，並設法賺錢養家。戰時女人最有貢獻的是護理工作，其中較具代表性的是後來成爲美國紅十字會首任會長的巴頓（Clara Barton）。婦女不畏恐懼、不辭辛勞的爲受傷士兵服務。

印第安人

內戰波及印第安人生活。印第安人面臨南北衝突之際如何選邊，煞費苦心。南方於戰起迅即派出特使至印第安區（俄克拉荷馬）向五大族保證，將保護印第安人，允諾尊重印第安人的權利並承受聯邦政府支付印第安人的經費。邦聯最後與五大族及其他印第安部落締約。一八六四年戰爭後期，聯邦派軍恢復對印第安地區之治權，聯邦的戰勝顯示邦聯已一蹶不振，北方與五大族重新簽約，奪走爲邦聯作戰的印第安人土地。

後　　勤

戰爭概分爲前線與後勤兩部分，前線靠士氣，後勤賴補給、財源及管理。研究南北戰爭之發展，後勤作業關係不可省略。

補 給

南北戰爭南方所以失利，後勤補給不足是重要因素。雖然南方竭盡所能供應前線所需武器、彈藥，但其他戰爭物資卻相形不足。衣食短缺，營區醫療簡陋，士兵報酬太低，影響士兵逃亡。有關部門以鼓勵生產，減少利潤方式，維持運作，但效益有限。北方物資雖不虞匱乏，但貪污腐敗現象駭人見聞，軍需品經常是「衣不耐雨淋，糖見水不溶，肉必須塊吞，鞋不能久行。」儘管如此，北方軍援充裕，裝備依然無處。農人生產不僅供應戰爭所需並可外銷其他國家。故有人稱南北戰爭爲「小麥王國擊垮棉花王國」（ *King Wheat defeated King Cotton* ）。

財 源

南方作戰失利的另一項重要因素爲財源不若北方。南方靠外銷棉花生財，戰爭爆發之後，北方封鎖南方海外貿易，南方被迫改徵所得稅以及增加百分之十的農產稅彌補，但仍嫌不足，只好增印紙幣，發行數十億，並強迫通行。這類紙幣戰後一文不值。北方之財源情況較佳，資金來源豐富，有西部礦產及外銷市場等，戰爭所需費用四十億美元中，十億來自稅收，其餘經由借貸或發行紙幣取得。國會於此時通過徵收所得稅，對年收

入六百至五千元者徵收百分之五，五千元以上徵收百分之十。稅收範圍包括食物、煙草、衣服、酒品、飲料、火車票及其他。為了籌措經費，北方巨幅提高關稅，由於國會中南方議員缺席，此舉迅即通過。一八六四年稅率提高百分之四十七。戰爭期間聯邦政府並發行債券二十五億元，四億元綠背鈔票（Greenbacks）。綠背鈔票沒有金銀擔保，價值視戰局勝負而定，情況最差時曾至一元相當三角五分的金價。

戰 時的政府

　　戰爭期間，南北政府均大肆擴權，因應局勢，以致無論林肯或戴維斯皆被視為「獨裁者」。南方政府不僅要求各州賦予邦聯政府更多權力，除了徵兵之外，並強用民間畜牲、車輛、食物、奴隸；北方政府亦佔用民地、架設通訊網、鐵路等。林肯總統表現尤為強悍，不僅侵犯國會權力並且未經審判逮捕親南方人士，包括州議員在內。對於北方反戰人士（Copperheads）如反對徵兵、協助士兵逃亡者等，送交軍法而非民事法庭審判。林肯以憲法賦予總統「海陸軍統帥」身份，不受國會及法院約束，逕行決斷，創下先例，功過是非，迄今仍未定論。

第五節

林肯與奴隸制

　　南北戰爭開打之際，北方未曾料到此舉將終結奴隸制。林肯本人並非廢奴者，他認為奴隸制只是違反道德，對美國白人與黑人不利而已，並一再向南方傳達「無意干涉目前存在的奴隸制」，但反對奴隸延伸至新領土。當北方將領收留逃亡至軍營中的奴隸並予釋放時，林肯持反對意見，他擔心此舉將影響邊界各州倒向南方。林肯一再宣示他的目的「在救聯

邦，而非保全或廢除奴隸制」，並堅持維持聯邦是要證明美國民主既長且久。

林 肯與共和黨

林肯瞭解北方對奴隸制看法不一，亦不願僅爲廢奴而戰，當時北方有許多地區對奴隸深具敵意，並立法限制黑人權利。聯邦邊界各州如肯塔基、密蘇里、德拉瓦及西維基尼亞，還有哥倫比亞特區依舊保有奴隸。在面對國會急進派議員的壓力時，林肯小心翼翼，步步爲營，謹言愼行，他曾草擬一項逐步釋奴計畫，對釋放奴隸的奴主給予賠償，然後將這些奴隸遣送南美或非洲。這些政策不能令急進共和黨議員滿足，他們要求給予黑人自由及平等。隨著戰事進展，廢奴者對林肯施壓，要求將戰爭變爲廢奴聖戰（*anwtislavery crusade*），並強烈希望懲罰南方的奴主。他們堅信，奴隸制違反美國立國精神，因此只要摧毀奴隸制，就值得一戰。此外釋放可獲得外援，歐洲國家，尤其英國強力反奴，北方持廢奴而戰立場，歐洲政府不至援助南方。

一 八六三年解放奴隸宣言

鑑於外在形勢轉變，林肯的主觀意識亦發生動搖。一八六二年七月林肯及其內閣閣員，草擬解放奴隸計畫（*Emancipation*），宣佈釋放與聯邦作對的南部陣營內的奴隸，並伺機等待戰事好轉之際發表。一八六二年九月安提塔姆之役李將軍失利，林肯即宣布次年起釋放南軍中的奴隸。一八六三年一月一日林肯以統帥身份宣布解放黑奴宣言，但事實只是口惠而無實惠，因爲此令僅限於南方陣營中之奴隸，而林肯權力無法在該地落實。解放黑奴宣言（*Emancipation Proclamation*）雖無立即效果，但卻改變了戰爭的性質，此後聯邦軍隊爲廢奴而戰，替北方注入十字軍精神。奴隸是南方的經濟基石，南部爲了生存，不得不與北方作殊死戰，影響南北戰爭

無法善罷。

　　廢奴消息傳出，黑人振奮不已，北軍一旦佔據南方某地，黑人則蜂湧
而至。南北戰爭期間，黑人從軍人數高達十八萬六千人，但解放黑奴宣言
對北方已征服的地區包括邊界各州，大約為數八十萬名奴隸則不適用。林
肯曾提議賠償釋放奴隸的奴主，但國會僅認可適用於哥倫比亞特區，當地
奴隸約三千人。奴隸一直到一八六五年十二月美國憲法第十三次修正案通
過時才全數獲釋。

林 肯遇害

　　隨著北方戰事順利發展，林肯聲望日隆，儘管媒體及國會部分議員有
不少批評，但人民開始欣賞他的才華及能耐，並譽之為「阿貝叔叔」
（ Uncle Abe ）或「亞伯拉罕爸爸」（ Father Abraham ）。一八六五年他
繼續當選總統，追求美國和平與統一。在第二任就職演說中，未曾譴責奴
主，僅表示「雙方閱讀相同的聖經，向同樣的上帝祈禱」，並呼籲「不要
對任何人持惡念，應對大眾懷慈悲心」，美國應團結一致，追求正義及永
久和平，並對南部人寬大為懷。然而不幸的事發生了，一八六五年四月十
四日，亦即在南方棄械投降五日後，林肯在福特劇院觀賞「美國堂兄」
（ Our American Cousin ）劇時，被同情南方的急進份子布思（ John
Wilkes Booth ）刺殺。對美國乃至世界人類而言，這是一椿悲劇，也是一
項反諷。酷愛和平的人士死於暴力之下，而美國的解放奴隸運動也變得更
為曲折迂迴。

結　語

　　南北戰爭死亡逾六十萬人，財產損失不計其數，南方遭破壞尤爲嚴重。戰爭期間，兩軍對決，攻城掠池，焚燒殺戮，令人髮指。戰爭雖然慘烈但卻成就了一個「美國」。北方勝利象徵著一個共和、民主的誕生。戰後美國邁向社會整合、技術進步、經濟發達的國家道路上成長。

第 十 六 章

重建工作府會角力

　　隨著南北戰爭結束，北方如何看待戰敗的南方，關係著重建工作之進行。林肯及續任的詹森（ *Andrew Johnson* ）總統，皆以「南部脫離聯邦」與法不合，不承認其脫離事實，主張採寬容方式讓南方重返聯邦，以維護美國之統一；國會則視南方脫離爲叛國行爲，主張採嚴厲懲罰方式對待南方，導致重建工作，曲折複雜，舉步唯艱。由一八六五年起至一八七七年，歷十二年之久始告完成。本章將討論美國總統的重建態度、國會的重建方案、以及重建時期的奴隸和重建工作的結束。

第一節

總統的重建態度

　　一八六五至一八七七年美國進入重建時期。如何讓斷垣殘壁的南方，返回聯邦，並恢復法統，成爲政治家關切的主題。對南方各州如何才能重返聯邦，總統的態度與國會議員差距頗大。總統據行政考量，希望以和爲貴，主張從寬處理；議員則持相反立場，要求嚴懲南部各州。

林肯的重建方案

　　一八六三年北軍佔領南方邦聯之南加洛林那州海島、新奧爾良、田納西州及部分維基尼亞州之後，即面對設置臨時政府，解決被釋放奴隸地位等問題。林肯開始思考如何重建戰後的美國，大致說來，他主張對南方採取寬容政策。他認爲，南方脫離聯邦根本不合法，南部各州仍爲聯邦一份子，因而建議任何南方一州只要達到該州一八六〇年選民數十分之一，宣布效忠美國，即可重返聯邦。林肯希望南部的少數團體輝格黨會接受他的方案，領導重建南部。至於被解放的「自由黑人」（ *Freed Black People* ），林肯希望能將他們移居至非洲或加勒比海島嶼。一八六五年林肯協助國會

推動第十三次憲法修正案，釋放所有的黑人，並力促自由黑人學習閱讀、書寫，甚至給予在北軍中服役的黑人政治投票權。

國 會的對策

自南方各州退出聯邦之後，北方議員即成為國會的多數，被稱為「急進共和黨」（ *Radical Republicans* ）。議員反對林肯的寬大政策，他們認為，南方各州退出聯邦後，即不再為美國的一州，而應為視為領地（ *Territories* ）。他們質疑南方白人對待黑人的態度以及林肯十分之一方案，堅持重建工作應由國會而非總統決定。急進共和黨國會議員於一八六四年七月草擬韋德──戴維斯法案（ *Wade‑Davis Bill* ）。此法係由俄亥俄州參議員班哲明‧韋德（ *Benjamin F. Wade* ）及馬里蘭州眾議員亨利‧戴維斯（ *Henry Winter Davis* ）提出。法案要求在南部邦聯各州召開憲法會議，組織新的州政府，禁止蓄奴，廢棄邦聯債務，前邦聯高級官員不得在新政府擔任公職。這些規定與林肯方案相去不遠，但法案另有嚴格規定，要求各州憲法會議籌組新政府必須獲得百分之五十而非百分之十的選民同意。由於此時戰爭尚未結束，獲得百分之五十選民同意殊不可能，此舉導致重建工作延宕至內戰之後。韋特──戴維斯法案危及林肯方案，林肯採憲法擱置否決（ *Pocket Veto* ）辦法，將該案擱置十天，未予簽署，至國會休會，使國會議員無法反否決翻案。

詹 森的重建方案

一八六五年四月林肯遇刺喪生，詹森（ *Andrew Johnson* ）繼位。詹森為民主黨籍參議員，早先傾向同情急進共和黨，認為邦聯各州已非聯邦成員而為領地，一八六一年田納西州脫離聯邦後，詹森拒絕跟進，仍留任參議院，以後出任田納西軍事總督，一八六四獲邀與林肯搭檔競選時一再強調「叛變各州應予嚴懲」。惟繼任總統之後，詹森態度一改往昔，沿襲林

肯重建方案，承認重建政府，並寬恕許多前邦聯領袖。一八六五年夏，詹森對南部各州提出寬大計畫，要求邦聯各州廢奴，取消脫離聲明，放棄債務，速返聯邦，許多州也願意配合，但國會共和黨議員不滿，認為此舉太溫合。詹森總統堅持己見，缺乏彈性，又不善與議員溝通，因此與國會交惡，影響後來被彈劾。

南 方之對策

南方各州急欲重建破產的經濟，願接受北方的政治重建。但南方領袖堅持立法來管轄新獲釋自由的黑人。各州立法機構通過黑人法典（*Black Codes*）規範自由黑人（*Freed Black People*）。該法較戰前奴隸法典（*Slave Codes*）寬鬆，賦予南方黑人些許基本權利：諸如擁有私產、自由結婚、獲法律保護，但仍不得擔任司法職務，也沒有投票權。法典並要求黑人與僱主簽訂長期工作合約。黑人法典對待黑人過分嚴苛，不僅北方議員不滿，有些南方白人也不以為然，但詹森總統依然接受。南方選出前邦聯軍事將領及政治領袖為國會議員，一八六五年十二月共和黨主導之國會集會，拒絕承認這批南方選出的議員。他們堅持由國會而非總統有權決定南部各州重返聯邦的條件。國會兩院領袖組成重建聯合委員會（*Joint Committee on Reconstruction*），草擬有關經援自由黑人及政府保護民權的法案。詹森加以否決，國會反否決，法案仍通過。此後重建工作落入國會手中。

第二節

國會之重建（一八六六～一八六八）

自南方脫離聯邦之後，國會落入北方急進共和黨手中，這些人或出於

理念，或本於私利，或者關切自由黑人前途，或者基於政治利益考量，不願南方議員輕易重返議會，故對重建提出嚴苛規範。

急 進共和黨之動機

共和黨員之理念多出於獨立宣言：人生而平等以及治者基於被治者同意。他們認為除了保護權貴及富者外，更應關切貧窮及弱勢團體。但在另一方面，急進共和黨也致力維護既得利益。他們認為，一旦南方各州重返國會，將在眾院擁有較前更多的席位。依照憲法規定，過去奴隸的人口數只能按五分之三比率作為選民人數計算；如今黑白比率相同，黑人人口數增加，如果黑人無權選舉，南方白人一定選出較多民主黨代表。民主黨將重獲政權，並在國會重振勢力，對共和黨不利。共和黨為掌握優勢，防堵民主黨，堅持黑人有選舉權，並拒絕前民主黨邦聯領袖競選公職。

一八六六年期中選舉，急進共和黨人以「揮舞血衫」（*Waving the Bloody Shirt*）作為文宣，喚起人民憶及戰爭的慘痛，藉由製造痛恨戰爭，唾棄南方。文宣大力抨擊南方民主黨是叛徒，並強烈要求嚴懲南方。北方工業鉅子、銀行家擔心民主黨一旦主政將降低關稅，廉價償還債券，推翻戰時成立的全國銀行體系，多表支持共和黨。一八六六年大選，共和黨獲得壓倒性的勝利，進而宣示代表民意進行重建工作。

國 會之重建方案

一八六七年國會通過重建法案，將南方列為軍管區。除了田納西州以外，分為五大軍區，每區置統帥一人，負責設置州政府。黑人有權選舉，前南方官員及通敵份子不得有選舉權，此影響南方多數白人喪失選舉權。國會重建主要成就為通過憲法第十四條及第十五條修正案。修正案係針對黑人法令及總統對待黑人之保守態度而提出，試圖經由立法，責成最高法院保護民權，並以此作為南方重返聯邦之依據。憲法第十四條修正案於一

八六八年通過，規定任何州未經適當法律程序均不得剝奪任何人生命、自由或財產，亦不得對任何在其管轄下的人，拒絕給予平等的法律保護。憲法第十五條修正案於一八七〇年通過，確保黑人選舉權：「任何州不得因種族、膚色及以前的社會地位剝奪其公民選舉權」。爲了保障黑人的權利，國會曾於一八六五年三月成立自由人局（ *Freemen's Bureau*，又稱奴隸解放局），幫助黑人受教及經援，提供食物、衣服及醫藥，爭取民權，並獲得僱主公平待遇。

國會重建下之南方政府（Carpetbag Government）

按國會重建計畫，由北方人士出任部份南方新政府領袖。南方白人稱這些人爲投機政客（ *Carpetbagger* ）亦即「手提包政客」，認爲這些來自北方的政客，拎著手提包，前來投機歛財，而南方與之通好的白人被稱爲叛徒（ *Scalawag* ）。手提包政客良莠不齊，部分獻身公益，獲得尊敬，但多半自私自利，影響南方政府貪污腐敗。在手提包政客統治之下，議會選舉公然出現買票，政府支出濫用無度，諸如免費提供政府官員食物及香檳酒、爲議員賽馬損失提供獎金，但只限於白人，黑人官員未獲任何好處。手提包政治時期也非一無是處，仍有其政績：南方新政府鼓勵興建鐵路，發展工業，照顧貧窮及殘障，提高女權，公平賦稅，改革獄政，建立公立學校。不論共和黨手提包政客是廉政或是腐敗，南方人士多表嫌棄、反對，黑人則表支持。雖然此時有些州是黑人選民佔多數，但南方政府卻無黑人任職，沒有黑人擔任州長，惟南加洛林那州議會，黑人議員佔多數。重建時期美國選出二位黑人參議員、十五位黑人衆議員。

國會挑戰司法及行政權

爲了順利執行重建計畫，國會急進份子試圖減少行政及司法機構的權力，要求凡觸犯一八六七年重建法案的案件，最高法院不得受理上訴。國

會同時設法阻止最高法院法官出缺時總統提名補實的資格，以通過法律規定，最高法院法官死亡或辭職時，遇缺不補。因此當一名法官去世後，法院之九位大法官只剩下八位。國會並約束總統不得開革共和黨官員，而以自己人馬取代之。一八六七年三月國會通過官員任期法案（ Tenure of Office Act ），規定總統未經參院同意，不得更換重要官員。總統如未遵行將被視爲重大罪行。詹森總統認爲官員任期法違憲。一八六七年八月他不顧法令約束，撤換戰爭部長史坦頓（ Edwin Stanton ），指派格蘭特將軍（ Grant ）替代。參議院拒絕總統這項提名，要求收回格蘭特任命。詹森總統大怒，開革史坦頓，再改提湯瑪士（ Lorenzo Thomas ）。史坦頓拒不交接，並獲國會支持，三天後國會彈劾詹森總統「罪行重大」，包括十一項罪狀：觸犯官員任期法案，忽視重大職責，蔑視國會等。按美國憲法第一條第三節第六款規定，一旦衆議院通過彈劾，參議院應即舉行公聽會，並表決之。參院展開爲期二個月冗長辯論。急進派國會議員在史蒂芬斯（ Thaddeus Stevens ）領導下，控訴詹森總統阻撓重建，並懷疑參與刺殺林肯陰謀。詹森的律師在抗辯時表現較穩健，他們認爲指派史坦頓擔任戰爭部長的是林肯而非詹森，因此官員任期法案不適用此例。詹森律師團抗辯成功，贏得同情。一八六八年五月十六日參院以三十五票比十九票認定詹森「重大罪行，嚴重疏失」（ High Crimes and Misdemeanors ），但卻以一票之差不足法定三分之二多數要求，未達成彈劾，詹森得以完成任期。

彈劾詹森案對府會雙方而言皆無贏家。詹森繼續未完的幾個月任期，但已成爲跛腳鴨，無法執行計畫，亦無法阻止急進共和黨國會政策。史坦頓部長辭職，急進共和黨國會議員喪失溫和派的支持。一八六八年大選，共和黨推出格蘭特將軍，民主黨則舉前紐約州長塞摩爾（ Horatio Seymour ）。大選結果格蘭特雖以二一四票比八十選舉人票獲勝，但選民票數卻相當接近。格蘭特當選後，聯邦軍隊繼續駐紮南方，使得北方仍享有行政立法主導權。

第三節

重建時期之美國

　　黑奴問題引爆了南北戰爭，但戰後黑奴的情境並未獲得徹底改善。過去黑人是主要勞動人口，田地裏的工作皆由其承擔，如今黑奴身份獲得解放，勞動條件不再，但卻無地可耕。奴隸所涉及的不僅是經濟制度，還包括南方之黑白種族社會關係。白人是否願公平對待黑人，彼此如何共存，黑人獲得自由所顯示的意義為何，皆為值得探究的問題。

戰後的南方社會

　　戰後除了少數白人幸運者仍可保有土地並僱用原有奴隸工作之外，大半的白人皆受戰爭影響，喪失土地，奴隸出走。戰前約有百分之八十的白人農民擁有百畝田地，戰爭期間，南方經濟破產，棉花價格暴跌，稅賦、債務增加，農人只能變賣祖產出走，或作佃農，為人耕作。戰爭導致社會發生巨大轉變。政治動亂及經濟失調改變了南方貧富、黑白之間的關係。共和黨為了獲得選票尋求貧窮及下層白人支持。

黑人獲釋後的社會形態

　　解放黑奴宣言公佈後，黑人的生活發生重大變化，他們不再尊敬奴主，表現更加自主獨立，其中最明顯的情形是黑人家庭成為社會的基石。在以往黑人依附白人為生，家庭四分五裂，如今家人重聚成為一項風氣，報紙廣告刊登各式各樣尋親啓事，凡代尋獲親人者可獲一百至二百美元報酬。獲釋的黑人多只有名沒有姓。現在得為姓氏忙碌，有人以過去奴主為

姓，感謝其友善對待；也有採用新的姓氏，例如內戰英雄林肯，或自由人（*Freedam*）。

自 由人局

　　戰爭尾聲，國會在戰爭部中成立難民、自由人及廢棄地的機構，即自由人局（*Freedmen's Bureau*，1865～1872）又稱奴隸解放局，由霍革德將軍（*O. O. Howard*）負責，協助黑人轉型。首先提撥軍用衣食給南方待援的黑人或白人家庭，此外並在十四州設立醫院，提供醫療服務。自由人局貢獻良多，在他們策動之下，數百名北方教師於戰後前往南方從事教職，教導黑人，其中不乏年輕婦女，帶動南方反奴及女權運動。自由人局也籌設學校訓練黑人教師，如霍革德大學（*Howard University*）、漢普頓學院（*Hampton Institute*）、費斯克大學（*Fisk University*）等。自由人局為獲釋之黑人尋找工作，鼓勵他們與農場莊主簽約，按勞計酬，並協助目不識丁之黑人締約以防受騙。獲釋之黑人多渴望能擁有私地。戰爭期間北方軍隊所沒收的土地多已釋出，自由人局獲准出售沒收土地，新獲釋黑人家庭希望每戶能獲得四十畝地及一隻驢子，開始新生，但由於詹森總統在發布大赦時，也恢復了前邦聯人士的財產，換言之，過去黑人所分配的土地必須交還原地主，黑人仍然只是佃農。

　　至一八七〇年，南方人士私有土地平均面積只及一八六〇年的一半。南方大農莊土地逐漸分割，地主既無奴工又乏錢財僱工；獲釋之黑人希望有自己的土地，但卻無錢購買，佃農遂生。佃耕制度有其缺失，通常來說佃耕最好的方式是採多元耕種方式，但地主卻喜歡生產高價格農物，要求佃農只種棉花或煙草，這類農作物極易耗損農地土壤。不論佃農多麼艱辛工作，債務愈陷愈深，往往身不由己，為人幫傭，無法解脫，與過去奴隸無異。

反對隔離

　　重建時期，無論南北之黑人都極力反抗隔離（ *Segregation* ）。黑人發現，他們在旅館、飯館、劇院及其他公共場合都被迫與白人隔離，使用不同的公共設施。北方之種族隔離較南方普遍，內戰之前北方許多州已在火車、驛馬車、輪船、學校、教堂、旅館及墓地採隔離措施。西部某些州甚至立法禁止黑人進入。南方於戰後通過金格勞法律（ *Jim Crow* ），執行種族隔離，有些南方州開始規定黑白分乘火車，但容許白人帶黑人僕役共同乘車。只要黑人維持幫傭身份，即可維持共處。黑人對隔離政策極力抗爭，一八七五年國會通過一項民權法案（ *Civil Rights Act* ）要求允許所有人可出入公共場所，乘坐交通工具。儘管如此，隔離政策在法律及習慣上持續擴大，一八八三年最高法院判決一八七五年通過之民權法案違憲。至一八九〇年金格勞法律普遍在南方盛行。

第四節

重建得失（一八六九～一八七七）

　　國會提出重建法案之後，南方之中有些人士期期不以為然。他們創痛猶存，前嫌難釋，對北佬痛恨有加，組織黨派恐嚇黑人。為了維繫社會治安，南方民主黨逐漸得勢，重掌政權，一八七六年總統大選競爭劇烈，選後達成一八七七年協議，終止重建，新南方於焉誕生。

三K黨

　　反對聯邦政府重建工作的南方白人組織秘密黨派，有白茶花騎士

（ *Knights of the White Camelia* ）、青臉（ *Pale Faces* ）、白人兄弟
（ *White Brotherhood* ）、白人聯盟（ *White League* ），其中最大的團體是
一八六六年在田納西州成立的三 K 黨（ *Ku Klux Klan* ），遍佈南方各
州。他們罩頭套、著長袍、夜間成羣結隊恫嚇北方之投機客和在黑人學
校任職的老師以及黑人。他們通常多採用鞭打及謀殺等暴力方式破壞共和黨
集會，驅趕自由人局官員，有時抬著書寫共和黨領袖名字的空棺材在小鎮
街上遊行，其主要目的在阻撓黑人投票。

南 方民主黨抬頭

一八七○至一八七一年國會通過「強制法案」（ *Force Acts* ），派遣
聯邦軍隊保護自由人的投票權。一八七二年隨著聯邦派往南方之軍隊增
多，以及南方白人重新得勢，三 K 黨逐漸消失，但是仍繼續恐嚇黑人選
舉。至一八七六年除了南加洛林那、佛羅里達、路易斯安那三州以外，都
由南方民主黨，亦即前邦聯人士掌政。民主黨在南部得勢原因固多，但北
方不願急進派的重建方案得逞是主要因素。一八七二年一羣自稱自由重建
派共和黨員（ *Liberal Republicans* ）拒絕支持格蘭特連任，他們抨擊華府
及重建政府腐敗無能，並與民主黨聯合提名格里力利（ *Horace Greeley* ）
角逐總統。一八七二年格蘭特雖獲連任，但放鬆對南方的管制，減少軍隊
派駐南方。

一 八七六年大選之議

一八七六年大選，民主黨提名紐約州長第爾登（ *Samuel J.
Tilden* ），共和黨提名俄亥俄州長海斯（ *Rutherford B. Hayes* ）。共和黨
繼續「揮舞血衫」之文宣攻擊民主黨叛國，民主黨則批評重建工作腐敗，
格蘭特政府無能。大選結果第爾登獲得百分之五十五的選民票，但只獲得
一八四張選舉人票，距半數差一票。海斯獲得一六五張選舉人票，但尚有

二十張選舉人票有爭議，包括俄勒岡州三張及南加洛林那、佛羅里達、路易斯安那的十七張。由於這些地區選票不確定，民主黨、共和黨分別聲稱獲勝。倘若海斯獲得這些票，即可以一八五對一八四票贏得勝選。雙方爭執不下，最後交由國會處理。國會成立選舉委員會（Electoral Commission），成員包括八名共和黨員和七名民主黨員，分別選自衆院、參院、最高法院，結果八票對七票，海斯獲勝，當選美國總統。一八七七年三月二日委員會將結果送交國會。

南方接受這項結果係因海斯及共和黨與民主黨務實派達成秘密妥協，又稱爲一八七七年妥協，包括終止重建、聯邦軍隊撤出南方、至少指派南方一人出任閣員、聯邦補貼南部修建鐵路及其他公共工程。一八七七年妥協案展開了美國南北再度合作的新頁。

重建結束

南方富豪與北方財閥攜手重建南部經濟，由修建鐵路開始，一八九○年南方鐵路哩數較一八六○年倍增。隨著鐵路發展，工業成長。新南方（New South）所標榜的培植農業力量及發展工業逐漸成形，阿拉巴馬州的伯明罕鋼鐵業、北加洛林那煙草業日漸重要。農業經濟也日趨活絡，至一八七○年南方棉花已恢復一八六○年產量，一八九○年再提高一倍。一八九○年製造業產量爲一八六○年的四倍。

結　語

重建工作確爲南方造成諸多苦痛，但也維繫了美國的一統，凝聚了南方的勢力。重建對黑人助益有限，隨著時過境遷，自由人局運作五年之後結束，教育黑人工作亦告一段落。黑人所獲得只是身份的改變，第十四次、十五次修正案僅止於文獻而已，至廿世紀才漸次落實。

第 十 七 章

美國工業蓬勃起飛

重建時期結束後，美國歷史發展邁向新的里程碑。內戰之前，美國多依農業爲生，住民散居農莊或小鎮，工業發展規模僅供地方市場需求；內戰之後，美國工業快速成長，一九〇〇年工業產量爲一八六五年之七倍，添爲世界各國第一。在這五十年中，美國工業發展以鐵路、重工業、鋼鐵業爲主，不僅改變了美國的經濟，也影響了社會生活方式的運作。本章將分別敍述美國工業發展之背景、工業鉅子（ *Captains of Industry* ）、科技成就以及工業文明下的社會情況，包括都市之興起、教育的發展等。

第一節

一八六〇年後之工業成長

美國工業發展得天獨厚，資金充裕，勞力不虞。內戰之後，政治紛擾暫止，社會歧見化解，全民有志一同，邁向工業國家之途。

工業快速成長原因

一般說來，美國人認爲工業發展的原因爲：(1)新產品的問世：諸如電話、電力及鋼鐵產品等，增加了運輸的能量及速度；(2)自然資源豐沛：大量工業原料尚待開採，如煤、鐵、石油、銅；(3)鐵路溝通有無：至一九〇〇年，美國鋪設鐵路哩數爲世界之冠，降低運輸成本，方便貨品銷售；(4)資金充裕：製造業及交通網吸引大量外資注入，其中以英國的投資最龐大；(5)勞力供應：美國勞動力呈動狀形態，勞工伺機遷居，找尋新工作。移民湧入未曾稍息，這批流通人口提供工業發展所需勞力，包括英國紡工、威爾斯礦工及義大利農工等；(6)政府政策：美國州際間沒有關稅障礙，使得國內貿易通行無阻，國際間則採關稅保護本國初級工業發展。此外移民政策、公地出售、修築鐵路等皆有利於工業發展；(7)沒有歷史包

袱：歐洲國家工業發展無論生產方式或經營管理多受限傳統包袱，美國則
無此束縛，勇往向前。在一切向錢看的前題之下，「工業鉅子」成爲社會
中堅，領導羣倫；(8)股份公司出現：美國法律鼓勵公司形態生產。這種由
股東集資的生產方式優於夥伴及私營公司。除了企畫經營之外，並可藉由
出售股票集資，小資金匯爲大財富，全民一起來投資。其中以控股公司
（*Holding Company*）最具代表。所謂控股公司是由一家公司擁有其他公
司的股票或債券，資本家可以利用控股公司兼併其他公司。

大 企業的成長

隨著工業發展，大企業陸續出現。至一九○○年，美國一些大工業已
淪入大公司之手。他們資金龐大，私有工廠，產品銷售遍及全國。這些公
司產品價格低廉，生產方式新穎，員工待遇優渥，經營管理有方，小公司
無法與之抗衡競爭。以美國肉品包裝公司爲例：早先肉品皆在本地屠宰，
每一城鎮至少有一所屠宰場。當冷凍火車廂可以輸運遠程鮮肉後，大公司
紛紛出現，如史維夫特（*Swift*）及阿穆爾（*Armour*）。這些大企業往往
採不公平競爭方式謀利。他們接受交通運輸業的折扣優惠，廉價傾銷產
品，迫使其他相關公司倒閉或廉讓，一旦完成壟斷再提高售價，強迫降低
原料價格。他們更賄賂官員，進行利益輸送以遂其利。

第二節

工業鉅子

按史家的描述，工業鉅子多半是幹練、節儉、無情、意志堅定、辛勤
工作、富冒險精神、不畏艱難、採用各種可能手段打擊對手，包括賄賂官
員、分化工會等。其中最典型的代表爲石油業大亨約翰‧洛克斐勒（*John*

D. Rockefeller, 1839～1937 ）及鋼鐵業的安德魯‧卡內基（ Andrew Carnegie, 1835～1919 ）。不論他們致富方式是否令人苟同，他們對美國社會的貢獻諸如建圖書館、設大學及其他嘉惠百姓的表現迄今仍爲人懷念。

洛 克斐勒及石油業

美國石油業鉅子洛克斐勒經營的標準石油公司（ Standard Oil Trust ），幾乎壟斷了全美的煉油業及油管鋪設。洛克斐勒富領導才能，窮其一生，賺取了近十億美元財富。其人入世甚早，最早在克里夫蘭（ Cleveland ）一家雜貨店擔任會計工作，每週工資十五元，三年內存了八百元，二十二歲自行創業，四年之內累積財富達十萬元，並以此爲資金投入煉油業。此時美國石油業蓬勃發展。在一八五〇年代，石油僅供做成藥（ Patent Medicine ）。一八五五年才被發現可提煉爲煤油，取代鯨魚油作爲油燈燃料。一八五九年賓西法尼亞西部首座油井探鑽，掀起熱潮，土地價格隨即上揚，新城鎮興起，全球各地對煤油需求日增，美國成爲主要輸出大宗國。投資石油業具高度冒險性。由於價格上下落差甚大，瞬間破產大有人在。洛克斐勒的經營穩定了油業發展。一八七〇年洛克斐勒在俄亥俄的標準石油公司資金僅一百萬元，在克里夫蘭有二十六座煉油廠，佔全美原油產量百分之二或百分之三。九年後洛克斐勒及其合夥公司控有全美百分之九十的煉油業，成爲世界著名的企業家。

洛 克斐勒經營法則

標準石油公司經營法則以「回扣」（ Rebate ）爲主要手段。這項回扣是指鐵路運費的折扣。公司與鐵路公司祕密簽約，鐵路公司同意給予標準石油公司的運費低於其他公司百分之二十五到百分之五十，同時並提供其他公司石油運達地點的商業情報。這項協定使標準石油公司搶得先機，三

個月內，迫使其他公司（除五家外）相繼轉手或頂讓，從此標準石油公司
壟斷全國石油業。一八八二年標準石油公司以托拉斯（ *trust* ）形態吞併了
四十家公司，採用股份方式將經營權交給九位董事，洛克斐勒擔任董事
長。托拉斯控制了工業，創造更大利潤商機，其他行業有鑑於此，紛紛效
尤，托拉斯成為企業壟斷的代名詞。

美國企業聯合有兩種形態。一種水平聯合（ *Horizontal*
Consolidation ），係由各種不同業別的公司組合；另一種是垂直聯合
（ *Vertical Consolidation* ），係由相關行業組合。洛克斐勒率先進行垂直
聯合，控制石油生產、原料、銷售，以後再邁向水平聯合，與油品、煙煤
結合。洛克斐勒經營成功有其勝算，當他購買其他對手公司時，採用現金
或股票兩種方式，但他多勸對方購買股票，據此獲利轉而認同。洛克斐勒
最大長處是重視效益，杜絕浪費。此外他禮遇工人，工資優渥，工人效
忠。在經濟不景氣時更首創老年年金，至於回饋社會也不遺餘力，達五億
元之多。托拉斯之吞併手段引起小公司及消費者的不滿與憤怒。一八九○
年美國通過謝爾曼反托拉斯法（ *Sherman Antitrust Act* ），認為妨礙公平
競爭違法。一九○三年，塔貝爾（ *Ida Tarbell* ）女士在麥克盧雜誌
（ *McClure's Magazine* ）撰述系列文章，揭發洛克斐勒之秘密交易及壓迫
別人讓渡等不法行徑。

卡 內基

卡內基的鋼鐵業係工業界的翹楚。他於十三歲離開蘇格蘭赴美至棉花
廠工作，每週工作七十二小時，工資一元二角。由於勤奮能幹、上進，很
快即升任為電報報務員兼私人秘書，二十二歲出任賓西法尼亞鐵路分公司
的交通督導，三十歲投資鐵路臥車公司及油井獲利。隨著美國鐵路、冷凍
車、火車的發展，卡內基注意到鋼鐵業前景看好，一八七三年傾力投資，
不到二十年光景，卡內基成為世界鋼鐵鉅子。究其成功原因，史家的說法
是：1.卡內基重視科技研發工作，擺脫過去推測性的方法煉鋼。他並利用

過去煉鋼之廢棄物發展副產品，化腐朽爲神奇。2.卡內基唯才是用，爲鋼鐵業舉才選能，合夥共事，使得才能之士得以當道。3.他親自決定物價，有時採廉價方式打擊對手，有時利用保護關稅及價格協商方式，維持價格。4.當美國經濟不景氣，其他廠商裁員倒閉之際，他卻對未來充滿信心，俟情勢好轉，獲利不在話下。5.採用垂直聯合經營方法，壟斷相關事業，控制了蘇必略湖（*Lake Superior*）附近的礦石，五大湖內的運礦船隻、鐵路、煤業等。

卡內基及財富福音論（Gospel of Wealth）

卡內基鼎盛時期每年營利超過二千萬元，而工人的週薪僅八元或九元，他採廉價傾銷方式打擊同業。卡內基以達爾文進化論爲其致富手段辯白，他認爲優勝劣敗、適者生存理論不僅用於生物界更可沿用於人類社會，因此有才的人應予重用並獲重償。不過卡內基並不以財富爲終極目標，他認爲商人應回饋社會，富人不應死後留下財富。一九〇一年卡內基將其鋼鐵業以二億五千萬售予新成立的美國鋼鐵公司（*United States Steel Corporation*），致力慈善事業。迄去世爲止，他共捐出三億五千萬美元，修建公立圖書館，提供大學獎學金及獎助教授研究等。

第三節

工業化成就

內戰之後，美國不僅工商業突飛猛進，迅速發展，大學內的科學研究也有驚人成就，奠定了美國大學在世界上的學術地位。新發明製造新產品，用於交通運輸方面，徹底改變了美國人的生活形態與社會架構，從此都市取代鄉村成爲生活重心。

科 學研究

　　科學研究以大學爲中心，人才輩出，成果豐碩，獲世人重視，其中較具代表性的有哈佛大學的阿沙·格雷（*Asa Gray*）研究美國植物，艾德華·皮克琳（*Edward Pickering*）編輯了首部宇宙圖片記錄，威廉·詹姆士（*William James*）在心理學及哲學上的表現，耶魯大學的懷特·達那（*James Dwight Dana*）是名地理學家，傑西亞·吉布斯（*Josiah Willard Gibbs*）是數學物理學家。此外芝加哥、霍普金斯、伊利諾、加州等多所私立及州立大學亦有重大成就。

　　在美國科技的諸多成就中以電話及電燈的發明最爲人津津樂道。貝爾（*Alexander Graham Bell*）提出製造電話的原理，一八七六年首度利用電話與實驗室助理通話。一年之後波士頓與紐約之間展開對話，此後電話進入商業量產。另一項重要的成就是愛迪生（*Thomas Alva Edison*）發明的電燈以及留聲機和電影，愛迪生原創性的發明不多，但卻能將別人的發明加以運用，例如將一八四〇年英國人所研究的白熱電光用在電燈泡上，發明了電燈。愛迪生在紐澤西成立了發明實驗室（*Invention Laboratory*）是近代工業研究實驗室的鼻祖。

科 技進步的影響

　　隨著工業發展，美國邁向新的方向。鐵路網凝聚了全國市場，孕育了全球最大的企業，建構了百萬人口大都市。科技發展有利有弊，大規模失業、犯罪層出不窮，貧窮、邪惡、詐欺、勞工暴動、政治腐敗等不一而足。科技進步改變了美國各地人民的生活，肉類包裝業使得美國人可享受新鮮肉品，罐頭業的改良減少家庭的負擔、紡織業改善了衣服製作，鞋類業提昇了產能。

第四節

工業化社會

工業時代的都市是核心，也是脈動。一八六〇至一九〇〇年美國都市成長一倍。一八五〇年芝加哥僅人口三萬，屬於邊疆城鎮，以後每十年人口增加一倍，目前已達兩百萬人。紐約成為全球第二大都市。

新 都會區形成

都市之興起與工業革命息息相關。新興城市多鄰近煤鐵產區或水陸交通樞紐之地。為了配合工業需求，城市中的銀行、保險公司應運而生，儲倉、貨物集散場相繼出現，吸引了大批移民進入，鄉村地區居民為了討生活，亦遷居都市。新罕布什爾、維爾蒙特、愛荷華、伊利諾等地農家小孩紛紛前往都市淘金發財。新興都市雖改善了生活機能，但生活環境卻令人難以苟同。基於自由貿易，政府不干涉理論，都市住民缺乏團體意識。都市之建設主要為建商謀利而鮮少顧及居民之舒適，使得城市變得單調，街道成長方型，公園、遊樂場地不足，空地雜草叢生，垃圾滿地，河川污染，空氣污穢，有人批評都市居民缺乏陽光、新鮮空氣及美麗景色。

都市發展以供水、犯罪、政治腐敗、貧窮等問題最為人詬病。供水方面，由於水井、溪流不敷所需，且多遭污染，不得不興建水庫提供用水。其次是犯罪，過去鄉村田居時代雖然犯罪事件時有所聞，但尚無需動用有組織的警力。一八三〇年左右英國倫敦成立倫敦警察局（*Metropolitan Police of London*）後，美國亦隨之跟進。城市在這方面之支出亦隨之增加。貧民區是都市社會另一種景象。工業化需要更多勞力工作，當移民及鄉下農民湧入都市之後，由於住宅不足，加上勞工本身貧窮，未受教育，

技術不足，被迫住在便宜、簡陋的出租公寓，櫛比鱗次，衛生簡陋，疾病叢生。

都 市的生活形態

為了配合滿足都市居民生活需求，新的銷售行為誕生。百貨公司最具代表。這種零售中心陳列百貨，滿足各階層人士需求，由下層階級到上層階級皆可自由駐足並購買所需。市區成為都市重心。都市社會有兩類典型人物：第一類貧無立足之地的窮人，工業時代都市窮人雖較農業社會減少，但由於位居陋巷，羣居雜處，舉目可見，因而特別惹人注目。另一類是懶散無所事事的富人。在一八六〇年以前美國百萬富翁只有三位，一九〇〇年則有四千名百萬富豪。在農業時代有錢人不從事勞力工作但卻致力政治、文學及農藝活動；工業時代的富豪則多誇耀財富，極盡奢侈地享受。

工業化導致人口增加，交通便捷，災荒、飢饉較前減少，醫藥進步，供水方便，人口死亡率降低。工業社會人們生活較前獲得改善，尤其工人的生活比起英國、蘇俄工人，無論在供養、衣著、居住環境各方面皆有過之而無不及。

第五節

教育文藝

教 育革新

至一九〇〇年美國人的教育環境獲得重大改善，大部分的州強迫幼童

入學。在都市地區，以徵稅方式興建學校，學生上課時間也較鄉村學校爲長。許多城市更致力建設公費中學，高等教育尤受重視。高等教育之革新在一八七○年以前美國各大學設備不足，圖書簡陋，教員素質不高，工作繁重，無論在醫學、法學或人文科學均無法與同期歐洲國家相提並論。一九○○年美國大學教育面臨質疑，遭遇挑戰。一羣留德返國執教的學者，受過良好的學術訓練，高瞻遠矚地引進德國科學精神，至一九○○年許多美國技術學校，如麻省理工學院（ *Massachusetts Institute of Technology* ）、加利福尼亞技術學院、普渡大學（ *Purdue University* ）等紛紛設立，爲美國培育了許多優秀的科技人才。女子教育在此時亦有進步，內戰後出現幾所女子學院如毛爾（ *Bryn Mawr, 1855* ）、瓦薩爾（ *Vassar, 1865* ）、史密斯（ *Smith, 1875* ）、雷得克里夫（ *Radcliffe, 1879* ），校譽足與男校比美。此外各州陸續辦理男女合校，如俄亥俄州立大學、威斯康辛州立大學、愛荷華州立大學等，男女合校在西部蔚然成風，以後逐漸朝東部及南部發展。一八七六年美國圖書館協會（ *American Library Association* ）成立，採最低消費嘉惠最大多數的理念，鼓勵百姓閱讀，提高成人受教機會。公立圖書館經費取自稅收及私人捐贈，至一九○○年成爲美國學校體制外最普遍的一種教育方式。

休 閒活動

工作時間縮短、財富累積及受教程度提高，使得美國人的休閒時間相對增加。至一九○○年許多美國人開始追求新的休閒生活。首先是運動，有錢人打高爾夫球、搥球、網球；大學生玩划船、徑賽、橄欖球，此外棒球亦開始風靡全國。一八六九年第一支職業棒球隊辛辛那提紅襪隊（ *Cincinnati Red Stockings* ）成立後，更多的球隊轉向職業化。一八七六年國家聯盟（ *National League* ）組成，至於以前遭禁止的拳擊比賽亦開始受喜愛並獲准舉行。其次在都市生活中出現的重要休閒是音樂藝術。此時電影尚未問世，歌舞劇及戲劇廣受富者歡迎。歌劇團及交響樂團紛紛成

立，各種歌劇院亦此起彼落的興建。

文藝

　　爲了滿足讀者需求，傳媒逐漸更新。印刷、造紙的進步，報紙的成本降低，加上廣告需求增加，使得報紙發行量增加。一八八三年普立茲（*Joseph Pulitzer*）買下《紐約世界報》（*New York World*），十五年內讀者由一萬五千增至一百萬。他的發行理念是爲人民而不是少數權貴，他大力抨擊僱主不公、官員腐敗，令人耳目一新。普立茲之成功在其新聞眼，他不停地找尋新聞，並派人四處旅遊發掘新知，在他買下《世界報》後報導運動消息深受喜愛。他最爲人爭議的是「新聞渲染」（*Yellow Press*），對醜聞暴力的報導。除了新聞之外，廉價小說（*Dime Novel*）也是重要休閒工具。這些小說主要針對小孩，內容多爲一些西部的冒險故事，如與印第安人作戰、追趕牛羣、犯罪事跡等，衛道人士批評這些小說敗壞腐蝕少年，許多父母甚至禁止小孩閱讀，但也有人持不同意見。

結語

　　工業社會異於農業，生產工具不同，生活方式不一。新興中產階級致富謀利，方法新穎，管道有別，都市居民生活，講休閒、重消遣。新觀念、新生活開啓了美國新機運。

　　工業社會利弊互見，有得有失，都市文明便捷舒適，令人嚮往，其貧窮髒亂抬頭可見，如何除弊興利，考驗了治者的智慧，也形成了美國文明的特色。

第 十 八 章

西部拓荒邊城風雲

　　一八六五年美國的西部包括密西失必河以西至太平洋岸，介於加拿大與墨西哥灣之間的大草原區。除了太平洋岸及新墨西哥等地住有居民外，大部分地區尚未開發，只有印第安人及野牛散佈其間。內戰之後，大批移民因局勢穩定而相繼湧入，務農、畜牧、開礦，至一九〇〇年有十一個州陸續加入聯邦。

　　西部拓荒過程充滿刺激與冒險。印第安人慘遭屠殺，被迫遷入保留區。拓荒者缺乏安全保護，憑一己之力與大自然搏鬥，開創了美國的「邊疆精神」。西部成為美國的原型。本章將介紹印第安人及美國西部的開拓。

第一節

西部原住民——印第安人

　　西部大草原區內印第安部落林立，文化有別，語言不一，有些以務農打獵為生，如奧瑪哈（*Omaha*）及奧塞奇（*Osage*）；也有些以游獵為生，逐水草而居，追捕野牛，如蘇族（*Sioux*）、柯曼契（*Comanche*）、黑足（*Blackfoot*）。

　　大致說來，印第安部落重視族人的忠孝節義，酋長富智慧，勇敢果決。男人自幼即被訓練獵食、保衛族人，女人則學習烹調、織衣。印第安人早先多仰賴狗協助勞務，一六〇〇年代他們從西班牙人手中獲得馬匹，從此馬匹在印第安人政治、經濟、社會中扮演了重要的角色。蘇族人及內茲佩爾塞（*Nez Perces*）族人都以騎術聞名。

印第安人之活動

　　印第安人多只忠於自己部落或一些結盟部落，彼此爭奪傾軋也就不足

爲奇。譬如希尼斯族（*Cheyenne*）與阿拉帕霍（*Arapahos*）之間友誼鞏固，而里潘阿帕契（*Lipan Apaches*）與猶他（*Utes*）則爲爭奪地盤，擁馬自重，視同仇敵，作殊死戰。

印第安部落間的鬥爭隨著火砲武器的使用，益形慘烈。爲了獲得武器，有些部落與白人交易並結爲盟友，希望藉此能擊敗對手。但此舉往往使印第安人陷於白人的股掌之中，任憑擺佈。

印第安人所遭受最大的打擊是草原中野牛被驅趕濫殺。印第安人長久以來依賴野牛爲生，無論肉品、衣著、住所，均取自野牛。屠殺一條野牛須勞動四、五位婦女花上幾天時間處理分配。隨著內戰之後，州際鐵路、全國交通道路網開始修建，野牛生計遭受威脅，四處竄逃，影響獵捕野牛爲生的印第安人。一八七〇至一八八三年間數千名白種獵人抵達草原區，殺害野牛，獵取牛皮，數百萬頭野牛被殺，牛皮售往東部。至一八七〇年，爲數高達一千二百萬到一千五百萬頭野牛消失殆盡，印第安人從此衣食無著，剩下二途選擇：一是坐以待斃，二是遷往保留區（*Reservations*）。

多數印第安人堅守家園，拒不遷移。自一八六〇年代至一八八〇年代，印第安人與美國政府每年至少對決一次，雙方皆有死傷。如一八六二年桑蒂蘇族人（*Santee Sioux*）攻擊一羣闖入狩獵地區的白人，由於民兵協助，桑蒂蘇族人戰敗，被迫遷往達科他印弟安保留區。奧格拉拉蘇族（*Oglala Sioux*）不滿地方政府將在他們土地上修建鐵路，在紅雲（*Red Cloud*）率領下，他們抗爭多年，結果依然降服輸誠。一八六四年發生了桑德河屠殺（*Sand Creek*），在美國民兵圍剿之下，印第安人死傷慘重。一八六七年美國政府派遣和平代表團與印第安四個部落代表（柯曼契、奇歐瓦斯、希尼斯、阿拉帕霍）晤談，試圖終止雙方敵對戰鬥。會議達成協議，印第安人遷居至俄克拉荷馬（*Oklahoma*）及達科他（*Dakota*）兩個主要保留區，但由於此次會議並未包括所有印第安部落，因此政府軍與印第安人間鬥爭未能全部終止。

一八七四年達科他地區發現金礦，淘金者紛紛湧入，深入蘇族及希尼

斯族住地。蘇族酋長坐牛（*Sitting Bull*）及瘋馬（*Crazy Horse*）對美國人宣戰，一八七六年雙方戰爭臻至高峯，在落磯山比格霍恩河（*Little Bighorn River*）美軍卡斯達將軍（*George Custer*）全軍覆沒。但印第安人好景不常，一八七七年蘇族不敵美軍持續圍剿，棄械投降並遷至保留區。此後印第安部落盛勢不再，連番遇挫。一八九〇年十二月印第安人與美軍最後對決，但遭慘敗，結束了印第安人抗爭的命運。

白人改善對印第安人態度

許多美國人恥於虐待印第安人，一八八一年海倫・傑克森（*Helen Hunt Jackson*）撰述《一世紀之不誠實》（*A Century of Dishonor*）一書，試圖喚醒美國人的良知，她呼籲美國人停止欺騙、掠奪、背信，並籌設印第安人權利協會（*Indian Rights Association*），致力改善印第安人生活。此舉意義重大，成效有限，早期致力改善印第安人生活的美國人，多誤以爲將印第安人變成美國人是最佳管理方式。一八八七年道斯土地分配法案（*Dawes Severalty Act*），打破印第安部落組織，將部份印第安保留區劃分爲一百六十畝的自耕農場（*Homesteads*），贈予居民。道斯土地分配法案立意雖佳，惜爲時已晚，大草原區的印第安人經過長年征戰，已疲憊殘破。印第安人又不善農事，對土地私有制缺乏觀念，往往遭投機者欺騙。從一八八七年至一九四三年，印第安人一億三千八百萬畝土地，喪失了八千六百萬畝地，保有的土地價值多半不高。保留地不僅摧毀了印第安人原有的狩獵生活，也阻止了他們在西部政治經濟生活的發展。

美國白人與印第安人之關係，可由印第安事務局早期隸屬國防部，後轉隸內政部可見一斑。

西部新發展

內戰甫結束之際，西部仍爲沙漠區，人口稀少，開發不易，除了少數礦工及摩門敎徒外，居民有限。二十五年後，該地迅速成長，鐵路舖設，牧牛及開礦業欣欣向榮，吸引大批移民湧入。

鐵 路之修建

由於鍊鋼技術進步，價格低廉，築路建橋能力較前提高，加上政府、各州及歐洲國家資金挹注，促使內戰後，美國得以順利修建西部鐵路及貫通東部鐵路。一八六九年美國第一條橫越美洲大陸鐵路築成，這條鐵路於一八四九年加州發現金礦後開始計畫修建。一八五〇年代區域間的衝突延緩了計畫的進行，南方要求將東部終站設在紐奧爾良（ New Orleans ），北方則建議設在聖路易（ St. Louis ）或芝加哥（ Chicago ）。一八六二年內戰期間南方脫離聯邦，國會通過立法力促修建一條至太平洋岸之鐵路，由兩個面向進行。聯邦太平洋公司（ Union Pacific Company ）負責內布拉斯加的奧瑪哈（ Omaha ）向西修建；中央太平洋公司（ Central Pacific Company ）負責自加利福尼亞州之薩克拉門多（ Sacramento ）向東修建。爲了鼓勵鐵路修築，聯邦政府提供重大補助。每哩鐵路依難易度貸款公司一萬六千至四萬八千元不等，鐵路公司可獲沿線每哩平均六千四百畝土地。兩家鐵路公司爲了爭取補助，不分晝夜，不畏艱難，全力趕工。聯邦太平洋公司僱用愛爾蘭移民，中央太平洋公司則聘請華工，華人工作認眞，惟多遭歧視，有關華工悲慘報導，不忍卒讀。一八六九年五月這條連接大西洋與太平洋岸的鐵路在猶他州之布羅蒙特利（ Promontory ）接

合，開啓美國經濟發展新紀元。繼第一條越州鐵路修建完成，北方太平洋鐵路公司（*Northern Pacific*）、南方太平洋公司（*Southern Pacific*）、大北方公司（*The Great Northern*）也展開築路。同時中西部、東部、南部的鐵路也開始貫通爲幾個路網。其中較有名的爲范得比特（*Cornelius Vanderbilt*），修建了紐約中央鐵路。

牧牛業

美國牧牛業，沿襲西班牙所使用的開放牧場（*Open-Range*）方式，由德克薩斯州開始。牛仔騎馬以繩索追趕牛隻。德州的牛隻爲長角牛，品種好，至一八六五年全境總數達三百萬至五百萬頭。在德州每頭牛價格爲三元至四元，但至芝加哥或聖路易則每頭高達三十元至四十元，因而刺激趕牛業成長。一八六○年代德州牛仔沿著各種不同途徑趕牛，通常一羣爲數二千五百頭牛由八至十位牛仔負責，牛仔須要高度技巧及訓練，如何讓牛隻同行不致走失，甚至夜晚能夠相擁入眠皆非輕而易舉之事。許多牛仔爲內戰退伍軍人。趕牛利潤很高，牛主投資一千五百萬元，不到一年即可獲利三千萬元，最少也有百分之三十到四十的報酬。在如此優厚的報償之下，各國爭相投資，至一八八五年美國成爲「牧牛王國」（*Cattle Kingdom*），蓋括面積相當半個歐洲。開放式牧牛雖然利潤優渥，但風險亦大，除了乾旱、洪水侵襲之外，盜賊、偷竊、農主獵殺事件層出不窮。一八八○年中葉，開放式牧牛業面臨重大危機，年中夏季乾旱，牧草枯死，冬季氣溫驟降，達攝氏零下五十二度，牛隻大批死亡，從此牧牛日趨沒落，牧場主開始畜養牛隻，將牛隻關在牧場內。

礦業發展

自加利佛尼亞發掘金礦之後，大批淘金者湧往落磯山及大盆地區。隨著一八五八年科羅拉多（*Colorado*）發現金礦，達科他的金礦、蒙大那的

銅礦、內華達的銀礦紛紛出土，新的礦鎮亦告成立，為移民提供了許多就業機會。其中以華工最受矚目，他們刻苦耐勞，從事烹飪、砍樹、園丁等工作，但由於過去築路經驗及華工自成格局，文化封閉，未與美國社會打成一片，招致排斥。除了華人之外，墨西哥人也佔多數。自美墨戰爭結束近二十年來，雙方文化衝突猶存，墨人在西部從事各種工作，對西部人之生活方式、語言溝通產生相當影響。礦區中亦不乏女工，她們從事家管、侍應生或縫紉工作。在這些新興的採礦市鎮中，法律訴訟問題最為困擾。如果地方失序，一羣義警開始執行司法。由於他們不具有合法地位，因此只是過渡，一旦該地人口達到法定人數即可成立新的準州，請求選派州警。西部吸引了成千上萬美國人遷移，有關西部拓荒故事、英雄人物事蹟如比利時小子（ *Billy the Kid* ）等更是家喻戶曉，西部人，牛仔音樂、牛仔裝充斥在好萊塢電影及電視中，成為美國的商標。

第三節

西部的定居

內戰之後美國人開始向西遷移，早期移民對西部多存戒懼，一者擔心印第安人的騷擾，再者是無法適應西部生活環境。西部沙漠之地掘井不易、建材缺乏樹木，東部人士營生困難，一八八〇年後，印第安人威脅減輕，工業革命帶來新的建材，取水能力改善，這一切在在吸引移民湧入西部。而政府之政策也方便了移民。

公 地開墾

一八六二年國會通過公地開墾法案（ *Homestead Act* ）。根據這項法案，任何一個家庭家長為美國公民或準備成為美國公民，可以十元購得一

百六十畝的農地。為了確定購地者為真正居民，公地開墾法案規定，購地者必須在該地居住並務農五年。公地開墾法案雖為西部農人半世紀以來努力立法成果，但效果未如理想。投機份子鑽法律漏洞，他們僅以少數木頭奠基、播撒少許種子、再領養鄰人子女成為家長，瞞天過海，混淆視聽，取得土地。此外公地開墾法案效能不彰的原因是，大部分效益較高的土地已被鐵路公司佔有。

西部土地銷售

鐵路公司採廉價方式積極促銷土地，他們希望藉此吸引移民、製造繁榮、提高鐵路效益。鐵路公司在許多歐洲重要城市設立辦事處招徠移民，並在美國東岸設立招待處為移民服務。移民廣告將西部描繪成美好的地區、淘金的樂園，任何人只要投資八千元，每年即可有一萬一千元收入，廣告並遊說女子赴此尋找婚配單身男子。其實西部大平原區的生活非常艱苦，由於樹木稀少，建材有限，房屋非常簡陋。溫差極大，夏天酷熱，氣溫超過攝氏三十七點八度，冬天嚴寒，大雪覆蓋門窗，春秋兩季，草原經常出現大火，蚱蜢蟲害不斷。最可怕的是乾旱，東部雨量可以達到三十至四十英吋，西部只有十吋左右，不適宜農耕。一八八〇年代數千名移民因乾旱被迫重返東部。當地人民多靠掘井供應居家、果樹使用。

第四節

西部新生活

西部拓荒，艱苦困難不在話下，但卻為美國發展提供重大意義，如邊疆文學、女人自主。

邊疆文學

大草原地區農人生活多與天相爭，文學作品與牛仔或礦工不同。牛仔、礦工逐水草而居，生活富冒險性。自耕農不然，必須償還銀行貸款、籌資購買農具及土地，同時還要抗拒自然災害，文學作品較具寫實性，訴苦成份多，如漢林・加藍得（ *Hamlin Garland* ）的作品《主要旅途》（ *Main‐Travelled Roads* ）和《中部邊界之子》（ *A Son of the Middle Border* ）。加藍得於一八六○年生於威斯康辛，曾隨家人三度移居西部，他在描寫西部時，指西部「永無休止的勞動」。草原文學中不乏描述西部人士生活起居的實情，在西部人談話中很少問到你的爸爸是誰（ *What or Who was your father* ）？而會問你是做什麼的（ *What are you* ）？西部作品中引以為傲的是西部沒有乞丐，但也有不少麻煩，如印第安人騷擾、草原失火、蚱蜢蟲害、寂寞單調。

邊疆女人

草原地區的女人在拓荒初期，日子單調，歲月寂寞，加藍得的詩作中所描述的女人是「出生、忽視、受苦、死亡」。女人扮演著母親、廚子、助手、伴侶、醫生、葬儀角色，工作辛勞，報酬微薄。女人對草原地區生活也有不少傑出記載。較具代表性的作品為費伯（ *Ferber* ）的《錫馬龍》（ *Cimarron* ）、維拉・卡色（ *Willa Cather* ）的《我的麥・安東尼亞》（ *My Antonia* ）、還有瑪莉・桑多茲（ *Mari Sandoz* ）的《老茱麗》（ *Old Jules* ）。這些作品報導西部開發後的日子漸趨佳境，但也揭露了拓荒日子的困難。

草 原地區農人生活

　　草原地區農人謀生不易，除了自然因素外，還有人為因素。他們不能隨心所欲種植，受制於整個經濟發展需求，如耕種單一作物。雖然收穫增加，但付出亦相對提昇，而且依賴性增加。草原區的農人必須靠鐵路運送農產品，價格視市場需求而定。他們須要大筆資金，不得不向銀行貸款，為了償還借貸，往往以農產品預作抵押，一旦遭逢荒年，農品欠收，無法償債，土地即被沒收。至一九○○年，三分之一的玉米及小麥地區農田由佃農耕作。草原區人民抱怨連連，他們自認扶養城市居民，提供產品外銷，平衡美歐間貿易逆差，但卻自身難保，入不敷出。

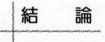

結　　論

　　自內戰之後西部邊疆成為美國歷史的重心。印第安人被迫遷往保留區，移民開拓了新的「邊疆精神」，孕育了美國獨特的文明氣質。

　　一八九○年代美國城市文明崛起，鄉村風采不再，農人不再是社會中堅，都市取代了鄉村地位，但西部精神卻一直是美國文明中最值得驕傲的成分，西部所指涉的不是實際的疆界而是拓荒者的毅力，美國社會的安全瓣。

第 十 九 章

政經腐敗農民抗爭

內戰後，政治情勢丕變，傳統政治已無法順應新局。政黨領袖思想觀念拘於傳統，無法面對應付新的政經問題，影響政治弊病叢生；社會方面，工人及農人兩股弱勢團體提出改革要求。

一八六五年之後美國民主黨與共和黨政策大同小異。共和黨員多來自東北部之工業家或西部富農，民主黨則多為南部人士及北部城市工人，兩黨皆未提出建設性黨綱，因此在一八六五至一八九六年之大選，雙方勢均力敵。由於政府應對無方，社會有心人士乃挺身而出，呼籲改革。本章將分別敘述內戰後政治之亂象，經濟之壟斷以及民意的革新訴求。

第一節

政治腐敗

內戰後之工業化改變了美國人的生活習性及工作方式。城市快速成長、人口迅速增加，為美國添增許多新問題，尤其是各級政府的行政措施，官商勾結、假公濟私、行賄回扣、貪污瀆職，令人髮指。

市 政府之腐敗

市政府腐敗情形嚴重。在城市生活中的居民仰賴市府提供多項服務，包括警察、自來水、瓦斯、交通、下水道、垃圾處理等，商人為了取得公共工程的合約，對市府官員行賄並給予回扣，形成官商勾結的腐敗現象。美國的重要城市多由政治團體（*Political Machine*）治理，這些政治團體控制投票、法庭及警察局。每一個政治團體都由一位「老闆」掌權，這些老闆幕後遙控，不曾粉墨登場，他們利用權勢指派公職候選人，出讓經銷權或公共建設合約，如自來水、瓦斯、電力等以索取回扣。但這些政治團體為拉攏民心，也幫助移民安居落戶，代覓工作，照顧貧窮不幸，提供急難救濟。政治團體領袖日夜為民服務，爭取人心，獲得選票，這也是政治

團體倖存的原因。

在政治團體腐敗事例中最為人詬病是特威得（*Tweed Ring*）集團，該團於一八六八年控制紐約市民主黨團體坦曼尼（*Tammany Hall*），在威廉・特威得（*William M. Tweed*）主持三年期間，其屬下共侵佔紐約市四千五百萬至二億元公款。他們斂財的手法，是在修建地方法院時將造價由二十五萬元虛報為八百萬元，特威得獲得大筆回扣，任何不同流合污者將被排除合約之外。這項不法勾當後被《紐約時代雜誌》（*New York Times*）及《哈伯週刊》（*Harper's Weekly*）刊出。《時代》揭露了這個集團的醜聞，《哈伯週刊》則刊出卡通加以諷刺。一八七〇年這個集團無法抗拒民怨，終告失勢，特伊得流亡西班牙，後遭遣返、送審，並服刑。

州 及聯邦政府之腐敗

州的政客腐敗情形和城市相去不遠。傳聞傑・古爾德（*Jay Gould*）擔任伊利鐵路（*Erie Railroad*）公司老闆時，曾對紐約州議會行賄五十萬元，而標準石油公司與賓西法尼亞州政府間也是賄賂傳聞不斷。聯邦政府是全民矚目焦點所在，腐敗情形不若前者嚴重。格蘭特總統任職期間風評最差。格蘭特於南北戰爭時曾擔任北方軍統帥，一八六八年當選美國總統。格蘭特政治經驗不足，領導無方，雖然為人誠實，但卻識人不清，辨事不明，貪財好貨，為人所乘。他公然與古爾德及費斯克從往，並接受富商贈予，這些人也基於其對總統及屬下的影響力而獲得數百萬美元。格蘭特家人、幕僚、閣員利用其影響力獲得賄款。

格蘭特總統第二任期內發生一連串弊案。第一項重大弊案是美國融建公司（*Credit Mobilier of America*）鐵路醜聞。一八七二年聯邦太平洋鐵路公司成立美國融建公司，承包修建聯邦太平洋鐵路工程，議價超過造價數倍，為了防範有關單位調查，乃以公司股票行賄議員。格蘭特任內，弊案接二連三，層出不窮，例如某位印第安事務局官員為了謀職，向內閣官員的太太行賄四萬元。格蘭特自己的兄弟同時兼任四個職務，實際未擔任

何工作。

遊 說團體的影響

自一八六五年至一九○○年間，民主、共和兩黨政治勢力不分軒輊，任何一黨均無法獨領風騷。從十八任總統格蘭特至二十五任麥金萊（ *William Mckinley* ）總統，其間有海斯（ *Rutherford B. Hayes* ）、加菲爾德（ *James A. Garfield* ）、亞瑟（ *Chester A. Arthur* ）、克里夫蘭、哈里遜等，除民主黨的克里夫蘭兩度膺選外，其餘共和黨總統皆在位一任。每次大選選情激烈，其中有四次選民票數相差不到百分之一。選舉人票多支持共和黨，選民票則往往支持民主黨較多。共和黨主政雖多，但國會多為民主黨勢力。

政黨勢均力敵，國會及州議會投票些微差距即影響大局，導致美國政治上說客（ *Lobbyists* ）出現。所謂說客也就是美國史上俗稱的遊說團體。一羣特殊利益團體或壓力團體，設法影響國會或州議會對法案的定奪。遊說團體影響力非常大，被稱為國會的第三院（ *The Third House of Congress* ）。大企業家為了促使有利自身的法案通過，多在競選時以金錢支助兩黨。南部、西部壓力團體聯合對付銀行業及債券持有人；勞工團體則試圖通過對移民的限制等。

第二節

政治革新（ 1877～1893 ）

值此美國政情陷於谷底之際，新的改革精神浮現。百姓不滿醜聞不斷，開始關心政府及領袖意圖作為。有心人士著手進行改革，首先是對「分贓制度」開刀。分贓制度是傑克遜政府以來以政府官位酬庸政治支持

者的一種制度，改革者擬改採文官制度（ *Civil-Service* ），以功績作爲任用人才標準。

文 官制度之推動

一八七六年海斯獲選爲美國總統（ *1877～1881* ），任內推動文官改革，他認爲政治道德異常重要，指派舒茲（ *Carl Schurz* ）擔任內政部長，並在部內論功行賞，唯才是用。海斯在政府內部大力推行這項制度，但終其任內，無法讓國會立法廢止分贓制度。海斯卸任後，共和黨的加菲爾德險勝民主黨候選人漢庫克（ *Winfield S. Hancock* ），成爲美國第二十任總統，在位僅數月即遭刺殺。新總統亞瑟上任，支持文官改革。一八八三年國會通過潘得爾頓法案（ *Pendleton Civil Service Act* ），允許總統將聯邦政府職位分類列表，按考試合格人員分發。爲了有效執行法律，並設立文官委員會（ *Civil Service Commission* ），官位評自考績而非對政黨的效忠。亞瑟將一萬六千個職位分類列表，並指派一位改革者推動工作，終其任內美國開始由分贓制度轉爲文官制度。

民 主黨克里夫蘭總統的改革

一八八四年大選，民主黨候選人克里夫蘭入主白宮，這是自布坎南以來第一位民主黨總統。一八八八年卸職，一八九二年他擊敗共和黨哈里遜，再度主政，他是美國兩度入主白宮的總統。克里夫蘭任內貢獻良多，首先是文官制度。他大力支持文官委員會工作，任內將文官適才機會提升一倍。此外貫徹公地國有政策，要求牧場主人及木材公司將不法取得之土地退還政府，同時強迫鐵路公司交回數百萬畝土地。克里夫蘭爲縮減政府開支，杜絕退伍軍人補償金的濫發，將國會通過發放數百件不合規定的退伍軍補償金重新審核，發現多起弊端，駁回案件多達二百起。

克里夫蘭任內最爲人關切的問題是關稅。內戰期間，美國關稅由一八

六一年的百分之十九提昇爲一八六五年的百分四十，農人、消費者、船東及進口商深表不滿。由於稅收提高，國庫資金充斥，克里夫蘭認爲政府的任務不在賺錢，財富充裕係稅收過高所致，其於一八八七年開始要求降稅。一八八八年大選關稅成爲選戰主題，結果共和黨哈里遜以主張保護關稅險勝。一八八八年選舉之後，共和黨開始大肆揮霍。俗稱之「億萬財富」國會（ Billion‐Dollar Congress ），提出巨額預算，圖利少數利益團體，用於改良港口、下水道、海防、聯邦政府營建及海軍艦隻。一八九〇年國會通過麥金萊關稅（ Mckinley Tariff ），稅率創新高，阻止了外國貨品輸入。爲了獲得西部人士對高關稅支持，國會於一八九〇年通過謝爾曼購銀法（ Sherman Silver Purchase ），由聯邦政府每月購買四百五十萬盎斯銀，相當美國銀礦的全部輸出量。高關稅導致物價上揚，生活消費水準提高，民怨滋生。一八九〇年期中選舉，共和黨在國會大選僅獲得八十八席，民主黨贏得二百三十五席，一八九二年總統大選，民主黨總統重返白宮執政。

第三節

農人之抗爭

　　一八八〇年農人處境日蹙，對聯邦政府及政黨喪失信心。南部、西部瀰漫不滿情緒，農人紛紛集會陳述苦境，譴責鐵路鉅子、東部銀行界及企業家之提高鐵路運價、貸款利息，打擊農產品價格。他們認爲兩黨已被少數權貴階級壟斷，謀求自組政黨解決難題，要求政府出面協助。他們透過政黨力量獲得部分成就，尤其在對付鐵路壟斷方面。

農人的困境

一八八〇年農人尋求改革的原因繁多，但綜合其訴求可以歸納爲：1.農產品價格滑落：一八八三年每蒲式耳小麥九角，至一八八六年跌至六角八分。2.農民借貸增加：農產品價格愈低，農民償債能力愈差，農人覺得政府已被工業鉅子及銀行家左右，農民權益遭忽視。農人問題源自工業經濟發展使然，農人譴責鐵路公司、工業鉅子、銀行家，他們要求政府限制鐵路對運輸之獨占，以及增加資金流通。

農人之抗爭

1.對鐵路壟斷之不滿

鐵路網雖爲美國人創造財富，但其不法行徑及爲害大衆利益卻爲人詬病。鐵路公司斥資行賄議員及官員，索取土地特許、財務補助及免稅優惠。「灌水」（ stock watering ）是他們最常用的手法，僅增加公司股份卻不增加資產。費斯克和古德於一八六八年治理伊利鐵路公司（ Erie Railroad ）時，公司資產僅二億元，卻發行了七億一千萬元股票，他們將灌水不值錢的股票售予不知情的大衆，欺騙股東，也傷及無知。

彼時高速公路尚未問世，鐵路缺乏競爭易形成獨占。短程鐵路獨家經營，沒有競爭，索價特高；長程鐵路多家競爭，運費反較低廉。鐵路公司爲防範彼此競爭，保持價位，乃組織聯營（ Pooling ），讓某一地區的幾家公司，聯合經營，穩定價格，分享利益，使得運費居高不下。此外鐵路公司並以回扣方式攬貨，拉攏廠家。

2.組織農人協進會

鐵路公司漁利觸犯衆怒，尤其在西部地區，鐵路公司壟斷運輸業，並

獲得政府大筆津貼，更造成商人及工人、農人的不滿。他們組織全國性團體，發起運動，試圖經由州立法，反對鐵路公司不法行徑。美國第一個農人團體稱為農人協進會（Grange），一八六七年由凱利（Oliver Hudson Kelley）所創，早期為秘密團體，旨在幫助農家擺脫孤獨無助。在各地農人協進會集會中，農家們舉行餐會、舞會，並學習農技，農人協進會允許女人入會並給予平等地位。隨著農人協進會會員增多，農人的經濟問題更受矚目。至一八七四年農人協進會會員達一百五十萬，政治成為活動重點。在農人協進會努力之下，至一八七〇年代初，美國有些州通過法案規範鐵路公司運作。這些俗稱「農人協進會法律」（Granger Laws，農人法），試圖制定客運、貨運運費上限，並禁止對不同地區採差別價格，此外亦禁止對倉儲獨占經營。鐵路公司對農人協進會法律提出嚴正抗議。他們根據自由貿易原則，認為政府不得干涉私人企業。此外他們亦表示，農人協進會法律違憲。按憲法第十四條修正案，未經法律許可，各州不得剝奪任何人的生命、自由與財產。公司是法人，強迫鐵路公司收費低廉是剝奪「財產」。農人協進會反駁指出，大半的鐵路公司自聯邦政府及州政府獲得好處，怎能說不受管轄是符合大眾利益？鐵路公司沒有競爭對手，因此須受制代表人民的政府。

　　儘管法院某些判例有利農人協進會法律，但最終仍告無效。鐵路公司無視法律存在，他們以取消服務或威脅拒不發車直到法案取消為止。一八七〇年底，農人協進會會員銳減，政治活動亦告減少。農人協進會曾設置工廠、銀行，但經營不善，而且與私人公司競利，導致不滿。至一八八〇年其會員人數不及一八七四年的四分之一。一八八六年農人協進會法律在最高法院遭到嚴重打擊。瓦巴西鐵路公司（Wabash Railway）將伊利諾州吉爾曼（Gilman）至紐約市的運費訂得比從伊利諾州比歐利亞（Peoria）至紐約高，違反了伊利諾州禁止「長程短程運輸價格規定」。鐵路公司向最高法院提出上訴，法院判決州只能在境內管轄鐵路交通，不能規範境外鐵路交通，這項判決影響甚大。

　　瓦巴西鐵路判決使聯邦擁有管轄權。國會於一八八七年通過州際貿易

法案（*Interstate Commerce Act*），規定鐵路運費必須合理、公平，禁止聯營、回扣、差價等，鐵路公司必須公開運費，並向聯邦政府提出年度財政報告。任何一件不法案件最多可處五千元罰金。州際貿易委員會有五名委員，由總統任命。就現實而言，州際貿易委員會並不成功，由於缺乏決定運費權力，只能提供建議或訴請法庭。在最高法院接獲十六件案例中，平均經過四年訴訟，最後判決十五件有利鐵路公司。但就長遠看來，這是國會所通過最重要法律之一，爲聯邦政府基於人民需求規範大企業樹立基礎。

3.要求採用紙幣

農人改革訴求除了阻止鐵路公司獨占之外，就是要求政府採用紙幣（*Cheap Money*），尤其是綠背鈔票，以貶低幣值，提高農產品價格。農人要求採行紙幣原因係因爲從一八六五至一八九五年間，美國農產品顯著增加，但通貨相形減少，影響物價下跌。內戰時期大量發行綠背鈔票，一八六五年美國通貨膨脹，平均每個人持有通貨爲三十一元，至一八九五年卻跌至二十元。貨幣短缺導致物價下跌，加上農產豐收，農產品價格滑落幾近三分之二。通貨緊縮農人償債愈發困難，例如小麥農人在一八八〇年借貸一千元，當時一蒲式耳小麥售價一元，農人只要賣出一千蒲式耳即可償還借貸。但至一八九〇年每蒲式耳小麥只值七角五分，農人必須賣出一千三百三十三元蒲式耳小麥才夠還債。

內戰時期聯邦政府發行綠背鈔票，支付戰費，增加貨幣通行。綠背鈔票不以金幣爲準，價格波動不穩，有時一元面值的綠背鈔票只有四角價值。一八六〇年代後期，政府逐漸由市場回收綠背鈔票，農人受創頗深，因爲他們借款時，幣值較低，如今償債，則超過原來幣值。農人抗議銀行家，戰時借出五角如今要收回一元。一八七〇年代，農價繼續下滑，許多農人轉而支持第三黨，國家綠背黨（*National Greenback Party*），主張增加發行綠背鈔票。一八七八年國會選舉，綠背黨獲得一百多萬張選票，選出十四名國會議員。綠背運動於一八八〇年後逐漸式微，農民轉而訴求

銀的流通。

一八七三年國會決定停止鑄銀，並採金本位，所有通貨必須易爲金幣，西部銀礦老闆及工人羣起抗議。新的銀礦如（康斯托克礦脈 Comstock Lode）無法鑄造銀幣，抨擊此爲「七三年罪行」（*Crime of'73*）。農人要求自由銀（*Free Silver*），政府造幣廠須鑄造所購之銀，西部南部農人加入抗爭行列，希望藉此降低幣值，提高物價。

4. 限制獨占及壟斷

一八八〇年代百姓要求立法限制獨占。一八八〇年《大西洋月刊》（*Atlantic Monthly*）刊出一篇由亨利‧羅伊得（*Henry Demarest Lloyd*）所撰，題爲〈獨占事業的故事〉（"*The Story of a Great Monopoly*"）一文。該文報導了標準石油公司獨占煉油業的經過，一時洛陽紙貴，銷售達平日的三倍。一八八〇年代各行各業皆朝獨占經營，大公司壟斷油業、牛肉及糖業，導致農人、小企業家、消費者、工人不滿，要求聯邦設限，甚至大公司中的高層人士也認爲大宗物資應交由聯邦政府規範。一八八八年大選，兩黨都承諾要採取行動對付獨佔，一八九〇年國會通過謝爾曼反托拉斯法案，規定「任何以托拉斯形式或者其他陰謀方式限制州際或國際間貿易的合約或組合皆爲非法」，任何人違反上述規定將處罰金或拘禁。謝爾曼反托拉斯法與州際貿易法際遇相同，該法並未嚴格執行。由於法案條文用詞不夠嚴謹，意義曖昧，須交由聯邦法庭解釋，而一八九〇年代法庭多偏愛企業界。儘管謝爾曼反托拉斯法效果不彰，但卻是一項重要立法，對後來歷史發展影響深遠。

結　語

　　內戰重建結束，美國政經發展面臨考驗，共和民主兩黨政治表現，乏
善可陳，權貴當道，弊案不斷，官商勾結，民怨四起。值此社會轉型之
際，農人受創較深，反對獨占壟斷之聲不絕於耳，他們抨擊鐵路公司、利
益財團，並自組政黨，試圖透過自身力量，挽救困窘。在農人策動及努力
之下，聯邦政府通過州際貿易法、謝爾曼反托拉斯法，打擊獨占，照顧弱
勢。但因與美國立國「自由貿易」理論抵觸，因而成效有限。一八七〇年
代起美國社會邁向新的發展方向，百廢待舉，政經待決，社會正義、公平
成為努力的目標。

第 二 十 章

社會改革前仆後繼

一八七〇年至一九〇〇年美國邁入工業時代，社會、經濟發生重大變化，城市工人生活未獲妥善照料，勞工暴動，農民抱怨，窮人無數。值此貧富懸殊日愈擴大，富者愈富、貧者愈貧之際，小商人、農人、勞工、改革者紛紛組織團體，採用不同方式，抗議少數控制大公司，濫權無度的財閥。農人結盟，經由立法改善生活；勞工組織工會，爭取較好待遇。有人尋找新的意識型態，也有人採暴力手段，最後則循政治途徑，民粹黨（ *People's Party*；*Populist Party* ）於焉誕生。民粹黨雖關懷農工，然政見影響有限，曇花一現，未幾亦消失於政壇。

本章將敘述美國勞工移民之處境、工會的形成及發展，一八七〇年代至一九〇〇年美國的各種改革及民粹黨的出現及沒落。

第一節

勞工與工會

隨著工業社會降臨，工人與僱主關係改變，工人問題滋生，工會需求日殷。究其原因，首先是工人與僱主距離日漸疏遠，工人無法個別改善工作條件。其次，工廠機器危險性增高，如何防範意外引起重視。此外工人工時冗長，工資低廉，每週工資依工作條件自九元至二十元不等，缺乏技藝的女工，每週工作六十小時，工資僅二元。一八六五年後工人開始組織工會，改善工作環境及條件。

工會之興起

內戰促使工會興起。戰爭期間，物價上揚，工人急需提高工資維生，工會極力爭取待遇。地區性工會組織由七十九個增至二百七十個，全國性工會逐漸組成，對抗大企業。儘管工會蓬勃興起，但其發展仍有困難：1.

美國勞工流動性大：美國勞工流動性大，組織不易。移民占勞動大宗，這些人對美國瞭解有限，人地生疏，謀生困難，待遇微薄。由於移民語言、宗教、風俗不同，無法凝聚共識。2.工會團體目標不同：有些勞工領袖希望爲全體勞工服務，促進全面改革，亦有些領袖認爲，工會僅須爲技工或專業團體服務，還有少數激進團體如社會主義及無政府人士，致力推翻資本制度。3.僱主強烈反對工會：工人往往被阻止加入工會，如果一名工人參加工會遭開革，從此即被列入黑名單，無法另謀他職。工廠老闆往往以停工方式對待罷工，或者開除工會員工，另聘僱反對罷工者。在僱主與工會對峙過程中，工會由於經費不足，無法長期抗爭，多處劣勢。4.民意不信任工會：美國人對工會組織不太習慣，多認爲採集體談判方式爭取工資及工時違反個人與僱主私人交涉的權力，而且許多美國人對勞工運動中的無政府人士及社會人士不滿。5.執法機構多袒護僱主：聯邦、州及地方政府、法庭不僅不同情，甚至敵視工會。工人罷工被視爲陰謀破壞貿易，工會領袖往往因而入獄坐牢。警察與軍隊在罷工時亦多支持僱主。

一八六五年後美國工會人數隨著經濟繁榮與否，多少不一。一八七三年經濟不景氣時，三百萬工人失業，工會人數由三十萬劇降至五萬。一八七七年鐵路大罷工是工會重大成就。一八七三年經濟蕭條，東部四家鐵路公司減薪，工人發動罷工，蔓延至芝加哥以西之各城市，工人沒收並毀損鐵路公司財產。在匹茲堡市，賓西法尼亞鐵路公司損失二千輛汽車、二十五輛火車、二座車庫及一處車站。軍隊及工人對峙互擊，遲至海斯總統派遣聯邦軍隊，罷工始告平息。

工 會之成長

美國主要工會有有三：

1.勞工武士工會

全國性勞工團體於一八七〇年代出現。第一個勞工武士工會（ *The*

Noble Order of the Knights of Labor）於一八六九年成立。早先爲秘密組織，一八七八年才正式公開，吸收各類會員，包括技工、半技工、黑人、白人、男人、女人、白領工人及勞工。勞工武士工會會長鮑得利（Terence V. Powderly）口才便捷，長於組織，推動支持多項改革運動，包括兩性同酬、禁酒、廢除童工、同享工廠資財。鮑得利反對罷工，主張經由調解仲裁解決勞資爭議，或請公正的第三者協助妥協。勞工武士工會於一八八○年代會員成長迅速，一八八五年曾在瓦巴西鐵路公司罷工事件中獲得勝利。古爾得擔任會長期間，會員人數遽增，從一八八五年之十萬人增至一八八六年的七十萬人。然而好景不常，一八八六年至一八九○年會員人數開始衰減，一八九三年只剩下七萬五千人，工會人數減少原因主要肇因於一八八六年鐵路罷工之失利。其次勞工武士工會在籌設合作企業時浪費了不少錢。更重要是，無法容納各式各樣的工人，不同工作類別的工人無法共事，缺乏共同目標。一八八六年五月四日在芝加哥發生的秣市騷亂（Haymarket Square Riot）加速工會沒落。事件發生後，三千名工人舉行和平集會，抗議警方射擊工人。集會中途，有人向維持秩序的警察投擲爆裂物，八名急進份子以從事犯罪行爲被捕，四人以謀殺罪嫌處刑。秣市騷亂導致許多人反對工會，勞工武士工會被視爲急進及暴力團體。

2.美國勞工聯盟

第二個全國性工會團體是美國勞工聯盟（The American Federation of Labor），於一八八六年成立，組織異於勞工武士工會。美國勞工聯盟會員限技工，包括許多不同工會，每個工會以特殊技能爲對象。每個工會處理自身事務，自力救濟，偶爾會獲得總會支持。美國勞工聯盟會員收費頗高，目的在限制會員人數，籌措罷工基金，爲會員及其家眷提供醫療、失業、喪亡救濟。美國勞工聯盟在山繆・龔伯斯（Samuel Gompers）擔任主席三十七年間，卓然有成。龔伯斯生於倫敦，引進英國工會理念，務實工作，對改革興趣不大，僅熱衷增加會員人數。美國勞工聯盟組織完備，領導有方，面臨一八九三年經濟不景氣，各勞工團體人員萎縮之際，其會

員人數未減反增，由一八九〇年之十九萬人增至一九〇〇年的五十萬人。

3. 鐵路同業工會

由於美國勞工聯盟未能協助半技工或無技術工人，鐵路同業工會乃告出現。在鐵路同業工會（*Railway Industrial Union*）中，任何工人都可加入。鐵路同業工會由尤金·戴布斯（*Eugene V. Debs*）發起，他原係鐵路工會中火車兄弟會（*Brotherhood of Locomotive*）的一名消防隊員，深感鐵路工人分隸不同工會，力量減弱，乃於一八九三年組織同業工會，又稱美國鐵路工會（*American Railway Union*）。該會成長迅速，包括各類鐵路工人，有駕駛員、消防員、報務員、工程師及車站的員工。一八九四年由於火車需求減少，普爾曼公司（*Pullman Company*）裁減三分之二員工，其餘工人則遭減薪，美國鐵路工會工人乃發動美國最大的罷工。戴布斯宣布採取杯葛（*Boycott*）方式，工人拒絕上班。經過五天，十萬工人出走，芝加哥以西鐵路交通全面癱瘓，聯邦政府開始介入干預，要求法庭發出命令禁止工會繼續罷工。法庭認為罷工干擾貿易，違反謝爾曼反托拉斯法。戴布斯由於拒不服從法庭命令被捕，普爾曼罷工事件落幕，美國鐵路工會瓦解。

美國工會成效雖然有限，許多工人亦未加入工會，但仍有部分收穫。工人工資增加，工時也由每天十二小時減為十小時。美國聯邦及州法律也反應了工人的政治權力，工人要求立法限制移民。一八八二年國會通過禁止中國移民入境，此外許多州通過立法保障工會可以合併、規範工作條件、衛生及安全最低標準。

第二節

移民問題

隨著工業化進展，美國邁入新紀元，社會風貌為之變迭。小城鎮成為大都市，農場不再，取而代之的是濃煙蔽天，火車隆隆，男女老少踏出家園，走入都市，謀職致富，移民大量湧入，使得社會景象大異往昔。

移 民居所——城市

工業發展，都市成長在東北部尤為迅速。一八四〇年每十二名美國人中即有一位住在人口逾八千人的城市中，一九〇〇年每三人即有一人住在城市中。從一八八〇至一九〇〇年間，紐約市人口由二百萬增至三百五十萬，芝加哥由五十萬人增至一百五十多萬。這些人多來自鄉村或為外國移民。究其原因：(1)新的工業提供就業機會；(2)沒有任何地方比城市更容易讓人「一夜致富」；(3)城市生活較舒適，尤其是一八九〇年代後交通改善、路燈普遍、生活熱鬧，自來水、圖書館、劇院、商店五花八門，令人嚮往。

移 民之類別

自一八六〇至一八九〇年，抵美移民約一千四百萬人。一九〇〇至一九一五年為一千四百五十萬人，這些前後抵美的移民在美所獲待遇顯然不同。

1. 老移民

一八八五年以前抵美之移民爲老移民（ *Old Immigration* ）。殖民時期抵美的移民多來自英國，隨後則有荷蘭、瑞士、法國、蘇格蘭、愛爾蘭及德國移民。一八一五年時移民約四十萬人。一八三〇年代至一八四〇年代赴美移民顯著增加，達一百五十萬人，其中一半來自愛爾蘭，他們移居紐約、波士頓等城市。此外來自德國的移民亦不少，他們爲逃避荒年，免卻政治迫害，尋求宗教自由，紛紛赴美，移居紐約、辛辛那提、米爾瓦西、聖路易等地方，有些至中西部開墾。一八五〇年代金礦開採吸引不少中國移民赴太平洋岸，多受僱修築鐵路。至一八七〇年代太平洋岸，中國移民達七萬五千人。

殖民時代美國因拓荒開墾需求，對移民多表歡迎，一八四〇年代至一八五〇年代美國當地人開始排斥新來移民，尤其是愛爾蘭及中國人。他們歧視愛爾蘭人之不同衣著、語言差異、信奉天主教，同時也歧視中國移民。一八七三年經濟危機後，美國失業工人攻擊中國人，殺害並焚毀其財產，甚至要求中國人滾出美國。

2. 新移民

新移民（ *New Immigration* ）以窮人較多，希望在美獲得較好生活，由於他們努力工作，美國工業得以迅速發展。新移民羣居都市，相依相偎，結合成種族團體，如紐約市的「小義大利」（ *Little Italy* ）、猶太人的「下東區」（ *Lower East Side* ）。他們沿用母語及傳統生活方式，信奉自己的宗教，自辦報紙，引起美國人惶恐與不安。一八七七年鐵路大罷工喚起美國人警覺而排外，少許政客如來自麻州的洛奇（ *Henry Cabot Lodge* ）要求立法限制南歐及東歐移民。

移民人口增加，城市住所漸不敷所需。移民棲身擁擠在五、六層高的陋舍中，許多房舍沒有窗戶，室內幽暗、狹窄、空氣不流暢，有些家人甚至僅有一房。房舍不足導致貧民窟出現，犯罪、疾病滋生，衛生條件差、

惡臭撲鼻。此外警力及消防人員不足，用水不潔、垃圾成堆，死亡率甚高。相對於貧民窟則是少數有錢人的豪宅，紐約的第五街最具代表性。這些豪宅裝飾豪華，有錢人不時舉辦舞會，炫耀財富，使得貧富差距更趨明顯。

第三節

社會改革

一八六五年後美國社會邁向工業化，問題滋生。舊社會規範不符新社會需求，女性地位、貧民問題、城市美觀以及意識形態等在在引起美國人關注，傑克遜時代所激發的改革精神，再度浮現。

女 權運動

女權運動沿襲早期禁酒運動組織——婦女基督禁酒聯盟（*Women's Christian Temperance Union, WCTU*）而來。該組織負責人威拉德（*Frances Willard*），擴大功能，除了禁酒之外，還擴及獄政改革，立法保護童工女工，女性平權等。工業化都市提供了女性就業機會，諸如打字、接電話。女性在生活上可以自謀生活，獨立自主，受教機會增加，女子學院興起，女人可學習更高深知識，也開始追求政治權力。一八六五年後女權逐漸抬頭，然成就有限。一八九〇年兩個爭取婦女選舉權團體結合為全美婦女選舉聯盟（*National American Woman Suffrage Association*）積極活動。至一九〇〇年十八個州賦予女人選舉校董權力。西部地區女人較獨立，曾參與社會建設，因此很快即獲得政治權。一九〇〇年西部四個州，科羅拉多、懷俄明（*Wyoming*）、猶他、愛華荷給予婦女投票權。遲至二十年後，全美婦女才擁有投票權。

　　女性工作多遭剝削，承受不平等待遇，每天工作十至十四小時，每週工資不足四元。至一九〇〇年婦女就業人口約五百萬，但多未能參加工會，唯一例外是國際婦女服裝工人聯合會（*International Ladies' Garment Workers Union*），會員及負責人皆為女人。一九〇三年羅賓（*Margaret Dreier Robins*）組織全國婦女貿易聯盟（*National Women's Trade Union League*），致力改善婦女工作環境。有些婦女投身急進運動，希望立即改善美國社會，例如俄裔的高得曼（*Emma Goldman*）即鼓勵採暴力方式改善生活情況，但多半美國人不贊同這種方法。

貧 窮問題

　　除了都市之外，貧窮問題不容忽視，解決辦法不一而足。有些人尋求回歸清教徒生活，要求餐廳及各休閒場所於週日休業。此舉立意雖美，但未顧及城市生活形態，欠缺實際。也有人主張採務實態度，面對困難，例如紐約市某家報紙警政記者亞克伯・里斯（*Jacob Riis*），從貧民窟注意到窮人的悲慘生活，撰寫一連串有關貧民窟的報導，並於一八九〇年出版《另一半人是如何過日子》（*How The Other Half Lives*）一書，廣受歡迎。里斯除了喚醒大眾良知之外，並協助改善城市居民生活，例如爭取為學童修建遊樂場。此外還有珍妮・亞當斯（*Jane Addams*）於一八八九年在芝加哥貧民區成立社區服務團（*Settlement House*）赫爾之家（*Hull House*）。該中心仿自英國，致力改善另一半人的生活。赫爾屋有一座體育館及藝術走廊，可舉辦各種活動，如烹飪、教英文等，以兒童為主要對象。繼赫爾之家之後，類似的社區服務團紛紛出現。如紐約的「亨利街福利中心」（*Henry Street Settlement*）、辛辛那提的「聖塔馬利亞中心」（*Santa Maria Institute*）、波士頓的「南端屋」（*South End House*）。除了服務鄰人外，並教導改革者認知窮人的生活。許多人後來進入政治圈，致力推動立法改革。

美 化都市

　　都市的第三類問題為市容醜陋，缺乏休閒場所。建築師、景觀設計師逐漸展開工作。一八七六年紐約市聘請菲特列‧歐門斯特德（*Frederick L. Olmsted*）為大眾設計了一個休閒場所「中央公園」（*Central Park*），許多城市紛紛效尤。一八九三年芝加哥慶祝哥倫布發現美洲四百週年，舉行大型博覽會，會場設計仿古典建築，一掃美國醜陋建築景觀，以這種歐洲形式結合當代實用需要，開啟了美國式建築。以後波士頓公立圖書館採義大利文藝復興外型，波士頓三位一體教堂，馬歇爾田徑場採羅馬式（*Romanesque Style*）。在芝加哥博覽會中由路易士‧蘇利文（*Louis Sullivan*）所設計的火車站與眾不同，蘇利文主張「功能勝於形式」，建物之設計應注重功能及方式而非形式，其學生萊特（*Frank Lloyd Wright*）受其影響，成為摩天大樓主要建築師。在美國現代建築之中，布魯克林橋（*Brooklyn Bridge*）是典型代表。由德裔美人羅布林父子（*John A. Roebling*）設計，經十六年施工，於一八八三年建成，被譽為「藝術精品」、「先進技術作品」，充分代表了紐約的活力與財富。

社 會主義改革

　　除了採務實之道進行社會改革之外，社會主義亦獲重視。有人認為，社會之貧富懸殊差異導因制度不良，而社會主義是整治之道，如尤金‧戴布斯即主張美國應採社會主義。社會主義派別繁多，最具影響力的是德國經濟學家馬克斯（*Karl Marx*），其主要學說呈現在一八四八年的〈共黨宣言〉（"*The Communist Manifesto*"）及一八六七年的《資本論》（*Das Kapital*），預言資本主義必然失敗。當大多數人成為無產階級，擁有財富的人愈來愈少時，無產階級必須起來推翻資本家。馬克斯認為，歷史是持續不斷的階級鬥爭，最後工人獲勝，建立無產階級社會，獲得永久幸

福。馬克斯呼籲全球工人團結，吸引了歐洲工業國家數百萬工人，然而在美國只有少數人響應跟隨。

　　在美國較受注意的社會主義作品有愛德華‧貝勒梅（*Edward Bellamy*）的《回顧》（*Looking Backward*）及亨利喬治（*Henry George*）的《進步與貧窮》（*Progress and Poverty*）。《回顧》一書敍述一位十九世紀的美國人，經過催眠，於公元二千年醒來時，身處社會主義的樂園中，各種企業都集合在一個大型托拉斯之中，每個人都有工作並有餘暇，沒有貧窮與罪犯。貝勒梅小說售出近五十萬本，有許多團體弘揚其觀點。《進步與貧窮》於一八七九年出版。喬治質疑的問題是，爲什麼工業革命利用機器創造財富卻導致更多人貧窮，他認爲答案是一些擁有土地的人，不事生產，等待土地漲價。因此他主張對地價採「單一稅」（*Single Tax*），依土地最大利用價值徵稅，如此荒廢不用等待升值之土地亦無法謀利。《進步與貧窮》一書銷售曾獨領風騷，亨利喬治魅力四射，險些當選紐約市長。但由於美國社會持續繁榮，人民求變意願不高，下層人士有升遷改善門道，因此社會主義思想，包括喬治的理念無法亙久。

第四節

改革具體成就——民粹黨的出現（1892～1897）

　　內戰後，美國政治關注商業大於農業，體恤城市多於鄉村，州及聯邦法律縱然有意限制企業壟斷亦遭法院駁回，農人生活日趨困苦。如何尋求自保、自救，也漸受重視。一八九〇年代美國人發覺，採政治方式是促成改革的重要方式，有心人開始組織政治團體。一八九二年美國第三黨正式出現在總統大選中，這個以農民需求爲主，尋求革新的政黨稱爲民粹黨。

民 粹黨之建立

　　民粹黨源於兩個農民團體：一個是南方聯盟（ *Southern Alliance* ）及有色聯盟（ *Colored Alliance* ），代表東南部及南部農人；另一個是西北聯盟（ *Northwestern Alliance* ），代表西部，尤其是大平原區的農人。此兩聯盟訴求多有雷同，均要求自由銀，發行較多紙幣使貸款簡易，鐵路歸政府所有，鐵路土地歸聯邦政府。一八九〇年大選，南方聯盟經由民主黨運作，在五個州議會獲勝；西北聯盟於美國西部平原區成立地方政黨，在肯薩斯及內布拉斯加州選出六名國會議員，基於這項勝選，組成新的全國性政黨──民粹黨。一八九二年七月於內布拉斯加、奧瑪哈舉行全國大會，農民團體、勞工武士、社會主義團體均有代表與會，提名內戰將領威弗（ *James B. Weaver* ）角逐總統寶座。

　　一八九二年奧瑪哈全國代表大會所提出的政綱，對當前的政治經濟情況表示不滿，批評政治腐敗，大企業控制新聞，勞工生活困窘。政綱並列舉了農人的要求：1.自由銀，即金銀貨幣之比值為一比十六。2.建立國庫支庫使貸款更容易。3.逐漸提高所得稅。4.鐵路、電報及電話歸政府所有。5.鐵路沿線未開發之地歸還政府。6.限制移民。7.每天工作八小時。8.建立郵政儲蓄銀行。9.各州直接民選參議員。奧瑪哈政綱是農人希望利用聯邦政府權力限制大企業並防止獨佔。嚴格說來，除了要求政府接管鐵路及電報線具有社會主義色彩外，民粹黨並不希望推翻資本主義制度，他們僅要求改變管理方式。民粹黨最大貢獻是讓其餘兩大黨注意到民生議題。民主黨與共和黨後來多將這些建議納入州或聯邦法律之中。

克 里夫蘭再度入主白宮

　　一八九二年大選，民主黨提名克里夫蘭，共和黨推舉哈里遜，民粹黨提名威弗，結果民主黨大勝，克里夫蘭再度入主白宮，民粹黨獲得二十二

張選舉人票。

克里夫蘭履任之際恰逢一八九三年經濟不景氣，農價下跌，企業、銀行紛紛倒閉，成千上萬工人失業，克里夫蘭對策無效，激起農人、工人不滿。他希望降低麥金萊關稅，並於一八九三年提出較低稅率的新關稅法案，但遭阻撓，民主黨共和黨聯手反對，提出六百三十三項修正案，結果稅率依舊，這項名為威爾遜高爾曼稅法（ *Wilson‐Gorman Tariff* ）在克里夫蘭放棄簽署情形下，成為法律。克里夫蘭任內為人詬病之事還有動用軍隊處理布爾曼罷工，此外他捍衛金本位制度更令農人不滿。克里夫蘭擔心謝爾曼購銀法將導致美國金融機構存銀過多，金幣無法兌換，乃於一八九三年召開特別會議，取消該項法律，但此舉並未解決困難。由於銀行準備金不足，金價不穩，財政部乃發行美國公債，投機客進場，摩根財團曾因此賺進一百萬美金，引起西部人士強烈不滿。一八九六年大選，民主黨內部意見分歧，擁金、護銀各覓其主，最後布萊恩（ *William Jennings Bryan* ）脫穎而出。布萊恩自認為是小商人的代言人，主張自由銀；共和黨則推麥金萊，強調高關稅及金本位。大選結果共和黨獲勝，顯示美國發展重工輕農，偏城市、貶鄉村，東部、北部利益大於西部、南部。民粹黨亦告式微。

結　語

工業社會降臨，工人生活漸受關切，工會組織應運而生，如何處理勞資雙方問題，考驗政治智慧。由一八七○年代至一九○○年間工會雖未獲大勝，但亦為工人謀取相當福利如增加工資、減少工時。

都市是工業社會的生活重心。都市社會問題重重，貧窮、腐敗、罪犯不一而足，移民自成格局引起美國住民不安，安內攘外不絕於耳。女人自主意識抬頭，女權亦漸獲得重視。

農工需求不免走向政治發展，民粹黨應運而生。關懷農人，照顧工人

雖為大勢所趨，但資本主義中產階級仍為社會中堅，順勢量力，民意也就趨炎附勢了。民粹黨於一八九六年麥金萊入主白宮後，亦偃旗息鼓。

第二十一章

外交轉向進軍亞太

內戰之前美國外交政策保守大於進取，防衛多於攻掠；內戰之後則傾向擴張。美國係歐洲移民所形成的國家，如何擺脫歐洲列強干預是早期外交政策的優先考量。華盛頓臨別宣言、門羅主義爲最高指導原則，孤立主義爲遵循方針。內戰結束後美國內部紛爭告止，工業發展蓬勃起飛，爲了滿足原料供應、市場需求，外交政策開始由內轉外，朝拉丁美洲及亞洲發展，一般稱之爲帝國主義時代，於焉展開。

一八九八年美西衝突是美國外交的分水嶺，從此美國成爲「帝國主義」或「擴張主義」國家。本章將敍述美西戰爭（Spanish－American War）原因、美國成爲強權及美國帝國主義的經過。

第一節

向外擴張

內戰之後，美國雖仍遵守孤立主義，但多少已與其他國家發生互動。法國試圖染指墨西哥，英國與委內瑞拉加強關係，皆影響美國外交政策。此外，國內擴張主義對阿拉斯加、夏威夷（Hawaii）及泛美組織（Pan－American Union）態度、反對歐洲干涉等，都對美國外交政策產生重大影響。

迫 法勢力退出墨西哥

拿破崙三世爲重振法國在西半球勢力，擬染指墨西哥共和國，一八六一年與英國、西班牙聯手派軍至墨西哥催收欠款。當墨西哥政府償還負債之後，英西撤軍，法軍留駐，並於一八六三年佔領墨西哥城。次年遊說奧國王子麥克西米連（Maximilian），擔任墨西哥皇帝。拿破崙三世此舉嚴重違反門羅主義，引起美國強力反對。內戰結束，美國即派軍至墨西哥邊

界，法國此時面臨歐洲局勢動盪，戰爭瀕臨之際，深恐無法兼顧墨西哥，乃於一八六七年撤軍。墨西哥人亦在卓越領袖胡亞雷茲（*Pablo Benito Juarez*）領導下，擊敗麥克西米連軍隊，並將麥克西米連處死。美國的影響力也因而更受重視。

向 俄購買阿拉斯加（一八六七）

詹森政府之國務卿西渥德（*William E. Seward*）遵循門羅主義，要求美國吞併加拿大、夏威夷及部分加勒比海島嶼，雖然未獲成功，但卻於一八六七年為美購得阿拉斯加。阿拉斯加地廣人稀，面積為德克薩斯二倍，人口僅二萬人，多為愛斯基摩人及印第安人，屬俄國所有。但由於該地處俄國邊陲，無法有效治理，一八六七年俄國駐美大使通知西渥德，沙皇有意出售阿拉斯加。西渥德獲悉認為機不可失，立即安排締約，美國以七百二十萬美元購得阿拉斯加，一畝不到二分。西渥德此舉並未獲得美譽，報紙甚至挖苦阿拉斯加是「西渥德的冰箱」（*Seward's icebox*）。簽約經參院通過後，遲至一年以後才獲眾院認同，付款購買。謠傳俄國駐美大使為使該案順利通過，曾向美國國會議員行賄，國會調查雖無證據，但卻影響此後三十年內未再有外交購地案。

與 英簽訂華盛頓條約

美英關係自內戰之後漸趨緊張，英國擔心一旦雙方爆發戰爭，英國將喪失加拿大。一八六九年美國參院外交關係委員會主席薩姆納（*Charles Sumner*）發表演說指出，英國在內戰期間允許南方戰艦利用英國港口，直接或間接損及美國利益，因此要求英國償賠，如果英國拒絕，美國應佔取加拿大。這項說詞未獲接受。格蘭特政府的國務卿費希（*Hamilton Fish*）則希望放棄對「間接」傷害的請求，改由國際法庭仲裁英國對美國傷害的金額。英國發現與美為敵將導致喪失加拿大，而著手修好。一八七

一年美英雙方簽訂華盛頓條約（ *Treaty of Washington, 1871* ），英國對美國內戰期間南軍船隻阿拉巴馬號由其港口逃逸表示遺憾。雙方代表就此展開磋商，國際仲裁法庭於日內瓦集會，判決英國支付美國一千五百五十萬元，英國慨允，和平達成。

與 拉丁美洲國家的關係

美國加菲爾德政府及哈里遜政府時代的國務卿布萊安（ *James G. Blaine* ）熱心促進美國與拉丁美洲國家間的商業關係。一八八九年布萊安在華府主持了泛美議會（ *Pan‑American Congress* ），成立永久組織，後來成爲泛美聯盟。布萊安主張採互惠或降低關稅方式促進美洲間貿易，但未竟全功。

與 夏威夷的關係（一八九三）

一八九三年一月，一羣居住在夏威夷島上的美國人，在一艘美國海軍戰艦水手協助下，推翻了夏威夷女王莉盧奧卡拉尼（ *Liliuokalani* ），宣稱夏威夷爲一獨立國家。這羣美國人要求美國吞併夏威夷，美國駐夏威夷大使向國務院表示：「佔領夏威夷時機已經成熟了」。但克里夫蘭總統不以爲然。他認爲利用美國軍隊推翻夏威夷政府違反「國家政策」，並且不顧輿論批評，從夏威夷撤軍。他試圖讓莉盧奧卡拉尼復辟，但未獲成功。

與 委內瑞拉邊界之爭（一八九五～一八九六）

一八九五至一八九六年英國與委內瑞拉發生邊界危機，英屬圭亞那與委內瑞拉邊界爭執已逾五十年。美國克里夫蘭總統分別於一八八七年及一八九四年要求仲裁爭端，但英國拒絕。一八九五年美國國務卿歐尼（ *Richard Olney* ）對英國發出強硬照會表示，英國拒絕仲裁係違反門羅

宣言，並警告說，美國實際上轄有美洲。經過幾月折騰，英國外相聲稱，
門羅宣言不適用委內瑞拉情勢。一八九五年克里夫蘭向國會遞交強硬咨
文，要求國會撥款十萬元，組織委員會，逕行確定英屬圭亞那與委內瑞拉
之邊界。克里夫蘭深切明瞭此舉意謂著戰爭，但獲得美國人熱烈支持。英
國視之爲「奇恥大辱」，並準備派艦赴美，美亦加強海防，大戰一觸即
發。恰於此際，英國又捲入與德國在南非的爭端，一八九六年一月英國改
變態度，同意與委內瑞拉協調圭亞那邊界問題。

加 強美國海軍

　　委內瑞拉與英屬圭亞那事件讓美人警覺到美國海軍勢力之薄弱，要維
護門羅宣言勢必加強海軍軍力。美國海軍軍官阿佛列德・馬漢（*Alfred T.
Mahan*）的作品一時洛陽紙貴。馬漢於一八九〇年出版「一六六〇年至一
七八三年海權對歷史的影響」（*The Influence of Sea Power on History,
1660～1783*），主張現代國家成爲強權有賴海權；任何國家忽視海軍將面
臨危機。馬漢的觀點最早獲得德國及英國重視，稍後美國亦接納其看法，
並成爲海權大國。

第二節

美西戰爭（一八九八）

源 起

　　一八七〇年代歐洲新帝國主義蔚爲風潮，歐洲列強如英國、法國、德
國、義大利、比利時等國紛紛赴海外奪取殖民地，美國亦加入競爭行列，

爭取原料及市場。美國此舉主要原因有：1.馬漢海權論影響：馬漢不僅呼籲建立強大海軍，並建議在太平洋及加勒比海修築燃料供應站及軍用港口。2.約瑟夫‧斯特朗（Josiah Strong）於一八八五年出版《我們的國家》（Our Country）一書，主張美國應展開海外殖民，傳播基督教及宣揚住民自由（Civil Liberty）。3.達爾文進化論影響：達爾文爲英國生物學家，提出演化論，認爲生命受環境影響，「適者生存」影響帝國主義人士堅信工業國家最適宜生存，並具教化使命。4.政治家之鼓吹：如麻薩諸塞州之亨利‧洛奇及老羅斯福（Theodore Roosevelt）。5.企業老闆：他們認爲美國開始採殖民政策將可增加市場及原料。

事件

　　古巴與美國僅一水之隔，長期以來為西班牙所控有，嚴重影響美國利益。一八九五年古巴發生叛亂事件，叛軍未能一舉成功，轉為游擊戰，試圖迫使西班牙離境，西班牙則展開鎮壓，雙方形成恐怖迫害。一八九五年總統在向國會提出的年度咨文中指古巴事件造成美國諸多困擾，包括：1.叛軍自美國非法取得武器，政府無法有效制止。2.部分古巴游擊隊領袖歸化為美國人，遭西班牙軍隊逮捕時要求美國保護。3.許多在古巴投資大筆資金的糖主，希望能終止戰爭，他們不認為古巴人可以自治，要求重返西班牙人統治。但是美國民意多支持古巴追求自由。克里夫蘭總統基於南北看法不同，保持中立，但表示，如果殺戮不止，美國將不再觀望靜候。

　　一八九七年三月麥金萊總就職，蕭規曹隨，除嚴格遵守中立法，並利用總統權限阻止國會承認古巴叛軍有權發動戰爭。然而就在此時，赫斯特的《紐約日報》（New York Journal）及普立茲的《紐約世界報》（New York World）在首版大幅的報導西班牙在古巴駭人聽聞的暴行。一八九八年二月十五日不幸事件發生，美國停泊在古巴哈瓦那港的戰艦緬因號（Maine）遭受嚴重爆炸破壞，二百六十名美國海軍水手遇害，原因不詳。但《紐約日報》卻以頭條新聞刊出「緬因號戰艦遭敵人祕密裝置炸彈炸

毀」，並以假的圖表說明事件經過，高喊「勿忘緬因號」口號。麥金萊政府及商人並不希望戰爭，早先傳出戰爭謠言即造成股市下挫。但由於民意同情古巴，對西班牙怒不可遏，迫使國會將單獨採取行動。儘管事到臨頭，西班牙對麥金萊所提的要求全盤照收，麥金萊卻為情勢所迫，於一八九八年四月十一日咨請國會授權動員美軍，維持古巴和平。經過一週冗長辯論，國會以壓倒性多數發出最後通牒，要求西班牙撤離古巴。由於未獲回音，於是美國在一八九八年四月二十五日宣布「古巴獨立之戰」（*The War of Cuban Independence*），為免引起疑慮，國會同時並通過決議「泰勒修正條款」（*Teller Amendment*），美國不會統治或控制古巴，一旦恢復和平，美國將此地政府交由人民管轄。

經 過

　　戰爭開啟，麥金萊召募十二萬五千名自願兵以壯軍容，南方反應較北方激烈，愛國情操甚於北方。六月中旬一萬七千名自願軍及正規軍由佛羅里達之譚巴（*Tampa*）出發，衣著陳舊，彈藥不足，伙食難以下嚥。他們在古巴南岸登陸，向聖地牙哥城（*Santiago*）進軍。儘管裝備不良，領導混亂，美軍士氣仍勝過西班牙。戰爭造就了不少英雄，如老羅斯福。美國海軍在戰時表現不俗，在桑普森海軍將領（*Admiral William T. Sampson*）率領下，美國白艦（*White Fleet*）擊潰西班牙海軍艦隊。聖地牙哥港外一役，西班牙艦隊悉遭擊沉，美國只有一人死亡一人受傷。此役之後二週，西班牙放棄防衛古巴，美軍隨即再佔領西班牙另一屬地波多黎各。

　　美西戰爭除了古巴戰役之外，遠在東方的菲律賓亦告捲入。麥金萊總統本無意藉此擴張勢力，惟海軍助理部長老羅斯福卻希望經由與西班牙戰爭擴張美國海外勢力。一八九八年二月海軍部長隆格（*John D. Long*）休假，羅斯福代理職務，下令駐守香港的美國太平洋艦隊，由杜威將軍（*George Dewey*）率領，駛往菲律賓，一旦美西爆發戰爭，阻止停靠在

馬尼拉的西班牙艦隊出海。一八九八年五月杜威艦隊侵入馬尼拉灣，迅即擊沉西班牙艦隊，消息傳抵美國，舉國歡欣，並派軍至馬尼拉，八月十三日馬尼拉淪陷，幾小時後，西班牙請求休戰。一八九八年十月一日美國及西班牙代表在巴黎簽署和平條款，西班牙同意放棄古巴，也願將波多黎各及廣島讓給美國。菲律賓羣島則以二千萬美元售予美國，從此美國成爲殖民強權。

第三節

美國成爲世界強權

美西戰爭結束，美國地位不同往昔，新問題、新責任均待釐清，美國應如何對待古巴？如何治理新領地？該地居民可否成爲美國公民？是否吞併菲律賓？引起美國議論，茲分別說明如下。

是否吞併新土地？

古巴獨立之際美國尚無意吞併距離太平洋六千哩外的菲律賓。民主黨兩位領袖前總統克里夫蘭及國會議員布萊恩反對尤烈，此外哈佛大學校長艾特（ Charles W. Eliot ）及企業家卡內基、共和黨衆院主席里得（ Thomas B. Reed ）及一些參議員亦反對吞併，認爲此舉違反美國傳統。然而不久，吞併菲律賓的聲浪卻淹蓋了反對的聲音；商人希望循此爲美國產品尋獲新市場並增加投資地區；民意則惑於愛國主義所提，建立「日不落國」，特別是阻止日本及德國對菲律賓的意圖。最後麥金萊總統決定「承擔白人的肩負」（ take up the white man's burden ），並希望教士藉此歸化菲律賓人，接受基督信仰。

自杜威佔領菲律賓後，夏威夷地位漸形重要。一八九三年克里夫蘭總

統曾力圖吞併，一八九七年麥金萊總統提請合併，均遭參院否決，如今情勢轉變，一八九八年六月國會兩院一致決議通過兼併夏威夷島。問題是美國面臨如何治理佔領遙遠地區未能「美國化」的人民？美國在加勒比海具領導地位，如何擔負警察責任？

海 外殖民地

一八九八年後，美國與海外屬地的關係，可以由四個不同地區討論：

1.夏威夷

夏威夷與美國關係深厚，一七九〇年代，美國紐約及新英格蘭地區商人前往中國貿易皆途經夏威夷。一八四〇年代後夏威夷成為南太平洋捕鯨中心，多國船隻前往此地，許多美國人在此定居。一八二六年起法國天主教傳教士在此活動頻繁，法國政府為保護宗教及貿易利益乃從事軍事干預。在各國準備扶植政權之際，美國採維護夏威夷獨立立場，反對各國在此進行瓜分之舉。一八四二年國務卿威伯斯特（*Daniel Webster*）宣稱美國不容許其他國家在此建立特權。一八五四年皮爾斯政府接受夏威夷國王之請，合併該島，但隨著國王去世，這項計畫不了了之。

一八五〇年後，夏威夷糖業日旺，需求工人孔殷，新問題浮現，一八七五年美國與夏威夷簽訂互惠條約，讓夏威夷糖免稅輸入美國，美國產品亦可免稅進入夏威夷，使得夏威夷糖業欣欣向榮，一八八四年雙方重新訂約，美國要求珍珠港作為船塢及煤燃料站。此時在夏威夷出生的美裔商人發動革命要求卡拉加瓦（*Kalakaua*）國王接受新憲法，擴大白人勢力，剝奪當地人投票權，加上美國放寬其他國家糖品入口，引起當地人對新憲法不滿。一八九一年卡拉加瓦去世，其妹莉盧奧卡拉尼（*Liliuokalani*）繼位，反對白人統治，引起白人二次革命，支持美國傳教士史斯芬（*John L. Stevens*）建立臨時政府，迫使女王莉盧奧卡拉尼下台後，夏威夷從此成為

美國治理下的獨立共和國。雖然島內人口來自中國、韓國、日本等地，但主要以英語為主。一八九七年麥金萊總統擬訂吞併夏威夷方案，但未獲參院通過，一八九八年國會正式通過夏威夷為美國一州，美夏之間的糖及鳳梨貿易增加，為該地創造了財富。

2. 波多黎各

波多黎各與美國關係較麻煩。波地產品原多供應西班牙市場，如今轉型較不能符合美國需求。此外波多黎各文化接近西班牙天主教色彩，西班牙語及其他風俗在此地通行逾三百年。經過短暫軍管時期，該地獲准建立自治政府，人口增加，死亡減少，衛生改善，但繁榮不及夏威夷。一九一七年成為美國領地（*Territorial Status*），權利由美國國會制訂。

3. 菲律賓

菲律賓有七千一百個島嶼，人口七百五十萬，分成四十三個部落，採用八十七種不同方言。菲律賓人生活差距懸殊，有人落戶叢林中，有人住在城市裏，當杜威率軍抵馬尼拉灣時，菲律賓已開始反叛西班牙人統治，他們協助美軍進攻馬尼拉。美國吞併菲律賓後，他們開始反抗美國人，菲律賓游擊隊在阿奇蘭多（*Emilio Aguinaldo*）率領下攻擊美軍，美國派出六萬名軍隊，花了三年時間才撫平叛亂。美國侵佔菲律賓令多人不滿，他們將之視同一八九五年西班牙及一七七六年英國打壓獨立運動。前衆院議長里得因抗議帝國主義而離開政壇。一九〇一年麥金萊總統爲美國政策辯護，他表示「美國擁有菲律賓不是剝削，而是教化，訓練他們成立自治政府」。他派遣兩個調查團，考察菲律賓實況，並組織文人政府。塔夫脫（後來成爲美國總統）率領第二支調查團保護菲律賓人免遭外國剝削，並草擬設立自治政府計畫。美國在菲律賓成立公立學校，任用合格菲律賓人出任公職。一九〇七年民選議會成立，一九一六年美國允諾最後予菲人自由。

4.古巴

根據泰勒修正案，美國保證古巴一旦恢復秩序，美軍迅即撤退。然而經過三年內戰，古巴情況混亂依舊，美國基於責任感駐守協助重建，由伍德將軍（*Leonard Wood*）實施軍管。古巴開始朝自治政府進展。一九〇〇年古巴舉行選舉，一九〇一年頒布憲法，一九〇二年美軍結束統治。但古巴並未完成獨立，因為美國國會按照一九〇一年軍事撥款法案通過普拉特修正案（*Platt Amendment*），該案治理美古關係達三十三年，其中主要條款為：(1)古巴不得與任何阻延其獨立的國家締約；(2)古巴須讓美國有權購買或租用海軍基地；(3)古巴公債不得大於償債能力；(4)美國有權讓古巴舉行選舉，保護古巴自由並維持秩序。這些條款載於古巴憲法及美古條約中，使得古巴成為美國保護國（*Protectorate*）。一九〇三年美國國會通過給予古巴優惠關稅，美國減少徵收古巴糖進口稅百分之二十。此舉增加了美國對古巴的糖業投資。

美 國佔領海外殖民地難題

美國佔領海外殖民地後遭遇嚴重問題：是否讓佔領地人民享有美國憲法保護？依照憲法，美國國會不得對美國各地貨物交易徵收關稅，換言之美國亦不得對殖民地貨物徵收關稅。憲法保障美國公民權，新殖民地人民是否也可享有同等權利？最高法院最後裁定，憲法不適用於海外殖民地。最高法院並以五票對四票認定，波多黎各不是美國土地而是屬地，國會可以對波多黎各徵收關稅，此外屬地人民的權利須經由國會法律賦予。一九三三年國會通過法律允以菲律賓獨立，同時也給予其他屬地自由貿易以及更多民權。

第四節

美國擴張之影響

美國勢力介入太平洋之後，與東亞國家尤其中國之關係益形密切。中國此時正逢歐洲列強大肆侵擾之際，美國對中國之政策將與歐洲國家發生衝突，且在國內引起不同意見，有人主張繼續擴張，亦有人重視道德，反對擴張。譬如一九〇〇年民主黨總統候選人布萊恩即極力反對帝國主義。

美 國涉入中國問題

自一八八二年美國排華法案通過後，雙方關係日漸疏遠，一八九八年中美貿易僅佔中國全部貿易額的百分之二。但是自從佔領菲律賓後，美國即恢復對華的貿易興趣。此時中國政府面臨西方勢力壓境，由中英鴉片戰爭到八國聯軍，列強紛紛在中國建立勢力範圍，美國雖反對瓜分中國，但亦擔心其在亞洲勢力遭排斥，乃與英國共同發表「門戶開放」（*Open Door Policy*）宣言，要求各國在華貿易機會均等。國務卿海約翰（*John Hay*）認為美國必須終止孤立主義，並與英國合作建立海外帝國。一八九八年九月海約翰知會與中國簽約諸國，要求在其勢力範圍內開放港口、關稅及鐵路路費均等。由於各國不願公開反對其他國家，因而也不反對這項意見，門戶開放政策乃獲得確保，海約翰外交聲名大噪。事實上門戶開放政策成就有限，各國虛應故事，繼續在勢力範圍內壟斷資源，中國則依然遭瓜分之虞。

一九〇〇年中國發生拳亂，驅逐外國勢力，共殺害了二百多名外籍人士，其中多為傳教士及其家人。義和團並試圖殺害駐北京外國使節，他們軟禁了京城內九百名外國人，導致八國聯軍，美國派出二千五百名軍士。

拳亂期間，海約翰向各國勸說，勿瓜分中國，在第二次門戶開放知會中，他不僅要求各國貿易機會均等，並宣稱美國的外交政策是保護中國的領土及主權。海約翰除了在道德及軍事上維護中國的完整，並對中國庚子賠款作出重大決定。庚子賠償共三億三千三百萬美元，美國分獲二千五百萬美元，遠超過所值。一九〇七年美國為了對中國表示好感，退還一千一百萬美元，一九二四年再退還六百多萬元，中國政府利用這筆經費派遣留學生赴美受教。

麥 金萊蟬連總統

一九〇〇年大選，美國反帝聲浪高漲，民主黨提名布萊恩，以反帝為口號；共和黨提名麥金萊，規避帝國主義問題，強調繁榮，並指布萊恩當選美國將面臨經濟不景氣。大選結果麥金萊獲勝。一九〇一年九月麥金萊赴紐約水牛城參觀博覽會，發表演講，闡述美國在世局中的新角色。演說結束遭無政府主義人士刺殺，一週之後身亡。副總統老羅斯福緊急被召喚入白宮，續位視事。

結 語

工業化影響美國外交政策由防禦易為進取，被動化為主動。古巴、太平洋諸島、以及東方之菲律賓，逐漸淪為美國屬地，而如何處理這些新領地成為美國擴張主義、帝國主義爭論的焦點。二十世紀美國外交政策面臨轉型，麥金萊總統身逢其時，為美國奠定了擴張的基礎，使美國躍登世界舞台之上。

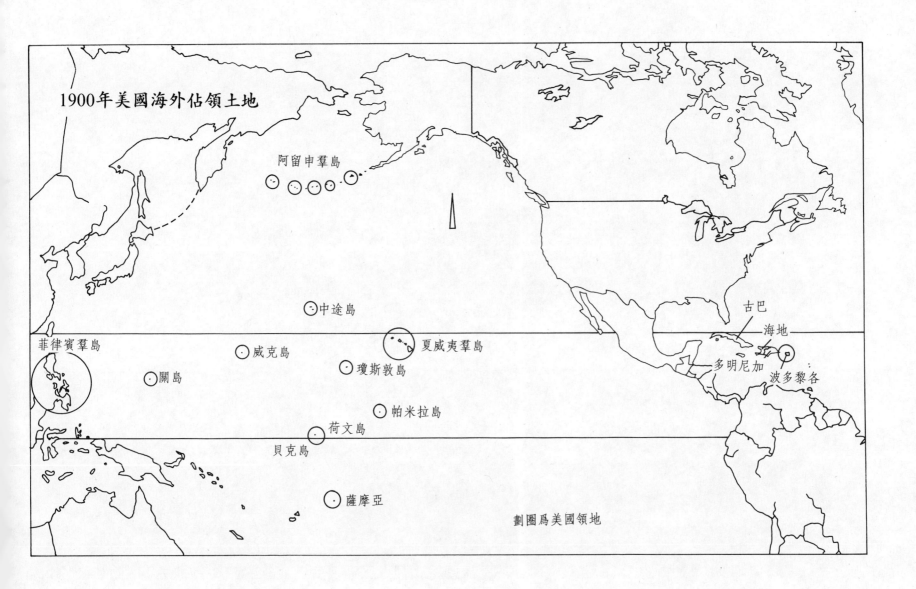

1900年美國海外佔領土地

阿留申羣島

中途島

菲律賓羣島

威克島

夏威夷羣島

關島

瓊斯敦島

帕米拉島

荷文島

貝克島

薩摩亞

古巴

海地

多明尼加

波多黎各

劃圈爲美國領地

第 二 十 二 章

進步運動去腐陳新

隨著十九世紀美國工業化、都市化的降臨，各級政府發生不少弊端，社會上少數富商壟斷資源、市場，工人處境堪慮。由中西部開始，改革浪潮不斷，從農人團體到民粹黨，促成了進步運動的誕生，他們試圖經由社會、政治方面的努力，去除各種不公平現象。

進步運動（ *Progressive Movement* ）包括政治、社會、經濟等層面，由地方到州再推展至中央，影響美國社會重視弱勢團體的存在，本章將敍述進步運動之源起、目標、發展及結果。

第一節

進步運動之誕生

進步主義運動發生於十九世紀末與二十世紀初之際，參與成員包括教士、前民粹黨黨員、新聞記者、作家。有關其形成背景及經過如下：

背景

工業社會貧富懸殊差異。勞工薪資低廉，工時冗長，工人平均每週工作六十小時，工資十至十二元。有些女工每天工作十二小時，工資不到五角。工人工作環境甚差，安全欠缺保障，意外災難頻傳，求償無門。根據一九○四年一項調查顯示，約一千萬美國人生活低於水平，政府卻無任何救濟方案。另一方面，富商生活奢侈，豪宅、轎車、休閒別墅令人嘆為觀止，不僅政府無法約束他們，反倒受其控制，官商勾結情形嚴重。

成因

進步運動係針對上述貧富不均而興起，二十世紀頭十五年臻至高潮。

嚴格說來，進步運動不是單一而是多元運動，來源不一，方法不同，影響波及全美人民生活。參與進步運動有前民粹黨及農民團體成員、勞工運動官員、社區改良工作人員、改革派作家、禁酒人士、保守人士、政府改革派人士及政客。一般說來，進步改革者奉行獨立宣言中之平等原則，要求全民機會均等，他們效法傑佛遜及傑克遜總統，消滅特權，包括腐敗之官僚及自私的商人。進步主義多承自民粹運動，威廉·懷特（ *William Allen White* ）曾指出，進步主義運動之主張多抄襲民粹黨黨綱。一八九二年民粹黨在奧瑪哈所發表的政綱多在進步主義時期立法執行。不過民粹主義限於農人運動，在城市中缺乏奧援，民粹黨除對付鐵路及電報業之外，並未要求政府提供積極援助，他們只希望給予農人機會，如今城市居民則希望政府積極提供援助。

進步主義領袖與民粹黨人士不同，民粹黨員本身多為受害者，而進步主義人士多為同情受害者，尤其是宗教界人士如天主教神父、猶太教教師及基督教牧師。他們宣揚新「社會福音」，認為有責任改善社會現狀。許多教會在貧民區設置收容所，致力修法限制工時，禁僱童工。一九〇五年基督教會會議（ *Council of the Churches of Christ* ）成立，保證支持社會改革，各城市救世軍（ *Salvation Army* ）展開急難救助、提供食宿、幫助窮人。

精神

進步運動者多少受到實用主義哲學（ *Pragmatism* ）影響。根據詹姆士的觀點，實用哲學的對象是人，目的在促進人類福利。基於實用主義精神，社會科學學者從經濟、社會、法律角度研究人類制度，試圖加以改善。霍普金斯大學歷史政治經濟系系主任赫伯·亞當斯（ *Herbert B. Adams* ）告訴他的研究生，由於學者的努力，社會得以獲得重大改善。霍普金斯大學造就了不少改革人才，如威爾遜總統（ *Woodrow Wilson* ）、美國國防部長牛頓·貝克（ *Newton D. Baker* ）。此外比較重要的改革派

人士爲霍姆斯（*Oliver Wendell Holmes*），一九〇二年被老羅斯福總統指派爲大法官。他在《普通法》（*The Common Law*）一書中指出，人類法律並非神聖不可更改。這種見解被許多法官沿用，他們不僅參酌慣例並考慮現實。一九〇八年穆勒控俄勒崗（*Muller V. Oregon*）案例即受此影響獲得勝利。該案係俄勒崗法律限制女性每日工時爲十小時所引起。最高法院前曾引據憲法第十四條修正案，以「侵犯工人自由」爲藉口將類似案件判決違憲，如今大法官路易・布蘭迪斯（*Louis D. Brandies*）卻以冗長工時有礙婦女健康獲勝。

第二節

進步主義之目標訴求

　　進步運動由揭發弊病進而刺激改革。改革派之撰述論著甚具宏效。作品傳播全美，影響深遠，進步運動認爲改革之瓶頸在政治，因而追求直接民主（*Direct Democracy*）。

扒　糞

　　進步運動得以順利推展，有賴一羣被老羅斯福總統稱爲「扒糞」（*Muckrakers*）的作家，撰寫文章，批評時政亂象。較具代表性的作家及作品有：雷・貝克（*Ray Stannard Baker*）的《種族界限之後》（*Following the Color Line*），揭發美國南方及北方對黑人的歧視。林肯・史蒂芬（*Lincoln Steffens*）舉發美國各城市間駭人的賄賂，史蒂芬認爲導致政治敗壞不是政客，而是一些謀求特權的人士，他們說服執法者睜一隻眼，閉一隻眼，或者設法影響法官和警察。此外女性作家艾得・塔貝爾（*Ide Tarbell*）撰寫《標準石油公司史》（*History of the Standard Oil*

Company），報導石油公司如何從鐵路公司及政客中獲得特權。克拉克
（*Sue Ainslie Clark*）及懷安特（*Edith Wyatt*）批評城市工廠女性待遇微
薄。瑪麗‧霍普金斯（*Mary Alden Hopkins*）揭露紐澤西一座成衣工廠因
設備欠佳導致二十五名女性員工遇害。扒糞者亦撰寫小說批評社會，法蘭
克‧諾里斯（*Frank Norris*）報導了鐵路公司如何控有西部肥沃河谷地的
小麥，布斯‧塔金頓（*Booth Tarkington*）敍說一名誠實的老百姓如何與
政客和犯罪集團搏鬥。

在文宣大力抨擊之下，美國於一九〇六年通過食物及藥物法案（*Pure
Food and Drug Act*）和肉品檢查法（*Meat Inspection Act*）。扒糞者並促
使美國進行官方調查，較有名的案例為一九〇五年年輕律師查理‧休斯
（*Charles Evans Hughes*）調查紐約一家保險公司發現，這家全美最大保
險公司採用分贓制度，為自己謀取巨額薪水，指定家人出任待遇優渥的職
位，購買公司股票，每年並花費幾十萬元收買州議員，休斯的調查促使紐
約制定了幾條新法律，休斯因此聲名大噪，並於一九〇六年被選為紐約州
長，更成為政壇人士。

追 求直接民主

進步主義改革的瓶頸在政治民主化，此與政治選舉和美國歷史精神有
關。美國參議員在一九一三年仍由財閥權勢主導的州議會提名，眾議院中
重量級人士及小組委員會主席和眾院議長等強烈反對改革。最高法院雖已
較前開放，但對聯邦擴權仍多有顧忌，此自最高法院裁決一九〇八年聯邦
法律規定賠償鐵路工人違憲等案例中見諸一斑。

進步主義時期地方致力推展改革行動，他們認為「挽救民主敗壞的方
式是更加民主」，大力推展直接民主。其具體成果為：1. 直接初選
（*Direct Primary*）：此時候選人提名制度多由黨魁控制的黨代表大會產
生，但密西西比及威斯康辛州則採直接初選制（*Direct Primary*），由選
民在正式大選前的一項特別選舉中選出候選人。2. 創制、複決、罷免權：

創制、複決權，賦予人們對立法的表達。創制權允許只要有百分之五到百分之十五的選民聯名即可提出新的法案，複決權讓人民有機會直接對法案投票。至於罷免權是選民可經由特別選舉會議，罷免不稱職或犯罪的官吏。3.限制選舉經費：這些法律限制候選人及贊助人在選舉中的經費額度，同時規範競選獻金，尤其是公司的贊助。4.新的政府模式：由於官員多來自選舉，選民無從分辨，因而新的政府結構順應而生。一般說來有兩種形式，一種是委員會，由選民選出數人委員會共治；另一種是城市經理人制，由市議會聘僱一位有經驗的經理來管理政府。至一九一二年全美有二百座城市採用委員會制或經理人制。5.女性選舉權：工業社會女性外出工作，受教人數增加，亦負起改革運動之重責大任。一九一四年密西西比河以西共有十一州賦予婦女所有選舉權，並影響此後女子參政的權力。6.參議員直選：長久以來參議員被視爲「富豪俱樂部」。民間流傳，有錢人被選爲參議員，而少數人做了參議員也就有錢。至一九一三年美國憲法第十七條修正案提出爲止，參議員由州議會議員選出，由於他們罔顧民意，不重視地方利益，引起地方反彈。一八九二年初民粹黨要求直接民選參議員。進步運動時期改革要求聲浪高漲，經由憲法修正案，規定參議員民選。

第三節

進步改革具體成效

　　進步主義運動領袖們相信，如果私人企業能受到部分節制，對大衆而言，是有利的。進步運動和先前的民粹運動一樣，認爲政府是唯一能改革大企業的機構，因此在進步時期，政府在人民生活中所扮演的角色愈形增加。老羅斯福及其他進步運動人士致力促使大企業守法，他們爲了大衆利益決心規範大企業，保護人民權益，提倡社會革新，重要成就有：

税 賦平等

大公司經常利用其影響力規避稅賦。羅勃‧拉弗烈特（*Robert La Follette*）於一九〇一年至一九〇六年出任威斯康辛州長時發現，州內鐵路公司賦稅不到其他行業的一半，他乃試圖經由法律採平等稅基課徵鐵路公司財產。其他各州亦相繼沿用。紐約州長狄奧多‧羅斯福也對政府所授權的大眾事業公司徵稅。一九〇九年聯邦政府亦開始對大企業課徵較公平的稅，國會首度通過法律課徵大公司營利稅。一八九五年最高法院曾宣布徵收所得稅違憲，但至一九一三年，十六次憲法修正案通過聯邦政府有權徵收所得稅。

管 理公共設施

進步時期許多州議會通過條款，管理公共設施如自來水、瓦斯、電車路線及電力公司等。許多州並成立公共服務委員會，監控公共設施的稅率，以及財務，有些市政府並購下私人企業自行經營公共設施。至一九一五年有二十五座城市擁有或自行經營自來水。

保 護消費者

按照英國普通法的基本原則，「購買者自行負責」（*Let the Buyer Beware*）。換言之，消費者若購得不妥、不實之物，須自行負責，這項原則為美國沿用。進步時期，有了不同的看法，他們認為消費者無法知道產品是否純正，標示是否正確，任何不實說明都是欺騙消費者。各級政府及聯邦政府通過法律保護美國消費者，也懲罰不實的生產者，此外並檢查食物，禁止使用某些藥物，並強調正確標示。

保 護工人

新興工業社會最不幸的成員是童工。在農村，小孩子會走路後即參與工作，農場工作多樣化且不危險，屬於家庭生活的一部分。然而，工廠工作不同，工作單調，危險性高，又不衛生，童工必須接受嚴格訓練，一旦上工則失去上學機會。一九〇四年美國童工委員會（National Child Labor Committee）成立，試圖經由立法廢止童工。在紡織工業中，童工比例約爲八分之一，童工年齡由七、八歲至十六歲不等。在煤礦業，掘煤的童工年齡爲九歲到十歲之間，每天工作十小時，工資六角，因工作受害的童工不計其數。剝削童工引起民怨。一九一四年各州立法訂定工人最低工資，一九一六及一九一九年國會立法禁僱童工，但這兩條法律均遭最高法院判定違憲。同時國會並在勞工部內成立兒童局（Children's Bureau），雖然權力有限，但卻協助改善美國兒童的福利。

除了童工之外，工業傷害亦缺乏保護，工人付不起醫藥費用，又沒有足夠金錢復健。十九世紀末，德國及紐西蘭通過工人賠償法，這些法律要求僱主爲工人意外災害保險，一旦工人受傷，可獲得醫療住院照顧，以及工資賠償。美國至一九二一年，有四十二州通過這項立法，不僅幫助受害者的工作，並促成更安全的工作環境。如果僱主降低工廠意外比率，所付的保險付款期票就減少，僱主不得不注意並訓練員工工作安全。其他進步運動立法還有工廠檢查、女工的工作環境、限制工時，但在總體表現上仍不如歐洲國家。

教 育改革

二十世紀初，教育有長足進步。小學修業年限延長，課程內容豐富，增加了音樂、藝術、及勞動訓練，高中學生倍數成長。在杜威教育即生活的哲學影響之下，部份學校放棄傳統課程及填鴨記憶式學習。他們認爲應

學習與當代社會相關事務，教學方式應激發孩童的好奇心及創造力，哥倫比亞大學設立了教育學校，威斯康辛大學開設更多課程如旅遊等爲更多人服務。此外成人教育亦蓬勃發展，吸引農家男人、女人、小孩學習。

農業合作

農產品價格上揚導致二十世紀初農業繁榮，農人亦習知如何有效經營農業，農人協進會及民粹黨運動曾敎導農人經營技巧，他們發展出合作方式（Cooperatives）即由企業家持有，農友經營，農友也分擔盈虧。農業合作包括倉儲、運輸及銷售，此舉增加了農村的繁榮及農人的收益。

禁酒運動

進步運動時期，禁酒成果最大，婦女基督禁酒聯盟及美國反酒店聯盟（Anti‑Saloon League）獲得大筆捐款，進行全面禁酒運動，反對酒店聯盟成爲一股政治勢力，他們支持主張禁酒法律的候選人。可惜的是，由於酒店業者多與政客勾結，使得禁酒效益不彰，不過在某些地方仍獲得勝利。至一九一四年，有半數美國人民居住的地方禁酒，十二州通過禁酒法律，其餘則由地方人民自決。

第四節

進步主義之困窘

任何羣衆運動臻至高峯後必趨下坡，進步主義亦不例外。扒糞成爲寫作的趨勢，導致美國民衆對醜聞厭倦，許多民主改革無疾而終；直接民主陳義太高，百姓興趣不大；選舉過多，導致選民冷漠，有時初選選民數僅

十分之一而已。市政首長論政流於空談，政客又重新掌權，公共設施效益如昔。

社 會主義之發展

進步時期美國社會主義運動逐漸得勢。一九一二年社會黨總統候選人戴布斯獲得九十萬張選票。社會黨所以能對美國產生影響係得力於幾位知名作家，如倫敦（*Jack London*）、辛格萊爾（*Upton Sinclair*）、威爾斯（*H. G. Wells*）及邵（*George Bernard Shaw*），此外貝萊梅的《回顧》對工業社會中的社會主義思潮有相當影響。其他還有羅森布希（*Walter Rauschenbusch*）的《基督與社會危機》（*Christianity and the Social Crisis*），認爲唯有社會主義、社會鄰人相愛之際，上帝王國才會降臨人間。

社會主義運動路線有二：一派認爲社會主義可逐漸引進資本社會，這表示可經由投票改革資本主義；另一派認爲惟有採用革命方式才能改善資本主義弊病。美國社會主義人士多傾向溫和派，在戴布斯領導下，社會主義人士認爲自由國家可以廢除資本主義，經由投票控制政府，建立一個「共享」的社會。溫和派社會主義人士所主張的改革，多獲進步運動人士及民粹黨的支持，譬如所得稅距之等級劃分，收入愈多稅負愈重，婦女投票以及失業救濟。

激進派則由馬克斯革命信徒萊昂（*Daniel De Leon*）所領導，他認爲片面、漸進的改革將一無是處。萊昂批評溫和派社會主義人士，背叛工人階級。在他眼中，美國勞工聯盟主席不過是華爾街的走狗。萊昂視貿易工會是與資本家妥協的機構，他建議將所有工人合組成一個大的工業工會，控制生產工具，但他並不贊同使用暴力。一九○五年他與戴布斯合組「世界工業工人團體」（*The Industrial Workers of the World*），但不久這個團體就反對他們兩人的領導，而去追隨一羣主張暴力及鼓吹革命活動的人士。

世界工業工人團體首先在西部礦區及伐木區得勢，以後又拉攏一般工會所排斥的移民及無一技之長的工人。只要世界工業工人團體現身，即發生暴動及罷工情事。雖然他們的活動經常見報，並獲少許成功，但其會員人數遠不如其他工會。世界工業工人運動自其領袖反對美國參加第一次世界大戰後開始式微，戰後紅色恐慌（ *Red Scare* ）加速其沒落。

弱 勢族羣被忽視

進步主義嘉惠對象不一。中產階級領袖不相信工會組織，製造業與地方法庭及警察合作阻止工會組織。無技術工人的工資由於物價上揚支出增加，受益反告減少。其中以移民及黑人受惠最少。

1.移民

美國自邁入工業社會之後，移民顯著增加，每年平均一百萬人，多半來自南歐及東歐、亞洲及墨西哥。歐洲移民多從事開礦、磨坊及建築等工作，有些美國人視這批新移民為「異類」。由於東歐南歐風俗與西歐北歐之舊移民不同，在法律及習慣上有所差異。有些州立法禁止學校教授外國語言，工會領袖及限制移民聯盟甚至對國會施壓。一八九七年、一九一三年及一九一五年美國國會通過法律要求移民必須通過語文測驗，但遭克里夫蘭、塔夫脫、威爾遜總統否決，他們認為此舉乃剝奪無能的人工作機會，但一九一七年國會仍以反否決方式通過立法。至於亞洲移民，多至加利福尼亞落戶，墨西哥人則寄居美國西南部，他們生活情形長期以來鮮有改善。加州洛山磯教育局規定亞裔美人應與美人分校就讀，日本政府不滿，並引以為恥，美日之間危機四伏，一觸即發。羅斯福總統介入，與日本達成「君子協定」，教育局收回成命，日本政府允諾減少赴美移民。

2.黑人

黑人自從一八七七年重建結束後，由於白人重新得勢，處境較前更為

艱難。一八八〇年至一八八五年美國南部黑人、白人無論在旅遊或飲食場所，歧視並不大，雖然黑人地位不高，但仍保有尊嚴。一八九〇年代情勢丕變，各州出現不同層次的隔離政策，從交通工具到運動、娛樂、醫療甚至監獄、墓區都嚴格區分。除了社會之外，黑人之政治權利亦遭剝奪，他們不僅經常被阻止投票，亦不得擔任某些公職如獄吏、警察。各州對待黑人方式不一，法律之外，尚有製造暴動，令黑人恐懼不安。歧視黑人的觀念多來自偽達爾文主義（ Pseudo‐Darwinism ）認為黑人是次等人，既使在北方，黑人工作地位差、報酬低、孩童接受次等教育。美國最高法院為了反應民意，也不認為州隔離政策違反憲法第十四條修正案。一八九六年普萊西控弗格森（ Plessy v. Ferguson ）一案中，最高法院判決，路易斯安那法律要求鐵路為黑人提供「分離且平等」的車廂合乎憲法。

　　黑人在進步主義時期出現了二位傑出的領袖，對後來黑人運動具有指標性的作用。第一位是華盛頓（ Booker T. Washington ），出身農奴，幼年生活艱苦，一八八一年在阿拉巴馬州成立塔斯基學院（ Tuskegee Institute ）訓練黑人務農，工業技術。他堅信黑人要爭取平等必須努力工作，接受教育，賺取財富，改善地位，但多數黑人未曾因此受益，反而更糟。另一位黑人領袖是杜波伊斯（ W:E.B Du Bois ），出生麻薩諸塞，在哈佛受教，是位聰明才智之士。他認為華盛頓的理念不可能改善黑人的生活，華盛頓等候新生活來臨，杜波伊斯要求立即行動。一九〇九年他參與組織有色人種全國促進會（ National Association for the Advancement of Colored People：NAACP ），強調黑人應獲得憲法所保障他們的所有權利。

結　語

　　美國不同於其他國家的是在其反省能力與改革精神。工業化的美國面對許多以前從未經驗到的諸多政治、社會、經濟弊端，在中產階級勇於扒糞，政治領袖重視民意之下，美國社會出現了進步運動，富裕了美國人的生活，擴大了平等基礎，也加深了美國人對其政府制度的信心。

　　進步主義既是運動，也是思潮。下層人士意識逐漸抬頭，雖然黑人受惠最少，但黑人追求平等的努力卻從此更獲進展。

第 二 十 三 章

老羅斯福內外兼治

一九〇一年麥金萊總統遇刺身亡，狄奧多·羅斯福繼位成爲美國第二十六任總統。美國的外交及內政從此邁入一個新的里程碑。爲了與法蘭克林·羅斯福區隔，歷史稱他爲老羅斯福，法蘭克林爲小羅斯福。

老羅斯福堅信美國應扮演世界強權，擴大其在全球的影響力，尤其是拉丁美洲及亞洲。他在任內解決國際外交紛爭，加強美國在加勒比海及巴拿馬的影響力。內政方面，支持進步主義之改革運動，打擊大企業壟斷，引人注目。本章將以老羅斯福其人爲經，內外事務爲緯，說明這段時期美國的發展情形。

第一節

狄奧多·羅斯福其人其事

狄奧多·羅斯福（ *Theodore Roosevelt* ）在美國歷史上是位才華洋溢、魅力四射的總統。他的毅力、精力、耐力，表現在公務、家務上，均予人深刻印象。他勸勉年輕人「勿退卻，勿僥倖，凡事要切中時弊」。歷史記載他文武兼修，會打網球、拳擊、打獵、馬術，熱衷參加各項討論會，與子女感情融洽，對一切事務充滿好奇、固執而愛炫耀。

其人

老羅斯福天生富領袖魅力，戴眼鏡，留髭鬚，著騎兵團制服，儀表堂堂，惹人注目。一位騎兵團隊員曾如此描述他「如果我和他在布魯克林橋碰頭，他命令我跳河，我會毫不遲疑，且不追問原因」。童年時期體弱多病，羞怯膽小，爲了克服這些弱點，學習打獵、拳擊、馬球、馴牛，他喜歡飼養鳥及動物，爲科學期刊撰寫不少自然生態文章，並寫了《西部的勝利》（ *The Winning of the West* ）一書，共六冊，推崇西部人工作辛勤，

吃苦耐勞，爲美國文明奠定了基礎。

老羅斯福出身紐約富家，但平易近人，且不失童稚之心，哈佛大學畢業後即加入紐約共和黨俱樂部，競選公職。此舉頗令友人吃驚，他們認爲選舉要「同流合污」，但老羅斯福不爲所動，以「我不入地獄誰入地獄」的胸襟，毅然而然投身政治選舉。一八八一年年僅二十三歲即被選爲紐約州議員，並獲連任，以後參選紐約市長，又出任文官委員會、紐約市警察局長。麥金萊總統任內獲任命爲海軍助理部長，一八九八年老羅斯福奉命率騎兵團赴古巴作戰，成爲家喻戶曉的英雄，進而當選爲紐約州長、副總統、總統。從政治立場來看，老羅斯福介於忠黨（Muldoon）與獨立派系（Mugwump 背叛共和黨）之間，作爲紐約州議員，他反對共和黨團，加入民主黨州長克里夫蘭推動文官改革的陣營。一八八四年總統大選，他又拒絕背離共和黨。老羅斯福的政治風格走務實路線，他希望改革政府，符合人心需求，但又不信任急進份子改革，他絕不從事「不可能」的事情。

其 事——總統職權

老羅斯福總統善於運用職權，擴大總統權限。他認爲此舉並非奪權，而是從事一些前任總統及行政單位不曾執行的工作，他自稱具有傑克遜、林肯總統的識見，致力對人民有益之事。他認爲除了違法或違憲之外，應盡力促進百姓福利。爲了達到目的，當有議員反對其做法時，即以民意爲依歸。在他試圖派遣一支艦隊巡戈全球時，遭國會杯葛，拒絕撥款，即以三軍統帥身份宣稱有權下令海軍此行，並且不顧反對逕作決定。老羅斯福利用個人聲望來執行公權力。一九○二年煤礦罷工，他雖無權干涉，卻憑個人聲望要求勞資共謀解決爭端，雙方皆不願得罪總統，問題得以解決。一九○八年爲了加強聯邦政府及州政府對保護林地的合作，在白宮召集會議，州長雖不甘，鮮少拒絕總統邀請。老羅斯福除賴民意推動政策之外，他也透過私人會晤，相互串通，提供好處，促使法案通過，他利用政黨獎勵，授予職務等方式進行。雖然他在任內功績有限，甚至許多法案不盡理

想，但卻獲得百姓贊譽，人民相信老羅斯福與他們同在。

第二節

老羅斯福之拉丁美洲外交

老羅斯福熱衷外交事務，在麥金萊總統時擔任海軍助理部長一職及美西戰爭中擔任重要將領，奠定外交政策基礎。出任美國總統後，開始大展鴻圖，遂其所願。老羅斯福之外交理念來自其名言「軟硬兼施」（*Speak Softly and Carry a Big Stick*），亦即俗稱的「巨棒」外交。他認爲美國應立足世界，並以強權自居，爭取強國禮遇。他堅信，有權力即有責任，因此在位期間致力擴大門羅主義的範圍並建立美國在拉丁美洲的主導權，包括佔領波多黎各、控制古巴的政治、經濟、調解國際事務。

委 內瑞拉事件

委內瑞拉積欠歐洲某些國家債務，委國領導人卡斯托（*Cipriano Castro*）不僅規避並且拒絕仲裁，老羅斯福不同情卡斯托，因此對保護美洲的「門羅宣言」另作解釋，強調門羅主義並不保護對犯行的懲罰，僅反對外國佔領該地。英國與德國獲悉這項訊息，隨即派艦封鎖委國港口，強迫還債。此舉雖與美國洽商，也無意侵佔委國領土，卻引起美國人不滿，尤其當委內瑞拉港口船隻遇襲，船隻被擊沈，喚起美國民意要求老羅斯福總統派兵干預。老羅斯福擔心德國，德國此時擴建現代化海軍，傳言老羅斯福發出最後通牒，要求德皇同意將委內瑞拉事件交付仲裁，不論真象是否屬實，英德海軍皆撤離委國。

羅 斯福主義

門羅主義阻止歐洲干預拉丁美洲事務。羅斯福主義則允許美國干涉拉丁美洲事務。一九〇二年阿根廷外交部長路絲・德拉哥（*Luis Drago*），為該國欠債不還提出辯護，強調利用武力對破產國家強行催收債款違反國際法，這項名為德拉哥主義（*Drago Doctrine*）之宣言令美國困擾不已。如果美國反對宣言，任隨外國封鎖攻打這些拉丁美洲負債國，門羅主義無疑破產；如果美國遵行德拉哥主義，將強行催債視同違法，則變相支持欠債不還。為了回應此事，美國提出羅斯福主義（*Roosevelt Corollary, 1904*），老羅斯福於一九〇四年指出，任何美洲國家長期犯錯，美國將動用「國際警力」。換言之，如果美國拒絕其他國家用武力催債，美國就必須親自著手干預。

羅斯福主義首次運用在多明尼加共和國。多明尼加積欠美國及歐洲債務無力償還，美國乃於一九〇五年控制多明尼加稅收，百分之四十五歸多國政府，百分之五十五償還外國債權人。老羅斯福一再強調無意染指多國，以消除別人對其帝國主義質疑。此外，古巴也面臨考驗。依照普拉特修正案（*Platt Amendment*），美國為了保護古巴人生命、自由、財產、免於受到外國侵略，有權干涉古巴內政。一九〇六年古巴內部敵對派系爆發衝突，老羅斯福無意介入，但盱衡大勢，仍派軍入境並成立臨時政府，一九〇九年形勢好轉，美國旋即退出古巴。

巴 拿馬運河

源於十九世紀中葉，美國及英國意圖修建一條巴拿馬運河。一八五〇年雙方簽訂克萊頓布威爾條約（*Clayton‐Bulwer Treaty*）。根據該約，英美同意共同修築一條貫穿兩洋的運河，開放供各國使用，法國也曾一度想修建，但告失敗。美西戰爭期間，美國人注意到縮短由太平洋及大西洋

航運的戰略重要性。當奧勒岡戰艦獲令駛離加利福尼亞海岸至古巴水域時，必須繞道南美下南端之合恩角（Cape Horn），航行一萬四千哩，如果走巴拿馬運河可節省三分之一距離。

美國取得巴拿馬運河用地時，遭遇不少挫折與困擾。首先是英國，英國曾簽訂克萊頓布威爾條約，美國建立運河必須讓各國享有平等權利，阻撓了合作的意願。其次，美國國務卿海約翰曾擬與哥倫比亞合作。此時巴拿馬屬哥倫比亞控制，雙方簽訂海約翰海倫條約（Hay‐Herran Treaty），美國租用六哩寬土地，頭期款一千萬元，每年租金二十五萬元。但一九〇三年八月哥倫比亞參院反悔，要求提高租金，並一致通過反對條約。老羅斯福獲悉怒責哥國貪索無度，試圖強取該地，但未執行。一九〇三年十一月，法國運河公司擬收回資金鼓動巴拿馬發動革命，建立巴拿馬共和國，美國戰艦那士維（Nashville）開往馳援，數日後美國承認巴拿馬獨立。一九〇三年底美國與巴拿馬簽訂海約翰比諾瓦里條約（Hay‐Bunau‐Varilla Treaty），此約類似海約翰條約，只是運河較為寬闊。老羅斯福此舉引起廣泛爭議，被批評為無理的侵略行為，引起拉丁美洲國家對美洲北方巨人恐懼不安。雖然老羅斯福辯稱他是為了美洲整體文明的需求，而且只佔有運河區而已，最後還得交由國會決定。但不少人仍質疑，為何不在尼加拉瓜修鑿運河，豈不更短？

修建運河，困難重重。巴拿馬運河區為沼澤地，熱帶林密佈，氣候酷熱，蟲蠅滋生，黃熱病、傷寒、痢疾等四處蔓延。老羅斯福派工兵署軍官哥塞爾（George W. Goethals）負責，歷經各種艱難困頓，終於在一九一四年竣工。運河區也一改過去病媒滋生，而成為宜人生活的地方。

繼老羅斯福之後，塔夫脫總統入主白宮，外交改弦易轍，國務卿諾克斯（Philander C. Knox）採金元外交（Dollar Diplomacy），要求每一位外交官扮演推銷員角色（Every Diplomat a Salesman），促使拉丁美洲國家購買美貨，美國增加在該地投資。一九一二年美國派軍至尼加拉瓜，支持對美友善的新政府，尼國接受紐約銀行貸款，關稅由美控制。不論金元外交或巨棒外交，總之，拉丁美洲對美的好感日漸淡薄。

老羅斯福與國際事務

老羅斯福之巨棒外交無法在亞洲及東亞揮舞，只能採「均勢」，遏止日本及蘇聯的野心。此時菲律賓面臨日本野心威脅，美國防禦力薄弱，中國在列強干預之下，門戶開放政策一籌莫展，也只能靠「均勢」維持中國領土完整。

調停日俄戰爭

二十世紀初日俄為爭取在華利益，雙方關係日趨緊張，日本認為向亞洲大陸拓展責無旁貸，乃協助韓國獨立並成為其保護國，並計劃佔領中國之東三省。此時蘇俄已入侵中國東三省，租借大連港並控有南滿鐵路，蘇俄意圖入主韓國，導致日俄兩國於一九〇四年爆發戰爭。戰爭甫起，美國民意支持日本，反對蘇俄，美國人厭惡蘇俄暴政及迫害人民，日本則因快速西化而獲同情，老羅斯福則希望經由日本獲勝維持亞洲均勢。戰爭結果，日本海陸告捷，雙方於一九〇五年試圖謀合，日本派人密訪老羅斯福，希望其能擔任中間人。經與俄皇溝通，老羅斯福提出和平建議，並獲雙方同意，一九〇五年八月雙方在新罕布什爾的普里茅斯締約，日本放棄向蘇俄索賠，蘇俄割讓庫頁島 SAKHALIN 南部，日本並領有蘇俄在中國南滿的權利。

緩和美日緊張關係

日俄戰爭，老羅斯福調停有功，獲頒諾貝爾和平獎，但普里茅斯條約

阻止日本向蘇俄求償卻激怒日本人反美，東京出現反美暴動；同時日本戰勝蘇俄，更刺激歐美人士擔心「黃禍」，在報紙媒體大肆渲染報導之下，加利福尼亞掀起反對日本移民風潮，公立學校歧視日本學童，美日關係日趨緊張。老羅斯福總統介入調解，敦勸加利福尼亞校方不再歧視日童，日本亦設法勸阻移民赴美。一九〇八年美日簽訂君子協定（*Gentlemen's Agreement*）。

老羅斯福總統擔心日俄戰爭將影響東亞的均勢，爲阻止日本入侵菲律賓，因而在一九〇五年及一九〇八年簽署塔夫脫──桂太郎協定（*Taft‐Katsura Agreement*）及魯特──高平備忘錄（*Root‐Takahira*），承認日本統治韓國及中國之滿洲。塔夫脫出任美國總統，國務卿諾克斯爲加強美國在滿州的鐵路及財政利益，乃遵循金元外交，要求國際共管滿州鐵路，但遭日俄拒絕。

參 加阿爾及利亞會議（一九〇六年）

一九〇六年發生一項嚴重國際危機。法國在北非摩洛哥（*Morocco*）勢力日益增強，摩洛哥即將淪爲法國保護，此舉嚴重破壞國際協定，各國要求摩洛哥對各國貿易的門戶開放，德國尤其爲關切。一九〇五年德皇威廉二世（*Wilhelm* II）申言保護摩洛哥人自由，大戰一觸即發，且將波及全歐。此時德國與奧匈及義大利結盟，法國與蘇俄締盟且與英國關係密切。德皇邀老羅斯福總統仲裁。一九〇六年在摩洛哥舉行阿爾及里拉斯會議（*Algeciras Conference*），美國提議獲與會國同意，戰爭得以倖免，美國參院批准，但國會強調不得影響美國外交政策，禁止美國參與純屬歐洲的事務。

老 羅斯福對國際事務之態度

老羅斯福主張以和平方式仲裁國際糾紛。一八九九年及一九〇七年荷

蘭海牙會議決定成立仲裁國際事務的永久法庭，在這段期間，美國提交仲
裁事件僅次於英國。他並致力加強海陸軍力，老羅斯福認爲外交仰賴武力
作後盾，他強力要求國會每年增列艦隊預算，並親自了解經費使用情形，
強化訓練，在其任內海軍勢力擴增三倍。至於陸軍方面，兵員較前減少，
但力量增加，事權統一，升遷公平，海陸軍合作良好。魯特（ *Elihu
Root* ）爲美國引進參謀聯席會議及戰爭學院訓練軍官，使美國軍力躍登
強國之林。此外他更大力整頓外交官。長久以來美國外交官一直是政黨酬
庸的職位，聲名狼籍。至一八九九年美國《太陽報》甚至主張廢除外交官。
一九〇五年老羅斯福指派魯特爲國務卿，整頓國務院官員，他採文官委員
會用人辦法，規定未來國務院基層人員按考試錄用，建立正常昇遷管道，
爲美國職業外交官奠定基礎。

第四節

老羅斯福之內政

　　老羅斯福任內恰逢進步主義熾熱盛行之際，爲了迎合時潮，他在一九
〇四年提出「公政」（ *Square Deal* 公平法案）計畫，他向人民保證「任
何爲國奉獻的人皆應獲得公平對待」。美國歷史將老羅斯福及續任的威爾
遜總統視爲進步主義的領袖。

老 羅斯福倡議「公政」

　　麥金萊遇害身亡，老羅斯福入主白宮，懷著恐懼戒愼的心情赴國會發
表諮文，要求聯邦法律面對一八八〇年代以來快速工業成長所形成的諸多
問題。他認爲政府不能符合時潮，將遭民意淘汰，唯一保護資本主義的方
式是進行「保守改革」（ *Conservative Reform* ）。老羅斯福係因麥金萊過

世而掌權，加上共和黨國會領袖漢納（*Mark Hanna*）勸戒施政應「稍安勿躁」，使他不能放心大膽行事，只是加強反對托拉斯，並干預一九〇二年的煤礦罷工事件。

打擊托拉斯

老羅斯福對工業鉅子勢力日增且不受政府約束，深以為憂。一九〇一年美國鋼鐵公司（*The United States Steel Corporation*）成立，這家由摩根兼併卡內基鋼鐵業，由一羣銀行業合資組成的公司，擁有資金十五億美元，佔有美國鋼鐵產量的半數，是全球最大的工業組合，令美國老百姓震驚。老羅斯福並不是反對大企業，他知道這是大勢所趨，只希望加以規範。他要求國會立法嚴格限制托拉斯，主張財團財務全面公開。國會於一九〇三年成立貿易勞工部（*Department of Commerce and Labor*）。老羅斯福恢復謝爾曼法。一九〇二年大法官提案解散北方證券公司（*Northern Securities Corporation*），這是一家由鐵路鉅子、銀行家合併的控股公司，控制了美國西北的鐵路。一九〇四年最高法院判決北方證券公司違反謝爾曼法，並予解散。此後司法部在打擊大企業方面較前任三位總統更具績效。雖然打擊托拉斯頗獲民意贊許，但老羅斯福知道，此舉並非釜底抽薪之計，最重要是如何讓有權勢的企業家守法。

一九〇二年煤礦罷工

一九〇二年五月出現了美國史上重大罷工事件。東賓夕法尼亞無煙煤礦區五萬名工人發動罷工，他們對工資低廉，每年不到三百元，且頻遭解僱深表不滿，工人居住公司廉價修建的城鎮，生活物價昂貴，因而被迫組織工會「聯合礦工工會」（*The United Mine Workers*），由米契爾（*John Mitchell*）領導。米契爾反對採用暴力，一九〇二年罷工發生之際，他提請由兩位教會領袖及一位礦主共同解決工人生活、教育及安養的

基本需求問題。由於礦主不願接受礦工訴求，且認為煤礦是一種行業，不是宗教行為，因此教會無權決定工資，在雙方無法溝通情形之下，一九○二年十月無煙煤售價由一噸五元飆漲至一噸三十元，時值寒冬將屆，人民要求終止罷工，工人乃向總統請願。

老羅斯福總統既無權又無法源或先例迫使煤礦公司與工人妥協，但他決定利用個人魅力，於一九○二年十月三日邀請雙方代表至白宮晤談。雖然未獲具體協議，但民意卻開始反對煤礦公司。老羅斯福試圖利用聯邦軍隊接管煤礦，恰於此時，雙方達成妥協，經老羅斯福私人代表魯特（ *Elihu Root* ）及摩根會商，公司同意將工人的請願送交由總統指派的五人委員會裁決。老羅斯福利用個人聲望干預罷工，開創了先例，並獲海內外美譽。一九○四年總統大選，共和黨提名老羅斯福，民主黨提民紐約法官帕克（ *Alton B. Parker* ），結果老羅斯福人氣旺，大勝帕克當選美國總統。

立 法

老羅斯福膺選美國總統後即極力促成改革法案，由於國會未能通過較嚴苛的反托拉斯法，引起人民不滿，某些知名人士如布萊恩（ *Bryan* ）建議由政府接管、經營鐵路。老羅斯福擔心此舉將造成危機，故要求加緊規範大企業。十八個月後國會通過赫本法案（ *Hepburn Bill* ），包括取消給予某些特權人士如議員、報館編輯等免費乘車權，擴大州際貿易委員會功能，包括對捷運公司、管線、渡船及臥車公司的裁量。鐵路公司不得經營其他事業，如煤業，州際貿易委員會並可擬定鐵路路費。一九○六年國會更通過兩項保護消費者的法律，食物管理及藥物法，禁止出售不潔食物或藥品，政府有權檢查肉品。

保護林地

　　由於早年熱愛戶外生活，因此老羅斯福特別關切保護自然資源，不得任意遭受破壞。雖然在老羅斯福入主白宮前，美國已有保護自然措施，如一八七二年建立黃石國家公園（ *Yellowstone National Park* ），但並未嚴格執行。老羅斯福在保育林地方面貢獻有口皆碑，進步主義人士拉佛列特（ *La Follette* ）曾指出，歷史對老羅斯福的記載將不是公政，而是他在保護自然資源的成就。綜觀其努力有：支持一九○二年的新土地法案（ *Newlands Act* ）、由聯邦資助灌溉計畫、加強對非法佔有公地取締、增加國有林地面積三倍之多、利用總統身份喚起百姓對保護自然資源的認知。一九○八年五月他廣邀各界至白宮會商保護自然資源事宜，並推動成立「國家保護資源委員會」（ *National Conservation Commission* ），瞭解全美資源所在。

忽視黑人權利

　　老羅斯福公政最大的敗筆是忽視對黑人的照顧，雖然進步主義也注意到黑人的政治、社會情況，但未提出任何改革措施。他偶爾也向一些黑人領袖如華盛頓（ *Booker T. Washington* ）諮商，也指派一些南方黑人任職，但其全盤施政仍在滿足白人，導致南方黑人所獲有限。

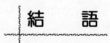

結　語

　　狄奧多・羅斯福總統時逢美國外交擴張、內政改革之際，出掌國是。憑其個人長才，卓越領導，為美國邁向二十世紀發展奠定基礎。老羅斯福以「巨棒」外交鞏固美國在拉丁美洲領導地位，斡旋日俄在華之衝突，整

頓外交事務，增強兵力。內政方面則循進步主義理念，打擊托拉斯，倡議公政，以個人魅力解決國內諸多紛爭，尤其保護自然資源不遺餘力，爲人津津樂道。

　　歷史人物之豐功偉業不能逞一時之快，需能源遠流長，兩者兼顧，則爲佳話，老羅斯福享譽美國史壇，其來有自。

第二十四章

內政改革更上層樓

進步改革泛指羅斯福、塔夫脫及威爾遜三位總統的執政成就。他們各有所長，但受百姓尊敬程度不同。老羅斯福政績已如前述，是一位傑出的領袖，承續麥金萊未盡的三年半任期再競選連任一次。塔夫脫遵行進步改革，但風格異於老羅斯福，小心謹慎的個性使他難與老羅斯福媲美。至於威爾遜又不同於前述兩人，致力改革運動，嘉惠全民，並提出新自由（New　Freedom）主張，大肆修法，成效可見。本章將敘述塔夫脫任內之政績、共和黨分裂、威爾遜的新自由以及進步改革。

第一節

塔夫脫總統

塔夫脫總統為老羅斯福欽定接班人。善於交際，才思敏捷，富行事經驗，一八五七年生於辛辛那提（Cincinnati），就學耶魯，曾擔任俄亥俄州法官、聯邦巡迴法官，麥金萊總統時被任命為菲律賓總督，老羅斯福總統期間擔任戰爭部長，一九〇八年獲共和黨提名角逐總統獲勝。塔夫脫就任後承續老羅斯福總統進步主義施政理念，打擊托拉斯。主政期間，大力支持國會通過進步改革法律，例如一九一〇年麥恩法案（Mann‑Elkins Act），將州際貿易委員會司法權限擴及電話業。一九一三年通過鐵路價格法案（Railroad Valuation Act），授權州際貿易委員會計算美國鐵路價值，以為稅基，設立郵政儲蓄銀行，保護小額存戶，開創包裹郵遞服務，積極保護自然資源。一九一三年更通過憲法第十六條及十七條修正案，第十六條修正案要求徵收聯邦所得稅，第十七條規定參院直選。

塔夫脫總統主政遭遇不少難題，其中以關稅為最。自一八九七年美國制定丁格里關稅法（Dingley Tariff）以來，物價上揚，生活費用增加，民怨不斷，一九〇八年共和黨在總統大選政見中提出修定關稅口號，塔夫脫當選後即召開國會特別會議，一九〇九年三月國會集會，眾院迅即通過

降低關稅，但遭參院阻撓。參議員尼爾遜‧阿德里契（*Nelson W. Aldrich*）試圖在眾院條款中附加六百項但書，其中有些字句顯然為高稅額護盤。阿德里契的杯葛引起部分黨內人士反對，他們利用冗長辯護特權，揭露阿德里契罔顧民意，取悅贊同高關稅的遊說團體。可惜此舉緩不濟急，塔夫脫總統接受了阿德里契及保守人士之妥協，對關稅作出些微讓步。塔尼—阿德里契關稅（*Payne‐Aldrich*）雖較丁格里法案進步，如徵收公司稅、建立關稅委員會研究稅率，但相去有限。塔夫脫此舉係以政黨團結，避免分裂為優先考量，但也毀損了作為進步主義總統的形象。

塔夫脫的第二項失策為波林傑—品契特爭議（*Ballinger‐Pinchot Controversy*）。波林傑為塔夫脫之內政部長，他將羅斯福總統收歸國有並作為林地之水力發電用地公開標售，引起森林地主管品契特（*Gifford Pinchot*）不滿，將這項消息洩露給新聞界，波林傑被指控詐欺。塔夫脫相信自己人，並認為波林傑遭誣陷，開除品契特，但也因而被人視為反對自然資源。

第三項失利是議院議長坎隆（*Uncle Joe Cannon*）遭批評。坎隆在國會位高權重，甚至凌越總統。他親自遴選眾院各委員會主席，決定法案是否送交委員會，主導法案辯論，因而阻撓許多進步法案通過，他主張提高關稅，反對保護林地。坎隆及進步主義人士均爭取塔夫脫支持，為了保持黨內團結，塔夫脫較偏袒坎隆，如簽署佩恩——阿德里契關稅法案。一九一〇年期中選舉，民主黨與共和黨進步主義派聯手獲得大勝，坎隆失勢，塔夫脫亦受影響。

嚴格說來，塔夫脫是位才智、正直的人士，但與老羅斯福不同的是，老羅斯福揮灑空間較大，認為只要法令未曾禁止之事皆可為；塔夫脫不然，只做法律允許之事，格局較小，而且塔夫脫志在擔任最高法院大法官而非總統，因而無法成為傑出領袖。

第二節

塔夫脫失勢與共和黨分裂

　　塔夫脫原爲老羅斯福親密夥伴，但任內諸多表現卻與老羅斯福漸行漸遠。老羅斯福自卸任後傾向自由色彩，塔夫脫則日趨保守。一九一二年初兩人終於正式決裂，共和黨分裂爲保守派與進步派。早在一九一○年國會大選，老羅斯福即在肯薩斯州爲進步派共和黨員助選，他在一項演說中提出「新國家主義」（ *New Nationalism* ）理念，強調人權重於財富，他認爲州及聯邦法律應爲人民服務，並批評法庭裁決進步法案違憲不當。他要求行政機構保護人民福祉，使得羅斯福成爲共和黨進步派的領袖。

老 羅斯福參選

　　一九一二年總統大選年，老羅斯福是否參選引起各方關切。老羅斯福於一九○四年曾表示絕不會有第三任期（ *no-third-term* ），而且會退出政壇。但自一九一○年自非洲打獵返美之後發現塔夫脫不適任，又不甘一旁觀望。恰於此時，原領導共和黨進步派的參議員拉弗列特（ *La Follette* ）身體微恙，老羅斯福自然成爲衆望所歸。一九一二年在七位進步派州長之懇請之下，老羅斯福宣佈角逐參選總統寶座。當有人質疑他先前的承諾不再競選連任時，老羅斯福回以當年所言，係指連續第三任總統任期，而非中斷後再選。此後共和黨即陷入黨派之爭，至一九一二年六月共和黨全國代表大會爲止，支持塔夫脫的保守派及反老羅斯福參選人士聚集一起與擁戴老羅斯福人士相互較勁。塔夫脫利用其控制黨機器之便，在第一次黨內投票中獲勝。老羅斯福指控共和黨領袖偏袒不公，並準備脫黨繼續推動其理想。

老 羅斯福籌組進步黨

一九一二年八月進步黨於芝加哥集會成立。與會人士有大學教授、社工人員、新聞記者、前義勇騎兵團團員、少數富人及政客。大會期間，士氣高亢，參議員亞伯特‧貝弗黎奇（ *Albert J. Beveridge* ）發表政策演說，呼籲建立新黨，讓美國更好。進步主義支持一個「代表人民」的政府，反對由腐敗商人所影響的政府。進步黨政綱要求更多直接表達民意的方式，如創制權和複決權、保護自然資源、賦予女性投票權、徵收遺產稅、終止童工、限制工時、重視工人撫恤等。他們提名老羅斯福參選角逐總統。進步黨熱鬧有餘，實力不足，泰半黨員為業餘人士，對政治陌生，黨部又未能在各地區及時成立，除了打擊共和黨現有勢力，本身無法取而代之，反而促成民主黨勝選。一九一二年六月，民主黨在馬里蘭州巴爾的摩（ *Baltimore* ）集會，紐澤西改革派州長威爾遜經過四十六次投票，獲民主黨提名競選總統。在這次大選中，塔夫脫已無足輕重，真正的對手是老羅斯福與威爾遜。兩人皆同情進步主義，唯口號不同，老羅斯福標榜「新國家主義」（ *New Nationalism* ），威爾遜則宣稱「新自由」（ *New Freedom* ）。新國家主義具漢彌爾頓精神，承認大企業必然存在，但要有強大的聯邦政府或行政機構管轄；新自由則帶有傑佛遜思想，認為聯邦政府權力在確保全民機會均等，而非只是打擊大企業。

第三節

威爾遜改革

威爾遜崛起政壇之前，為大學教授，政治經驗有限，但憑其體恤人心，說人有方，亦獲選民認同。值此共和黨分裂之際，威爾遜得以入主白

宮，繼續推動改革。

其人

　　威爾遜，維吉尼亞人，一八五六年生，是學者從政的典範，曾擔任普林斯頓大學校長八年，以及紐澤西州州長。任內推動改革，不遺餘力，如提升普林斯頓大學水準、改善師資、打擊政黨特權等。威爾遜自幼即醉心從政，鍛鍊口才，學習傑出領袖統御術。他推崇英國政治，堅信國家元首必須為全民服務。威爾遜也是位歷史學者，撰寫美國歷史，一九〇二年出版《美國人歷史》（ *A History of the American People* ），共五冊。威爾遜博古通今，洞悉民意，慣循理想主義和平方式解決問題，就職演說之日，百姓爭相目睹，衝破阻隔圍籬，威爾遜不但不准警察驅離，反而指示「禮讓百姓」。

治國理念

　　威爾遜治國理念可見之於一九一三年的就職宣言。這是一篇簡短、動人的演說。他在文中指出，美國的瑕疵是「資源浪費，個人主義散漫以及少數私人壟斷政府」。威爾遜希望上任後從事三項工作：降低關稅、建立新的銀行及信貸制度、規範企業。他並希望簡化農民貸款，加強保護自然資源，重視消費者權益，維護社會立法公正。威爾遜致力改革，但要求尊重財產及人權，因而被稱為是新自由論者。威爾遜頭腦清晰，思路分明，他是一位知道自己所做所為的總統，雖然獲得選民票數只有百分之四十二，但卻贏得民主黨多數支持。在其任內較為遺憾的是，黑人生活未獲改善，甚至較前退步，許多黑人認為他們是改革中被漠視的一羣。

改 革内容

威爾遜之改革方向由貿易而大企業再銀行。他致力降低關稅,改良反托拉斯法及美國銀行制度之缺失。茲分別說明如下:

1.降低關稅

威爾遜認為高關稅嘉惠少數特權人士,免於競爭,而從事獨占事業。降低關稅可迫使企業界人士重視效益,講究經營。若要為美國貨品爭取市場,則必須對外國商品開放市場。為了實現這個理念,他上任後即召開特別國會,並親自到場向議員發表有關關稅特別咨文,充分顯露出總統的強勢作為。一九一三年眾院通過總統條文的關稅法案,安伍德—西蒙斯關稅法(*Underwood- Simmons Tariff Act*)。由於民主黨在參院只居三席多數,在送交參院同意之前,威爾遜先向百姓訴求,力陳遊說團體重視私利,罔顧羣益,希望市民監督國會。此外並會晤民主黨參議員,寫信給反對議員,威脅利誘無所不用其極。在軟硬攻勢之下,參院通過此案,這是自一八五七年以來美國首次降低關稅,將美國生產貨品價格與其他國家生產價格拉平,撤銷對工業的各類保護性措施。該案最重要是提出了所得稅(*Income Tax*),並經第十六條憲法修正案確定。所得稅目的在彌補降低關稅所流失的稅賦,後來成為聯邦政府主要收入。

2.改善銀行制度

一九○七年美國發生企業危機,少數企業倒閉,要求收回貸款,造成資金不足,銀行停止借貸。一九○八年國會成立「國家貨幣委員會」(*National Monetary Commission*),經過四年調查指出,美國金融組織有下述缺陷:(1)美國銀行存款不足,無法應付緊急提兌;(2)通貨發行缺乏彈性,不能依市場需求;(3)缺乏中央銀行機構,自傑克遜廢棄第二銀行後,不再有類似銀行出現;(4)銀行多集中於紐約市華爾街,其他農業地區

缺乏銀行金融機構。銀行之缺失，有目共睹，所見略同，惟應如何拯救，則看法不一。銀行家希望成立強大的中央銀行，如第一銀行或第二銀行；進步人士如布萊（ *Bryan* ）等擔心美國銀行家因此會成爲錢幣托拉斯（ *Money Trust* ），要求政府嚴格控管銀行及借貸。威爾遜面臨兩難，經與數位國會議員諮商，一九一三年十二月通過了聯邦儲備法案（ *Federal Reserve Act* ）。依據該法，全美設置十二家聯邦儲備銀行（ *Federal Reserve Banks* ），其他銀行運行必須與他們聯合。聯邦儲備銀行不直接面對客戶，僅爲會員銀行提供服務。銀行告急時，給予紓困；同時發行聯邦儲備券（ *Federal Reserve Notes* ），幫忙農人及生意人應急。銀行可利用商業本票交換聯邦儲備券來增加貨幣，聯邦政府酌量抽成。聯邦儲備銀行在取得本票後可發行紙幣，當本票兌現後，銀行即收回貨幣。聯邦儲備法案是一項折衷法案，銀行歸私人擁有，大半的負責人由會員銀行選出。由總統選派的聯邦儲備局七人小組握有全權，使得銀行實權由華爾街移至華府。

3. 反托拉斯法

威爾遜爲遏止私人壟斷歪風，並在不打擊合法經營者前提下，要求國會整頓托拉斯。一九一四年底國會通過克萊頓法案（ *Clayton Act* ），規定：(1)不得削價競爭；(2)買方不受賣方限定對象；(3)不得收購對手所有權；(4)不得同時擔任多家公司負責人。克萊頓法案亦對工會作出有利規範，禁止聯邦法庭阻止和平罷工、抵制或集會。根據該法，工會只要合法即可避免被起訴，但由於條文不夠嚴謹，如「得阻止對財產造成不可挽回的傷害」的行動等，給予法官較多自由裁量標準，因而影響法案的有效執行。

4. 其他

一九一四年成立聯邦貿易委員會（ *Federal Trade Commission* ），研究如何規範商業。委員會有權下令公司停止被視爲不公平的行爲。這個組

織被認爲是保護民衆對付托拉斯最有力量的機構。此外比較重要的改革還有設立十二家聯邦農業貸款銀行（*Federal Farm Loan Banks*），利息低於百分之六。撥款各州修建公路避免鐵路壟斷居奇，支持柯汀歐文童工法（*Keating－Owen Child Labor Act*），禁止製造州際貿易貨品工廠僱用十四歲以下童工。

結　語

　　進步主義期間三位總統致力改革，老羅斯福開創新局，塔夫脫蕭規曹隨，威爾遜更上層樓。塔夫脫行政經驗豐富，但民意基礎不夠，一旦老羅斯福另有所圖，則窘態百出，共和黨因兩人不合而結束統治。威爾遜學者從政，理念、行政均不落人後，在位期間所通過法案，誠爲可觀，然其治績成就卻因美國介入一次大戰而爲人忽視，誠爲可嘆。

第 二 十 五 章

捲入一次大戰大勢所趨

「擺脫歐洲，重返歐洲」是美國外交事務的情結與矛盾。獨立革命以還，美國為避免歐洲干預，竭盡所能，窮其所以，倡言「孤立」。迄二十世紀，美國完成統一，國富民強，介入亞洲及拉丁美洲事務，並伺機重返歐洲，衣錦榮歸。一次大戰英法等國，兵困馬疲，美軍得以進駐歐洲；惟大戰結束，歐洲各國並未正視美國，威爾遜和平提議，未獲採納，歐美情結，隱然可見。美國痛定思痛，回歸「孤立」，謀而再定。

值此世代交替之際，威爾遜肩負得失成敗考驗。美國從意向不明而捲入戰爭，形勢使然猶或威爾遜個人意圖，歷史學者議論不休。本章將敘述美國捲入一次大戰前的外交處境，參與一次大戰以及戰後簽約所遭遇的困擾。

第一節

威爾遜早期外交（1914～1916）

威爾遜拙於外交，就任之初以內政為施政優先，惟世事無常，未幾即陷入外交事務的紛擾中。威爾遜服膺道德理想，希望美國外交能展現誠實、無私的精神，弘揚美國民主福音，拯救不幸世人，他反對前輩之帝國主義及巨棒外交，致力推展「道德外交」。但究其表現，仍不脫離現狀，在亞洲及拉丁美洲繼續「國際警察」角色，派軍協助穩定尼加拉瓜、海地、多明尼加政權，自丹麥購入維京島。其中以對華及墨西哥問題較引人注意。

威爾遜的亞洲及拉丁美洲政策

亞洲政策以對華為主軸。美國此時對華之外交政策以塔夫脫之「金元外交」為依據，參與五國銀行對華貸款。一九一三年美國銀行代表團前往

華府,要求政府支持遴選「顧問」赴華,監督中國財政,以確保美國債權。但威爾遜以這項提案干涉中國內政而加以否決。

至於墨西哥,此時正陷於政治危機之中。墨國總統馬德洛(*Francisco Madero*)遇害,新總統威塔(*Victoriano Huerta*)涉嫌教唆,威爾遜考慮是否給予外交承認。就歷史經驗而言,美國慣於承認任何新政府,而不過問其權力取得方式。而客觀形勢上美國在當地投資約達十億美元,投資人希望支持威塔,穩定秩序,保障權益,況且此時其他在墨國投資的國家如英國等均都已認同新政權。但威爾遜卻堅持維護墨西哥大多數人爭取自由,不顧少數投資者利益,拒絕承認新政府,並試圖阻撓威塔從外國獲得武器,使其陷於孤立無援之中而下台。威爾遜之舉措,導致墨西哥爆發內戰,旅墨美國人民及財產遭受嚴重損失。一九一四年美國執行禁運之海軍進佔墨國主要港口威拉庫茲(*Veracruz*),美墨之間戰爭一觸即發。值此關鍵時刻,威爾遜為免除拉丁美洲國家對美憂懼,接受南美之阿根廷、巴西、智利三國調停,結果威塔下台,由美國支持的卡倫沙(*Venustiano Carranza*)執政,但美墨之緊張關係並未和緩。一九一六年墨西哥游擊隊首領沙巴塔(*Emilano Zapata*)及威拉(*Pancho Villa*)領導作亂,四處蹂躪,甚至越界,殺害新墨西哥州哥倫布市許多居民。威爾遜派潘辛(*John Joseph Pershing*)領軍入墨西哥,追捕威拉,此舉不僅未獲成功,反而招惹墨西哥人民不滿。此時歐戰漸熾,威爾遜目光焦點轉移至歐洲,乃下令撤軍。美國在拉丁美洲的聲譽也因而受損。他們認為「道德外交」與「巨棒外交」如出一轍,並無軒輊。

威爾遜與歐戰

一九一四年歐戰爆發,美國雖為之震驚,但卻不為所懼,畢竟大西洋阻隔了美國與歐洲,並保障美國人的安全。有關一次大戰發生的原因,迄今仍眾說紛紜,莫衷一是,不過學者多同意,它肇因於帝國主義及國家主義之野心。法德自一八七〇年普法戰爭後的宿怨,巴爾幹半島政治之複雜

情勢，加上歐洲各國加強軍備以及彼此結盟聲援，當一九一四年六月奧匈帝國皇儲斐迪南遭塞爾維亞人刺殺身亡，大戰於焉爆發。

1. 美國採中立政策

大戰初起，美國人沿襲傳統孤立主義精神，視此役為歐洲戰爭，威爾遜採中立政策，擬置身事外，一九一四年他表示「此役與美國無關」，並發表中立宣言（ Neutrality Proclamation ），要求美國人在「思想及行動上皆保持中立」。除了少數年輕人視戰爭為冒險倖進之途，渴望參戰外，大多數美國人贊同中立。惟對參戰雙方支持程度不一，德裔、奧裔美人同情德國，北愛爾蘭籍美人不滿英國，亦支持德奧，而多數英裔美人基於共同文化情感，支持英法等國。隨著戰爭持續發展，美國親英法反德奧態勢漸明，在媒體大肆渲染之下，英法成為正義的一方，德奧被視為侵略者，卡通漫畫將德國塑造成為軍閥，踐踏良民，影響深遠。

2. 中立政策遭破壞

一次大戰期間英國率先違反國際法，封鎖同盟國，在北海置水雷，迫使美艦駛入英港受檢，限制與中立國貿易。英國有效封鎖，嚴重影響美國與同盟國間之貿易。同時，美國對協約國出口巨幅增加四倍，協約國訂單促成了美國的榮景。英國雖不仁，但德國破壞美國中立原則較英國有過之而無不及。為了突破英國封鎖，切斷外援，德國研發海上潛艇，又稱為 U 型潛艇（ U – boat ），與現代潛艇不同的是，U 型潛艇浮出水面才能攻擊。由於 U 型潛艇本身缺乏防禦力量，必須採打帶跑方式作戰——違反傳統作戰，對非武裝船隻，必須提供船員及旅客逃生機會，不得未發出警告，逕行攻擊——的作戰方式。美國認為 U 型潛艇作戰方式既不道德，又缺乏正義，嚴重破壞中立。一九一五年英國船隻路斯坦尼亞（ Lusitania ）在愛爾蘭海岸外遭德國潛水艇攻擊，一百二十八名美國旅客遇害，美國各界反應不一，有人主張對德宣戰，亦有人認為美國人搭乘交戰國船隻，咎由自取。威爾遜採折衷之道，拒絕對德作戰，但嚴正通知德

國維護平民的安全。一九一六年三月，法國船隻蘇色斯（*Sussex*）號遭德艦攻擊，不少美國人受傷，威爾遜對德發出最後警告，要求德國放棄潛艇攻擊方式，否則美國將對德作戰。此時德國在東線全力對俄作戰，乃接受威爾遜要求，允諾在有條件下，不再未經警告攻擊商船，同時賠償美國人在蘇色斯號艦中所遭受損失。

第二節

美國介入一次世界大戰

一次世界大戰爆發後，美國各界議論紛紛，看法不一。威爾遜擔心國家分裂，力圖避免參戰，唯戰爭不已，美國立場愈發困難，威爾遜逐漸發覺，唯一讓美國置身戰事之外的方式是結束戰爭。一九一六年十二月十八日他要求各交戰國提出和平條件，但雙方皆未有良性回應。一九一七年一月二十二日他在參院向各交戰國人民發表演說指出，尋求勝利只會帶來更多仇恨與戰爭，惟有在各國平等的基礎上，「沒有勝利的和平」才是真正的和平。但威爾遜的努力隨著德國無限制使用潛艇及美國人反德情緒高昂而不得不改弦易轍。

美國反德情緒日增

一九一六年德國西線戰事漸呈疲態，攻打法國凡爾登受挫，加上英國封鎖奏效，使得德國面臨飢饉之虞。爲了突破困窘，決定恢復採用潛艇作戰，即使招致美國參戰亦在所不惜。德國認爲他們可在美軍抵歐之前，擊潰盟軍。一九一七年一月三十一日德國宣佈實施無限制潛艇政策。威爾遜迫於形勢，乃於一九一七年二月三日宣佈與德國斷交，並要求國會授權武裝美國商船。衆院贊同，參院杯葛，最後總統依據一七九七年法律，武裝

商船。一九一七年三月十二日至十九日共有四艘美船遭德潛艇擊沉，加深美國對德國之不滿。此外，同年三月，美國截獲德國外長齊麥曼（Arhtur Zimmermann）致電德國駐墨西哥大使，指示他在美德爆發戰爭時，設法安排德墨結盟，德國將支持墨西哥收復德克薩斯、亞利桑那及新墨西哥。此電激怒美國人，助長美國反德情緒。

美軍參戰

一九一七年三月二十一日，威爾遜召開國會特別會議，討論有關國家重大決策問題，四月二日向國會發表演說，要求國會對德宣戰。他強調，美國並無私心，只是爲了世界更好。他呼籲美國人加入這項十字軍運動，爲維護世界民主、弱小國家的權利及自由，全世界各國的和平與安全而戰。受到威爾遜動人的言詞感召，國會於四天之後通過對德宣戰。

至一九一七年，英國在德國潛艇威脅之下，優勢不再，義大利作戰失利，蘇俄於一九一七年十一月因共黨革命成功，退出戰局。盟軍不敢指望美國能提供多少實際援助。一九一七年美國兵員不過二十萬，其中可供作戰人數不過二萬五千人。爲了解決兵員不足，國會於一九一七年五月通過義務兵役法（Selective Service Act），規定二十一歲至三十歲的美國人有義務服役，一九一七年有一千萬名年輕人登記，以後服役年齡擴大爲十八歲至四十五歲，約二百八十萬人入伍。戰爭期間黑人入伍人數爲三十七萬人，其中二十萬赴外作戰。戰爭結束前，約二百萬美軍抵法，盟軍士氣大振，德軍相形失色。一九一八年春及初夏，德軍在西線發動最後攻擊，同年三月幾乎突破英軍防線，六月逼近巴黎，幸賴美國支援，遏阻攻擊。七月中旬形勢峯迴路轉，聯軍統帥福熙（Marshal Ferdinand Foch）下令反攻，美軍統帥潘辛（Pershing）在北區開闢戰場，九月中旬後美軍捷報頻傳，英法亦有斬獲。至於海軍方面，美英聯合利用深水炸彈對付德國潛艇，一九一八年美軍更在北海佈置水雷，驅逐德國潛艇。事實上自一九一七年底後，德國潛艇數量銳減，美軍也未再遭德潛艇擊沉。一九一八年十

一月十一日，敵對雙方簽字言和，一次世界大戰終於落幕，和談成爲世界的焦點。

第三節

戰 時 內 政

戰爭有前後方之分，戰時政府亦不同於平時，尤其在總體作戰（*Total War*）的情形下，除了全面動員，徵兵赴前線作戰外，舉凡補給、裝備、後勤、運輸皆受影響，一次大戰期間，美國內政措施與平日不同。

戰 時機構設立

戰爭勝負與經濟運作休戚相關，爲了戰時物資需求，美國成立了戰時工業委員會（*War Industries Board*），由華爾街金融家柏那德·巴魯克（*Benard Baruch*）負責，籌備美軍及聯軍的戰爭物資，巴魯克採工廠集中經營方式，統籌作戰物資，管制物價及原料。此外相關的機構還有燃料署（*Fuel Administration*），採日光時間，縮減非戰物資生產工廠工作天數；鐵路署（*Railroad Administration*），接管鐵路，統一營運制度；戰時勞工委員會（*War Labor Board*）禁止勞工抗爭；糧食署（*Food Administration*），徵糧備戰，減少浪費，增加生產。

戰 時的黑人及女人

戰爭期間工廠公司爲募集員工，紛紛提高薪資，吸引大批黑人離開南方農莊前往北方工廠。至一九二〇年約有十五萬黑人在北方工廠擔任技工

或監工。黑人因戰爭蒙利，影響到戰後仍有大批黑人向北方遷移。戰爭動員男人入伍之後，女人填補了遺留的空缺，開始介入各種後勤作業，並參與戰鬥編組。一次大戰期間約一萬一千名女性參加海軍，少數人更加入陸戰隊。女人從事較多的工作是出售債券，爲戰爭募款，加入紅十字會，赴醫院擔任護理工作。

戰時財政

戰爭耗費驚人，超支情形嚴重。至一九一九年爲止，聯邦政府共花費三百三十億元，其中貸予盟國金額高達百億。爲了籌措經費，美國採徵稅及借貸兩種方式。徵稅額度佔三分之一，貸款佔三分之二。徵稅以所得稅爲主，凡收入達四千美元以上者，稅率提高爲百分之十二，收入達百萬以上者，稅率爲百分之七十七。其次是超額營業稅，要求公司將戰時獲利回饋政府，此外並徵收戲票、口香糖及唱片等貨物稅。借貸款項約二百億元，政府出售公債有自由債券（ *Liberty Bonds* ）及戰後的勝利債券（ *Victory Bonds* ）。債券採低價銷售，面額爲二十五元，戰時儲蓄郵票面值只有一角，爲了鼓勵人們購買，各式集會將之宣傳爲愛國輸捐，大約有二千一百萬人認購了四次自由債券之發行。

擴大中央權力

爲了要獲得百姓對戰爭的支持，聯邦政府大力「促銷」戰爭，成立「資訊委員會」（ *Committee on Public Information* ），在科利爾（ *George Creel* ）主持下，該委員會發行數百萬份宣傳小冊子，為美國參戰說帖，推崇威爾遜的參戰理念為十字軍精神。

威爾遜堅信國會賦予他戰時緊急權力，根據一九一七年的里弗法案（ *Lever Act* ）及一九一八年的歐弗曼法案（ *Overman Act* ），總統有權控制燃料、農業及工業，任意重組政府，增設機構，其權力超乎前任總統，

不過這些臨時權力待戰爭結束亦將恢復常態。此外國會爲了配合政情需求，在一九一七年及一九一八年另通過「間諜法」（ *Espionage Act* ）及「叛國法」（ *Sedition Acts* ）防止通諜及叛逆，消除了反戰聲音。郵政總局局長奉命檢查任何郵件中反戰文宣，如報紙、雜誌或宣傳小冊，許多人因此身陷囹圄。最高法院亦根據這兩項法案處置一些叛國言論，其中德裔美人受害尤深，由於美國反德情緒日益高昂，在某些地區德語甚至德國音樂都被迫禁止。

第四節

威爾遜的和平努力

威爾遜早在一九一七年美國捲入一次世界大戰之前即已明瞭，戰勝國如果執意報復，危害均勢，將導致世界經濟社會動亂。他認爲美國參戰是要建立一個較好的社會，而非懲罰或毀滅那些元凶。一九一八年一月八日他向國會提出了十四點和平原則（ *Fourteenth Amendment* ）。其主要內容可分爲三方面：第一條至第五條爲消除戰爭的原因，如公開外交而非祕密外交、海上自由、減少貿易障礙、裁軍、公平處理殖民地需求及原住民要求；第六條至第十三條爲歐洲民族自決，確定國界以國家爲基礎；第十四條爲國際聯盟（ *League of Nations* ，簡稱國聯 ），籌組國際組織，共同防止戰爭，因爲過去的聯盟及均勢已無法維繫和平。威爾遜的理念是一種利他主義、理想主義及現實權力的結合，這種試圖讓各國及全球人民立足於平等基礎的構思，令人鼓舞，但卻不敵現實。形勢比人強，歐洲各國基於歷史文化包袱、現實環境需求，疑慮重重，裁軍可能嗎？不同國籍居住在一起的人應如何劃分國界？國聯的權力何在？

威爾遜和平建言對戰爭影響

　　威爾遜和平建言導致德國分化，不論和平之建言意義、目標何在，它的確發揮離間德國人民與德國政府之功效。威爾遜表示只要德國人民唾棄軍閥，將與其他各國立足平等地位，他對「自決」的承諾，鼓舞奧匈帝國的附庸挺身反抗。威爾遜利用空投，將其宣傳小冊散播德軍後方，削弱了德軍作戰意志。當德國政府明白勝利無望之際，威爾遜之言論燃起了德國人民求助和平的希望，進而發動革命，推翻統治者。一九一八年十一月九日德皇退位，潛逃荷蘭，二天之後，德國簽約締和。

威爾遜和平原則之阻礙

　　威爾遜和平理念礙於現實，內外受挫，有志難伸。涉外方面，英國要求保留「公海自由」一節，英國外相大衛‧勞合‧喬治（ David Lloyd George ）更要求德國全面屈服；法國則對德國蹂躪其領土，殘害其人民伺機報復，堅持戰爭賠償。至於國內，雖然兩黨皆支持其參戰，但卻對和約意見分歧。一九一八年十一月國會大選，共和黨獲多數席位，顯見威爾遜之和平原則將遭遇重大挑戰。老羅斯福表示：「我們的盟友、敵國及威爾遜本人應瞭解，威爾遜本人此刻無權代表美國人發言」。威爾遜無視眾人之意見，一意孤行，決心親自參與和約，說服各國。用心良苦，但卻乏人認同，共和黨除了一位退休的外交官懷特（ Henry White ）伴行外，未有同行者。

巴黎和會

　　巴黎和會（ Conference Paris ）於一九一九年一月在法國凡爾賽宮揭幕，但大半會議在巴黎近郊舉行，共二十七國代表與會，戰敗國不得參

加。會議由四大巨頭主導，包括美國總統威爾遜、英國首相勞合喬治、法國總理克里蒙梭（George Clemenceau）、義大利總理奧蘭多（Vittorio Emanuele Orlando），他們祕密集會，草擬和約，威爾遜在會中提出國聯構想。一九一九年二月中旬，威爾遜返美，此時他個人聲望已告滑落，和平計畫也面臨挑戰。三十九位共和黨參議員及準參議員簽署聲明，反對美國加入威爾遜式的國聯，威爾遜公開譴責這些人目光短淺，自私自利，並逕行赴外，重返巴黎，爭取同情。

威爾遜在和會中極力說服盟國重視美國的權益，例如維護美國的門羅主義等。巴黎和約在冗長折衝之下，終於草定，這是一份戰勝國的和約，德國喪失廣大土地及海外殖民地，並須賠償巨額戰債，而民族自決權也因顧及盟國利益而失去原意，但威爾遜並不遺憾，他堅定國際聯盟可以在未來彌補缺憾。

威爾遜與和約

一九一九年六月威爾遜返國。美國人對巴黎和約看法分歧，保守派認為和約太寬厚，自由派則覺得太嚴苛。尤其對國際聯盟的態度，許多人擔心美國參加國聯，有違華盛頓、傑佛遜、門羅的告誡，讓美國陷入盟國糾紛中。參院中少數參議員大肆抨擊國聯是一項陰謀叛國計畫，而多數議員則傾向有條件支持凡爾賽和約，確保美國的行動自由。威爾遜獨排眾議，堅持和約不得修改。他決心直接訴諸民意，一九一九年九月自俄亥俄州出發，展開八千里路旅行，二十二天內發表了三十七場演說，獲得民眾熱烈回響，新聞記者、教士、大學教授多受其感召，而漸同情其立場。值此形勢大好之際，天不從人願，威爾遜病倒，返回白宮不久而告中風，臥病在床，與世人隔絕。參議院在一九一九年十一月及一九二〇年三月，兩度否決凡爾賽和約，共和黨堅持採用參議員洛奇的保留條款，民主黨則忠於威爾遜的理念，堅持依原案加入，否則退出。威爾遜不願妥協，美國即未簽訂和約。威爾遜理想遠大，熱誠感人，但因認知不足，判斷錯誤，以致功

敗垂成，一九二〇年大選，民主黨失利，美國重返孤立，一九二三年威爾
遜辭世。

第五節

戰後美國

　　一次大戰後美國立即展開復原工作，首先是裁軍，陸軍剩下不到五十
萬人；海軍大型船艦除役，經濟管制撤消，生產戰爭物資各型工廠復原。
國會將鐵路歸還原主，由州際貿易會管理財務，並擬定費率。由戰爭重返
和平，社會各階層利弊得失不同，因而出現許多困難。

社會秩序動盪不安

　　戰時物資短缺，人們被迫縮衣節食；戰後制約不再，需求日殷，繁榮
景象可見，物價上昂，生活費用倍增，造成勞工騷動不安。一九一九年罷
工事件層出不窮，暴動時有所聞，但成效不大，多半曇花一現，政府不時
採戰時干預手段，強迫工人回到礦區上工。至於企業方面，一九二〇年後
成長漸緩，一九二一年美國陷入不景氣。戰後農人受創尤烈，戰時政府保
證價格不再，農品需求減少，農價慘跌，許多農人面臨破產。

一九一九年的紅禍（Red Scare）

　　「紅禍」是指美國對蘇俄共產主義所產生的防禦心理。一九一七年蘇俄
共黨革命成功，取得政權之後，呼籲各國工人革命。至一九一九年東歐、中
歐共產主義盛行，美國亦受影響，左翼工人領導發動一些罷工。雖然美國工
人領袖及社會主義人士拒絕與共產黨員合作，但仍遭質疑爲共黨同路人，

戰時對付反戰及親德人士的法律如今轉而沿用至工會激進人士。紅禍時期，爲了對付工人，導致美國傳統自由形象受損。許多人因爲蘇俄姓氏，而遭懷疑，甚至在未經審判之下被驅逐出境。此外戰時到北方工作之黑人亦遭波及。一九一九年紅色夏天（*Red Summer*），許多大城市發生嚴重種族暴動，芝加哥地區有四十人遇害，五百人受傷。種族問題於紅禍之後繼續發燒，此由三K黨在一九二〇年代人員日增，勢力日益茁壯可見一般。

禁酒與女權

美國參加一次世界大戰促成了兩條憲法修止案的誕生：禁酒與女權。禁酒運動源遠流長，內戰之前即已深植人心。大戰初起，呼籲禁酒聲浪高漲；戰爭時期物資短缺，政府禁止用穀類釀酒更助長禁酒活動。一九一九年一月美國三分之二州通過憲法十八條修正案，禁止「製造、銷售、運輸酒精飲料」。至於女權，由於戰時女性投入生產，赴工廠、農田工作，加上戰場上表現優異，使得女性爭取政權要求日甚。一九二〇年大選前夕，美國經過長期努力，通過憲法第十九條修正案，賦予女性投票權。

結　語

威爾遜以一介書生從政，秉持個人理念，勇往直前，不爲時勢所屈，不爲困擾所阻，內政上堅守進步主義，外交上弘揚道德精神，這種雖千萬人吾往矣的情操爲美國政壇留下佳話，但也引人議論，究竟政治人物之行爲準則何在？妥協？堅持？

威爾遜晚年不幸染疾，有志難伸，美國陷於羣龍無首之中，政策措施，因循苟且，乏善可陳。威爾遜念念不忘爲美國加入國際聯盟，甚至希望將一九二〇年之總統大選視爲參加國聯的公投，可惜時不我予，隨著個人的隱退，理念也逐漸消融於現實之中。

第 二 十 六 章

共和黨執政回歸正常

　　歷經一次世界大戰浩劫，美國內政、外交徘徊十字街頭，進退失據。外交上不見容於歐洲，內政上進步主義意義不再，威爾遜民主道德理想受挫，美國共和黨重新主政，傳統外交孤立主義復活，內政上追逐放任自由，美國人稱這段歷史爲共和黨至上時期或回歸正常。

　　二〇年代與前期歷史判若涇渭。一方面傳統道德規範鬆弛，人們爭相逐利，尋求財富；另一方面，懷念過去農業標準，以往的宗教規範，希望讓美國恢復常態。本章將敍述二〇年代的外交孤立主義以及共和黨哈定（ *Warren Gamaliel Harding* ）總統、柯立芝（ *Calvin Coolidge* ）總統的政績。此外並將討論二〇年代的文化特色。

第一節

政治：哈定及柯立芝政府

哈 定政府

　　一九二〇年總統大選，共和黨提名俄亥俄州之哈定出馬，哈定與威爾遜情趣、志向不同。威爾遜冷酷、難以親近；哈定友善，爲人謙和。威爾遜主張限制企業權限，關懷世局發展；哈定則力主企業自主，強調美國優先。民主黨提名來自俄亥俄州的詹姆士・考可斯（ *James M. Cox* ）角逐，考可斯以美國參加國聯爲競選主題。共和黨因內部對國聯看法不一而規避辯論，採「回歸正常」（ *normalcy* ）爲競選文宣主軸，強調重返「過去美好歲月」。自二十世紀初期以來美國多年爲戰爭所苦，受紅禍所累，對威爾遜之偉大理想及人道責任漸感倦怠，亟思追求個人生活，擺脫公共事務羈絆。大選結果，共和黨「回歸正常」訴求，符合民意，大獲勝選，哈定出任總統。

1.其人

哈定於一八六五年生於俄亥俄，因辦《星報》（ *Star* ）而發跡，曾擔任俄亥俄州參議員、副州長、聯邦參議員，一九二〇年出任美國總統。哈定英俊挺拔，舉手投足「貌似總統」，但美國人卻認爲他知識貧乏，受教不足，毅力欠缺，無法有效治理國政。雖然身邊不乏謀士如國務卿查理斯·休斯（ *Charles Evans Hughes* ）、貿易部長赫伯·胡佛（ *Herbert Hoover* ），但卻也有不少不學無術、巧言令色之徒。哈定內政循「回歸正常」理念，採自由貿易政策，減少政府對企業規範，並以提高關稅、促進外貿、消除罷工方式協助企業，政府不再嚴格執行反托拉斯法，州際貿易委員會功能衰減。

2.其事

哈定任內政績表現乏善可陳，醜聞不斷，各項舉措多以圖利資產階級爲主。

(1)福特尼──麥克坎伯關稅（ *Fordney‐McCumber* ）：一九二二年國會通過這條有利企業主的新關稅，提高美國貨品進口關稅。爲了有效執行，美國成立關稅委員會（ *Tariff Commission* ）研究在美國及外國生產貨品的成本。總統依委員會報告，提高或降低百分之五十關稅，事實上提高比率往往不止百分之五十。此舉頗符合美國南部及西部人們需求，當地人們以務農爲主，提高糧食進口價格，有助地方農品產銷。此外戰時美國許多新興工業如眼鏡及化學品等，因德國退出而蓬勃發展，這些初級工業多歡迎保護政策。

(2)財政：一次世界大戰影響美國國債，由平均每人不到十元增至二百元以上，哈定試圖採削減政府支出方式降低人民負擔。一九二一年國會通過在財政部內設置預算局（ *Budget Bureau* ），控管聯邦財務。哈定之財政部長米倫（ *Andrew Mellon* ）認爲對暴利、遺產及大宗收入課徵重稅會懲罰或打擊私人企業，因此反對重稅，國會取消戰時消費稅、暴利稅，並

大幅降低所得稅稅率，但稅收減少並未影響繁榮。一九二一至一九二九年美國國債減少了八十億美元。

(3)限制移民：迄一次世界大戰爆發之前十年，赴美移民平均每年一百萬人，其中三分之二來自南歐及東歐，生活水平低，教育水準差，他們湧入都市謀生，自組團體如「小義大利」、「小波蘭」、「小希臘」，引起美國人民不滿，擔心新移民人多勢眾，摧毀美國傳統價值，工會也害怕新移民將破壞最低工資價碼。一次大戰期間，歐洲移民紛紛逃難赴美，迫使美國不得不籌謀對策，一九一七年國會催促立法，規定移民須接受語文測驗。一九二○年國會通過法案，限制移民，但遭威爾遜否決，一九二一年哈定簽署緊急配額法（ *Emergency Quota Act* ），限制移民，規定任何國家每年移民人數依一九一○年該國在美居民人數百分之三計算。一九二四年又通過移民配額法（ *Immigration Quota Law* ），將限制移民作爲國家長期政策。根據該法，新移民配額爲一八九○年居民數的百分之二，至一九二七年赴美移民每年總數不得超過十五萬人，而各國分配人數以一九二○年人口普查爲準。如此一來，西歐北歐移民人數將佔百分之八十五，其他各地最多只有百分之十五。移民配額法將日本移民排除在外，引起日本強烈不滿，視爲奇恥大辱，影響日本軍國主義對美懷恨。

(4)醜聞：哈定政府醜聞空前。雖然本人清廉，但縱容牌友「俄亥俄幫」（ *The Ohio Gang* ），利用與總統及大法官私誼，出售公職，豁免刑責，如退伍軍人局局長富比士（ *Charles R. Forbes* ）利用假合約，出售退伍軍人醫院的補給品，侵佔納稅人二億元。哈定任內最大醜聞爲內政部長福爾（ *Albert B. Fall* ）的貪污案。福爾將加利福尼亞州的埃爾克丘陵（ *Elk Hills* ）和懷俄明州的第波特圓丘地（ *Teapot Dome* ）海軍儲備油田租給私人公司，取得賄款三十多萬元，經參院調查屬實，福爾被判刑一年。一九二三年夏哈定前往阿拉斯加旅行，心繫醜聞案，有口難辯，心情沮喪，旅遊結束，自阿拉斯加折返，途經加利福尼亞，八月二日突然去世，由副總統柯立芝繼位。

柯 立芝政府

　　柯立芝是佛蒙特人，一八七二年出生，爲人儉樸、寡言、勤奮、正
直，曾擔任律師、麻薩諸塞州參議員、副州長、州長、副總統、總統。一
八二三年哈定總統去世時，柯立芝正在佛蒙特老家，由其父親主持宣誓繼
位。柯立芝行事謹愼、言行一致，治國理念簡明──「自主」。他畢生奉
行的人生哲學是「無爲」（ *To take as little action as possible* ），他曾說
過「一個人如果能安靜坐下，一生可以免除五分之四煩惱。」柯立芝繼位
未久即面對一九二四年總統大選，選舉之前，哈定政府醜聞曝光，民主黨
時機大好，可惜黨內因禁酒問題、三Ｋ黨問題，居住在西部及南部的農
民與中西部及東北部城市居民意見不合而分裂。進步黨提名羅勃‧拉弗烈
特（ *Robert La Follette* ），共和黨在選舉中提出確保企業繁榮之道是「不
可搖晃船隻」，繼續支持保護企業之政黨。大選結果，共和黨輕易獲勝，
柯立芝入主白官。柯立芝是位保守份子，照顧企業家，傾力支持自由放任
政策，在其任內，爲了保護企業，曾兩度否決麥奈里──豪根法案
（ *McNary‐Haugen Bills* ）。這是由參議員麥奈里及衆議員豪根自一九
二四年至一九二八年間每年提出的法案，建議政府購買剩餘農產品，銷售
海外，以提高農產品價格，增加農民收入，法案兩度經國會通過，但均遭
總統否決。柯立芝認爲此舉將圖利少數利益團體，而予否決。柯立芝不是
位傑出的總統，但卻是位能幹的政治家，致力維持國家現狀，在位期間強
迫一些涉及醜聞嫌疑的官員如丹比（ *Denby* ）等去職。

第二節

社　　會

二〇年代繁榮富裕，各行各業欣欣向榮，人民所得增加，失業人口減少。隨著生產技術改善，消費形態改變，美國社會邁入一個新的時代。

國汽車工業之成長

一九二〇年代美國發展空前，新產品五花八門，令人目不暇給，其中最具時代性的產品是汽車。汽車於二十世紀問世，早先用於運動，不過數年光景，至一九二八年美國車輛逾二千六百萬輛。亨利・福特扮演了關鍵性角色。福特推出「Ｔ型」車，操作方便，簡單易學，價格低廉，承購輕鬆，使得汽車由奢侈品普及爲生活必需品。福特帶動汽車業發展，爲美國企業生產帶來重大影響。他採用生產裝配線（Assembly Line），提高工作效率。生產線是利用輸送帶將零件分送給工人，整組工作分解爲單純簡易的項目，任何無技術的勞工皆可勝任，生產速度驚人。福特公司曾誇口「週一上午八點碼頭上的生鐵，至週三中午已可完型成車」。由於福特有效生產，成本大幅下降。一九〇七年平均每輛車售價爲二千一百二十三元，至一九二四年每輛僅售二百九十元。福特經營的理念是高工資、量化生產、廉價銷售、拓展市場。汽車問世爲美國人生活帶來重大衝擊，汽車修理廠、加油站、餐廳、旅館等行業應運而生，拖曳機成爲農家生產主力。在汽車及公車便捷影響之下，鐵路乘客大量流失，假日赴郊外旅遊人數遽增，城鄉隔閡不再，美國人凝聚力倍增。

經 營理念更新

二〇年代美國的生產致富之道異於往昔，別具創見，獨樹一格。高工資、量產、統一規格、市場廣告，這種方式適合大企業。一九二〇年代各類企業展開合併或者成爲控股公司，並在全國各地成立連鎖商店，打入零售市場，至一九二九年由於連鎖店貨品價格低廉，佔有部分雜貨店市場。過去美國人厭惡「托拉斯」，如今美國人卻依賴大企業提供就業機會。商人地位顯赫，百姓開始購買股票，刺激股票狂飆，數百萬美國人加入股市投資。

勞 工

美國勞工生活條件優於世界其他各國。從一九二一至一九二八年每年平均工資由一一七一元增至一四〇八元，工人可採分期付款方式購買汽車、收音機及其他物品。在各類工人中，因工業發達受惠最多爲技工，以及高科技工廠中之非技工。夕陽工業中的紡織業及煤業工人收入不增反減。黑人因外國移民減少而成爲新的勞工主力，他們離開南部家園前往西方、北方工作。工業發展導致非技術工人失業比率提高，許多工人被迫離家找尋工作。生產線的工作雖然降低成本，但單調快速令人神經緊張的工作讓人無法消受，許多人至四十歲無法負荷工作壓力。此外資方組織僱主協會（*Employers' Associations*），排斥工會工人工作，聯邦政府及最高法院亦多支持資方，禁止罷工，影響一九二〇年代工會勢力衰微。由於福利資本主義（*Welfare Capitalism*），工人成爲生產夥伴，可以購買股票，領有各項福利如醫療保險、老年年金及休閒設施，使得工作情緒穩定，少有動亂不安情事。

人

　　農人獲益最差。一九二九年美國農人平均收入不及其他國家農人三分之一。內戰之後美國農人面臨收入短缺、生活費用高昂的困境。由一九二〇至一九二一年，農產品價格仍未攀升，外銷市場持續低迷，一次大戰前，外國在美投資額大於美國赴外投資，爲了彌補收支不平衡，美國向外輸出農產品如小麥、棉花。戰爭期間情勢轉變，美國貸款盟國。戰後這些債務國爲了減少負債，不再購買美國農產品，如英國轉向阿根廷及加拿大購買小麥。至於內銷市場亦呈萎縮狀態，禁酒運動減少了小麥的需求量，此外美國人飲食習慣改變，少吃麵包、肉品，多吃水果、蔬菜及牛乳亦影響農產品價格。美國人試圖改變農作品類，談何容易，生產習慣、資金來源、市場銷售，在在影響了轉型。

第三節

外　交

　　二〇年代美國外交受一次大戰影響，國內民意普遍傾向重返孤立政策。哈定主政即宣佈，美國絕不會偷偷摸摸加入國際聯盟，但客觀形勢已不容許美國再置身國際事務之外，重返十九世紀的孤立角色。一九二一年七月美國國會宣佈與德終止敵對，不久兩國簽署和約。美國雖然放棄加入國聯，但哈定及柯立芝卻力促美國加入國際法庭（ *Court of International Justice* ），美國民意咸表支持，惟參院中主張孤立者則設法阻撓。此時美國外交主要問題有：

戰 債問題

所謂戰債，係指一次大戰期間盟國向美購買糧食及軍需品積欠美國的債務，大約有一百億美元。盟國在飽受戰禍之餘，不願償還，其理由為：1.沒錢；2.美國採高關稅阻撓外國貨品輸入，影響同盟國債台高築無力償還；3.美國戰爭損失較輕，應負擔額外開銷。哈定及柯立芝認為美國納稅人不應承受同盟國債務，取消戰債將損及對國際協定的信心。戰債問題造成美國與大西洋盟國背離疏遠，相互指責。一九二四年國際間對德索賠達成協議，道茲計畫（ *Dawes Plan* ）提供德國二億美元貸款，穩定馬克，德國同意每年償還戰債二億五千萬元。一九二九年楊格計畫（ *Young Plan* ），減少賠償至八十億美元。事實上，同盟國償還美國的錢財多取自德國，而德國經由私人向美國借貸，這種債務循環至一九二九年不景氣時中止。最後一次象徵性的付款在一九三三年，此後就不了了之。

裁 軍問題：華盛頓會議

美日關係自一次大戰後漸趨緊張，日本在戰爭期間與英締盟，戰後乘機奪取德國在太平洋島嶼及在華之膠州灣。美國對日本擴張勢力並試圖佔領蘇俄的遠東轄區憂心忡忡。哈定總統於一九二一至一九二二年間分別與歐洲及日本在華府舉行多次會議，稱為華盛頓會議（ *Washington Conference* ），討論有關亞洲及太平洋島嶼問題。重要條約有三：1.四國公約：美國、英國、法國、日本召開，會中同意尊重彼此所擁有的土地，如發生爭議，採和平方式解決。美國試圖藉此保護菲律賓免受日本威脅。2.五國海軍公約：為了達到裁軍目的，美國、英國、法國、義大利、日本五國簽約，限制五強十年內不得造船，並將美國、英國、日本的主力艦噸位比率定為五：五：三，法國、義大利各為一點六七。換言之，將五強海軍力量凍結在一九二一年的水準。3.九國公約：由美國、比利時、中國、法

國、英國、義大利、日本、荷蘭及葡萄牙簽訂，要求締約國保證尊重中國的主權，各國在華貿易機會均等。華盛頓會議雖可算是美國外交上的一大勝利，但其效益有限。陸上各國權勢依舊，即便是海上，各國亦倖進取巧，規避條約，繼續建造小型船艦，如潛水艇及驅逐船，由於美國參院拒絕對太平洋島嶼作出任何共同防禦承諾，使得阻止日本侵略成爲口惠而已。

凱 洛格—白里安非戰公約
（ The Kellogg－Briand Treaty Pact ）

一九二七年在日內瓦召開的裁軍會議失敗後，法國外長白里安（ Aristide Briand ）擔心德國伺機報復，對其他國家發動攻勢，乃向美國國務卿凱洛格（ Frank B. kellogg ）建議，召開一項國際會議，宣佈戰爭非法。一九二八年八月，十五國在巴黎集會，譴責任何國家試圖以武力解決國際爭端，共有六十三國簽字，這項條約被視爲美國外交的一大勝利，但事實上該約缺乏武力奧援，也無法阻止各國藉由國防訴求發動戰爭。

美 國在拉丁美洲政策

一九二〇年代美國遠離歐洲，但卻繼續干涉拉丁美洲，哈定、柯立芝延續老羅斯福主義政策，維持拉丁美洲秩序，但卻引起當地人不滿，主要有尼加拉瓜及墨西哥兩國。一九二六年尼加拉瓜爆發革命，反對美國支持的尼國總統迪亞斯（ Adolfo Diaz ），柯立芝派軍五千前往協助平亂，海內外各界譁然，譴責柯立芝施惠銀行家。柯立芝爲平息衆怒，指派史汀生（ Henry L. Stimson ）安排敵對派系謀和，史汀生不辱使命，在美國監督下尼國舉行大選，但尼國政治動盪仍持續未決。至於美墨關係，長期以來一直呈現不穩定狀態。一九一七年墨西哥新憲法規定墨國政府擁有境內全部礦產，此舉顯然針對擁有墨西哥礦產，尤其是油礦的美商而來，雙方情

勢緊張，所幸兩國政府均能節制，一九二七年柯立芝派摩羅（*Dwight Morrow*）使墨，摩羅採同情墨西哥立場，使得雙方劍拔弩張之勢得以舒緩。

第四節

文　化

二○年代美國社會文化呈現繁華榮景，歷史上稱爲「喧囂的二十年代」（*Roaring Twenties*）。社會各階層人士休閒增加，花費因貸款便捷而增多，廣告媒體刺激人們購買慾，帶動生產，人人追求財富，重視物資享受，昔日的奢侈品成爲今日的生活必需品，汽車、收音機的出現、爵士音樂的流行，充分顯露消費時代的來臨。

新 生活

收音機及電影的出現改變了美國人的生活風貌。一九二○年匹茲堡（*Pittsburgh*）的ＫＤＫＡ電台開始歷史上首次商業廣播。一九二七年聯邦電台委員會（*Federal Radio Commission*）成立，規範各廣播電台，當時美國有七百三十二家電台。一九二六年首家全國性電台ＮＢＣ成立，一九二七年ＣＢＳ成立，他們僱用名伶在節目中表演，以廣告收入來支付運作，由於廣播網遍及大西洋、太平洋兩岸，獲利遠超過地區性電台。其次是電影，首部電影約在一九○○年製成，最早一部影片「火車大盜」（*Great Train Robbery*）在一九○三年演出，只有八分鐘長，雖然飽受學者及職業演員訕笑，但其成功是無庸置疑。一九一二年美國戲院逾一萬三千家，這些「五分錢電影院」（*Nickelodeons*）入場券索價五分。至一九二○年代電影工業集中加利福尼亞州的好萊塢（*Hollywood*），成爲全國

第四大投資對象。一九二七年「爵士歌手」（*The Jazz Singer*）一片開始「對話影片」，以後走向彩色。隨著影片技術進步，利潤上升，至一九三〇年代投資數百萬元拍攝影片已是常事了。收音機及影片帶動了「運動」的蓬勃成長。一九二〇年代是運動「黃金時代」，譬如過去鮮為人知的高爾夫球、網球以及為人熟知的橄欖球、拳擊、棒球皆引人入勝，各類運動明星如棒球界的魯斯（*Babe Ruth*）等，家喻戶曉，為人津津樂道。

新 問題

　　一九二〇年代科技進步為美國製造許多嚴重問題，首先是汽車。駕駛的疏忽及莽撞使得美國在一九二八年及一九二九年車禍死亡人數與一次大戰殉難者相近。汽車造成城市癱瘓，住宅、工廠、商店遷往郊外。其次是酗酒及犯罪，美國國會於一九一七年通過禁酒法案，禁止生產銷售酒品，但成效不彰，違法情形嚴重，城市及鄉村到處可見私酒，走私販獲取暴利，危害地方社會，僅芝加哥一地由一九二〇年至一九二七年，歹徒鬥毆而死人數達二百五十之多。

　　新社會女人較自由，新廚具、洗衣機、罐頭食品使得家事變得輕鬆，汽車提供了便捷的交通工具，女人生活較之前隨興、放縱，在公共場所抽菸、飲酒、穿著大膽，美國家庭結構也受到影響，生育減少，離婚率上升。女人赴外工作從事店員、祕書、接線生等行業，程度高的女性亦擔任研究工作。已婚女了工作與未婚不同，多在成衣及食品工廠，工時長，工資低。大致說來，此時女人地位仍受歧視，工資僅及男性的百分之五十至六十，工作環境受到限制。

　　新社會中黑人的地位提昇。一次大戰期間許多黑人赴海外作戰，表現傑出，功在國家。戰後黑人逐漸擺脫次等公民待遇，以新的黑色美國人（*New Black American*）姿態出現在美國社會。他們緬懷故舊，經由詩詞、音樂、舞蹈、劇坊表現自我，創造美好，不再沉溺於痛苦的歲月之中，這股黑色美國人的新精神形成了紐約「哈林文藝復興」（*Harlem*

Renaissance），誕生了不少知名黑人如演員吉爾平（Charles Gilpin）、哈里遜（Richard B. Harrison）、歌手海斯（Roland Hayes）、舞者羅賓森（Bill Robinson）、社會學家弗雷澤（E. Franklin Frazier）、詩人休斯（Langston Hughes）、小說家懷特（Walter White）。

新 文化

二〇年代的美國文化不同於過去，受到戰爭及社會發展影響，文學、藝術、哲學皆有相當表現。

1. 文學

二〇年代文學反映知識份子的覺醒，年輕一代作家自喻為失落的一代（A Lost Generation），主要代表人物有費茲傑羅（Scott F. Fitzgerald）及海明威（Ernest Hemingway）。費茲傑羅是第一位描寫怒吼的二〇年代作家，二十四歲時出版了第一本小說《樂園的這一端》（This Side of Paradise），描述二十世紀追求享樂的一代，抓住了美國社會苦盡甘來、創造財富、享受財富的夢想，以後又出版了《紅顏薄命》（The Beautiful and Damned）、《輕佻女郎與哲學家》等小說，其中以《大亨小傳》（The Great Gatsby）最膾炙人口，在這部小說中，費茲傑羅以一個製造私酒致富的人為題，一針見血地刺穿了一九二〇年代，美國社會表面的繁華與享樂，以及財富背後道德的空虛。另一位是諾貝爾文學獎得主海明威。他於一次大戰期間志願加入義大利紅十字會，在戰場上擔任救護車駕駛，遭炮彈擊傷，以後從事新聞工作，完成多部小說，其中以《戰地春夢》、《戰地鐘聲》、《老人與海》等享譽文壇。海明威的短篇小說受人喜歡，短句、短字、精簡的情節，緊湊的氣氛，將文字技巧發揮到無懈可擊之地步。此外二〇年代的作家還有小說家凱瑟（Willa Cather）、詩人福斯特（Robert Frost），他們試圖由工業機器文明中尋回美國農業生活的樂趣。劇作家歐尼爾（Eugene O'Neill）描寫美國社會各階層人士的生活實景。

2. 藝術

在建築方面，摩天大樓及郊外別墅是兩大建築特色，代表人士爲萊特（*Frank Lloyd Wright*），他擺脫傳統，利用新的建材及設計觀念，獲得推崇。音樂方面，爵士樂隨著黑人狄克西蘭（*Dixieland*）樂團而出現，開啓了美國的新樂風。

爵士樂（*Jazz*）是美國的「原創藝術形式」，演奏者本身就是音樂，他們透過樂器來表達自我。這種「即興」的音樂由非洲裔美國人發揚光大，同時受歐洲和聲論與非洲複雜節奏的影響，當非洲音樂和歐美教會、軍隊和音樂廳的音樂相逢時，前爵士樂「混種」音樂即告浮現，主要有藍調（*Blue*）和散拍音樂（*Ragtime*）。

藍調是爵士樂的中心，混合了非洲田野的吶喊和基督教讚美詩歌聲。散拍音樂採用切分技巧，屬歐洲式鋼琴音樂，沿襲進行曲，演奏時用非洲節奏。多數人都認爲「爵士樂興起於紐奧良，後來沿著河流到達芝加哥」。

藍調音樂至十九世紀晚期成形，屬勞動歌曲，呈「呼喊與回應」模式，工頭唱一句，工人們在工具敲下時，跟著唱一句，歌聲往往即興，節拍不很諧和。早期的藍調相當隨興，歌手、樂師自行其是，過了十九世紀末，藍調形成今日的十二小節形式。他們把歐洲音符中的第三個與第七個音降半音，成爲一種「走調」的音符。藍調記錄了黑人的苦難，力量、英雄事蹟和恥辱，還有黑人的憤怒與恩寵，至一九〇〇年後藍調形式更趨成熟，一九一〇年發展完備。

散拍音樂何時開始並不清楚，它是由克利歐人（*Creoles*：雜種）和黑人音樂家所創造。一八七〇年代左右萌芽，一八九〇年代席捲歐美。散拍音樂活潑、生氣勃勃、獨特，其快活的拍子，配上純正的進行曲節奏後，深刻影響一九二〇年代的爵士鋼琴演奏風格。

3.哲學方面

哲學方面：實用主義（ *pragmatism* ）是一九二〇年代美國的主要哲學思想，源於對一八八〇年代美國主流思想斯賓塞演化論及其他思潮的反動。斯賓塞（ *Herber Spencer* ）主義是「必然性」哲學。實用主義為「可能性」的哲學，斯賓塞視環境為一固定的規範（ *fixed norm* ），實用主義視環境為一種可由人力操縱的東西。實用主義受達爾文主義的影響，但很快即分道揚鑣，哲學從形上系統轉變為知識用途的實驗性研究。

實用主義的基本觀念是，宇宙是個開放的宇宙，其中融合了「不確定性」、選擇、假說、新奇事物及種種可能，反對斯賓塞之決定論，代表人物有威廉・詹姆士（ *William James* ）及杜威（ *John Dewey* ）。詹姆士對美國科學教育法影響深遠，他想要尋找一種哲學，承認人類積極努力可以改進生活，他駁斥絕對主義，認為「決定論堅持未實現的可能，根本就不是可能，而是幻覺」，進而提出「理論只是實驗性的工具而不是答案的說法」，真理是「透過某一觀念而顯現」。詹姆士之主要作品有《心理學原理》（ *The Principle of Psychology* ）、《實用主義》（ *Progmertism* ）、《真理的意義》（ *The Meaning of Truth* ）。

杜威承襲了詹姆士的實用主義，他與詹姆士一樣，主張以知識做為改良世界的工具。他認為觀念來自有機體的衝動與反應，主張哲學要重視實際，呼籲以實驗方法來探究社會理論。杜威重視科學與生活的關係，他先後在芝加哥及哥倫比亞大學任教，對教育哲學有獨到見解，著有《學校與社會》（ *The School and Society* ）及《民主與教育》（ *Democracy and Education* ）等重要著作，影響學校課程，使得學校重視科學教育，但也有少數學校仍持保守作風，譬如禁止教授進化論課程等。

除了杜威之外，美國二十世紀初期主要哲學家還有威廉、羅益世（ *Josiah Royce* ）、桑達雅納（ *George Santayana* ）。羅益世的主要著作有《哲學的宗教面》（ *The Religious Aspect of Philosophy* ）、《忠的哲學》（ *The Philosophy of Loyalty* ）、《爾巴那演講》（ *Royce's Irbana*

Lectures），他是美國史上觀念論的首席發言人。關心規範倫理學問題，他認爲是非、善惡等道德觀念有認知的意義，可以經由理性或哲學的討論來判定，並且在實際生活上可以運用。桑達雅那的著作有《理性的生活》（ Life of Reason ）、《敎條之風》（ The Windo of Doctrineo ）等書。他既是一名道德論者也是實在論者。主張知識必須是及物的，也必須是適切的。

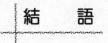

結　　語

　　二〇年代美國甫脫離一次大戰困窘，無論政治、社會、經濟各方面，皆力圖擺脫戰爭陰霾，回歸正常，哈定、柯立芝，雖非一時之選卻也是民心所歸，共和黨因勢利導，爲美國帶來欣欣向榮的繁華景象。新工具新產品的問世改變了舊社會的風貌，汽車普遍化更加速了社會的變遷。新文化展現了美國不同於歐洲的新精神，消費文化漸成主流，今日之美國隱然成形。

第 二 十 七 章

美國經濟止紅翻黑

一九二九年經濟大蕭條不僅是一次浩劫，也是一項挑戰。美國在面對金融風暴，經濟萎縮，百業蕭條，百姓流離失所之際，如何重振、重建美國繁榮，再再考驗著胡佛總統的智慧。胡佛是位國際知名礦業工程師，也是位人道主義者，他試圖以「政治工程師」（Engineer in Politics）的形象，領導美國，但終其任內，美國的不景氣並未走出陰霾。

一九二九年之不景氣是全球性的一次經濟危機，有關其原因，錯綜複雜，挽救之道亦困難重重。本章將敍述不景氣前的美國政治經濟、不景氣的原因、胡佛的對策，兼而論及胡佛主政時期的外交。

第一節

一九二九年大蕭條前之美國

二〇年代美國人沐浴在繁囂的榮景中，追求富裕，享受奢華生活成為人生的目標。胡佛於一九二八年在美國人憧憬與期盼中入主白宮，他以四百四十四張選舉人票，壓倒性的勝利，擊敗民主黨對手史密斯（Alfred E. Smith），持續共和黨的治業。

胡佛治國

胡佛（1874～1964）生於愛荷華，九歲雙親去世，由親戚扶養成人，受教友派影響，重視人道精神。一次大戰期間曾赴比利時從事救援工作，聲名大噪，戰後擔任哈定及柯立芝政府貿易部長，杜絕浪費，提昇企業效益。一九二八年當選美國總統。胡佛服膺美國體制中之個人主義，他認為美國繁榮之原因有三：自治政府（Self-government）、個人自由（Individual Freedom）及機會均等（Equality of Opportunity），他反對家長政治（Paternalism）及國家社會主義（State Socialism）的治國理念，主張

政府在國家經濟事務中應扮演裁判而非球員的角色。國家的功能為保護自然資源、防洪、研究科學，但不得侵犯企業，危害民主。人類自由視經濟自由而定，如果經濟不自由，人類亦無自由可言。但胡佛與柯立芝不同，柯立芝主張靜觀其變，胡佛則認為聯邦政府應協助自助的人。他採務實方式，根據實際調查結果採取行動，指派委員會瞭解各類問題如老年年金、失業保險、兒童福利等，然後再決定對策。

農業處境日蹙

二〇年代農人處境並未隨社會繁榮提昇，反而堪虞，急待援助。胡佛於一九二九年四月召開國會特別會議，透過立法協助農人。農人團體要求聯邦政府購買多餘農產品，並銷售海外，胡佛反對，堅持「任何政府不得買賣或控制農產品價格」。他僅同意政府協助農人籌組機構，有效銷售產品，獲取資源。

國會根據胡佛態度通過了一九二九年農業市場法（*Agricultural Marketing Act*），設立聯邦農業局（*Federal Farm Board*），撥款五億元協助既有各農人組織並鼓勵成立農人合作機構（*Farmer Cooperatives*），如全國家畜市場協會（*National Livestock Marketing Association*）及美國棉花合作協會（*American Cotton Cooperative Association*），農業局貸款這些機構，以便穩定市場買賣價格，儘管胡佛積極致力挽救農人困境，但情勢未獲改善，反而每況愈下，陷入谷底。

證券交易投機多

從一九二五到一九二九年，紐約證券交易所顯示的證券市場金額增加一倍以上，大約由八十億美元至一百八十億美元。證券上揚拜投機客之賜，股票投資人多採融資融券方式，買方僅支付股票總價中少部分金額，其餘向證券商融貸，這種融貸稱為信用額度。買方在賣方提出要求時，得

償還，其風險爲一旦股價下跌，投資人將斷頭。

投資股票風險大、利潤高，當時經營較差的證券商，每股股利亦達四十至五十元，少數銀行、證券商、經濟學者對股市未來憂心忡忡，但大多數人則陶醉在樂觀的前景，連胡佛總統也一改緘默地表示，看不出證券融資有什麼問題。在官方縱容、百姓投資情形之下，股價持續攀昇，雖然聯邦儲備局勸導所屬銀行勿採作融資業務，但不爲所動，股市發燒居高不下。

一九二九年九月，股市浮現危機，十月崩盤，至十一月中旬股價滑落一半。這場股市決堤，投資人損失約三百億元，相當一次大戰美國花費，數千名散戶傾家蕩產，有人自殺，負債人到處可見。股市崩盤爆發了一九二九年經濟大蕭條。

第二節

一九二九年經濟大蕭條

一九二九年經濟大蕭條肇因於股市投機不當所致，持續達十二年之久，直至二次世界大戰爆發方得以紓困。有關大蕭條的成因，經濟學者看法不一，爭論不已，茲將各家雷同看法說明如下：

第 一次世界大戰影響

經濟大蕭條並非美國僅有，是全球性的現象。一次大戰摧毀了歐洲各國的工業，歐洲各國爲重建家園，大肆向國內國外舉債，影響了全球國際貿易的正常發展，舉債國在償債壓力下，不得不設法少買多賣，提高關稅，限制輸入。戰後美國因借貸外國而主導了世界貿易，一旦債務國無力清債，美國即面臨貿易萎縮。

農 業低迷

農業長期積弱不振腐蝕了全國經濟發展。農人無力購買工業產品導致工廠生產力無法提昇，工人無法充分就業，農產品價格持續低迷，貸款則更加不易，銀行業不敢冒然接受農人抵押品，擔心有去無回，影響了經濟力的上揚。

生 產過剩，消費不足

新生產工具應世提昇工業生產能力，減少人力需求。一九二○年代美國市場貨品充斥、乏人問津，雖然分期付款方式，讓消費者付清頭期款後即可取貨，以後再逐期攤還所剩款額，一時解決了購買者的壓力。但至一九二○年代後期，消費者因此積欠大筆債務大有人在，影響了未來的購買能力。此外貧富差距擴大也是重要原因，一九二○年代富者致富能力愈形提高，三萬名富豪之財富相當一千一百萬低收入家庭的所有。一九二九年僱聘工人不及一九二三年多。在一九二九年約三分之二美國家庭收入每年不及二千五百元，約五分之一家庭收入僅足以餬口，顯然影響了購買力。

證 券投機

股市震盪並非造成大蕭條原因，但卻惡化了經濟的發展。股市吸收了數十億美元游資，由投資生產轉爲股票炒作；特別是投注一些爛股，純然是種浪費。當股市崩盤，投資人急須現金周轉，催債日緊，美歐地區皆然，一時之間，天地變色，羣情譁然，金融失序，樂觀不再，全美籠罩悲觀愁緒之中。

政 府失策

一九二〇年代發生大蕭條，經濟失策責無旁貸，難辭其咎。哈定與柯立芝兩位總統堅持催收戰債，並提高關稅，嚴重妨礙國際貿易，加速經濟蕭條，尤其是當不景氣降臨之際，政府無法遏止股市的炒作。

經 濟惡性循環

不景氣一旦發生，似同江河下洩，一發不可收。原先抵押貸款購物買車的消費者，或是股市的投機客，如今衣食無著，狼狽不堪，不再添購奢侈品如收音機之類，影響收音機產銷，以及配件工廠，相關行業。失業工人顯著增加，抵押貸款延付情形嚴重，破產、倒債處處可見，銀行關閉，形同骨牌，一蹶不振。

第三節

胡佛的對策

美國人慣將不景氣視為一場風暴，一種季節性現象，任其自然消失，然而一九二九年大蕭條不然，它是美國歷史上首次嚴重的不景氣，迫使聯邦政府不得不採取對策應對。當股市崩盤傳出，胡佛總統立即邀集工業、金融、勞工領袖籌謀解救之道。胡佛要求勞工領袖不再提出加薪，工廠老闆不得解僱工人，銀行家繼續融資貸款。不過胡佛不希望由政府主導，而是由他們自行處理，胡佛夜以繼日，不辭辛苦，與不景氣搏鬥。儘管如此仍事倍功半，事與願違。癥結何在？

胡 佛受責

胡佛相信「不景氣多肇因於恐懼」，因此致力以樂觀的口吻，激勵美國人恢復信心。然而情勢不僅未見好轉，反而更趨惡化。其名言「繁榮就在旁邊」（ *Prosperity is just around the corner* ）也成爲民間流傳的笑話。雖然指責胡佛處理不景氣並不公允，但政治往往是冷酷無情，只要蕭條依舊，胡佛即難逃公審、譴責。

嚴格說來胡佛行政有其瑕疵，雖然他才識過人，熱心從政，但政治經驗不足，影響與國會、民衆來往。他不知道如何爭取民意，缺乏與不同利益集團及抗爭團體的溝通技巧，不僅黨外杯葛，共和黨內的忠貞分子亦未全力支持。一九三〇年期中選舉，民主黨在參衆兩院明顯斬獲，胡佛處境更加艱難。

胡 佛的措施

1. 斯穆特─霍利關稅法案

胡佛對國會影響力有限，尤其在稅收方面。就任之際，胡佛希望將某些農產品進口關稅提高，但國會內之多數共和黨議員與部分民主黨議員合作，藉機要求同時提高其他物品關稅，以免外國競爭。一九三〇年國會通過斯穆特─霍利關稅（ *Smoot－Hawley Tariff, 1930* ），不僅提高農產品，也提高九百二十五種製造品關稅率，並送總統簽署。一千多名經濟學者聯名勸阻，他們認爲此案通過將導致物價上揚，外銷市場萎縮，破壞涉外關係。保守派報紙如美國銀行協會及製造商更挺身反對，但是胡佛有其考量。他明白一意孤行將自絕於政黨同僚之外，雙方經過妥協，國會另提出法案附加條款，設立關稅委員會，決定稅率增減，胡佛簽字，希望藉此擺脫國會制定關稅的權力。斯穆特─霍利關稅法案通過不到一年，全球二

十五國立法限制輸入美國貨品以爲報復，影響美國外貿急遽下滑。

2.設立農業局

不景氣襲擊美國，農人受創最深。由一九二九年至一九三二年農人收入銳減逾半，債務纏身。胡佛反對由政府固定農價，但卻不反對設立農業局（ *Farm Board* ），採購剩糧，穩定棉花小麥價格。農業局也試圖說服農人減產，但效果不大。政府採購農產品，刺激價格短暫回升，但農人危機心理未除，擔心政府高價出貨，紛紛殺出，導致農價更形滑落。一九三一年農業局在損失二億元之後，決定停止收購政策。一九三二年小麥價格僅值一九二九年的三分之一，棉花下滑更大，由一包一角五分跌至五分。

3.增加聯邦支出

不景氣欲振乏力之際，胡佛採用聯邦融資方式刺激繁榮。增加修路、填土、築壩等支出，爲工人提供就業機會。他並要求國會設置十二個聯邦住宅貸款銀行（ *Federal Home Loan Banks* ），提供低利貸款給建商蓋房子，刺激建築業復甦。此外胡佛亦請國會設立重建金融公司（ *Reconstruction Finance Corporation* ），資金二十億元，由一九三二年開始營運，提供各地方政府、企業、銀行貸款。胡佛的想法是經由借貸，帶動貿易。但金融公司傾向貸款收益成效較快的計畫如築路、修橋等，對於修建運動場、學校及市政人廳等則興趣缺缺。胡佛拒絕政府直接救濟失業人口，認爲此舉不僅有損個人自尊，傷害私人慈善，並破壞美國由地方照顧急難的傳統。一九三二年國會通過加納－華格勒條約（ *Garner－Wagner Bill* ），增加公共事業，直接濟助失業人士，但遭胡佛否決。他反對採用社會主義挽救危機，認爲如此將破壞美國人的企業主動精神，因此他否決了由政府出資在田納西河築壩、供電的田納西河（ *Tennessee R.* ）流域計畫。

總之，胡佛面對大蕭條之際，所秉持的理念是「自力更生」。如果他是位醫生，他的醫療方式是提供病人少量的藥物，讓病人自行康復，而不

是提供強勁但危險的藥物。可惜的是美國經濟的病情嚴重，胡佛之道已不足以起死回生。

第四節

經濟持續惡化

一九三二年夏天美國經濟陷於谷底。全國收入由八百一十億元降至四百一十億元，工業產能僅達百分之二十二，數千家企業倒閉，銀行關門，全國三分之一工人失業，多數只能打零工。在大城市中到處可見失業者排隊領取食物，在街角擺攤子販賣蘋果，飢不擇食，搶食罐頭，大有人在。「老兄，給一角吧！」成為坊間流行的口語。地方政府入不敷出，瀕臨破產。公職人員如消防員、警察、老師往往數月領不到薪水。工人農人受害尤烈，收入銳減。

社 會氣氛一蹶不振

隨著不景氣低迷不振，昔日繁華時期的樂觀氣氛轉趨悲觀，美國人籠罩在憂心恐懼與擔心受怕之中，對未來充滿疑慮與不安，信心盡失。有些失業人士更是全然絕望，坐以待斃，企業家不再投資設廠，生產新產品，影響失業雪上加霜，銀行停止借貸，股市愁雲慘霧，美國無線電廣播公司股票由一九二九年每股一○一元跌至一九三二年每股二點五元，跌幅之深，令人慘不忍睹。不過不景氣波及層面不一，有些農田及工廠毫髮未損，生產不減反增，只是銷售減少，令人不解。早期不景氣，美國人可以回到農家或西部繼續營生，如今鄉村、邊疆不再，受害人士已無處可去，只能沉醉在小說，逃避現實，苟且偷生。

擔心革命

值此騷動不安之際，革命疑慮日增。鄉村地區農人蠢蠢欲動，有些地方農人組織鄉團，阻止警方沒收無法償付抵押的農田，他們反對廉價農產品，並主張「農人假日」（ Farmers' Holidays ），停止運送食物至城市。大城市中，富人擔心革命，紛至鄉下及加勒比海島國購屋，作為避難居所。人們歸咎不景氣之元凶為工業鉅子及銀行家，對富人更趨厭惡，參院一調查小組控訴大企業家如摩根等人，逃漏繳交所得稅，指控某些商人從事不法經營及股票內線交易。

大旱望甘霖，黑夜盼曙光，情勢繼續惡化。撥亂反正、匡時濟世的妙方、良言，此起彼落，他們宣稱可以領導美國人擺脫貧困，恢復繁榮，充分就業。路易斯安那州參議員隆格（ Huey Long ）提出「分享吾人財富」（ share our wealth ）口號，允諾讓每個人的年收入達五千元。民主黨及共和黨內中有些年輕人或理想主義人士出走，加入社會黨或共產黨，要求聯邦政府控管產銷，以計畫經濟取代自由經濟，恢復繁榮。共黨不排除以武力方式達成目標，美國共黨書記長艾爾・布勞德（ Earl Browder ）即不諱言指出，「要做蛋捲必須打破蛋」。

退伍軍人推波助瀾

一九三二年五月，數千名一次世界大戰退伍軍人羣集華盛頓，要求政府立即發放一九二四年國會通過，將於一九四五年生效的退伍津貼。至六月，參與老兵達一萬七千人，這些老兵攜家帶眷，露宿華盛頓安那柯斯蒂亞河旁（ Anacostia River ）的臨時帳篷或廢棄的政府大樓裡，他們穿梭白宮與國會山莊間，遊行請願。胡佛為緩和事態危機，極力安撫抗議份子，未加阻撓，反而提供軍用帳篷、行軍床及炊具。六月衆院通過德克薩斯州衆議員帕特曼（ Wright Patman ）所提出的新津貼法案，但遭參院否決，

大多數退伍軍人紛紛返鄉，惟尙餘一千多位老兵拒絕離去，並與警方爆發衝突，胡佛調軍驅離，軍隊使用坦克及催淚瓦斯將老兵趕出華府並焚毀其營帳。胡佛此舉毀譽參半。

胡 佛競選失利，小羅斯福入主白宮

一九三二年大選，共和黨提名胡佛，民主黨則薦舉法蘭克林・羅斯福（*Franklin Roosevelt*）角逐總統寶座，胡佛將美國不景氣歸咎國外經濟崩潰，他反對政府有直接責任拯救人民饑饉。小羅斯福政見簡明，他提出改革及恢復藍圖，保證給美國人民一個新政。雖然未曾詳細說明內容，但卻允諾幫助下層無助的人民。大選結果小羅斯福獲得大勝，席捲四十二州選票。

這次選舉暴露憲法中規定總統交接日期之缺失。依憲法規定，新總統於當年十一月選出，卻於次年三月就職。在這四個月交接過渡期，卸任總統無心國事，新總統又缺乏名份。一九三二年美國不景氣因中樞乏人指揮而更形惡化，銀行倒閉情形嚴重，因而觸動美國人修憲要求，一九三三年通過第二十條憲法修正案，將總統就職日期由三月四日改爲一月二十日。

第五節

胡佛之外交努力

胡佛嫻熟國際事務，長年海外工作，曾駐足參訪全球各地，並與多位外國領袖從往。一次大戰期間在比利時負責救援工作，目睹戰爭恐怖破壞，餘悸常存。他本人爲教友派信徒，篤信和平，反對戰爭，他曾表示其工作的首要任務是「和平」：不恨、不取、不脅。

召 開裁軍會議

胡佛力主裁軍，就任後即安排一項裁減海軍國際會議。一九三〇年初在倫敦召開，又稱爲倫敦裁軍會議。這項會議係爲延續一九二二年五國海軍公約。經過數月冗長討論，確定美、英、日的潛艇、驅逐艦及巡洋艦比例，但義大利及法國反對，拒絕簽字。法國政府擔心遭義大利、德國入侵，強調惟有在各國確保法國安全情形下，才願意接受裁軍。

一九二七年以來，由國聯在日內瓦召開的裁軍會議，經過五年討論，一無所成。一九三二年胡佛透過該項會議建議世界各國放棄武器，或裁減目前武器的三分之一，但無人理會，德國希特勒、日本軍國主義野心不減反增。

與 歐洲國家關係

德國於一次大戰後面臨戰債賠償及戰後重建之雙重壓力，一九三一年又逢不景氣襲擊，舉國風雨飄搖。德國的難題是，如果籌措盟國賠款，將無法支付積欠美國私人債務，德國失業人口及債務問題嚴重影響國內安定，導致納粹黨及共產黨迅速發展。德國賠償與歐洲盟國積欠美國戰債息息相關。歐洲國家仰賴德國賠償，支付積欠美國債務，胡佛認爲賠償純爲歐洲事務，與美國無關，但情勢演變並非如此，胡佛被迫重新正視問題發展，一九三一年他提出國際延期償付辦法，延長賠償與戰債付款期限一年，以保護美國在德投資，挽救德國免於瓦解，刺激國際貿易，可惜爲時太晚。

與 拉丁美洲國家關係

胡佛致力維繫美國與拉丁美洲國家友好關係。他在擔任貿易部長期間

發現，拉丁美洲國家對「北方巨人」之不信任，嚴重影響雙方貿易關係。就任總統前他曾赴十一個國家進行友好訪問，保證美國友善睦鄰政策。就任後，即開始實踐諾言，首先解決智利與祕魯間長期的邊界衝突，派遣技術人員赴拉丁美洲，此外更重要的是放棄軍事干預拉丁美洲國家。一九二八年美國國務院公布一項由職業外交官魯賓‧克拉克（*J. Reuben Clark*）的研究報告，指責羅斯福主義不當。報告中說，門羅主義係處理美國與歐洲國家，而非美國與拉丁美洲國家關係。門羅主義不應作為美國干預拉丁美洲國家的藉口。根據這項說法，胡佛自尼加拉瓜撤軍，並不再干涉那些國內動亂或積欠美國私人債務之拉丁美洲國家。胡佛此舉因美國高關稅措施而大打折扣。

與 亞洲國家關係

胡佛外交最頭痛的對象是日本。美國在太平洋地區擁有夏威夷與菲律賓，並在東亞享有巨大貿易利益，日本軍國主義及殖民野心日熾，引起美國不安。日本欲擺脫西方霸權，開始發展工業，建立現代化軍隊，入侵韓國及中國。當全球不景氣發生，日本亦難置身事外，國內食物短缺，罷工事件不斷，政治動盪不安，軍國主義乘勢而起。一九三一年九月日本侵佔中國東北，嚴重破壞一九二二年的九國公約保證中國不受侵犯之規定，日本此舉亦違反了凱洛格—白里安非戰公約及國際聯盟憲章。

在中日戰爭過程中，美國較同情中國，反對日本侵華，但胡佛拒絕採取任何軍事或經濟行動制裁日本。一九三二年美國國務卿史汀生（*Stimson*）知會中國及日本，美國拒絕承認任何違反凱洛格—白里安條約而作成的土地劃分。這項名為胡佛—史汀生不承認主義（*Hoover‑Stimson Doctrine of Nonrecognition*）係在表明反對侵略的立場。不承認主義雖由胡佛及史汀生合作催生，但看法迥異。史汀生認為可採用禁運或武力方式發生警告效力；胡佛認為宣言就足夠了，經濟制裁將導致戰爭，何況日本侵略亞洲並不會損及美國人自由。英法不願對日實施

經濟制裁，日本軍方認爲，西方國家最多口頭反對日本入侵中國及東南亞
國家，因此不承認主義對日毫無約束力，當日本吞併中國東三省，國聯發
表譴責，日本退出國聯。

結　語

　　一九二九年經濟大蕭條，撼搖全球，舉世震驚，影響德日軍國主義復
甦，大肆向外侵略，造成二次世界大戰浩劫。有關一九二九年大蕭條原
因，衆說紛紜，各有所據，究美國立場，有內外兩說，國際債務及賠償失
調難辭其咎，但社會轉型，百姓認知不足，遊走股市，瘋狂投機，推波助
瀾，也是重要原因。胡佛承續共和黨精神及理念，拒絕政府直接干預，而
由地方政府負責。此舉雖符合美國「經濟放任政策」，卻無視於現實利
害，人民在「恢復正常」之殷切期盼中，轉而支持民主黨的小羅斯福，終
止了二〇年代共和黨的統治。「新政」（ New Deal ）開啓了美國的新政
治風格。

第二十八章

新政改革力挽狂瀾

新政是一帖猛藥。希望刺激美國經濟由谷底攀升，恢復榮景。美國歷史上有兩位羅斯福總統。老羅斯福（狄奧多‧羅斯福）主政稱爲「公政」，小羅斯福（法蘭克林‧羅斯福）之施政名爲「新政」。新政不同於公政在其手段，新政立基於聯邦集權，希望經由政府強力干預，力挽狂瀾，解決危機。新政又名「百日新政」（ Hundred Days ），前後二次，分救濟（ relief ）、復原（ recovery ）、改革（ reform ）三階段進行。小羅斯福之新政多憑藉其個人魅力，就職之初，透過爐邊談話，安撫民心。其名言「恐懼來自恐懼自身」，一時之間，傳誦全美。其實類似語彙，胡佛亦曾言及，惟小羅斯福允諾政府將採積極行動，別於以往，予百姓極大鼓舞及信心。本章將經由對小羅斯福之瞭解，敍述新政之源起、發展、經過及其對美國之影響。

第一節

小羅斯福簡介

法蘭克林‧羅斯福爲老羅斯福遠房姪兒輩親戚，曾就讀哈佛大學及哥倫比亞法學院，成績優異。一九一〇年進入政界，膺選爲紐約州參議員。一九一三年獲威爾遜任命爲海軍助理部長，一九二〇競選民主黨副總統提名。一九二一年八月罹患小兒麻痺症，從此依賴拐杖與輪椅行走，但他並不因此氣餒屈服，反而更積極投入政治活動。一九二八年當選紐約州長，一九三三年入主白宮。

小羅斯福政治態度搖擺不定，對問題看法模稜兩可，但他熱誠過人，深具自信，懂得安撫國人心理，就職不久即被證明是位「懂領導、有活力、肯做事」的領袖。他與胡佛不同，胡佛擔心強勢政府將破壞民主及個人主義，小羅斯福視政府爲人民保母，他不重視徹底個人主義，反而在乎政府是否能爲貧者提供食、衣、住、行及協助就業。

政 治才華

小羅斯福行事風格果斷，一般人對他愛憎分明，但不論敵友皆同意其政治藝術才華。小羅斯福之長處在瞭解百姓、親近人民，美國人聆聽其廣播，如沐春風，每次爐邊談話之後，一天之內湧入白宮信件多達五萬封。在每週例行記者會中，他公開誠摯回答問題，打動人心。他善於製造新聞，提供報界各種消息及看法，吸引國人關心華府及新政措施。

小羅斯福有其瑕疵，經常指派不同觀點的人處理同一事物，嚴苛對待異己，有時過分心軟而未能開除不稱職官員，常常在未預告情況下，撤換助理，惹人憤怒。小羅斯福新政之優點在為民服務，工作效率高，從一則流傳的故事中可以感受到小羅斯福的領導統御。小羅斯福政府內一名職員詹姆士，蘭迪斯（James Landis）有次談到他與小羅斯福總統會晤經過。雙方約好於上午十一點見面，結果枯候一個半小時。其間，內閣幕僚、局室主管及官員亦依序等候晉見總統。言談中他們提及總統每天遭遇的難題，令人懷疑自己的問題是否重要。輪到自己進入總統辦公室，只見小羅斯福坐在桌後，脫去上裝，點頭微笑，先喊你的大名，然後告訴你其他訪客及剛才所發生的一些趣聞。突然，總統機要祕書提醒會晤時間到了，但小羅斯福卻揮手示意祕書離開，再給你三分鐘說明問題。也許他未曾提供任何協助，並將問題擲回，但當你離開辦公室時，一定感到步伐輕快，並滿懷信心，自己回去解決問題。

幕 僚

小羅斯福總統幕僚多來自學術界，早在獲提名之前，他即禮聘哥倫比亞大學教授擔任顧問，包括政治學者、經濟學者、律師如雷蒙・摩里（Raymond Moley）、里格斯福特・托格威爾（Rexford Tugwell）等，他們為總統撰寫文稿，提供卓見。輿論界稱這些顧問為「智囊團」

（ *brain trust* ）。小羅斯福非常倚重這批幕僚，有人擔心他們過分偏重理論，然而事實上總統都會加以區辨選擇。

除了智囊團之外，總統身邊亦有不少才智之士提供建言，其中以哈佛大學法學院教授，後來擔任最高法院大法官的法蘭克弗特（ *Felix Frankfurter* ）最受重用，他致力為新政網羅人才，替小羅斯福物色遴選傑出教授及學生，許多優秀律師因而放棄高薪，出任公職；此外，小羅斯福之幕僚還有閣員及國會民主黨領袖。小羅斯福內閣閣員囊括民主黨各派系，包括自由派份子及保守派人士，有北方人或南方人，甚至共和黨進步份子，如哈羅德・艾克斯（ *Harold Ickes* ）出任內政部長，亨利・華萊士（ *Henry A. Wallace* ）任農業部長。羅斯福任命了一位女性閣員，前社會工作人員法蘭西斯・帕金斯（ *Frances Perkins* ）擔任勞工部長。在美國這是創舉。

夫人之影響

小羅斯福總統最得力助手是其夫人艾琳諾・羅斯福（ *Eleanor Roosevelt* ），他與小羅斯福一樣令人愛憎分明。艾琳諾靦腆害羞，童心未泯，但自丈夫羅患小兒麻痺症後，變得積極活躍，熱衷政治活動，學習克服恐懼，勇敢面對羣眾，並在公開場合演講，成為小羅斯福的「耳目」。除了代表出席會議，參觀工廠外並接見賓客。新政推出之初，艾琳諾足跡踏遍全國各地。她關懷弱勢、體恤貧困、照顧不幸，美譽不遜於小羅斯福。她認為天下無難事，只怕有心人，世局紛擾不足畏，專心一志可除排萬難。

新政改革（1933～1935）

小羅斯福上任之際，即面臨一九二九年以來美國經濟之衰敗與蕭條，而如何挽救國家免於匱乏，脫離困境，成為首要之務，他提出新政（New Deal）改革。

一九三三年三月四日小羅斯福總統就職時，向全美人民允諾，政府將採取立即行動，挽救經濟。次日，迅即召集緊急國會，三月六日宣佈全國銀行休假，四日要求各銀行金檢，確定財務健全後始得復業。三月九日國會通過緊急銀行法（Emergency Banking Act），三月十二日，羅斯福首次發表爐邊談話，向民眾說明銀行法並允諾銀行會儘速復業。他鼓勵人民將錢存入銀行，不要放在家中，獲得熱烈回響，化解了銀行危機。新政於焉展開。

新政分為二個時期，首次「百日新政」（Hundred Days）由一九三三年三月九日至六月十六日，國會共通過由總統提出的十五條法律。其中多半是有關應對危機的救濟法案。第二次「百日新政」由一九三五年春天開始，以改革為主。小羅斯福要求國會通過立法限制私人電力公司，促進銀行改革，向富人徵稅等。羅斯福兩次新政表現，推陳出新，令人鼓舞，究其因與其個人風格有關。

小羅斯福就任總統之際，對如何處理美國經濟危機尚無頭緒，但不因此氣餒。他秉持「兵來將擋，水來土掩」的哲學，面對各種挑戰。總統幕僚提出各種不同建議，送國會立法，不論這些法律是否合乎小羅斯福心意，他都同意簽署，以免妨礙以後其他法案通過。小羅斯福新政之祕訣是「嘗試哲學」（try something philosophy）。他自喻為美式足球隊的四分衛，碰到行不通時，立即更換方式，他認為做總比不做好。小羅斯福之新

政與威爾遜小心戒愼之行政風格不同。新政顯得粗糙、急就章，同時從多處著手對付不景氣，充分顯露承受不同壓力團體的利益。首次新政的主要改變措施包括整頓金融、刺激經濟復甦、協助工農、挽救失業等。

理　念

　　新政目標有三：1. 從經濟不景氣中救濟（*relief*）不景氣受害者、2. 復原（*recovery*）、3. 改革（*reforn*）經濟制度。首次新政（*1993~1935*）的目標多集中於復原與救濟兩項工作。小羅斯福及其幕僚認爲，可採臨時權變措施迅速復原經濟，一旦起步，經濟即可恢復活力。他爭取企業團體支持，希望結合銀行、工業、農業、企業、勞力、資金，挽救國家經濟制度。小羅斯福之新政理念多沿襲早期美國的改革運動，如民粹運動或進步運動。新政中有關銀行、關稅、童工等法案皆可在威爾遜政府中見其端倪。小羅斯福之不同，主要在於他採聯邦政府集權方式來解決問題。

整頓金融

　　新政措施在鞏固銀行體系、確保債信之後即開始整頓金融，主要內容有：

1. 銀行及股市

　　小羅斯福即位面臨迫切待決的難題是銀行危機。如何整頓銀行成爲衆所矚目之事。中西部農業地區人士一向不信任銀行，質疑銀行放貸業務，罔顧人民權益。他們譴責銀行應對美國經濟動盪起伏負責，要求聯邦政府接管所有銀行。小羅斯福有鑑於此，乃提供聯邦支助，恢復大衆信心，挽救旣有的銀行制度。他採用發行新通貨，及重建金融公司貸款（*Reconstruction Finance Corporation Loans*）兩種方式，使得體質較好的銀行得以迅速復業，其他銀行則由聯邦政府暫管，稍後復業，至於少數無法挽救

的銀行則永遠關閉。

　　一九三三年國會通過格拉斯─斯蒂高爾法（*Glass-Steagall Act*），改革銀行制度，依據該法，美國設立聯邦儲備保險公司（*Federal Deposit Insurance Corporation*），保障二千五百元以上存戶的存款。此舉引起美國銀行協會批評為「不健全、不科學、不公平且危險」。小羅斯福亦憂慮聯邦政府責任因此過重，但他在國會壓倒性通過此案後，亦順從民意，欣然接受。事實上，小羅斯福明智之舉，保護了美國小存款戶的儲金，增加民眾信心，穩定了美國金融制度。為配合小羅斯福總統整頓股市，國會於一九三三年通過聯邦證券法（*Federal Securities Act*），保障投資人在公司購買的股票。換言之，公司發行股票或紅利，必須對投資人提供正確完整訊息，出售不實股票將遭懲處。一九三四年成立證券交易委員會（*Securities and Exchange Commission*），監督規範新股票發行，並制定股市操作規則，打壓投機，尤其是抑制內線交易，小羅斯福出人意外地任命華爾街投機商約瑟夫‧甘迺迪（*Joseph P. Kennedy*）為證券交易委員會主席，因為他洞悉箇中訣竅。

2. 放棄金本位

　　小羅斯福甫入白宮即面對各界要求通貨膨脹壓力。部分國會議員建議發行數十億元通貨，也有人主張採用自由銀（*free silver*），解決經濟危機。英國在一九三一年已決定放棄金本位，通貨不再以金價為本，許多其他國家紛紛效尤，藉以減少生產成本，增加貿易競爭力，尤其是對付美國等堅守金本位的國家。小羅斯福採折衷之道，將美元之含金量減少為百分之五十九。禁止私人囤積黃金，收回金幣，換言之，廢除了金本位制，使美元在國際匯兌中貶值。在國會強大壓力下，財政部購買大量銀子，但小羅斯福並未據此發行更多通貨，因此未造成通貨膨脹。

3. 維持聯邦預算平衡

　　雖然小羅斯福放棄金本位並提出多項建設計畫，但仍循傳統保守理

念，平衡聯邦預算。小羅斯福在大選時，曾向百姓承諾一個廉潔、簡樸、有效率的政府。因此上任後不久，即要求國會削減退伍軍人的退休金四萬元，及聯邦政府員工薪金一萬元。儘管有人反對，國會仍於一九三四年三月四日通過節約法（ *Economy Act* ）。但隨著新政陸續推動，赤字預算逐漸取代平衡預算。小羅斯福政府一度採用雙重預算：一種是常態預算，維持平衡；另一種是緊急預算，暫時性編列，屬不平衡預算。形勢發展結果，赤字預算成為經常性、必要性預算。小羅斯福認為只要救濟單位繼續存在，協助百萬人民免於饑饉，這種代價是值得的。

刺 激經濟復甦

為了刺激經濟復甦，新政府擬定大規模財政投資計畫（ *pump priming* ），擴大聯邦政府支出或放貸，將政府金錢投入國家經濟活動之中。胡佛時代已有些類似措施，但規模有限，成效未見。小羅斯福大量挹注金錢，試圖藉由政府力量，破除企業及銀行業因不景氣所造成的「過分儲蓄」的保守心理，並刺激購買力。小羅斯福這項辦法引起不同迴響，支持者認為此舉可增加經濟循環，經由購買，刺激生產，將提供更廣泛就業機會；反對者則懷疑是否能刺激私人消費，並擔心造成通貨膨脹。在政府各項投資中，田納西河流域計畫最具代表性。

田納西河流域計畫為長期社會經濟計畫。一九三三年五月國會通過設立田納西河流域管理局（ *Tennessee Valley Authority* ），促進田納西河及坎伯蘭河（ *Cumberland* ）流經七州廣大地區的福祉。田納西河流域管理局組織架構別於一般機構，為「政府所有，但具私人企業的活力與彈性」，自主性高，資金充裕。田納西河流域管理局由一個三人委員會負責，聘僱四萬名工人營建二十座水壩，整修五座舊水壩。田納西河流域是美國一條重要自然資源，長久以來濫墾、荒廢情形嚴重，兩岸農人生活捉襟見肘，半數以上人口急待救援。小羅斯福有鑑於此，投入人力、大事整治，將之闢為一條新的河流，船隻可載運大批貨物，由俄亥俄河順行至阿

帕拉契內地,航程六百英哩。田納西河流域嘉惠農民無數,數百萬畝田獲得再生,新電力公司,肥料工廠,新市鎮四處林立,新開發湖泊、公園提供百姓休閒去處。在諸多貢獻中,影響最大是廉價電力供應。一九三三年一百名農戶中僅二家有電,田納西河流域開發後,家家戶戶皆來電,農人購買電冰霜、電烤箱、洗衣機,過去粗重的家事工作得以減輕。

田納西河流域計畫雖然貢獻卓著,但亦遭非議,反對者視之為「共產黨作法」,並將之斥為豬肉桶(pork barrel),犧牲多數,圖利少數。私人電力公司不滿之情更是溢於言表。田納西河流域管理局為全國電價擬定法定統一收費標準,惟當地用戶便宜三分之二,私人電力公司認為不公,並擔心管理局危害他們生存,譴責聯邦政府侵佔私人電力生產為強盜行為。支持者則強調此舉有利國家,他們認為榮景係全面性現象,不能僅止於某一特定地區。而電費標準也相當公平,全國電費在一九三○年至一九四○年間普遍下降。電力公司收入不減反增。至於是否為共產黨行徑,支持者舉過去政府各種專買行為反駁。總之,他們認為田納西河流域計畫活絡了私人企業。

援 助農業──農業調整法

至一九三三年農人處境堪虞、蠢蠢欲動,在此之前五年,百分之十農人因銀行沒收抵押品,一貧如洗。中西部地區部分農人聯合阻止法官及警察執行查扣抵押品。一九三三年愛荷華暴民甚至衝入法院毆打法官,有些地區農人成立農業假日協會(Farm Holiday Association),發動全國農場罷工,要求減輕債務,提高農價。

面對農業問題,新政擬提高農價並經由福雷澤──萊姆克農業破產法(Frazier-Lemke Farm Bankruptcy Act)減輕農人債務負擔。這項法律將農人抵押品期限延長五年,並成立農業貸款總署(Farm Credit Administration)重新估算抵押品,並提供短期及低利貸款。一九三三年五月,國會通過農業調整法(Agricultural Adjustment Act: AAA)依照一九

〇九年至一九一四年繁榮時期農產品價格收購,但農人須同意減少棉花、小麥、菸草、豬及玉蜀黍產量,這項收購經費取自加工業的稅賦。一九三三年農業調整法使得農人只耕種四分之一農地,屠殺六百萬頭豬隻。一九三四年至一九三五年農人減產面積達三千萬畝,獲十億元補償,農產品銳減。由一九三二年至一九三六年農業總收入增加百分之五十,農家購買力及生產水準回升,農業調整局嘉惠大農業及中等收入地主,但由於農產品減產,窮苦佃農被迫離開租借的土地,前往都市謀生。

一九三四至一九三五年美國西部大平原區面臨嚴重饑荒危機。一次大戰期間,農價上揚,誘使農人在平原放牧區種植小麥、棉花、破壞了原來防止腐蝕、保存濕氣的土壤。一九三三年至一九三五年西部乾旱,該地有可能成為沙漠之虞,黃雲蔽日、塵土飛揚、井水枯竭,三十五萬戶農家被迫出走。面對如此愁景,國會撥款協助乾旱地帶農家購買新農產品種及家畜,農業部幫助該區農人種植一億九千萬株樹木,防風、潤土,使草原乾燥區重新放牧。

對於新政的農業措施,各界反應不一,許多農家對限制農耕微詞頗多,抨擊刻意減少農產品為不道德之舉。農業調整法嘉惠成果不一,大農家受惠較小農多。不過,總體言之,新政直接協助農人,讓數萬戶家庭免於饑饉,是不可抹滅的事實。

協助工業──全國工業復興法

一九三三年美國工業處境與農業相近。農業方面有農業調整法協助農人遠離痛苦,工業方面則賴全國工業復興法(*National Industrial Recovery Act : NIRA*)促進工業復甦,協助工人脫離困境。小羅斯福曾讚許全國工業復興法為美國國會所通過最重要,影響最深遠的法律,它聯合了政府、企業及勞工力量,攜手對抗困境,應付危機。全國工業復興法要求業主與勞工代表共聚一堂,擬定「公平競爭法規」(*Codes of Fair Competition*)。依小羅斯福總統的看法,美國工業之困境在於生產過

剩，如何控制生產是解決不景氣之道。公平競爭法規要求：1.減少工人每週工作時數，擴大就業；2.擬定最低工資；3.允許工業設定「公平」價格；4.嚴懲投機。為了有效執行法規，聯邦政府成立全國復興總署（ National Recovery Administration : NRA ）小羅斯福指派退休將領休格‧詹森（ Hugh S. Johnson ）負責。詹森為全國復興總署設計了「藍鷹」標識以及「盡本份」的口號（ We Do Our Part ），約有七個工廠，包括大型鋼鐵、石油、紡織工廠，二千二百萬名工人以及百分之九十相關企業，接受法規約束。藍鷹張貼在各工廠、商店甚至刊登在報紙的頭版，成千上萬人遊行支持，企業信心恢復，工廠產量達一九二九年的百分之九十三。然而好景不常，不久全國復興總署即遭遇困境，業別混淆是主因；鋼鐵、紡織業分業明顯，接受法規不難，但自行車，除草機等業別則難以分辨；皮球是屬於玩具業還是運動業更令人無所適從。全國復興總署無法有效推行工作，物價顯然較工資上升快，少數企業家被控違反法規，但多數投機分子卻安然無恙，有名的企業大亨福特根本不與全國復興總署合作。

此外，全國復興總署還須面對工作問題。自不景氣發生以來，薪水階層人口受害最大，至一九三二年全國大約三分之一勞工失業，許多公司減薪或變相取消老年年金、健康保險或帶薪休假。工會人數也減至一次世界大戰以來最低點。不過工人逐漸感覺到，加強工會力量是防止減薪，增加購買力的最佳方式。早在一九三二年胡佛總統為改善工會地位，簽署了諾里斯─拉加蒂亞法案（ Norris - LaGuardia Act ）宣佈工人完全有自由加入工會，同時亦宣佈僱傭契約（ Yellow dog contracts ），規定工人必須承諾不加入工會為非法。全國工業復興法規定，工人有權從事集體談判，並禁止僱主干涉工會組織，導致美國工會復活。但多數僱主仍反對工廠內有工會組織，他們規避諾里斯─拉加蒂亞法案，並以自己工人組織工會，使得工會成為僱主的工具，不具談判力。一九三四年全國各地皆發生工人暴動，要求組織工會權力，但多失利，警察軍隊多支持僱主。小羅斯福總統雖然同情工會，但僅止於口惠而已。全國復興總署在處罰類似事件時，只

是取消藍鷹標誌。工業復興總署軟弱表現遭致各界質疑批判，詹森於一九三四年辭職，小羅斯福改組爲全國復興委員會（ National Recovery Board ），由工業、勞工及消費者代表組成，但力量已大不如前，在十五萬五千件違法事件中，只有四百件移送法庭。一九三五年五月最高法院大法官理斯‧休斯（ Charles Evans Hughes ）在謝克特控美國（ Schechter v. United States ）一案中指出，既使不景氣惡化透頂，政府亦不能超越憲法授權範圍，全國復興總署法規違憲係因爲國會之立法對象不是總統而是人民，同時全國復興總署法規管轄州內而非州際間貿易亦違憲。小羅斯福雖然不滿亦徒嘆奈何，只能息事寧人，留待以後改革司法。

解 決失業

依據全國工業復興法案成立公共工程總署（ Public Work Administration: PWA ），由小羅斯福政府中之內政部長哈羅得‧艾克斯（ Harold Ickes ）負責。公共工程總署透過與私人公司簽約而非直接僱用工人方式，築水壩、排水溝、水廠等，承攬了美國各地區約百分之九十九的工程。艾克斯精明能幹，做事小心謹愼，重視行政效率，涓滴歸公。在他領導之下，公共工程總署的確發揮不少功能。

受不景氣波及，許多美國人由於無法償還貸款、傾家蕩產，流離失所。至一九三三年美國社會失業待援人口達一千二百萬至一千五百萬人之間，小羅斯福早先亦想效法胡佛，將之留交地方處理，但此刻地方及州政府府庫空虛，財政匱乏，惟有聯邦政府介入，才可能力挽狂瀾。一九三三年五月國會通過成立聯邦緊急救濟總署（ Federal Emergency Relief Administration: FERA ），貸款或直接撥款各州及地方政府自行分配處理，再由各地救濟站發放金錢或衣服及食物。這種救濟方式引人質疑，擔心此舉會傷害個人自尊，影響工作意願及能力，造成未來更多失業可能。小羅斯福指派哈利‧霍普金斯（ Harry Hopkins ）擔任聯邦緊急救濟總署署長。一九三三年秋，霍普金說服小羅斯福成立民政工程署（ Civil

Works Administration）開辦民用工程，幫助失業者渡過寒冬。接著又成立工程進展署（*Works Progress Administration*）花費一百一十億元，雇用八百萬工人。由於民政工程署多爲應急權變的計畫，因此在一九三四年遭致批評，許多計畫也就擱置，仍交由各州自行處理。

在新政救濟計畫中其他重要措施尚有「民間資源保護團」（*Civilian Conservation Corps*）。提供十八歲至二十五歲失業男子戶外工作機會。每月工資三十元。至一九三三年仲夏，民間資源保護團共成立一千五百座營區，三十萬名年輕人投身荒地植樹、撲滅森林大火、清潔海灘、建立蓄水池、清查土壤腐蝕情形，讓年輕人拾回自信。經過六個月到一年工作，這批年輕人返鄉，體重增加，遵守紀律，身體健碩，自我肯定。

第三節

第二次新政

在第一次新政中，小羅斯福共提出十五項重大計畫，刺激經濟復甦，爲美國點燃希望。但歷經三年，小羅斯福各種嘗試性方案並未奏效。不景氣猶存，數百萬人依然失業，嚴重影響社會生計，小農被迫離家謀識，城市失業工人申請領取救濟，批評譴責之聲不絕於耳，反對小羅斯福的話語此起彼落，右翼保守派份子亦即美國企業家，反對聯邦立法干涉企業活動，他們並於一九三四年組織美國自由聯盟（*American Liberty League*）反對新政的各項提案及辦法。左翼人士則將不景氣歸咎爲資本主義之瑕疵，試圖採社會主義及共產黨方式補救。他們譴責小羅斯福爲「華爾街的工具」，直覺新政已徹底失敗，預言革命將接踵而至。小羅斯福面對責難，未公開答辯。他坦承第一次新政未剷除財閥，亦未有效拯救貧苦，一九三五年一月他在國會中宣佈將進行第二次新政，保證讓美國人民更安全，國會亦順勢展開各項分享財富（*share－the－wealth*）方案。

對一次新政之不滿

　　對首次新政之批評以左翼人士最激烈，他們在中西部帶動農人抗議，在加州發動工人罷工，其中三人最具影響力：第一位是密西根州的天主教神父查理斯‧庫格林（ *Charles Coughlin* ），廣播節目主持人，主持政治宗教性節目，聽友有四千萬人。庫格林早先支持新政，但不久即對新政溫和改革不耐，他批評小羅斯福膽怯畏縮。庫格林主張對富人徵收重稅，保證人人有工作，他組織全國社會正義聯盟（ *National Union for Social Justice* ），後來成爲聯合黨（ *Union Party* ）。第二位代表人士是來自路易斯安那州的聯邦參議員隆格（ *Huey Long* ）。隆格也主張向富人徵稅，讓每個家庭年收入達二千美元，孩童並可接受免費大學教育，由於他的友善態度、幽默性格，聲望扶搖直上。有人預測一九三六年總統大選隆格將左右民主黨或共和黨的勝選。可惜好景不常，一九三五年九月他在路易斯安那遭政敵暗殺。第三位法蘭西斯‧湯森（ *Francis Townsend* ）曾是公共衛生官員。目睹三位美國老婦女在陋巷垃圾堆中翻找食物，內心受創，及於一九三三年展開濟貧運動。鑑於不景氣嚴重打擊老人，建議聯邦政府每月發放六十歲以上老人二百元津貼，但規定必須在三十天內花掉這筆錢，他認爲錢愈多，購買力愈增，就業機會愈大，而這筆錢可由銷售稅（ *sales tax* ）徵收。湯森獲得數百萬人支持，並組織湯森俱樂部（ *Townsend Club* ）。

重要措施

　　爲了清除來自左派的壓力，第二次新政不再執著短期緊急救濟方案，重視基本改革，關心社會少數不幸的人。新政不再尋求企業支持，開始攻擊壟斷，透過法律控制企業。新政放棄保守主義作法、不再關切預算平衡、開徵新稅、重新分配財富。有關這次新政的重要措施有：

1. 工程進展署及工作救濟

這次新政最主要的轉變是，總統提出大規模工作救濟計畫，希望爲美
國人提供工作機會。小羅斯福曾向國會表示，不僅要讓失業者免於饑饉，
同時要重視他們的自尊、自立、勇氣及果斷力。一九三五年國會撥款五百
萬元提供就業機會，並成立工程進展署，由哈利・霍普金斯（*Harry
Hopkins*）負責，目的在提供他們就業機會。八年期間工程進展署共撥款
一百多億元，爲八百五十萬人提供了就業機會。工作類別有蓋學校、修馬
路、圖書館管理員、作家、老師、音樂師、演員及表演者。有人批評工程
進展署製造一些「無聊瑣碎的工作」，浪費時間、金錢，也有人抱怨工資
太少。但就實際而言，工程進展署（*Works Progress Administration：
WPA*）成效有目共睹，除了協助失業人士外並嘉惠社會。除了工程進展
署之外，聯邦政府並成立許多其他機構幫助就業，如安居總署（*Re-
settlement Administration:RA*），幫助貧困的農人；農村電力總署（*Rural
Electrification Administration:REA*），供應電力給私人公司所未達到之鄉
村地區，全國青年總署（*National Youth Administration：NYA*），幫助
高中生及大學生在半工半讀情形下，繼續完成學業。

2. 社會安全法

一九三五年新政影響最深遠的是通過社會安全法（*Social Security
Act*）。該法係由勞工部長法蘭西斯・帕金斯（*Frances Perkins*）及紐約
州參議員羅勃・華格勒（*Robert Wagner*）負責草擬，開創聯邦失業保
險，撥款各州濟助無依無靠的母親與小孩，法案並提供六十五歲退休老人
年金。社會安全法不是救濟而是保險制度，經費來自僱主與工作的稅賦。
社會安全體系是美國歷史上的劃時代大事，它說明了工業社會有責任確保
失業及工人的經濟。但該法也有瑕疵，有些根本行不通，還有每月十五元
至八十五元的養老金太微薄，尤其未將農人、家僕、家庭主婦等納入保險
對象更是一大遺憾。

3.對企業的控制

小羅斯福在第二次新政中要求國會立法限制私人電力公司，改革銀行、加強對富者徵稅。至一九三五年銀行界仍爲私人銀行家所壟斷，聯邦儲備銀行之九位總裁大權在握。一九三五年國會通過銀行法，大幅修改一九一三年的聯邦儲備法，把權力集中在由總統指派的聯邦儲備體系管理委員會（*Borad of Governors of the Federal Reserve System*）中，這項改革使得貨幣發行的權力由華爾街移至華府。

除了銀行之外，新政並致力打破對公共設施如水、電力，瓦斯之壟斷，至一九三五年美國全國四分之三的電力分由十三家控股公司掌握。控制公司營運雖富績效，但卻有背企業倫理，獨佔利益。一九三五年小羅斯福開始封殺控股公司，經過冗長辯爭，國會終於通過法案，廢除控股公司特權。爲了平衡財富，小羅斯福決心向富人徵稅，並提出成立「分享財富」（*share－the－wealth*）俱樂部計畫，將大富翁的財產充公，保證每個家庭年收入五千美元，這項空前計畫吸引了中小資產階級，廣受中西部及南部農村之歡迎。一九三五年的收入稅（*Revenue Act*）對收入五萬元者課徵新加值稅，不動產稅增至百分之七十，公司稅則依大小性質分別課稅，雖然這項稅賦辦法引起諸多批評，效果不彰，但卻平息了許多社會主義人士的抗爭。

改 善勞工

在第二次新政中另一項重要的法案爲一九三五年七月通過的全國勞工關係法（*National Labor Relations Act*），又稱爲華格納法（*Wagner Act*）。由聯邦參議員羅勃・華格納（*Robert Wagner*）提出。這項法案保障勞工有組織及集體談判權力，並可對僱主不公平行爲作成懲罰。全國勞工關係法是美國最重要的勞工法律。它協助勞工與僱主談判。全國勞工關係委員會（*National Labor Relations Board: NLRB*）在工廠舉行祕密

投票，決定工人是否加入工會，它可以下令要求僱主停止反對工會行動，調解衝突，強迫僱主不得遣散參加工會行動的工人。許多僱主反對華格納法干涉他們經營工廠的「契約自由」（freedom of contract）權力。但一九三七年最高法庭裁決此法並未違憲。

華格納法喚起勞工聯盟活動。但美國勞工聯盟（AFL）之理念及組織皆不足以帶動大規模生產工業如收音機、鋼鐵、汽車、紡織業的工會活動。一九三五年十月美國勞工聯盟集會，煤礦工人聯合會主席約翰‧路易（John L. Lewis）質疑，如果僱主將工會趕出工廠該怎麼辦？他提議為非技術工人組織工會，但遭美國勞工聯盟拒絕。路易辭職，另組工業組織委員會（Committee for Industrial Organizations）。他建議將技術與非技術工人均納入工會之中。早先工業組織委員會在美國勞工聯盟中運作，但不久之後，雙方分道揚鑣，各自為政。

工業組織委員會滲入美國勞工聯盟之中。一九三六年委員會中勢力最大的鋼鐵工人聯盟公開譴責鋼鐵工廠大量僱用非工會會員，在菲力浦‧毛里（Philip Murray）率領之下，四百名工會成員在各鋼鐵市鎮遊行，散發宣傳小冊、集會、向工人演說，數月光景，連署人士已可發動全國鋼鐵罷工，恰於此際，全美最大的美國鋼鐵公司（United States Steel Corporation）宣佈承認聯盟是工人的談判代表，同意工人每週工作四十小時，增加工資，其他未跟進之鋼鐵公司皆遭罷工衝擊。同時工業組織委員會另一組織——汽車工人聯合會（United Auto Workers: UAW）亦蠢蠢欲動。汽車工業每小時工資雖高，但休假過多，以致每名工人年平均收入不到一千元。汽車工人多採轉業而非爭取較好待遇進行抗爭。僱主則利用工人間種族與宗教的不同進行分化，瓦解工會勢力。

一九三六年十二月，汽車工人聯合會在密西根州之福林特（Flint）通用汽車工廠發動大規模靜坐罷工，迫使工廠關門。公司關閉暖氣，工人拒不撤離，婦孺孩童組織急救隊，運送食物及毯子給罷工工人，工人堅持只有派軍才能將之驅散，密西根州長不願以軍隊對付罷工，通用不得已同意與汽車工人聯合會談判，一九三七年雙方簽署合約。最後由於法庭判決罷

工非法，加上民情厭惡，聯合會最後放棄靜坐罷工。鋼鐵及汽車工會的抗爭影響工會人數迅速增加，由一九三三年至一九三九年會員由三百萬增至九百萬。工人強烈支持小羅斯福，他們在選舉上發生重大影響力。一九三六年勞工無黨聯盟（*Labor's Non-Partisan League*）募款七十五萬元為小羅斯福助選。

第四節

新政面臨考驗

新政所面臨的考驗除了各界譴責與批評之外，最高法院的判決影響多項計畫室礙難行。

對 新政之批評

第一次新政遭遇的批評來自兩方面，一方面認為新政偏離美國傳統自由貿易太遠，另一方面則認為改革不夠。急進派人士如隆格參議員及庫格林神父認為新政救濟及社會安全法案無濟於事，社會黨指新政不過在修補資本主義的缺憾，共黨譴責小羅斯福是銀行家，托拉斯的走狗，佯裝工人之友。

第二次新政關心窮人，自然化解了不少左翼人士的抨擊，由於過分批評大企業及提高對富者徵稅，引起右派人士反擊。新聞界加入圍剿，商人、教授、律師、醫生、工程師亦不甘寂寞，推波助瀾，稱小羅斯福為「白宮裡的那個人」，偽裝為社會黨或共黨人士。他們視他為準獨裁者。

一九三六年大選對小羅斯福而言是一項重大考驗。《文學文摘》（*Literary Digest*）甚至預測他會敗選。民主黨前總統候選人約翰・戴維斯（*John W. Davis*）及歐・史密斯（*Al Smith*）合組自由聯盟（*Liberty*

League）反對小羅斯福，庫格林神父、隆格等亦反對總統。共和黨提名來自肯薩斯州的阿弗烈德‧連敦（*Alfred M. Landon*），嚴厲抨擊新政「不公正，行不通，設計不當，浪費金錢」。但支持新政者亦組織政治聯合陣線，包括北方自由人士、南方保守派人士、勞工聯盟、農人、種族團體、黑人團體。大選結果，小羅斯福連任，獲得百分之六十的選票。一九三七年一月就職，他宣稱美國仍有三分之一人口陷於貧窮困苦之中，決心開始對付妨礙改革的主力——最高法院。

參 最高法院之爭

　　一九三五年至一九三六年間，新政許多重大法案遭最高法院判決違憲，譬如一九三五年五月全國工業復興法及次年農業調整法。法院判決農業調整法違憲係根據小麥棉花等經濟作物銷售，屬地方性事務，聯邦無權過問。至於全國復興法違憲部分係法院認定聯邦政府及州政府無權規定最低工資，同時政府亦不得立法減輕債務，挽救城市免於破產。由於最高法院持續以違憲打擊新政，導致小羅斯福總統試圖改革最高法院大法官人事。自小羅斯福上任以來，最高法院法官人事未曾變動，九位大法官中有七位係前任共和黨總統指派，新總統未曾有機會指定自己人。小羅斯福直覺最高法院蓄意阻撓政府解決經濟問題，國會通過的法案經常在最高法院中，以四比五的些微差距遭否決。

　　一九三七年二月小羅斯福向國會提出改組聯邦最高法院計畫，即司法改組法案（*Judiciary Reorganization Bill*），鼓勵七十歲以上法官退休，或者讓每一位七十歲以上法官另增派一名法官。當時共有六位大法官年逾七十，換言之，小羅斯福可藉此增加六名大法官，使得大法官由九位增為十五位。小羅斯福的司法改革計畫引起法界反彈，斥之為干涉司法獨立，國會議員亦聯手阻止法案通過，經過五個月冗長攻防，小羅斯福嚴重挫敗，眾叛親離，但他仍堅信「戰役失利，戰爭勝利」。最高法院大法官對新政態度轉變，對社會安全法及全國勞工關係法皆作出有利判決。隨著大

法官年邁退休，小羅斯福得以指派新人。

新 政之尾聲

一九三七年美國經濟恢復至一九二九年情景，但失業問題猶存。小羅斯福之財政部長亨利·摩根索（ *Henry Morgenthau* ）認爲這是「撕掉繃帶，無需枴杖」的時刻。財政顧問們力促削減支出，平衡預算，聯邦儲備銀行緊縮貸款，工程進展署裁員一半，農產品豐收，農價慘跌，社會安全稅影響工人實際收入，妨礙經濟復甦。支持新政者稱此爲經濟疲軟（ *recession* ），但反對者卻認爲是「小羅斯福蕭條」。一切似乎又到一九三二年的情景，正反雙方彼此攻訐。一九三八年小羅斯福放棄預算平衡，四月他要求撥款三十億元擴大工程進展署，製造就業，增加對企業貸款，擴大軍費支出，經濟似乎又見活絡，人們重拾舊業，物價回升。

一九三八年國會通過許多法案，推動早期新政方案，勞工公平標準法（ *Fair Labor Standards Act* ）廢除童工，訂定最高工時，最低工資。特別是針對從事「州際貿易」的工人。農場安置總署（ *Farm Settlement Administration* ）改善貧農生活。新的農業調整法（ *New Agricultural Adjustment Act* ）解決農業產品過剩問題，勸阻農人減產，改善土質，防範地質惡化，免費將多餘農糧分配給苦難待援的窮苦大眾。臨時全國經濟委員會（ *Temporary National Economic Committee: TNEC* ）調查美國商業實況，包括物價穩定、貨物是否短缺、惡性競爭、不得濫用專利法。由於二次大戰迫在眉睫，美國對制裁壟斷興趣不大。

一九三七年秋天小羅斯福召開國會特別會議，要求新的改革法案，但國會未依從指示，亦無通過任何法案。小羅斯福鑑於行政部門人員不足，總統身邊幕僚有限，因而打算改造行政部門，新政設置了許多臨時特殊的獨立機構，執行業務。小羅斯福要求國會允許總統增加六名助手，總統有權變更內閣內的機構，監督各獨立機構。小羅斯福改造計畫引起國會議員強烈反彈，保守派議員指控這項計畫爲獨裁集權計畫。一九三九年國會通

過行政部門改造方案，但與原案相去甚遠，總統雖增加了六名助理，但總統卻無權監督各獨立機構。小羅斯福在國會受挫之餘，試圖打壓民主黨內反新政議員，但徒勞無功。一九三九年一月他宣佈不再提出任何新的改革計畫。隨著二次大戰迫近，小羅斯福注意力由國內轉向國外。

第五節

新政的衝擊與影響

　　小羅斯福總統魅力十足，在美國經濟社會愁雲慘霧籠罩之際，以樂觀、自信的態度提振美國人的信心。他善於直接與民衆溝通，由一九三三年至一九三九年，透過收音機向人民發表十四次爐邊談話。週日傍晚時刻，在一個半小時節目中，娓娓道來，平鋪直述，向人民闡述理念。聽衆沉迷其中，感動莫名，受其鼓勵，士氣大振，對新政充滿遠景。

　　新政計畫猶如爐邊談話，直接影響美國人生活。過去社會各項救濟活動多由地方政府承擔，如今則成爲聯邦政府的職責，由田納西河流域計畫，證券交易委員會之設立等等均可見其端倪。誠如一位前往全國青年總署謀職的年輕人所言：「在小羅斯福之前，聯邦政府對私人生活不聞不問，如今卻碰到許多朋友在政府機構內任職。」新政之影響涉及美國人的生活全部，包括家庭、婦女、黑人、文化等，茲分別說明如下：

新 政與美國家庭

　　在不景氣時期美國家庭的嬰兒出生率及離婚率趨緩，老人與子女同居比率提高。富裕家庭出租空屋或改住較小、價廉的房屋。女人從事縫紉、清潔、洗衣等工作貼補家用，罐頭食物逐漸普遍。由於新政的勞工保護法律迫使童工不得與工人競爭就業，導致孩童就學人數增加，根據一項對中

部城市調查，從一九三九年到一九四〇年間高中學生人數由四百四十萬增至六百六十萬，大學生人數亦相形增加。

新 政與婦女

經濟大蕭條時期男人失業情形嚴重，女人被迫赴外工作，他們改變了家庭倫理，更繁榮了經濟。女人工資增加，工作環境改善，女性亦得加入工會從事勞工運動，不少傑出女性因緣際會擔任公職，如勞工部長法蘭西‧帕金斯（*Frances Perkins*）。每一個新政機構都有女人，她們參加各種社會救濟工作，小羅斯福夫人亦鼓勵女人投身工作行列。她撰寫《由女人決定》（*It's Up to the Women*）一書，呼籲女人踏入政治，爭取社會正義。

新 政與黑人

雖然黑人支持小羅斯福及民主黨，但黑人僅獲得間接的援助，聯邦政府未提出任何改善民權方案，亦未對種族隔離作出補救措施。棉花是黑人生活大宗，不景氣時棉花價格慘跌，黑人受創頗巨。農業調整總署雖經援地主，但卻無法嘉惠百分之八十無地的黑人。至一九三〇年代末，黑人佃農較十年前減少十九萬二千人，白人減少十五萬人。為了防範人口流失，佃農組織南方佃農聯盟（*Southern Tenant Farmers' Union*），政府並成立農場保障總署（*Farm Security Administration*）貸款幫助佃農購地，但僅有百分之二十五的農人受惠，其餘仍被迫離開農莊。

在新政各項計畫中，黑人所獲有限，由於南方國會議會的強力反對，使得全國工業復興法對南部訂定的最低工資較其他地區低，社會安全法亦不包括農場工人及家僕，而百分之六十五的黑人從事上述兩項工作。田納西河流域計畫所建的城鎮亦採種族隔離方式，但也有不少人致力廢除種族隔離，如內政部長艾格斯（*Harold Ickes*）要求部內之咖啡室不得有隔離

等。

新 政與印第安人

一九三〇年代以前聯邦政府絕少與印第安人商議立法處理印第安人問題。印第安人自美建國以來即成爲被忽視的部落。一八八七年通過道斯土地法（*Dawes Act*），迫使印第安人放棄傳統生活方式，融入新社會。此法造成百分之六十的印第安人出售土地，將他們困居於沙漠之中，或窄小的土地內。

新政時代約翰・柯里爾（*John Collier*）受命出任印第安事務局局長（*Commissioner of Indian Affairs*），情勢好轉，柯里爾重建印第安部落，他認爲部落可與政府交涉，促進社區發展，印第安人有權自決，他鼓勵研究印第安人歷史、文化，以便重新建立他們的傳統，拾回驕傲及信心。一九三四年國會通過印第安人重建法（*Indian Reorganization Act*），承諾印第安人可以自治，撥款印第安人購回失地。有部分印第安人反對此案，他們多已離開舊居，擁有新生活。不過仍有四分之三的印第安人接受重建法案。

新 政與大眾文化

與一九二〇年代相比，三〇年代的美國文化顯得較爲憂鬱，文學藝術著重貧窮及人類苦難等寫實土題。大眾文化中出現逃避主義（*escapism*）傾向，尤其是經濟情勢惡化之際，許多人試圖從電影及收音機中尋求慰藉。暢銷書籍多爲尋夢、回憶及如何成長等，如《怎樣贏得朋友，並影響別人》（*How To Win Friends and Influence People*）。新政時期具影響力的小說家約翰・帕索斯（*John Dos Passos*），其三部代表作《第四十二平行線》（*The 42nd Parallel*）、《一九一九》（*1919*）及《大錢》（*The Big Money*）構成美國三部曲。帕索斯用新聞影片體例，採類似新聞標題方

式，以現實及小說人物爲撰寫主角，書中角色多爲在現實社會中喪失理想，日趨冷酷的人。此外還有艾爾斯吉尼・卡德威爾（ *Erskine Caldwell* ）的小說《菸草路》（ *Tobacoo Road* ）描寫喬治亞佃農的艱苦歲月與悲慘人生，膾炙人口。而史坦貝克（ *John Steinbeck* ）所寫的《憤怒的葡萄》（ *The Grapes of Wrath* ）以及瑪格麗特・米契爾（ *Margaret Mitchell* ）的《飄》（ *Gone with the Wind* ）更是家喻戶曉。《憤怒的葡萄》描述喬德（ *Joad* ）一家人在一場風暴中搬離奧克拉荷瑪（ *OKlahoma* ）舊居，移民加利福里亞，種植葡萄爲生，卻遭地主無情剝削，挺身反抗的經過。《飄》則是述說南北戰爭及南方重建時期，郝思嘉（ *Scarlett O'Hara* ）女士努力再生的經過，爲當時的人們生存提供不少助益。

不景氣時代每週約有八千五百萬人觀賞電影，其中以個人努力成功及喜劇較受歡迎，尤其是貧家女與富家子或年輕貌美的富家女與艱苦奮鬥少男戀情更受關愛。當時甚獲喜愛的娛樂爲弗萊・艾斯泰（ *Fred Astaire* ）及晶格・羅傑斯（ *Ginger Rogers* ）的舞蓋，童星雪梨・田波（ *Shirley Temple* ）以及卡通人士華德・迪士尼（ *Walt Disney* ）的米老鼠和白雪公主及七個小矮人的故事。一般人多以聽收音機消遣度日，收音機白天播放肥皂劇（ *soap operas* ），下午傍晚則爲兒童劇或犯罪、冒險故事，晚上多半是喜劇及音樂。

結　語

新政時逢美國內外煎迫，上下交爭之際，小羅斯福以個人魅力開前所未有之新局，嘗試經由「救濟、復原、改革」三個階段，挽救美國經濟，恢復國內秩序。新政改革爲大膽之實驗，既思沿襲傳統又圖擺脫固習，兩者之間如何拿捏得當，恰如其分，誠非易事，影響小羅斯福功業，評論不一。有譏之爲革命，有譽之爲改革。

新政既非資本主義亦非社會主義，而是融合兩者之精神，開創福利國

　　家的政策。新政充分顯露了美國之實驗主義精神,以及執政者小羅斯福之
魅力與親和力,刻劃了民主政治的意義與價值。

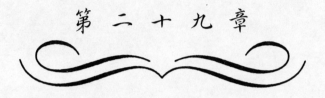

第 二 十 九 章

參加二次大戰凱旋高歌

一九三〇年代世局再現詭譎。德國、義大利力圖重振國勢，英法等國不甘示弱，雙方較勁，暗潮洶湧，一九二九年全球面臨經濟不景氣衝擊，各國無不籌謀對策，擺脫困境，國家主義應運而生，提高關稅、擴充軍備成爲整治之道，軍國武力大行其道，但卻影響國際貿易窒礙難行。值此歐洲局勢動盪不安時分，小羅斯福總統立足美國，胸懷歐洲，放眼世界，希望經由建立國際組織，解決爭端，促進世界和平。無奈美國此時困於經濟蕭條，工人失業，新政改革實驗面臨考驗，美國人無暇外顧，加上一次大戰慘痛教訓，舉國瀰漫孤立主義氣氛，不願介入歐戰。然而隨著戰事演變，美國不僅陷於戰爭，且成爲捍衛民主急先鋒。本章將敍述美國戰前的外交孤立立場、介入戰爭經過，以及戰爭時期的內政與外交。

第一節

戰前外交

美國外交慣採兩面手法，對亞洲及拉丁美洲積極干預，對歐洲則審愼行事。一次大戰期間美國援歐未獲禮遇，戰後更趨審愼。二次大戰前夕，小羅斯福察覺德國坐大將有害人類和平，並影響美國安危，但鑑於美國人對歐態度保守，尤其孤立主義反對干涉外國心結，以致不敢鹵莽、衝動行事，步履謹愼小心。惟對拉丁美洲乃一本過去，態度堅定。

與 拉丁美洲國家的關係

小羅斯福對拉丁美洲採「睦鄰外交」（ Good Neighbor ）政策。他於首任就職演說中即保證友善對待鄰國。國務卿科德爾・赫爾（ Cordell Hull ）努力推動與中南美洲國家關係。一九三三年泛美國家會議（ Pan－American Conference ）在烏拉圭召開，美國善意回應，同意會議

中爲促進地域合作所達成的一百多項決議案，其中最重要一項是支持「任
何國家無權干涉其他國家內政」，放棄一九〇四年老羅斯福所遵循的「門
羅主義」。

小羅斯福睦鄰外交首先在古巴遭遇考驗。一九三三年古巴發生暴亂，
導致古巴政府領袖馬加度（ *Gerardo Machado* ）下台，小羅斯福採用外交
而非軍事干預方式協助恢復秩序。一九三四年美國放棄一九〇一年美國得
干預古巴內政的普拉特（ *Platt* ）條約，同年並撤回駐守在海地、尼加拉
瓜的美軍。睦鄰外交的另一次重大考驗在墨西哥。一九三八年墨西哥美國
油商拒絕墨西哥政府所支持的一項勞工契約，引起墨國政府不滿，將石油
收回國有，美國要求墨西哥賠償美國油商損失，但小羅斯福反對派軍赴
墨。雙方指派聯合委員會研究問題所在。一九四一年達成協議，墨西哥同
意賠償美國。

爲了推動睦鄰外交政策，小羅斯福致力闡揚泛美主義理想，促成西半
球國家平等相待。他於一九三六年參加在阿根廷召開之泛美會議，會中北
美及南美國家同意放棄侵佔鄰國土地和利用武力催債，以和平方式解決彼
此爭端。簡言之，美國同意不再主宰其他弱國。

與 歐洲的關係

小羅斯福甫就職之際，沿用哈定及柯立芝策略，不與歐洲國家合作。
一九三二年大選時，他曾明確表示美不應加入國聯，他希望美國能成爲國
際法庭一員，亦遭參議員否決。小羅斯福於新政提出之際採經濟孤立政
策，無論全國復興總署及農業調整法案，皆只重視國內經濟復甦而未顧及
世界各國，總統甚至還授意提高關稅。一九三三年夏天六十六國代表在倫
敦召開國際金融會議，這是前胡佛總統任內提議舉行之會議，旨在加強國
際合作、降低關稅、穩定貨幣。這項會議是否可能成功有待爭議，但小羅
斯福公開反對美元與其他國家貨幣匯率的協定，他擔心此舉將傷害農價，
但卻引起歐洲各國對美國的猜忌與不信任。

　　當美國經濟復原工作次第展開並獲績效之後，小羅斯福轉念與其他國家經濟合作。國務卿赫爾認為唯有降低關稅才能促進世界繁榮及發展友好關係。經其大力鼓吹，國會於一九三四年通過貿易互惠法案（ *Reciprocal Trade Agreements Act* ）允許國務院與其他國家簽署相互降低進口關稅法律，降低斯穆特─霍利關稅百分之五十稅率。迄一九四〇年美國與二十多國簽約，佔美國對外貿易額百分之六十以上。

與 蘇俄關係

　　蘇俄自一九一七年列寧革命以來，拒絕清償沙皇時代積欠的外債，鼓吹世界革命，遭致美國人敵視，不承認共產政權。一九二〇年蘇俄成立第三國際，希望藉此推翻資本主義政府。一九二四年列寧去世，史達林崛起，蘇俄似乎暫時放棄世界革命，全力發展工業。至一九三三年蘇俄予人威脅日減，同時蘇俄工業裝備急需外援，為美貨提供有利市場，導致美國改善與蘇俄關係。一九三三年美國承認蘇俄政府，雙方關係改善。

對 侵略國家之態度

　　一九三〇年代歐亞三大軍國逐漸成形。日本軍閥得勢，試圖控制東亞及太平洋；義大利墨索里尼（ *Benito Mussolini* ）計畫染指地中海並向北非擴張，建立義大利帝國。德國希特勒（ *Adolph Hitler* ）成為國家社會黨（納粹黨 *Nazi* ）領袖，企圖征服中歐及東歐。墨索里尼與希特勒服膺法西斯主義（ *Fascism* ），主張政府領袖控制全國人的政治、經濟及文化生活。他們反對政府保護人權，墨索里尼甚至認為民主是腐屍（ *rotting corpse* ），堅持建立一個管理全民生活的獨裁國家（ *totlitarian state* ）。無論德國或義大利的法西斯政黨皆大權在握，選舉不在選能，而是表達效忠。納粹黨利用武力及祕密警察鎮壓異己，消滅反對勢力，發動羣眾集會遊行，透過曲樂，訴之種族驕傲及仇恨來拉攏人心，納粹將德國問題歸咎

猶太人，因而驅逐政府機構及大學內之猶太人，抵制猶太商店，摧毀猶太教堂。希特勒及墨索里尼要求絕對服從。德義日三國領袖皆相信他們向外擴張源自天命（*divine right*），納粹黨教育德國人是最優秀的種族，有征服歐洲的使命，一九三五年墨索里尼攻擊非洲之伊索匹亞；一九三七年日本大舉入侵中國；一九三八年希特勒控制奧地利。此外，希特勒及墨索里尼並於一九三六年支持佛朗哥將軍（*Francisco Franco*）反抗西班牙左翼政府，使得佛朗哥在一九三九年贏得政權。

值此歐洲兩強頻頻出擊，染指鄰國之際，英法兩國卻低調處理，採姑息政策，以忍讓而非遏阻方式，滿足德義，維持和平。姑息政策最具體表現在一九三八年九月的慕尼黑會議（*Munich Conference*），英法兩國領袖默許德國合併捷克，換取希特勒保證不再進一步向外擴張。但這只能圖一時之快，而未能消除德國野心。

至於美國，鑑於一次大戰龐大債務未曾收回，民主理念未受尊重，國會於一九三五、一九三六、一九三七年分別通過三項中立法（*Neutrality Act*）：1.禁止銷售或轉送武器給交戰國家。2.拒絕貸款給拉丁美洲以外之交戰國家。3.交戰國購買原料得預先付款，並自行運載。4.美國人遠離戰區，並且不得搭乘交戰國船隻。小羅斯福雖認可中立法，但卻對侵略國頗有微詞。他於一九三七年十月在芝加哥發表演說指出，如果侵略國橫行無忌，美國也絕無逃避可能。他認為美國應與其他國家合作，向侵略國保證要恢復世界法律秩序，但未獲百姓認同。

第二節

捲入戰爭

歐洲戰事日趨明顯，美國內部態度更趨分裂，大致可分為二個方向：孤立主義及國際主義。孤立主義反對美國介入歐洲事務，他們遵循華盛頓

臨別宣言，反對介入國際聯盟，要求美國在世局中保持中立。美國可以參與拉丁美洲及亞洲事務，確保美國利益，但不介入歐洲事務。孤立主義最主要的代言人多為來自美國西部、中西部的進步共和黨員。此外，《芝加哥論壇報》（*Chicago Tribune*）、赫斯特報系、天主教神父庫格林（*Coughlin*）所主持的電台，從美國飛越大西洋的知名飛行員林白等人皆強烈反戰。國際主義份子（*internationalists*）則認為美國安全與英法防堵希特勒向外擴張息息相關，他們多來自美國南部及東北部，包括民主黨及部分共和黨人士。有關歐戰之發展及美國參戰之經過分別敍述如下。

歐 戰之演變與美國之對策

1. 第一階段（1939）

一九三九年三月希特勒違反慕尼黑協定吞併捷克，八月與蘇聯簽署互不侵犯條約。德蘇雙方各懷鬼胎，蘇聯希望德軍遠離俄國版圖，希特勒則試圖避免重蹈一次大戰的惡夢，此外希特勒更可藉此攻擊波蘭，並與蘇聯共同瓜分。一九三九年九月一日黎明，德軍發動閃電攻擊。入侵波蘭，德機不僅轟炸戰區，並騷擾非戰區，驚駭百姓，不到一個月完成征服波蘭，蘇聯依約佔領波蘭東部，英法為承諾防禦波蘭，於九月三日向德宣戰，二次世界大戰於焉展開。

納粹閃電攻打波蘭引起美國強烈反感並重新檢討反戰決定。一九三九年九月小羅斯福呼籲美國人保持中立，但同時要求國會取消武器禁運，容許英國法國購買美國武器。雖然反對之聲不絕於耳，但經過六週激烈辯論，國會接受總統提案，英法只要付現，並自行運輸，即可獲得美國武器，國會同時取消禁運並派船至戰區。

2. 第二階段（1940）

一九四〇年春天，希特勒繼續入侵挪威及丹麥，德軍橫掃荷蘭、比利

時，擊潰英軍法軍主力，英軍自法國港口敦克爾克（Dunkirk）搭乘六百
艘船撤退。一九四〇年六月法軍投降，英軍獨自作戰，希特勒準備進攻英
國。德機開始轟炸英國軍事基地及城市，以便德軍越過海峽，英國似將步
入荷法後塵。恰於此時，英國首相邱吉爾（Winston Churchill）適時而
出。邱吉爾以感人心扉、動人心弦的演說，呼籲國人保家衛國，戰至一兵
一卒，絕不投降。邱吉爾向美借貸五十艘驅逐艦，保護英艦免於德國潛水
艇攻擊。小羅斯福與國會領袖商議發現，此舉不易成功，轉而決定自力救
濟。一九四〇年九月他簽署一項「以驅逐艦交換基地」的行政命令。美國
將一次大戰期間使用的五十艘潛水艇交換英國在紐芬蘭、百慕達及巴哈馬
所建立的海軍基地使用權。這項大膽舉動固然有其必要，但卻為總統擴權
立下先例。

　　「驅逐艦交換基地協定」事實上是美國對德作戰的開始。許多美國人
視之為「自衛」，英國人英勇作戰，屹立不搖，感動世人，美國不再置身
事外，國會接受小羅斯福警告，撥款一百三十億元作為國防經費，通過提
高稅賦。一九四〇年九月更通過義務兵役法（Selective Service Act），八
十萬青年應徵入伍。一九四〇年大選，美國人為因應戰局，打破歷史慣
例，讓小羅斯福二度蟬聯美國總統，也是美國第一位任期超過兩屆的最高
行政首長。

　　小羅斯福連任後擺脫束縛，繼續國際外交折衝工作。此時英國已山窮
水盡、國庫空虛，無錢購買武器。一九四〇年十二月底，小羅斯福建議美
國成為「民主大軍火庫」（great arsenal of democracy），租借貨物予
英，待戰後再償還。小羅斯福這項「租借法案」（Lend-lease）政策是
「在鄰舍失火時，將一條水管借給鄰人」。租借法案在美引起爭議，但百
分之六十的選民支持這項法案。一九四一年三月國會兩院多數議員通過租
借法案，美國得視美國安全需要將美國武器及軍品租借外國。

3.第三階段（1941）

　　租借法案之通過與執行是兩回事。一九四一年春天希特勒攻擊南斯拉

夫及希臘，雖然有租借法案承諾，但援助未抵達之際，德國已攻陷上述兩國。英國雖然昂然挺立於德機肆虐轟炸之中，但德國潛艇依然可以封鎖英國，爲了確保租借品能順利運抵，美國於不自覺中捲入大西洋戰爭風暴之中。美軍佔領格陵島及冰島，保護輸英物資不斷。美國海軍在北大西洋巡弋，跟蹤德國潛水艇。一九四一年五月德國潛水艇擊沉美國商船魯賓‧摩爾號（Robin Moor），此後，美國戰艦開始護航，保護輸往英國之貨物，但也引發新的衝突。一九四一年十月，德國潛水艇擊沉美國驅逐艦魯賓詹姆士號（Reuben James），一百多名水手遇害。國會於是取消中立法，允許美國武裝商船進入交戰區。一九四一年六月希特勒突然入侵蘇聯，佔據廣大土地，迫使蘇聯與英締盟，戰爭形態一改往昔。

亞 洲戰事

歐戰吸引了世人的焦點，也提供了日本向外擴張的良機。日本有意染指英國、法國、荷蘭在亞洲的殖民地，建立東亞共榮圈。東亞地處熱帶，稻米、橡膠、錫、鋅、油產量豐富，足供日本工業發展使用。日本野心不在話下，而美國是唯一的阻撓。美日自胡佛—史汀生主義（Hoover–Stimson Doctrine）以來，關係緊張。一九三七年日本藉口日軍失蹤，發動蘆溝橋事變，陸續入侵中國之北京、上海及南京，造成中國人重大損傷。南京被圍受困之際，美國砲艦潘尼號（Panay）奉命撤僑，該艦雖懸掛三面美國國旗，仍遭日機突襲並炸沉，事後日本道歉並全額賠償，但兩國關係更形惡化。

一九四〇年九月日本與軸心國德國及義大利結盟，影響美國對日態度更趨強硬。美國中止對日石油及廢金屬輸出，並拒絕日本利用貸款向美購物。一九四一年美國派遣租借使團（Lendlease Mission）到華。

一九四一年十二月六日美國截獲一份日本駐美華府大使館的電報，要求銷毀解密碼設備，顯示日本對美將有所舉動，十二月七日日本對珍珠港發動突襲，造成美軍太平洋艦隊慘重損失，五艘戰艦、二艘驅逐艦沉沒，

二百架飛機被炸，二千四百名美軍死亡，一千二百名美軍受傷，惟航空母艦赴外得以倖免。

┃第三節

戰 時 美 國

珍珠港事件後，小羅斯福要求國會承認美國進入交戰狀態，國會以壓倒性多數通過對日宣戰，三天後德國、義大利對美宣戰，美國國會則一致通過採對等措施。從此，美國展開兩洋作戰。

歐 洲 戰 局

一九四一年至一九四二年間軸心國居優勢。一九四一年六月德國對蘇聯發動攻擊，影響戰局峯迴路轉，一九四三年一月德軍重挫，一九四四年六月六日盟國反攻，德國終於一蹶不振。

1.一九四一至一九四三年的戰事

一九四一年軸心國在歐洲及北非戰事頻頻告捷，三月及六月德國沙漠之狐隆美爾將軍（Erwin Rommel）率領德義聯軍進逼蘇黎士運河，四月納粹德軍在三週內蹂躪南斯拉夫及希臘，五月發動空襲並佔領英屬克里特島（Crete）。一九四一年六月希特勒對蘇聯發動大規模攻擊，一百八十個軍團長驅直入，蘇俄似乎危在旦夕，一九四一年十二月德軍佔領蘇聯相當法國二倍大土地，包括烏克蘭。惟冬季降臨，德軍受困莫斯科及列寧格勒城，一般認為蘇軍崩潰在即，德軍從此可橫掃中東並與日本在印度會師。德軍在歐洲成敗勝負端視蘇聯之抵抗是否可支持至美英從西部發動攻勢。納粹德軍雖在蘇聯遭受重挫，但在一九四二年春天仍有實力發動第二

波強大攻勢，在盟軍援助尚未運抵東線時，德軍再度向裏海附近豐富油區發動攻擊。一九四二年仲夏，勝利在望，卻受阻於窩瓦河（Volga River）旁的史達林格勒。蘇軍頑強抵抗，德軍無法倖進，同時英美軍援物資紛紛抵達蘇聯。一九四二年蘇軍反攻，攻打圍困史達林格勒之德軍。一九四三年一月底，三十三萬德國兵士投降，蘇聯軍隊朝德國進軍，二年後抵達柏林。

2. 美軍加入戰場

美軍對日義德宣戰後，軍事計畫仍以歐戰為主，大力援助英國，支持蘇聯。一九四二年英美聯軍於摩洛哥及阿爾及利亞登陸，攻擊北非的德軍及義大利軍隊。十月隆美爾在埃及遭英軍擊敗，自埃及向西撤退，德軍在兩面受敵情形下，困於突尼西亞（Tunisia），一九四三年五月棄械投降，一九四三年七月及八月英美軍隊佔領西西里，九月登陸義大利半島。雖然此時墨索里尼已下台，德軍仍佔有義大利，頑強抵抗。盟軍進展緩慢，遲至一九四四年六月才攻佔羅馬。一九四四年六月六日盟軍百萬雄師在艾森豪將軍（Dwight D. Eisenhower）率領下，搭九千艘船越過英倫海峽，至法國諾曼第登陸。這項經過二年籌備的計畫，進展順利，八月大軍迅速向東挺進，九月抵德國西界。同時蘇軍包圍了東界，納粹仍負隅頑抗。一九四四年六月對英發動飛彈攻擊，十二月希特勒二十師步旅加強對比利時反攻，但在比利時之東部巴吉（Bulge）遭盟軍擊潰，盟軍乘勢越過萊因河，進入德國。蘇軍亦西進，一九四五年四月攻陷柏林，德軍土崩瓦解，希特勒在地下保壘自殺，五月七日德軍同意無條件投降。

亞 洲戰局

日本自突襲珍珠港成功後，戰事順利，陸續攻佔美國在廣島及威克島（Wake Island）基地，英國的香港以及泰國。一九四二年二月英國重要防地新加坡淪陷，四月美菲聯軍在菲律賓巴丹島（Bataan）受挫，投降，

小羅斯福下令駐守巴丹島的美軍將領麥克阿瑟（*Douglas MacArthur*）移防澳洲，麥克阿瑟誓言「我將回來」，成爲歷史不朽佳話。同年日本奪取緬甸及東印度羣島，並佔據阿留申羣島中兩座小島。一九四二年日本佔領約六億人口的面積，成爲世界人口最多的國家。日本鯨吞大幅土地尚未咀嚼消化之際，即面對美國催討。一九四二年五月美艦在珊瑚海（*Coral Sea*）與日本艦隊交鋒，一個月後中途島之役（*Battle of Midway*）經過三天鏖戰，日本艦隊鎩羽而歸，在這場戰爭中航空母艦作戰效益充分顯露無遺。一九四二年八月美國海軍陸戰隊登陸所羅門羣島中之爪達康納爾島（*Guadalcanal*），經過六個月海陸空之慘烈對峙，美軍終於一九四三年降服日軍。

一九四三年至一九四四年美軍對菲律賓及東京兩地展開逐島作戰（*island hopped*）。一九四四年十月麥克阿瑟實踐諾言，重返菲律賓，自雷伊泰島（*Leyte*）登陸，麥克阿瑟與海軍將領尼米茲（*Chester Nimitz*）的兩棲作戰部隊聯合行動，逐步攻佔日本在中太平洋所據有的島嶼。一九四五年日本在海外最後兩個據點，硫黃島（*Iwo Jima*）及琉球（*Okinawa*）分別於三月及六月淪陷。歷史對兩島浴血戰有詳盡報導，且對日本英勇表現多所披露。硫黃島大小不過數平方哩，美國海軍陸戰隊損失逾二萬人，日本採用神風特攻隊自殺機（*Kamikaze*）方式攻擊美艦，令美國人動容，震驚不已。

一九四五年夏天希特勒兵敗，聯軍合力對抗日本，美國對日本捍衛家園決心深以爲憂，蘇聯爲獲得日本在中國東北的權益決心對日本作戰。爲了避免戰事曠日持久，美國決定使用原子彈。原子彈最早於一九四五年七月十六日在新墨西哥試爆，相當二萬噸黃色炸藥。一九四五年七月二十六日杜魯門總統（*Harry S. Truman*），（一九四五年四月小羅斯福去世，由副總統杜魯門接任）要求日本投降，否則將予摧毀，日本認爲美國虛張聲勢。一九四五年八月六日第一顆原子彈在日本廣島（*Hiroshima*）擲下，炸死七萬日人，二天後蘇軍揮師進入中國東三省，日本仍作困獸之鬥，八月九日第二顆原子彈在長崎（*Nagasaki*）擲下，次日本同意無條

件投降。一九四五年九月二日日軍在東京灣米蘇里（ *Missouri* ）戰艦舉行投降儀式。

第四節

戰 時 內 政

二次大戰期間，美國動用人員、資源，史無前例，至一九四四年逾一千一百萬人入伍，女性有數千人擔任非戰鬥勤務，工廠工人創新高，戰爭解決了新政最頭痛的失業問題。

戰 時生產

美國贏得二次世界大戰，戰略戰術成功，戰士英勇表現，無庸置疑。但美國後勤工業生產補給配合貢獻亦不容忽視。一九四〇年五月小羅斯福總統要求年產五萬架飛機，令許多人懷疑，但事實上至一九四四年美國年產飛機達十二萬架。此外，四年之中，美國造艦噸數大增，相當世界其他商船總合。戰爭期間，一切生產均由戰時生產局（ *War Production Board* ）以及後來的戰爭指揮部（ *Office of War Mobilization* ）主管。這些機構決定生產契約，分配短缺物資，協助工業單位建廠或轉型生產軍需品，但有些政府機構工作雷同、手續繁瑣以致混亂浪費情形層出不窮，參院乃設立特別委員會調查國防計畫，至一九四四年美國百分之五十的生產投入戰爭供需。美國貨物生產約增加一倍。戰時爲了協助工人就業，成立戰時勞工局（ *War Labor Board* ）。由於美國勞工聯盟在珍珠港事件後，允諾不發動罷工，因此該局工作輕鬆，雖然有少數小規模罷工，大致都遵守協定，未發生重大罷工事件。

爲了提升戰力，美國致力研發工作。一九四一年六月小羅斯福設立

「科學研究部」(*Office of Scientific Research*),由萬勒瓦‧布希
(*Vannevar Bush*)負責的這個機構貢獻著卓,成效不亞於陸軍及海軍在
戰場上的表現。主要成就有:雷達控制大砲、砲彈信號、反坦克火箭筒、
DDT殺蟲劑、盤尼西林及血漿等。

戰 時婦女

　　戰時由於男人服役者眾,許多過去限於男人的工作已開始聘用女人,
導致女人就業者日增,影響美國社會結構。政府、報紙、電台、新聞影片
透過各種廣告,呼籲女人參加工作。例如「如果你會開車,就會操縱機
器」,並以愛國之名鼓勵,約八百萬女人在戰時投入工作行列。少數女人
擔任公職,多半則從事粗笨工作,在生產線或鋼鐵廠、船塢工作。除了戰
備軍需品外,女人亦擔任汽車駕駛、車輛管理員、伐木工人、理髮匠,這
些女人多半已婚並育有小孩。爲了鼓勵婦女工作,政府設立許多職業訓練
課程,國會撥款四十萬元設立托嬰中心,協助婦女,但不足所需。婦女工
資增加,「同工同酬」的理念更爲普遍。戰爭初期女人工作只是臨時性
質,戰爭結束,百分之八十的女人要求繼續工作,但僱主多聘請退伍軍
人,女人所獲待遇回歸戰前的不平等地位,戰後一年之內約兩百萬女人失
業,許多婦女由高薪工作貶爲低薪職員,令人沮喪,但較戰前仍有進步。

戰 時民權

　　戰時需求工人孔殷,影響黑人由農業改行工業者眾,他們離開南部家
園遷居東北、中部及加利福尼亞,投入國防相關工作。戰前許多不聘僱黑
人工作的機構,如飛機製造廠,戰爭期間則讓數千黑人加入,許多黑人加
入工會。黑人工作人數增加,社會關係趨緊張,老手痛恨新人,不管什麼
膚色都一樣。加利福尼亞人就討厭奧克拉荷馬及德克薩斯州於一九三〇年
逃避乾旱前來移民的農人。許多州反對新來的黑人,迫使警方保護遭受無

禮對待的黑人，各地都有種族問題發生，如底特律、密西根、紐澤西、紐瓦克（ Newark ）、春田（ Springfield ）、麻薩諸塞及德州等地。聯邦政府在消除種族歧視方面並不一致。一九四一年黑人勞工領袖菲力普‧蘭道夫（ Philip Randolph ）威脅將發動十萬人赴華府遊行抗議在國防相關工作及軍隊受到種族歧視，小羅斯福乃下令成立公平僱工委員會（ Fair Employment Practices Commission ）監督政府及從事戰爭工業之私人公司，公平對待黑人，但是軍隊仍採種族區隔。

戰爭期間種族歧視最嚴重的問題是，美國對日裔美人的態度。除了夏威夷之外，百分之九十的日裔美人多居住在加利福尼亞及美洲太平洋西北沿岸地區，由於移民法規限制，許多日本老人無法歸化爲美國公民，但其子裔卻因出生美國可以歸化。戰爭期間，美國及加拿大政府擔心這批人對美效忠態度，下令將他們移居至美國內陸地區。大約二十萬名日裔美人被限制住在遠離太平洋岸的營區中，居所四周有鐵絲網及兵士巡邏，雖然這項舉措獲最高法院認可，但對小羅斯福人權紀錄有不良影響。

戰 時財政

戰時最大的問題是通貨膨脹。由於工人就業比率提昇，實得工資增加，每週工時延長，加班費提高爲工資的一倍半，人們有更多金錢花費。但大宗生產偏重戰利品，民生消費品不足且不易獲得，影響通貨膨脹。面對此景，各方責難不斷，解決辦法不一，有規定工資上升限爲百分之十五，凍結房屋租金，政府設立物價總署（ The Office of Price Administration ），成立分配系統，處理短缺食物供應如肉類、糖、汽油、鞋、罐頭食物，同時成立物價管制機構。政府並以開徵所得稅方式削減購買力。一九四二年的新所得稅法導致許多中下層收入人士無力繳稅，聯邦政府在該年未催繳未納稅的人，一九四三年開始減輕稅額，另謀其他稅收管道，改由從企業利潤著手，如公司稅及暴利稅。政府籌措經費除了徵稅之外，並鼓勵美國人購買戰債（ war bonds ），提升戰爭時期生產力，此

舉阻礙人們的購買力。總之，戰時人民生活較平時吃緊，物價指數上升百
分之二十九，但較一次大戰改善許多。一九四四年大選，民主黨再度提名
小羅斯福，共和黨派出杜威（ *Thomas E. Dewey* ）。美國人民基於戰爭領
導需求，再度選小羅斯福出任美國總統。

第五節

戰 時 外 交

二次世界大戰期間。盟國之外交政策重心爲「如何擊敗軸心國家」。
美國、英國、蘇聯及其他反軸心國家組成聯盟，小羅斯福、史達林、邱吉
爾等三巨頭，不時集會研討勝戰及謀和方式。但基於資本主義及共產主義
意識形態的差異以及對世局的態度，盟國之間充滿猜忌、矛盾，影響戰後
世局發展。二次大戰期間盟國重要之外交活動爲：

一九四一年的大西洋憲章

小羅斯福慣以個人魅力處理問題，戰爭期間他喜歡與他國領袖直接會
晤，商議外交。他相信可以憑藉個人力量說服他人，達成協議。一九四一
年八月小羅斯福與英國首相邱吉爾在紐芬蘭（ *Newfoundland* ）岸外的一艘
軍艦見面，發表了大西洋憲章（ *Atlantic Charter* ）。這份聲明無論從內容
及意圖來看，與威爾遜十四點和平原則相似，皆在追求一個美好的未來世
界。聲明中要求終止侵略，人們有權選擇政府形式、資源共享、裁減武
器，並成立世界和平組織。

聯合國宣言

　　珍珠港事件發生後，小羅斯福即意圖將反德國家組成強大同盟。一九四二年一月一日二十六國代表在華盛頓集會，簽署聯合國宣言（Declaration of the United Nations）。會員國同意支持大西洋憲章原則，允諾在經濟上、軍事上全力對抗軸心國家，並不單獨媾和。為了鞏固盟國間關係，小羅斯福與邱吉爾保持密切聯繫，但其他國家對美英的部分作法則不以為然，譬如中國蔣介石先生即對歐洲優先的戰略不滿，法國領袖戴高樂（Charles de Gaulle）不贊同美國承認納粹支持的法國政府。小羅斯福及邱吉爾質疑戴高樂是否可代表法國，因此未將他等同對待。

　　在美英合作關係中，對蘇聯的態度最難處理。小羅斯福和邱吉爾公開譴責蘇聯於一九三九年入侵中立國芬蘭（Finland），邱吉爾認為蘇聯外交政策令人無法理解。史達林從未離開蘇聯，極度懷疑資本主義國家。儘管如此，英國、美國、蘇聯卻建立一種微妙的聯盟。沒有蘇聯，德國不會戰敗，但蘇聯又依賴英國及美國補給，蘇聯在二次大戰死傷超過任何其他國家，也是不爭的事實。

戰 時其他重要會議

　　戰爭期間，盟國為加強合作，舉行了一連串國際會議。1.一九四三年一月在摩洛哥卡薩布蘭加（Casablanca）召開了一項國際會議，小羅斯福及邱吉爾同意要求軸心國家無條件投降。以便確定蘇俄及其他西方國家不會與德國單獨締約媾和。2.一九四三年八月在加拿大魁北克集會，小羅斯福及邱吉爾同意對義大利的和平條件，因為盟軍準備在西歐開闢第二戰場。3.一九四三年十一月在埃及的開羅（Cairo），小羅斯福、邱吉爾及蔣介石會晤，討論對日作戰，並允諾韓國獨立。4.一九四三年十一月在伊朗首都德黑蘭（Tehran），小羅斯福、邱吉爾與史達林會面，同意在一九四四年發動反攻開闢第二戰線自法國登陸。史達林則保證同時由東部配合攻擊德國，三國領袖亦討論蘇聯對日作戰的可能。5.一九四五年二月小羅斯福、邱吉爾、史達林在蘇聯之雅爾達（Yalta）集會。同意美、英、

蘇、法四國於戰後佔領德國；納粹主義應予根絕，歐洲各民族如蘇聯所佔
據土地內之波蘭人，應建立自由選舉的民主政府。三方並同意一九四五年
四月在美國舊金山集會，成立世界組織。雅爾達密約並同意蘇聯在德國戰
敗後對日作戰，蘇聯將獲得日本庫頁島南部及千島羣島，保有外蒙並擁有
中國東三省之不凍港。史達林同意支持蔣介石為中國官方領袖。雅爾達密
約長久以來一直被視為美英出賣盟友的罪證，但美方也有其解讀所在。根
據美國官方的說詞：1.一九四四年十二月十六日德軍反攻深入在比利時東
部及北部的盟軍陣營時，美國為了脫困必須讓蘇軍繼續對德施壓。2.美國
要讓蘇俄加入對日作戰。在原子彈完成之前，美國估計擊敗日本將需再費
時十八個月，犧牲一百萬美軍。3.美國發現蘇軍佔領全波蘭，讓波蘭舉行
大選是不得已之計。4.小羅斯福希望經由聯合國解決上述問題。雅爾達之
旅，小羅斯福精疲力竭，返國後向國人說明了該約的歷史意義但未提及祕
密協定。二個月後，一九四五年四月十二日他在喬治亞洲的沃姆斯普林斯
（*Warm Springs*）突然去世，舉國哀悼，副總統杜魯門繼位。

聯 合國誕生

　　一九四五年四月二十五日，反軸心五十國代表在美國加利福尼亞州舊
金山集合，籌備新國際組織聯合國（*United Nations*）。由於英美與蘇聯
之間彼此猜忌，對聯合國之架構採妥協之計。聯合國設大會（*General
Assembly*），與會國不分大小皆有一票，另有常任理事會，有十一個常任
理事國，其中美國、英國、蘇聯、法國、中國為永久常任理事國，其餘六
國由各國輪流出任委員會，決定須七國同意，其中包括五個永久常任理事
國，他們有權否決法案通過。聯合國憲章說明聯合國宗旨是會員國保證忠
實履行基本人權，遵行和平條約的條款並與鄰國友善相處。鑑於威爾遜國
際聯盟失敗的慘痛教訓，小羅斯福此次召開聯合國會議，邀請了民主黨及
共和黨國會議員參加。一九四五年參議院討論聯合國入會案時，以八十九
票對兩票，批准美國加入，此後聯合國成為維持世界和平的主要機構。

結　語

　　二次世界大戰源於歐亞，融於美國。一九三七年日本侵略中國，一九三九年德國進攻波蘭，皆爲戰爭啓端，唯戰場相隔，一九四一年美國先後對日德義宣戰，世界大戰合爲一體，歷經四年，同盟國衆志成城，軸心國無條件投降。此次大戰殘酷暴行令人髮指，僅納粹消滅猶太人即高達六百萬人，日本在中國之南京大屠殺亦造成空前浩劫。

　　二次世界大戰讓人類感受到戰爭的恐怖，亦激起人類尋求和平意圖，戰前英美巨頭的會商以及戰後聯合國機構之成立，提供了會談的模式，建立了和平管道。美國在這次戰役中扮演關鍵性角色，無論在歐亞戰場，皆予軸心國當頭棒喝，確立了戰後美國的世界領導地位。

第 三 十 章

美蘇冷戰各顯神通

　　二次世界大戰結束，法西斯政權紛遭瓜分、佔領，淡出歷史舞台；取而代之為民主陣營之美國與共產陣營之蘇聯，美蘇兩國分別崛起美洲及歐亞大陸，彼此互不干係，鮮少來往，惟自一九一七年蘇聯共產革命成功，宣揚馬克斯理論，強調工人無祖國，發動世界無產階級革命之後，美蘇之間猜忌日深，互不承認。迄一九三三年小羅斯福主政期間，美國才一反敵視態度，承認蘇聯政府，從此攜手合作，對抗法西斯政權。

　　二次大戰，美英蘇三巨頭多次會晤共商世局，然大戰方結束，美英即聯手圍堵蘇聯。一般追溯其因多歸咎共產主義與資本主義意識形態之分歧，然觀乎歷史不難發現，美蘇兩國分別以第三羅馬自許（第一羅馬為西羅馬亡於公元 476 年，第二羅馬為東羅馬亡於公元 1453 年），蘇聯信奉希臘正教，美國為新教國家，雙方皆以正統自居，當仁不讓，衝突在所難免。再自政局而言，歐洲霸權由英法（百年戰爭），法俄（拿破崙征俄）至德俄（一、二次世界大戰）之爭後，英國式微，蘇聯獨大之勢隱然可見，英國不甘雌伏，由英國移民而建立的美國挺身而出，責無旁貸，從此展開「冷戰」（Cold War）國際形勢。冷戰因美蘇雙方執著民主與共產的意識形態訴求，以致修好不易，非得一方瓦解，不得善罷。本章將敍述冷戰之發生，以及冷戰初期（1945～1953）歐亞的情勢。

第一節

冷戰發生之背景

　　冷戰源於美國總統杜魯門任內。一九四五年四月十二日小羅斯福總統病逝，杜魯門接掌國事，蕭規曹隨，外交循小羅斯福政策，支持聯合國，惟對史達林較不信任，對西方資本主義及蘇聯共產主義在政治、經濟及社會制度上的對立亦表關切。戰後蘇聯佔領東歐大半地區，阻撓自由選舉，加強在伊朗、土耳其、希臘、義大利、法國活動，令美國憂心不已，進而

質疑與蘇聯合作可能。導致冷戰對立局勢出現。究其原因可歸納：

東 西雙方之猜忌

杜魯門總統初次會晤蘇聯外長莫洛托夫（*V. M. Molotov*）時即直率表示，對蘇聯控制波蘭政府不滿。杜魯門要求蘇聯依史達林在雅爾達的承諾，波蘭政府應由共黨及非共黨人士聯合組成。其次，德國投降時，杜魯門立即下令停止租借法案貨物運載，這項宣示為同盟國帶來困擾，尤其是英國受害最大，引起強烈不滿。杜魯門隨即承認錯誤，恢復船運，導致蘇聯疑慮，加深了東方與西方的緊張關係，但尚未達到決裂地步。譬如蘇聯礙於西方國家及聯合國反對，自伊朗撤軍。惟蘇聯對拿破崙及希特勒的入侵教訓念茲在茲，以致對東歐動向絲毫不敢怠忽。一九四五年十一月匈牙利大選，共黨候選人僅獲百分之十七選票，但史達林不願就此罷手，加強限制東歐國家自由選舉。蘇聯軍隊監視選民並督導選舉，波蘭即在這種威脅利誘之下，讓共黨候選人獲得百分之九十的選票。這種情形後來一再翻版演出。東歐從此淪為蘇聯衛星國（*Satellite nations*）。蘇聯不僅拓展版圖，並對其佔領地大肆掠奪。為了彌補戰爭期間所受破壞，蘇聯從德國及東歐國家撤走整座工廠、交通工具、裝備及機器，史達林並下令整肅東歐圖謀獨立的衛星國領袖，惟一倖免的是南斯拉夫的狄托，由於戰後未為蘇軍佔領，得以在蘇聯與西方國家之間走中立路線。一九四五年後美國密切注視蘇聯鎮壓東歐國家爭取自由的舉動。一九四六年三月英國首相邱吉爾在杜魯門陪同下於密蘇里的富爾頓（*Fulton*）發表演說宣稱，從波羅的海的斯德丁（*Stettin*）到亞得里亞海之的底里雅斯德（*Trieste*）已經拉下橫貫歐洲大陸的鐵幕（*Iron Curtain*）。蘇聯已將東歐國家與西方切斷，唯有英語民族的聯盟才能制止蘇聯人的威脅。邱吉爾表示如有必要必須動武，杜魯門及其幕僚同意採用高姿態政策是唯一的選擇。邱吉爾的忠告獲得美國民意普遍支持，儘管許多共和黨國會議員反對杜魯門內政，但兩黨卻一致支持其外交反蘇擴張政策。尤其是參院外交小組委員會主席共和黨

參議員亞瑟‧范登柏格（ *Arthur Vandenberg* ）全力支持杜魯門擬訂外交政策。

共 黨勢力的擴張

　　兩次世界大戰，蘇聯慘遭德軍肆虐，死亡人數達兩千萬，家園受創，哀鴻千里。爲了加強西界邊防，蘇聯派軍確保東歐國家效忠，並爲其盟國。蘇聯爲了增加其影響力，允諾爲各國帶來美好生活。此時許多國家人民陷於貧窮之中，遭受種族、宗教、性別歧視。共產黨強調同志關係，尤其是工人，吸引許多年輕人視共黨爲反貧窮、反壓抑的解放者。共產黨並將世界視同戰場，爲資本帝國主義，與共產主義之爭奪地點。大致說來，貧窮國家較多接受共產主義。

　　面對共黨挑戰，杜魯門採圍堵政策（ *containment* ），防止蘇聯共產主義向外擴張，將之限於旣有地區。圍堵政策係由國務院蘇聯問題專家喬治‧肯楠（ *George Kennan* ）提出。肯楠宣稱，蘇聯征服其他國家野心遠超過保衛國家安全決心，美國必須圍堵蘇聯，阻止其向外擴張。杜魯門總統同意肯楠看法並依其計畫阻撓蘇聯野心得逞。圍堵政策並未獲得全美一致贊同，反對者如專欄作家華特‧利普曼（ *Walter Lippmann* ）認爲，蘇聯軍隊留駐東歐係保護西疆安全，美國無法在世界各地圍堵蘇聯，因爲如此一來，美國必須持續派軍赴外，並且防衛任何反共國家，不論是否爲獨裁國家。利普曼建議美國及蘇聯均自歐洲撤軍，歐洲成爲非戰地區，利普曼將其言論輯爲「冷戰」（ *The Cold War* ）一書，並被沿用至東西間的冰冷關係，成爲二次大戰後美蘇關係代名詞。冷戰旣是文宣也是武鬥，美國必須時時刻刻保持備戰狀態，並隨時提供預防共黨入侵國家的軍備。美蘇雙方均試圖賄賂盟國，鞏固己方陣營，因此可稱爲思想戰。

第二節

歐洲冷戰

圍堵政策首先用於歐洲。一九四七年初英國政府私下告知美方，英國將自希臘撤軍。美國駐希臘外交官評估此舉將導致共黨入主接管，因爲由蘇聯及東歐國家所支持的游擊隊已控制希臘大半地區。一般擔心，繼希臘之後，土耳其將步其後塵，淪陷共黨統治。蘇聯垂涎韃坦尼爾海峽土耳其海軍基地由來已久，蘇聯海軍擬經此通往地中海，將其勢力擴及義大利及中東。杜魯門總統獲悉立即採取反制，譜出歐洲冷戰的樂章。

杜 魯門主義

一九四七年三月杜魯門總統告訴國會，美國必須自願協助自由人民維持其自由制度及國家完整，對抗試圖迫使他們走向集權的任何外力。杜魯門警告如果美國不援助希臘、土耳其圍堵共產主義，全球各民主政府將面對威脅。「如果我們領導無力，將危害世界和平，並損失美國福利」。國會通過「杜魯門主義」（ *Truman Doctrine, 1947* ），同意對希臘及土耳其提供經濟及軍事援助。這是美國外交由孤立走向主動的重大轉捩。

馬 歇爾計畫

一九四七年歐洲情勢不穩，各國食物短缺、燃料稀少、原料不足；各種工業、交通運輸急待整修，經濟生活欲振乏力，需款孔殷；美國憂心法國、義大利及其他西歐國家局勢不穩將導至共黨主政，並關心經濟動盪將影響美國貿易，造成國內經濟萎縮，有鑑於此國務卿喬治·馬歇爾

（*George C. Marshall*）於一九四七年六月依循杜魯門主義，草擬一項龐大的歐洲經濟復原計畫。按照馬歇爾計畫（*Marshall Plan*），由美國提供金錢、物品或機器等方式，終止歐洲的飢餓貧窮、絕望及動亂。雖然馬歇爾計畫涵蓋東歐及西歐各國，但蘇聯拒絕參加，並阻止東歐衛星國接受美援，以免東歐國家與美國貿易。西歐國家樂見其成，草擬恢復繁榮詳盡計畫，同意修改貿易法，如妨礙貿易的關稅及配額。馬歇爾計畫相當成功，杜魯門總統任內共貸予西歐國家三百一十億美元。美國同時提供三十億美元軍援，不針對單一國家，而是對整體歐洲。西歐十六國組成「歐洲經濟合作組織」（*Organization for European Economic Cooperation*）執行馬歇爾計畫（*Marshall plan, 19467*），這是歐洲首次經濟合作，導至日後組成共同市場（*Common Market*）。

柏林危機（1948～1949）

　　戰後德國未來應何去何從，東西雙方看法迥然不同，蘇聯要求德國維持分裂、積弱不振，無法再構成威脅；西歐國家則希望德國統一，經濟復甦，使歐洲經濟制度更趨穩定。二次大戰結束之後，盟國決定共同佔領德國。美國、英國、法國、蘇聯各據一方，並分別佔領位於東德境內的柏林。一九四八年六月西方三國建議將其佔領區合併為一獨立的德意志聯邦共和國，又稱為西德，蘇聯立即封閉由西德赴柏林的公路及鐵路，希望藉此打消西方統一德國計畫，或迫使西方退出柏林。杜魯門總統認為蘇聯此舉係考驗西方國家決心，拒絕讓步，為了避免引爆另一場戰爭，乃捨陸路改採空運援助柏林，藉由空中補給支援柏林市內二百萬居民。美國及英國空軍運輸機運送食物、藥品、衣服、工廠原料、生煤長達十個月時間。一九四九年五月蘇聯取消封鎖，西方世界贏得冷戰中重要的一次對峙。

北 大西洋公約

　　為了阻止蘇聯向外擴張，杜魯門認為西方國家必須組成軍事同盟。自華盛頓立國以來，美國即服膺不與外國締結政治同盟的約束。最後一次軍事結盟於一七七八年獨立革命戰爭期間與法簽訂。遲至一九四七年美國才與拉丁美洲國家簽訂共同安全條約，但這僅能視為門羅主義的延伸，此次與歐洲國家締盟意義不同。按照美國憲法規定，總統與外國締約必須獲得參議院批准，參議員亞瑟‧范登柏格在國會提出一項建議，支持美國與外國簽訂軍事同盟，幾經運作，一九四八年六月范登柏格決議文在參院以一票差距超過三分之二多數通過，杜魯門政府迅即根據法案，開始商組北大公西洋公約組織（ *North Atlantic Treaty Organization* ），共有美國、英國、加拿大、比利時、義大利、法國、荷蘭、盧森堡、冰島、丹麥、挪威、葡萄牙等國參加（希臘、土耳其、西德隨後加入）。一九四九年四月四日正式簽約，各國同意「對歐洲或北美簽約國任一國家發動武器攻擊即表示對全體進攻」。參院隨即展開撥款辯論，決定援助北大西洋公約軍費數額。值此之際，杜魯門語出驚人表示，蘇聯已於一九四九年九月試爆原子彈，美國不再獨享核子優勢。參院通過撥款十五億美元，世局進入核子對抗。幾年後，美蘇雙方研發成功氫彈（ *hydrogen bomb* ），法國及中華人民共和國開始研製核武。鑑於核武危機日趨嚴重，各國又展開禁止核武擴散談判。一九六三年簽署首次核武禁試條約。

第三節

亞洲冷戰

　　二次世界大戰結束，受雅爾達密約影響，亞洲局勢動盪不安，共黨勢

力四處蔓延，美國採圍堵政策，中、菲、日、韓四國際遇有別，發展不同。

菲 律賓共和國成立

菲律賓自一八九八年美西戰爭後即成爲美國領地，一九三四年美國允予菲律賓獨立。一九四六年七月四日菲律賓正式獨立，美國給予菲律賓共和國關稅優惠，以及六億美元戰爭損害修建，菲律賓則回報美國商業特殊利益並租借軍事基地，當菲律賓面臨共黨游擊隊顚覆之虞，美國即提供金錢、武器剿共。菲律賓轉型之際雖然政經問題層出不窮，但大致仍算成功。

日 本

在日本投降之前，美國、英國、蘇聯三國領袖曾於柏林郊區波茨坦（Potsdam）會晤，商議如何處理德國及日本。依照決議，日本軍閥將受懲罰，日本解除武裝，日本統治者僅限於本島，日本人須接受民主教育，而美軍得以佔領日本至上述目標達成。道格拉斯·麥克阿瑟（Douglas MacArthur）被任命爲聯軍最高統帥，執行波茨坦宣言（Potsdam Declaration），麥克阿瑟採獨裁方式在日本進行重大改革：解散陸軍、海軍、卸除戰爭工業、少數軍閥受審並以戰犯受刑，麥克阿瑟掃蕩非法祕密組織，設立新憲法，賦予婦女投票權，積極推行民主，惟日皇仍保留作爲日本的精神象徵，但不再具有過去神格化的地位。日本教育制度更新，開始教導人民民主價值，企業不再由少數家族壟斷，農人土地分配更趨平等。盟國原計畫向日本提出戰債索賠，日本無力償付，日本反從美國獲得二十億美元復興經援，這種待遇史無前例。日本人接受改革後，迅即走出陰霾，恢復榮景並昂然佇立各國。一九五一年舊金山和約，日本獲得獨立，日本文化無論建築、園藝、哲學、醫學、藝術皆令人刮目相看，尤其

日本企業，不久即成爲美國勁敵。

 中 國

　　一九四五年日本兵敗投降，中國卻內戰頻仍。戰爭期間，共產黨控有中國北方，國民黨擁有西南，日本居間佔領華中一帶。戰爭結束，美國協助國民黨軍隊赴華北受降，美國軍機載運國民政府軍至主要城市，美國工兵展開修路築橋。小羅斯福並希望中國成爲強權，作爲聯合國永久常任理事國之一。

　　國共衝突源自一九三〇年代。自從一九二一年中共建黨以後，雙方關係即呈現互不相容，絕不退讓立場。其間兩黨雖然有兩次合作（ 1924～1927；1937～1946 ）但彼此心防並未消弭。二次世界大戰抗日期間，毛澤東積極擴充地盤及勢力，由三萬五千平方哩、一百五十萬人口，發展爲二十萬平方哩、六千五百萬人口，相對共黨之擴張，國民黨勢力益形衰減。一九四五年中國對日作戰落幕，國共之衝突更趨嚴重，杜魯門總統於一九四五年十二月派馬歇爾將軍使華，調解國共間的爭執。馬歇爾於一九四五年十二月二十日抵華履新至一九四七年一月離華返美，其間曾促使國共達成三次停火協定，但重大問題如「軍隊整編及統編問題」、「東北停戰問題」等皆未能奏其功。一九四七年後國共戰爭再起，毛澤東軍隊節節獲勝，蔣介石要求美國提供軍事援助，但國務卿馬歇爾不以爲然，他認爲拯救西歐較能解救中國重要，他反對派遣美軍協助蔣介石政權。一九四九年八月美國發表白皮書，爲其中國政策辯護，白皮書將國民政府失敗歸咎於本身的缺失及改革不利，美國並且不再提供任何援助，共黨得以順利席捲中國大陸，一九五〇年國民政府退守台灣及金門、馬祖。

　　杜魯門之中國政策在美引起軒然大波，支持國民政府人士指控杜魯門必須爲中國大陸淪陷共黨手中負責，他們堅信唯有軍援才能挽救國民政府，但情勢顯示，美國人民似乎不會支持大規模軍事干涉，美國乃繼續承認在台灣的蔣介石政府代表全中國，並阻止毛澤東政權在聯合國爭取代表

權。

韓戰

　　二次世界大戰之後，美國與蘇聯共同佔領朝鮮半島，並以北緯三十八度線劃分美國及蘇聯在韓國的軍事區域。蘇聯在北方組織共產政府，美國在南方支持由聯合國監督之下選舉成立的南韓政府，一九四八年聯合國承認南韓共和國（ *South Korean Republic* ）爲代表全韓的合法政府。次年美國自韓撤軍。一九五〇年六月二十五日北韓大舉入侵南韓，亞洲冷戰變質，戰火煙硝四射。北韓重兵橫掃南韓，此舉究竟是北韓自發猶或蘇聯、中共暗中叫唆，不得其詳。唯杜魯門政府視之爲對聯合國的挑釁，美國召開緊急安全理事會，儘管蘇聯抵制，仍以九比〇通過要求北韓撤軍。一九五〇年六月二十七日，聯合國安全理事會鑑於北韓侵略不止，下令聯合國會員國援助南韓。麥克阿瑟於一九五〇年七月出任駐韓聯軍總司令，杜魯門總統訓令麥克阿瑟將戰事侷限在北緯三十八度以南地區，杜魯門未要求國會宣戰，僅以統帥身份，依據聯合國憲章派遣美軍赴韓，杜魯門表示，派兵赴韓是「警察」阻止「歹徒越界掠奪」。杜魯門罔顧國會，逕行派兵，在美遭廣泛批評。

　　韓戰爆發後，南北雙方呈拉鋸狀態，互有進退。一九五〇年夏北韓軍隊將聯軍逐至半島南端之釜山（ *Pusan* ），秋天，麥克阿瑟發動奇襲，自半島中線附近之仁川登陸，將北韓軍隊攔腰切斷，一分爲二，聯軍化被動爲主動，越過三十八度分界線，將戰事推往北韓，十一月聯軍抵中國邊界之鴨綠江。中共「抗美援朝」二十萬大軍亦於十一月越過中國邊界支援北韓，麥克阿瑟率領之聯軍被逐回。杜魯門總統與麥克阿瑟將軍對戰爭看法不一、態度不同，麥克阿瑟要求美軍轟炸中國內陸地區，封鎖中國海岸線，協助蔣介石進行反攻大陸。杜魯門則不願擴大戰事，一九五一年四月麥克阿瑟逕自書函國會，批評杜魯門拒絕蔣介石部隊參戰，麥克阿瑟此舉圖以軍事將領身份挑戰民選總統權力，其下場可見一斑，杜魯門免除其軍

權。一九五一年麥克阿瑟返美，獲得空前歡迎，並引起一場軍事外交激烈
辯論，參謀首長聯席會議（ *Joint Chiefs of Staff* ）反對麥克阿瑟將戰事延
伸至中國大陸的請求，歐瑪・布雷德尼（ *Omar Bradley* ）認爲，進兵中
國將導致美國陷入一場錯誤戰爭，麥克阿瑟則堅持，爲了勝利，別無選
擇。這場辯論並未動搖美國既定政策，唯一改變的是美國海軍協防台灣，
並繼續反對中共加入聯合國。韓戰持續呈僵持狀態。一九五三年雙方兵困
馬疲，展開停火談判，韓國恢復戰前分裂形態，許多中立國家開始傾向靠
攏西方盟國，並紛紛重整軍備，加強國防。

第四節

冷戰初期美國社會

二次世界大戰，美國國內經濟一反戰前不景氣的陰霾，形勢大好，榮
景空前，一千二百萬人投入戰場導致國內工人短缺、勞力不足，失業情形
不復出現，黑人就業率增加三倍，六百萬婦女加入勞工市場，新工人、新
報酬、新生活使美國人民充滿希望與活力。一九四五年戰爭結束，美國人
在歡欣鼓舞熱烈慶祝之餘，對未來有些徬徨與焦慮，報紙估計，隨著軍人
返國將有六百萬至一千萬人失業，尤其是女人和黑人，究竟該何去何從？
這項顧慮並未成真。戰後美國持續繁榮，海外軍人有待眷顧，人們花費增
加，馬歇爾援助計畫等在在刺激繁榮，然而在繁榮之際，亦有些問題。

婦女

二次大戰後美國社會受到退伍軍人就業影響，許多女人喪失了原有的
工作，重操家業，例如在汽車工廠生產線工作的婦女由一九四四年的百分
之二十五降至一九四六年的百分之七點五。但婦女就業已是大勢所趨，新

的需求提供女人新的工作，至一九五二年美國婦女就業人數較一九四五年多出兩百萬，比一九三九年高出三倍。戰後赴外工作婦女多已成婚，許多年齡在四十歲至五十歲之間，工作性質及報酬亦獲改善，尤其黑人婦女變化最明顯，以前黑人婦女多從事幫傭及農場工作，如今則多轉赴工廠，報酬雖有改變但比較男人仍遜色低廉，對女性的照顧，例如育嬰，同工同酬等仍乏善可陳。

黑人

二次大戰結束後黑人不僅保有他們在戰時所爭取的成果，並且持續增加。黑人由農場轉業工廠，由鄉村移居城市，由南部往其他各地，黑人執業白人工作增加三倍，有些黑人從事法律，職業運動員，平均收入增加一倍。黑人地位之改變受到對德作戰及冷戰影響頗大，由於納粹種族暴政影響美國人關切國內之種族問題，而冷戰所拯救的對象也多不是白人，無形之中不得不鬆綁國內的種族歧視，許多人認為當美國人自求多福，追求往來幸福之際，必須反躬自省，在宣揚自由、正義理想時不能將黑人排除於外。

黑人在戰時表現空前團結，全國有色人種促進聯盟（*National Association for the Advancement of Colored People :NAACP*）成員由十萬人增至五十萬人，他們聘請律師，向聯邦法庭控訴有關違反憲法賦予黑人權利的案件。儘管黑人努力有加，但在一九四〇年代黑人與女人一樣受到歧視，在北方，他們擠在城市雜亂之區，工資僅及白人的百分之六十，黑人經常是最後被僱，最先被開除，南部黑白隔離生活，黑人坐在公車後座，公共場合必須走不同的進出口或設備，買藥必須在店鋪外面等，尤其令人不解的是，黑人不得投票，沒有黑人出任政要。

經濟

　　戰後美國經濟面對最大難題是通貨膨脹。儘管政府提高稅收，增加人民所得，但二次大戰所積欠的赤字使得政府國債由五百億增至二千七百億元，政府利用美國大兵權利法案（ *G. I. Bill of Rights* ）幫助退伍軍人購買住宅及完成教育來繁榮經濟，但也促成通貨膨脹。政府向聯邦儲備銀行借錢，聯邦銀行則以聯邦契約作為擔保發行新貨幣，造成通貨膨脹。一九四五年美國貨幣流量為一九三八年之四倍。

　　導致美國通貨膨脹的另一項原因是，戰時採分配及物價管制方式至一九四六年結束。物價迅即上升百分之二十五以上，薪水反而減縮，工人每週工作四十小時，僱主不再付加班費，工人無法獲得更高工資則走向罷工，僅一九四六年即發生五千次罷工事件，四百六十萬名工人參加罷工。

　　工人罷工情形日趨嚴重，一向同情工人之杜魯門總統亦要求國會授權，將鐵路罷工工人強行徵召入伍，工人罷工使得美國一九四六年期中選舉，共和黨重新在參眾兩院取得優勢。一九四七年國會通過塔夫脫─哈特里法案（ *Taft - Hartley Act* ），限止工會濫權，該法規定：1.事業主只能僱用工會工人。2.每一企業只有一個工會。3.事業主必須僱用較實際更多的工人。4.工人參加工會費用提高。該法並要求工會領袖宣誓不得加入共產黨，亦不得用工會的錢從事政治選舉活動，如果罷工影響國家經濟，總統有權要求法庭下令八十天冷卻期。該法引起工人不滿，工人領袖視之為奴隸勞工法（ *Slave Labor Law* ）。

第五節

杜魯門政府

一九四八年大選杜魯門處境岌岌可危。民主黨分裂，南部民主黨員反對杜魯門民權計畫，自由派人士則對他未能持續新政深表不滿，也有人認爲他對蘇聯立場太強硬，共和黨則團結一致，推出紐約州長杜威（ *Thomas E. Dewey* ）。民意調查預測共和黨將獲勝，但開票結果杜魯門以三〇三對一八九張選舉人票獲勝，展開其統治。

公平政策

一九四九年一月杜魯門在就演說中，表示將繼續新政政策，並自許爲公平政策（ *Fair Deal* ）。總統要求掃除貧窮，聯邦補助公立學校，政府支持醫療保險，協助農人，提高最低工資。但由於國會中保守派與共和黨人士聯合杯葛，使得許多公共政策無法貫徹。一九四九年戰後繁榮景氣受阻，但未滑落至一九三〇年代的危機，情狀亦無需大規模救濟。一九五〇年韓戰爆發，美國經濟迅即改善，但韓戰亦爲美國帶來安全憂患。

恐共

冷戰及韓戰造成美國嚴重恐共症。加拿大破獲一起共黨間諜將核子祕密送交蘇聯的案件，引起美國擔心在政府、大學、報館等機構中潛伏共黨同路人，陰謀破壞美國民主。不過美國人也質疑，憲法保障人民言論、集會權利，共黨是否也應受保護呢？一九四九年十一位共黨成員在美被判陰謀罪，法庭判決理由是共黨組織係以武力推翻美國政府，因此懲罰共黨黨

員並未違反憲法第一條修正案。事實上美國共黨成員很少，這種指控會傷及無辜，並限制了美國人的權利，許多美國人被迫在就業時，要宣誓效忠美國，對政府人員的安全調查也降低了工作士氣及績效。一九五二年最高法院判決對州宣誓效忠違憲，法庭指出，反對共黨將妨礙許多人的想法、說法及評論。

　　對共黨的恐懼隨著中國大陸淪共，韓戰僵持不決益形升高。恐共者批評杜魯門必須為中國大陸淪共負責，參院共和黨主席羅勃‧塔夫脫指控美國國務院內潛藏顛覆份子，企圖推翻或破壞美國政府，塔夫脫指國務院官員屈服蘇聯各項要求，並促成中共佔據中國大陸。一九四八年眾院非美活動委員會（ *House Committee on Un‐American Activities* ）對懷特克‧錢伯斯（ *Whittaker Chambers* ）舉行公聽，錢伯斯承認自一九三〇年代即成為共黨人士，並接受當時國務院高級官員阿格‧希斯（ *Alger Hiss* ）的祕密文件。起先，鮮少有人相信錢伯斯的陳述，但加利福尼亞州眾議員理查‧尼克森（ *Richard M. Nixon* ）繼續追蹤此案，最後錢伯斯提出幾卷自稱取自希斯的祕密文化微縮膠片。希斯否認指控，但陪審團卻認為希斯有罪，並判服牢刑。

　　恐共期間，雜音不斷，其中最為人詬病是約瑟夫‧麥卡錫（ *Joseph R. McCarthy* ）參議員的控訴案，一九五〇年二月麥卡錫在林肯紀念日（ *Lincoln's Day* ）演說中指美國民主黨「叛國二十年」，他指控小羅斯福故意犧牲了珍珠港的美軍，在雅爾達密約中出賣利益給蘇聯。他並列出國務院中共黨同路人名單，但未發現任何罪證，最後參議委員會認為麥卡錫指控子虛烏有，是一幕騙局，但麥卡錫影響遍及美國。私人機構將自由人士及改革分子貼上共黨標籤，並將親共人士趕出校園，禁止共黨思想書籍進入學校，某些藝人被禁止在大眾媒體曝光，不得拍電影或在舞台演出。

結　語

　　杜魯門政府恰值世局轉型之際，二次大戰結束，美蘇對峙開啓，杜魯門試圖經由杜魯門主義、馬歇爾計畫、北大西洋公約組織強化美國地位，領導民主國家，但也衍生美國恐共心理。中國大陸淪共，韓戰爆發，麥克阿瑟離職，迫使杜魯門無法繼續競選總統，保守派人士懷疑他對共黨太軟弱，自由派人士認爲效忠宣誓傷害無辜百姓。此外杜魯門的幕僚手腳不潔亦給他帶來莫大傷害，一九五二年大選「杜魯門醜聞」（ *Truman Scandals* ）成爲共和黨競選重要文宣。

　　儘管杜魯門任內有諸多問題，但公平政策仍爲後人沿用。杜魯門設法讓美國不再重返孤立主義，並爲世界各民主國家提供保障。杜魯門所顯示的意義在每一個人只要誠實、毅力、無懼，皆可出任總統。

第 三 十 一 章

戰後政府兩黨輪治

一九五三年至一九六九年的美國政府，由共和民主兩黨輪流執政，艾森豪、甘迺迪（ *John F. Kennedy* ）、詹森（ *Lyndon Johnson* ）先後入主白宮，施展抱負：新展望（ *New Look* ）、新疆界（ *New Frontier* ）、大社會（ *Great Society* ）爲美國政治添注了新精神，其中以甘迺迪最爲人歌頌懷念，他喚起了美國人的責任感，刻劃了勇者的塑像。然而基於國際間衝突不斷，美蘇間緊張關係不解，美國國防需求日增，景氣繁榮居高不下，財富平均分配再次考驗執政當局。新政的多項措施相繼沿用，大社會的濟貧理想爲美國民主帶來更重要的一頁。本章將敍述冷戰期間艾森豪、甘迺迪、詹森三位總統的施政及其得失。

第一節

艾克入主白宮

杜魯門就職八年，民主黨連續執政二十年之後，美國政壇風水輪轉，六十三歲的美國二次大戰歐洲盟軍統帥艾森豪將軍（ *Dwight D. Eisenhower* ）在人民渴望易主情況下，出馬角逐總統寶座。一九五二年美國人經過冗長耗時，僵持不決的韓戰以及懸盪難安、狐疑不定的冷戰，並且在飽受共黨威脅，財閥干政的陰影下，對共和黨產生憧憬與期望。艾森豪因戰時曾參與歐洲反攻計畫，戰後擔任北約盟軍最高統帥，予人印象深刻，因而輕易以四四二比八十九張選舉人票大勝民主黨候選人史蒂文生（ *Adlai Stevenson* ），入主白宮，展開八年總統生涯。

艾　森豪其人

艾森豪別名「艾克」（ *Ike* ），於一八九〇年生於德克薩斯州，一九一五年畢業於西點軍校，一次大戰曾擔任陸軍上尉，一九三六年至一九三

九年調職至菲律賓麥克阿瑟麾下工作，二次世界大戰時駐防歐洲，深獲邱吉爾及小羅斯福賞識，被指派爲西歐盟軍統帥，負責D日反攻計畫。戰後一度擔任美軍參謀長、北大西洋公約盟軍最高統帥，一九五二年應共和黨之召參選總統，在位八年，卸職後十年去世。

艾森豪是一位平凡軍人，正直、服從、想像力不太豐富，爲人循規蹈矩，對待朋友一絲不苟。他一生所受的訓練，就是爲了謀求國家利益，可以付出任何代價，甚至犧牲任何人和每一個人利益。艾森豪建立了企業團體式的美國，他是這個團體最好的象徵，最好的領袖。與艾森豪相比，杜魯門、甘迺迪、詹森都是個人主義。在美國厭煩戰爭、厭煩積極努力、厭煩叫囂爭執的情況下，艾森豪出任國家元首，從歷史上來說是必然的，也是必要的。艾森豪平凡無奇，出任總統多少緣於「運氣」，但是他解除國家嚴重分裂的危險，保衛了美國，不自逞英雄，令人欽佩。美國人讚揚他「榮譽、勇敢、正直」。

施 政理念

艾森豪以長期軍旅經驗出任總統，讓許多人對其治術存疑。艾森豪上任後即表示，不會獨斷獨行。他認爲總統的權勢應受制約，不應主導國會，甚至嚴重干預立法機構；在行政方面，他致力擴大決策面，強調政府高層應羣策羣力，培養團體精神，此後幕僚羣成爲總統顧問，份量加重。艾森豪任命前新罕布什爾州長謝爾曼・亞當斯（*Sherman Adams*）爲幕僚長，負責總統與人民的會晤管道。艾森豪這項舉措利弊互見，幕僚的權勢因而擴大，無形之中孤立了總統與外界的往來，但幕僚也得以在總統生病不適之際，繼續日常事務運作。

政 績

艾森豪分別於一九五三及一九五七年連續出任美國總統，任內表現前

後不同,第二任期內行事風格較超脫黨派屬性,共和黨的保守派舊勢力批評他的國內及國外政策過分接近新政。艾森豪尋求民主黨人士結盟,採中間路線,獲得衆院議長民主黨領袖山姆‧雷朋(*Sam Rayburn*)及參院多數黨領袖林頓‧詹森(*Lyndon Johnson*)的支持。

1.終止麥卡錫主義(*McCarthyism*)

艾森豪當選美國總統後,許多美國人認爲麥卡錫指控美國政府遭共黨滲透一事將落幕。事實不然,麥卡錫仍一本過去,強調要拯救美國免於共黨破壞。一九五四年初一項民意調查顯示,百分之五十的美國人支持麥卡錫,百分之二十的人反對他。麥卡錫於是利用選民阻止參議員對他的攻擊。艾森豪不同意麥卡錫及其作法,但不願刺激招惹他公開批判,以免助長聲勢。同年末形勢迴轉,麥卡錫指控軍中共黨滲透的聽證會經由電視轉播後,人們注意到麥卡錫蔑視法律,俟聽證會結束,參院通過決議文,譴責其行徑,麥卡錫從此步入歷史。

2.經濟措施

艾森豪就職後,經濟政策走中間路線。在過去二十年民主黨執政期間,政府較重視勞工權益。艾森豪則注意企業的利益,他的親信及幕僚多爲富商,爲了討好企業團體,他終止杜魯門於韓戰期間對物價及工資的管制,並且力促國會通過法案讓各州可管轄其水域內的油源,不再由聯邦政府統理。

艾森豪是繼胡佛之後第一位共和黨總統,其施政理念不脫共和黨平衡預算方式,堅持惟有預算平衡才能阻止通貨膨脹,增強國力,他甚至批評田納西河流域計畫是一種緩和的社會主義,但在他施政之中仍可看到多處新政計畫,他曾於私人信函中透露,如果任何政黨擬廢除社會安全、失業保險,取消勞工法律及農業計畫,必然無法在政治現實中倖存。艾森豪沿續小羅斯福及杜魯門政府多項政策,究其任內爭論的重點不是終止社會安全及最低工資,而是可以概括承受多少。在艾森豪支持之下,美國國會擴

大社會安全法，照顧先前未納入的一千萬美國人，並增加福利，此外，他注意清除貧窮髒亂，曾試圖促使國會通過政府部分負擔的健康保險，但未成功。經濟上另一項重大成就是興建聖羅倫斯航道（ *St. Lawrence Seaway* ）。胡佛、小羅斯福、杜魯門任內皆曾試圖說服國會同意與加拿大合作共同修築這條航道，但未竟其功，艾森豪堅持，基於國防安全、經濟繁榮、與北方鄰國和睦友好，必須興建，國會於一九五四年同意，一九五九年竣工使用。

3.企業與勞工

一九五〇年代美國經濟受到百姓需求增加，國防經費提高以及國際市場仰賴美貨等影響，迅速成長，艾森豪政府支持大企業。一九五〇年代三千家公司合併為五百家大公司，未遭「反托拉斯」指控。一百家大公司壟斷全國百分之三十的工業生產，通用汽車（ *General Motors* ）及美國電話電報一年的收益為十億美元，公司年度預算甚至較許多國家預算還高。

一九五〇年代美國勞工運動發展不如企業，他們採用妥協而非抗爭方式。一九五五年全美聯邦總工會（ *AFL－CIO* ）解決舊隙，並同意合併，進而更容易將工人納編。工會極力為會員爭取酬勞，一九五〇年代工人的薪資及購買力顯著增加，假日增多，勞工運動似乎造就了「全新的中產階級」。但下層工人及辦公室工人則無此幸運。全美聯邦總工會會員人數於一九五七年達到高潮後即開始下降，此外工會內部之腐敗及賄賂導致國會調查，影響人們對工會觀感。

4.農業

「艾森豪榮景」（ *Eisenhower Prosperity* ）並未嘉惠農人，從一九四八至一九五六年間，農民收入由佔全國百分之九滑落為百分之四，在艾森豪第一任期內約五十萬農民離開家園。艾森豪農業政策重視效益，偏愛大規模單一農作物，導致一些生產多元化農作物的小農場加速沒落。富農資金雄厚可購買最新機器，利用現代化科學方式生產，並出租土地。至一九

五九年約百分之四的富農擁有全國半數農田，平均每人約一千畝地，這些人被稱爲農業企業家（*Agribusiness*）。

在農事中，從事收割的臨時短僱農人最受忽視，他們多爲美國西南部人或來自墨西哥之墨西哥人。根據一九四二年的協定及一九五一年的法律，每年允許四十萬名墨西哥臨時僱工獲得短期簽證。但同時也有大批非法墨西哥工人入境，僅一九五四年即高達一百萬赴美，他們工時冗長，工資微薄，不受全國勞工關係法（*National Labor Relations Act*）或聯邦最低工資法律保護。這些人生活條件落後，孩童鮮少就學，爲美國帶來不少問題。

5.太空競賽

一九五七年十月蘇聯發射人造衛星旅行家（*Sputnik*）號繞地球飛行，此舉令美國人震驚，美國人一向自傲科技領先蘇聯，如今卻在太空競賽中馬失前蹄，怎不驚慌？許多美國人視此爲軍事威脅。同時，蘇聯在裝載核彈頭的火箭及飛彈方面之發展，似乎也領先美國。爲了對付蘇聯挑戰，美國成立國家太空總署（*National Aeronautics and Space Administration: NASA*）動支龐大經費，並優先發展太空計畫。一九五八年一月美國發射第一枚衛星探險家一號（*Explorer I*），並於不久居領先地位。美國並改善學校教學，強調數學、科學、外語及科技，以期迎頭趕上蘇聯。一九五八年國會通過國防教育法（*National Defense Educational Act*）獎勵學校教授數學與科學。

艾森豪時代的經濟成長並非基於政策使然，多得力於消費性借貸，在廣告推波助瀾之下，美國人貸款購屋、買車及消費品，助長工業發展，以及工人充分就業。艾森豪擔心長此以往將造成通貨膨脹，乃設法減少政府支出，刪減多項計畫，試圖平衡預算，結果造成經濟成長遲緩，工廠裁員，失業率達百分之七點六，農價下跌，再加上對蘇聯在太空發展的憂懼，影響共和黨聲望下跌，結果一九五八年的期中選舉結果，民主黨在國會居多數，從此政治生態轉變。

甘迺迪曇花一現

一九六〇年總統大選共和黨提名查理・尼克森（*Richard Nixon*），民主黨推出麻薩諸塞州參議員約翰・甘迺迪（*John F. Kennedy*）。尼克森係艾森豪任內之副總統，堅決反共；甘迺迪出身波士頓望族，信奉天主教。論聲望、資歷，尼克森較勝一籌，但經雙方電視辯論之後，甘迺迪年輕、俊逸的外表與流暢的口辭，以十萬多張選民票數擊敗尼克森，這是美國史上比數最接近的一次競選（*34,226,731：34,108,157*）。甘迺迪不到一任，於一九六三年十一月在達拉斯市（*Dallas*）被刺身亡，結束了短暫的三年總統政治生涯，他喚起美國人的熱誠，保衛了美國的重大利益，迄今仍受人推崇懷念。

其 人其事

甘迺迪一九一七年生於麻薩諸塞州，爲愛裔美人（*Irish‐American family*），一九四〇年自哈佛畢業，二次大戰曾任魚雷快艇艇長，並在戰爭中負傷，一九四六年當選國會議員。甘迺迪外表俊秀，舉止謙和，擔任三屆衆議員後，一九五二年當選參議員。一九六〇年甘迪迺擊敗詹森獲民主黨提名，角逐總統。他是第一位天主教徒入主白宮，時僅四十三歲。甘迺迪有自知之明，願坦然正視客觀現實，他對美國之貢獻不是國內計畫，也不在於對青年人吸引力，而是對國家之貢獻，他在就職演說中呼籲年輕人「不要問國家爲你做了什麼，而要問你爲國家做了什麼」。甘迺迪政府被譽爲「新疆界」（*New Forntier*），充滿活力與熱力，他延用人才，不分黨派，如華爾街銀行家，兼共和黨員道格拉斯・狄倫（*Douglas*

Dillon）擔任財政部長，福特汽車公司總裁，羅勃・麥克納瑪拉（*Robert S. McNamara*）出任國防部長，猶太律師亞瑟・高得伯格（*Arthur J. Goldberg*）爲勞工部長，這批幕僚聰明睿智，心志堅定，對美國及世界未來充滿抱負。白宮的社交圈吸引各界注目，總統夫人賈桂琳（*Jacqueline Kennedy*）將白宮變成藝術、音樂及文學中心。甘迺迪融合了理想主義與現實主義，其領袖魅力獲得全美以及世人的擁戴。

政績

基本上，甘迺迪之新疆界經濟政策沿續了小羅斯福及杜魯門的新政及公平政策理念，經由減稅及增加聯邦開支刺激經濟。甘迺迪就職時美國經濟成長率每年不過百分之三，爲了增加成長率，提供更多就業機會，他提出消滅貧窮，興建聯邦國宅，增加社會安全福利，容許更多人提前退休方案，尤其是針對阿帕拉契山脈以及南部的貧窮地區，總統更籌謀改善計畫，他支持地區再發展方案（*Area Redevelopment Act*）鼓勵工業投資，一九六一年通過住宅法案（*Housing Act*），要求撥款五十億美元改善美國內陸城市貧民窟。

儘管甘迺迪有心改善國內問題，但國會並不同意將他大半的計畫立法，民主黨雖在兩院皆佔多數，但仍由保守份子主導，民主黨南部保守派人士與共和黨合作封殺「新疆界」的許多方案，其中最重要是健保方案，幫助老人醫療給付，但遭醫界反對，斥之爲「醫藥社會化」，他們認爲此舉將導致政府干涉醫生與病人之間關係。不過甘迺迪仍有些方案獲得支持，譬如聯邦援助教育法案（*Federal Aid-To-Education Bill*），由政府資助公立學校，但不包括教會學校，怕破壞政教分立原則。此外還有增加美國太空總署經費，希望在一九七〇年將人送上月球。

甘迺迪任內爲了維持物價穩定，阻止通貨膨脹，不惜與企業領袖翻臉，他要求企業穩定物價，勞工不增加工資，但一九六二年鋼鐵公司不肯合作，導致物價急速上揚，甘迺迪勃然大怒，譴責少數鋼鐵負責人因個人

貪念，罔顧對國家責任，乃提出威脅，指示國防部向外國購買廉價鋼鐵，並下令司法部調查鋼鐵業是否有犯罪嫌疑，迫使鋼鐵業降價。

遇 刺身亡

一九六三年十一月二十二日甘迺迪在德克薩斯州達拉斯遇刺身亡，死於任內。案經詳細調查，疑雲猶存，刺殺甘迺迪兇手奧斯瓦德（Lee Harvey Oswald）於甘迺迪遇害兩天後，亦遭人殺死，由最高法院院長華倫（Earl Warren）領導的兩黨名流組成委員會調查提出報告指出，奧斯瓦德是一名殺手，單獨作案，但美國人對此不滿，他們要求追究幕後的指使者，但迄今謎底仍未揭曉。甘迺迪突然遇刺，舉世震驚哀悼，美國人痛失一位導師，各國則損失一位盟友。

第三節

詹森臨危受命

甘迺迪去世，詹森迅即視事，充分顯露美國民主政治弦歌不輟。詹森一方面有十九世紀開疆闢土時代傑克遜總統的遺風，又有層出不窮的政治構想，他表現了舊日南部各州蛻變到現代南部各州的過程，在內政上顯示了美國過去少見的自由主義，外交上則堅持保守主義。詹森是自傑克遜以來，第一個以南部為政治基礎的總統，他想要消除美國的區域觀念，達到團結統一的國家境界，他的理想雖多已達成，但其貢獻愈多，所遭致批評愈烈。一九六四年他以空前未有的多數票當選總統，但越戰問題、大社會計畫、民權運動等懸而不決，導致他在短時間內，聲望一落千丈，結果於一九六八年三月被迫宣佈退出政壇。

其 人其事

林頓・詹森（*Lyndon Johnson*）於一九〇八年生於德克薩斯州，爲典型南部人，身材高大，精力充沛，富進取心。一九三〇年畢業於西南德克薩斯師範學院（*South West Texas State Teachers College*），一九三七年當選衆議員，一九四八年成爲參議員，後出任美國參院多數黨領袖，一九六〇年被選爲副總統。詹森政治經驗豐富，政治思想敏銳，強調妥協一致的重要性，並希望能獲得各界同意，他的名言是「理有同」（*come let us reason together*）。詹森擅長交涉妥協，就任總統後，仍利用其國會影響力，謀求支持其計畫。

政 績

詹森於一九六四年五月二十二日在一項演說中表示，他的「大社會」內政計畫（*The Great Society*），在致力整頓美國內政各項缺失，如貧窮、歧視、失業、污染等，並對個人及公司實施減稅，詹森之計畫普及各階層人士，包括資本家、勞工、富人、窮人、老人、小孩、黑人、白人。其主要內容有：

1.消滅貧窮

雖然一九六〇年代美國人之生活指數躍居世界第一，但仍有許多人未能分享社會財富。一九六二年米契爾・哈林頓（*Michael Harrington*）出版《另一個美國》（*The Other America*）一書指出，美國雖然富裕，但仍有將近四分之一人口，約四千萬美國人處於貧窮之中，這些人住在城市中的貧民窟、南部鄉村與印第安保留區等地方，未受重視，哈林頓認爲窮人受制環境，無法逃避，自動化剝奪了許多半技術或非技術工人的工作機會，小農無法與富農競爭。醫藥費用未能嘉惠老人。詹森面對這些問題，

擬定計畫，著手改善窮人生活。他宣佈，「無條件對貧窮作戰」。他提出經濟機會法案（ *Economic Opportunity Act* ）並獲國會通過。經濟機會局（ *Office of Economic Opportunity* ）監督十億預算，著手掃除文盲、失業及疾病。「爲美國服務自願計畫」（ *Volunteers in Services to America : VISTA* ），遴選大學生至貧民住宅調查窮人生活情形，並試圖幫忙改善他們生活。

2. 改善教育

設立「職業隊」（ *Job Corps* ），規定對失業失學的城市學生提供兩年職業訓練，「起步教育計畫」（ *Head Start Project* ）的目標是幫助低收入家庭的學齡前兒童上小學，一九六五年四月通過「中小學教育法」（ *Elementary and Secondary Education Act* ），這是美國聯邦政府首次撥款援助公立及教會學校，「高等教育法」（ *Higher Education Act* ）撥款六億五千萬美元，補助大學及學院，給予學生獎學金。

3. 協助社區

大社會對抗貧窮計畫將聯邦政府的權力伸入地方，這些問題原爲地方政府或私人企業職責，經濟機會局獲授權否決一些地方政府決策，詹森目的不在提供救濟而是幫助窮人自救，經濟機會局大力推動社區行動計畫（ *Community Action Programs* ），教導人們如何進行有組織抗爭，對地主、僱主及政府機構施壓。國會爲瞭解決窮人健康需求，通過醫療保險法（ *Medicare Act* ）提供六十五歲以上老人住院及家庭醫療補助，並在各社區設立醫療機構，捐助醫學院增加培育醫療人員。

4.一九六五年的移民法及選舉權法

美國之移民政策自一九二四年建立配額制度以來即偏袒西北歐移民，根據配額，在爲數十五萬七千名移民中，英國及愛爾蘭有八萬三千人，印度只有一百人，杜魯門總統、艾森豪總統、甘迺迪總統都批評這項配額制度，但卻無法說服國會調整。一九六五年的移民法（ Immigration Act ），廢止按國家配額政策，改爲全球配額，依需要人才決定，亞洲、拉丁美洲赴美移民因而增多。選舉權法（ Voting Rights Act ）源自一九六五年馬丁路德・金恩（ Martin Luther King. Jr. ）在阿拉巴馬州發起一項遊行，抗議南部地區許多黑人沒有投票權，這項遊行引起熱烈回響，但也遭地方政府擋阻，一名來自波士頓的牧師及一位示威者因此殉難，詹森同情示威訴求，國會於一九六五年通過選舉權法，廢止對投票的書面測驗及其他限制，任何地方成年男子之選民數未達百分之五十，則由聯邦政府辦理選民登記。一年之內黑人選民增加了四十萬。影響黑人在地方議會，市長及國會選舉中展露頭角。一九六五年的選舉權法也嘉惠其他少數團體，紐約州法律不再規定選民須會閱讀英文，說西班牙文的波多黎各人得以投票，美國西南部說西班牙語的墨西哥人也獲得選舉權。一九六四年美國通過憲法二十四條修正案，廢止參加聯邦選舉須繳付人頭稅（ poll tax ）。

詹森爲推行大社會計畫，極力討好取悅社會各階層，無疑地，美國八十九屆國會通過美國史上最多的法案，但法案僅止於口惠，實際執行則賴大筆款項，如何平衡國防與國內預算是詹森最大的難題。

困擾

詹森任內因越戰問題引起反對浪潮，民權運動、學生抗議推波助瀾，導致詹森由一九六四年普受民眾熱愛，瞬間跌落谷底遭人唾棄。一九六八年一月《新聞週刊》評論美國是一九二九年經濟大蕭條以來最混亂不安的時

代，國內人民不再對詹森抱持希望。國際上，西歐各國也懷疑美國的領導能力，北韓甚至逮捕美艦朴布羅號（*Pueblo*），指控其間諜行為，美國也一愁莫展。一九六八年民意調查顯示，美國人普遍反對越戰，詹森已不孚眾望，亦不被信任，不敢公開露面，以免激犯眾怒，美國政治此後分為鴿派（*Doves*）及鷹派（*Hawks*），民主黨亦分裂。

一九六八是多災多難的一年，越戰受挫，國內民權鬥士馬丁路德・金恩被殺，民主黨籍參議員羅勃・甘迺迪（*Robert Kennedy*）遇害，校園動亂（哥倫比亞大學開始）有增無減，詹森原本有意角逐連任，他呼籲美國人民支持他，全民一致努力打贏越戰，取得和平，完成國內各項施政，但民意顯示許多美國人已不再信任其領導。一九六八年三月三十一日他在電視上宣佈停止轟炸越南，且將派代表與北越舉行和談，並出人意外表示不再尋求連任。

結　語

在美國政黨輪替統治歷史中，一個有趣的現象是，民主黨領袖參戰機會大，共和黨結束戰爭成份多，有人質疑是否民主黨好戰，共和黨怯戰。不過歷史的真相是戰後政壇多半易主，共和黨的艾森豪在二次大戰之後入主白宮，八年執政，國富民安，然人民倦於習常；民主黨之甘迺迪以新時代新精神，一掃怠惰，為美國喚起朝氣，惜英年早逝；詹森續任，滿懷理想，然心餘力絀，在越戰、民權內外交攻之下，壯志未酬，告老還鄉，美國政權自此重返共和黨手中。

第 三 十 二 章

冷戰對峙互不退讓

冷戰源於杜魯門總統時代，歷經艾森豪、甘迺迪、詹森、尼克森、福特（*Gerald R. Ford*）、卡特（*James E. Carter, Jr.*）至雷根（*Ronald Reagan*）總統任內東歐國家變天爲止，由一九四六年至一九八九年，約達四十三年之久。冷戰主要有東西兩方，西方是以美國爲首的自由民主國家，東方則爲蘇俄領導的社會共產主義國家。冷戰戰場遍及全球，戰略以核子恐嚇爲主，戰術爲地區攻防，此種冷戰僵持情勢日益擴大，最後竟爆發熱戰（*hot war*）（註：冷戰指因於意識形態之不同所形成之對峙之局，而熱戰則是實際爆發之戰爭——*by Webster's Dictionary*）其中以亞洲韓戰、越戰規模最大。

冷戰期間，戰和不已，談談打打，無休無止，隨著尼克森五邊多元體系（*Pentagonal Mutipolar System*）架構出現，一九七〇年之後世局進入後冷戰時期。美國、蘇聯、西歐、中共與日本取代了過去美國與蘇聯兩個超級強國在世界政治舞台上的角色。本章將敍述尼克森總統以前美國領導角色及其對外關係，包括艾森豪、甘迺迪及詹森三位總統外交理念及措施。

第一節

艾森豪沿襲杜魯門外交

艾森豪外交政策多仰賴國務卿約翰・杜勒斯（*John Foster Dulles*）。杜勒斯外交經驗豐富，主張強勢作爲。一九五二年艾森豪競選總統時，杜勒斯即主張放棄純粹的圍堵共黨政策，探解放鐵幕人民的策略，並威脅共黨再發動侵略，美國將展開「全面報復」（*massive retaliation*），包括使用核子武器。美國國防部根據這種想法，擬定戰略，縮減正規陸軍，發展核子武器及裝載核武的飛機。杜勒斯雖然宣佈在面對蘇俄侵略時願意冒險作戰，但事實上，艾森豪的外交政策仍小心翼翼，步步爲營，不敢輕舉妄動，艾森豪強調「和平是唯一的選擇」，核戰將毀滅人類文明，因此他與

杜勒斯仍沿襲杜魯門之圍堵政策。

亞洲

艾森豪就任總統後，韓戰呈膠著狀態。為了實踐競選諾言，他於一九五二年十二月前往韓國，並威脅共黨，必要時將使用核武。一九五二年三月史達林去世，不知是美國強硬態度奏效猶或蘇聯更換領導班子，韓戰終於停火。一九五三年七月聯軍及北韓達成停戰協定，南北韓仍以三十八度為界。

亞洲的另一個衝突地區在中南半島（ Indochina ）。二次大戰日本戰敗，一九四五年撤離此區，法國重返殖民地越南，由於戰後民族主義熾盛，該地人民要求自決聲浪高漲。中南半島主要人種有三：寮國人、柬埔寨人及越南人，每一個族羣均要求獨立。越南獨立運動強人胡志明是位忠誠的共黨份子，他領導越盟（ Vietminh ），於一九四六年展開驅逐法國人戰爭，美國雖未直接捲入，但卻提供法國大量武器及補給。一九五四年越盟包圍駐守奠邊府（ Dien Bien Phu ）的法軍，法國要求美國轟炸共軍據點，甚至利用核武。艾森豪深切瞭解法軍失守將影響整個東南亞淪入共黨手中，他在記者會中提出骨牌理論（ Domino Theory ），只要倒一張，其餘將隨之崩塌。杜勒斯國務卿及副總統尼克森贊同美國出兵援法，但艾森豪發現西方國家及美國國會都不支持這項行動，因而拒絕美軍捲入戰爭。一九五四年五月奠邊府淪陷，法軍撤出中南半島，越盟共軍佔領北越。一九五四年日內瓦會議中，中南半島分為寮國、柬埔寨、北越及南越等國，並決定一九五六年七月舉行越南統一大選。北越領袖胡志明獲得蘇聯及中共支持，南越領袖吳廷琰獲得美國支持。吳廷琰懷疑擬議中的大選公平性，要求停止。美國觀察家亦認為胡志明可能獲勝，選舉取消後，北越支持反南越政府之游擊隊，美國大力援助南越。

近東

艾森豪為避免軍事干預，利用中央情報局（ Central Intelligence Agency ）陰謀推翻與之敵對的伊朗政府。伊朗總理穆罕默德‧莫沙德（ Mohammed Mossadegh ）自英國手中取得英美石油公司控制權，美國擔心莫沙德親蘇，將對西方國家油源構成威脅，乃透過中情局，祕密援助伊朗巴勒維（ Shah ），武裝政變推翻莫沙德，事後伊朗與美、英、法公司簽訂油約，分享伊朗油產。

以阿衝突

中東泛指地中海東部至印度邊界一帶，中東最大問題是阿拉伯與以色列間的衝突，以色列原為土耳其一個省份，百分之七十阿拉伯人百分之三十猶太人。一九一八年一次大戰土耳其戰敗，這個省便成為國際聯盟託管地，由英國保護。二次大戰期間納粹迫害猶太人，大批猶太難民擁入巴勒斯坦，造成地方動亂。一九四八年英國終止對巴勒斯坦託管，猶太臨時政府宣佈成立獨立的以色列國家，從此以色列與鄰近的阿拉伯國家發生戰爭，美蘇兩國亦分別介入。

蘇黎士運河

埃及總統納瑟（ Nasser ）是第三世界運動重要領袖之一，他曾領軍推翻英國支持的埃及國王。為了要讓埃及擺脫貧困，他計畫在尼羅河修築亞斯文（ Aswan ）大壩供發電、灌溉使用。美國國務卿杜勒斯允諾貸款埃及築壩，但發現納瑟與中共締結軍事同盟對抗以色列，並自蘇聯集團輸入武器後即取消先前承諾，納瑟大怒。一九五六年七月蘇黎士運河收歸國有（該運河自一八六九年一直由英、法為首的國際性公司管理經營）。納瑟

的大膽作風令英法難堪，乃聯合以色列入侵埃及，奪回控制歐洲與中東油路的蘇黎士運河，三國獨立行動未邀美參加，以色列於一九五六年十月二十九日進軍埃及，佔領西奈半島，數日後英法軍隊佔領蘇黎士運河北部地區，這次進擊造成大戰之虞，聯合國展開激辯，美國與蘇聯皆譴責英國、法國、以色列的行動。在聯合國壓力之下三國撤軍，由聯合國部隊維持和平。

蘇黎士運河事件之後，蘇聯支持埃及，並提供協助修建大壩。艾森豪擔心蘇聯將恢復在該地影響力，一九五七年一月要求國會授權在中東面臨國際共黨威脅時，動用美軍防禦。雖然有人認爲，中東危機並非來自共黨而是內部問題，但美國國會仍以壓倒性多數通過「艾森豪主義」（Eisenhower Doctrine）。一九五八年七月黎巴嫩因政府內閣面臨崩潰，其鄰國伊拉克親西方國王費沙（Faisal）遭暗殺，一般猜測蘇聯及納瑟在幕後指使，黎巴嫩及約旦將是下一個目標，黎巴嫩要求美國派軍保護，艾森豪乃依據艾森豪主義派軍三千五百名，至黎巴嫩維持秩序至大選，建立新政府爲止。

第 三世界

一九五五年亞洲及非洲二十九國二千名代表在印尼萬隆（Bandung）集會，這些國家多半剛脫離西方國家統治，痛恨敵視過去的統治，他們也擔心共黨侵略。與會代表簽署協定，要求種族平等、人民自決，他們自稱「第三世界」（Third World），獨立於蘇聯及西方集團之外，這種中立主義與印度總理尼赫魯（Jawaharlal Nehru）相近。尼赫魯提醒亞非國家，不要成爲冷戰兩大陣營的應聲蟲。美國人對第三世界中立主義看法分歧，有人認爲這是弱國生存的必要方式，與美國孤立主義不分軒輊，也有人批評中立主義，杜勒斯覺得在暴政與自由之間沒有中立選擇。

歐洲

　　艾森豪就職後即設法增強北大西洋公約組織力量。他希望組織一支統一指揮的部隊，法國反對，並退出北約，但由於西德獲准重新武裝並加入北約，西方的防禦力量未減反增。北約除了軍事合作問題之外，各國間的成見與不安亦造成貌合神離。許多歐洲國家不喜歡美國，歐洲社會主義份子及共黨人士視美國是重物資國家，剝削工人，造福少數財閥。他們認為，美國人價值觀之基礎爲「能賣嗎」。保守派人士擔心歐洲會被「可口可樂」同化或美國化，歐洲年輕人穿牛仔褲、看漫畫、聽流行歌，但由於蘇聯持續不斷在世界各國滲透，使得美國和西歐不得不團結一致。

　　蘇聯爲了對付北約，經援東歐衛星國家，並組織華沙公約（ *Warsaw Pact* ）軍事同盟，一九五六年東歐衛星國中兩個國家，波蘭及匈牙利反抗蘇聯統治，波蘭城市出現反蘇暴動，波蘭士兵與蘇聯軍隊交火，蘇軍遭擊退，同意減少在波蘭駐軍。波蘭新總理保證給予人民更多信仰羅馬天主教的自由，以及部分言論與新聞自由。波蘭仍爲共黨政府，但已不再完全受制莫斯科。一九五七年波蘭甚至要求美國提供貸款購買糧食與機械。

　　匈牙利的境遇與波蘭不同。匈牙利人民先以和平方式反對蘇聯統治，當共黨領袖試圖鎮壓時，人民挺身反抗，經過一週衝突，一九五六年十月三十日，布達佩斯（ *Budapest* ）電台廣播「人民贏得勝利」，蘇聯同意匈牙利人有相當程度自主。新政府成立，政治犯由牢中獲釋，遭查禁報紙復刊，匈牙利人陶醉在自由的氣息中，不過五天光景，一九五六年十一月四日，蘇聯坦克及軍隊突襲布達佩斯，摧毀防禦。聯合國聞悉，立即要求蘇聯撤軍，但遭拒絕，甚至拒絕聯合國觀察員進入匈牙利，美國雖然同情匈牙利，但爲避免觸發戰爭，未予干預。

非 洲

　　至一九五〇年代歐洲國家控有非洲大半地區。一九五五年末非洲僅有五個獨立國家，一九六一年增爲二十七國。美國對非洲國家興趣不大，不過同情當地反殖民運動。國務院擔心得罪歐洲英法盟國，故未採取行動。非洲國家介入冷戰衝突主要有比屬剛果，後來改名爲薩伊（ *Congo* ）和幾內亞（ *Guinea* ）。剛果原爲比利時殖民地，一九六〇年獨立，但自治準備不足，人才短缺，比利時撤出即爆發國內各部族內戰，其中礦產豐富省份卡坦加（ *Katanga* ），企圖脫離尋求獨立向蘇聯求援。蘇聯總理赫魯雪夫（ *Nikita Khrushchev* ）允諾提供援助，聯合國立即加以阻止，以免形成冷戰另一個戰場。聯合國部隊進駐維持秩序，聯合國提供技術及經援，幫助剛果免於饑饉，經濟復原，聯合國祕書長哈瑪紹（ *Dag Hammarskjold* ）謹愼行事，不幸卻於搭乘飛機調解剛果敵對派系停火之際，墜機身亡。一九六三年剛果分離運動失敗，全國恢復統一。另一個國家爲幾內亞共和國，雖然與蘇聯關係密切，但由於擔心蘇聯介入干預日深，乃驅逐蘇聯大使並鎭壓當地共黨，非洲國家多希望走中立路線，由於軍事落後，內部問題叢生，不得不選邊投靠。迦納（ *Ghana* ）有一位領袖曾深刻的指出其中的無奈，「當牛與大象搏鬥時，被賤踏的總是草」。

拉 丁美洲

　　美國關切共黨在亞洲、非洲滲透，卻忽視他們在拉丁美洲活動。拉丁美洲人民普遍貧窮，土地爲少數私人佔有，權力集中某些家族手中，政局不穩。一九五〇年代美國開始在拉丁美洲剿共，爲了避免引起當地人民疑慮驚慌，採用祕密手段。一九五四年中央情報局策動，支援瓜地馬拉（ *Guatemala* ）游擊隊，推翻親共政府。表面上，拉丁美洲國家與美國互爲鄰友，但實際上拉丁美洲國家卻認爲美國捨近求遠，置鄰友不顧。美國

撥款數十億美元重建歐洲，挽救亞洲積弱不振的政府，而拉丁美洲國家所獲援助僅佔全數百分之三。一九五八年尼克森副總統前往拉丁美洲國家從事友好訪問。八國之旅中，面對敵視示威，在祕魯及委內瑞拉，羣衆投擲石塊，用棍杖敲打尼克森座車，此舉令尼克森不快，更加忽視拉丁美洲問題。艾森豪的兄弟米爾敦・艾森豪（ *Milton S. Eisenhower* ）對美國與拉丁美洲關係提出三點報告頗爲中肯：1.美國未能讓拉丁美洲國家瞭解美國。2.忽視對拉丁美洲投資及經濟援助。3.未能分辨拉丁美洲國家中之民主政府及獨裁政權。

美國擁抱拉丁美洲民主國家，冷漠對待獨裁國家的方式在古巴面臨考驗。古巴由巴第斯塔（ *Fulgencio Batista* ）統治，專制顢頇，人民不滿，卡斯楚（ *Fidel Castro* ）領導反抗，美國放棄支持巴第斯塔，卡斯楚革命成功，一九五九年率衆進入哈瓦那，美古友好關係浮現眼前。但好景不常，卡斯楚迅即對共黨示好，排斥美國並沒收私人財產，尋求蘇聯及中共軍事援助。艾森豪禁止古巴糖售往美國，並與古巴政府斷決外交關係。不論此舉是否奏效，拉丁美洲此後出現了一個共黨政府。

和 解雲花一現

一九五三年蘇聯領導人史達林去世，赫魯雪夫繼位，他深知核戰之可怕，抨擊史達林爲屠夫，蘇聯鐵幕微開，人民獲准擁有局部自由。蘇聯開始談論如何尋求共黨國家與非共國家間之和平共存（ *peaceful coexistence* ）。一九五五年艾森豪在瑞士日內瓦召開之高峯會議中會晤蘇聯、英國、法國領袖，會中艾森豪極力呼籲各國裁減核武，會議氣氛融洽，但無具體成果。各國依然競相研發生產核子武器。一九五八年柏林問題再度造成東西方之緊張，蘇聯對美國在西德部署能攜帶核子彈頭的轟炸機，以及西柏林成爲東德異議人士逃亡西方的管道不滿，赫魯雪夫要求西方國家從西柏林撤出，並威脅封鎖柏林。將西柏林對外交通線全部控制權交給東德。美英法堅持留駐西柏林決心，蘇聯無奈，衝突緩和，雙方再度

展開和解努力。一九五九年尼克森副總統訪問蘇聯，赫魯雪夫亦於同年九月訪問美國，並與艾森豪總統在大衛營（ *Camp David* ）會晤，討論世局緩和及召開第二次高峯會議問題。事有不巧，一九六〇年五月一日即高峯會預期召開前二週，一架美國 U-2 偵察機在蘇聯上空遭擊落，導致赫魯雪夫拒不與會。美國在事件發生之際表示，這是架氣象飛機，因偏離航道而誤入蘇聯上空，蘇聯隨即公布飛機殘骸，美國軍方承認 U-2 是高空偵察機，中央情報局用來拍攝蘇聯核能廠及飛彈基地。艾森豪強調這次飛行只是防衛而非攻擊任務。U-2 事件導致美蘇談判觸礁，形成艾森豪任內外交最大的挫折。自一九五九年國務卿杜勒斯死後，艾森豪主導外交事務，訪問歐洲、亞洲、中東、拉丁美洲，弘揚「和平友好」（ *peace and good wall* ），推銷「瞭解美國」，除提高個人知名度外，對緩和冷戰無大助益。

艾森豪離職時效法華盛頓，發表臨別演說，警告國家軍事力量若與大學及科學家結合，將危害個人自由及創造力，並誤導人民相信，採用昂貴驚人的方式即可解決難題，艾森豪此番言論出自職業軍人口中，對擴展軍備之美國，無異當頭棒喝。

第二節

甘迺迪外交

甘迺迪外交政策基本上仍循杜魯門、艾森豪路線，繼續圍堵共產主義，然而他願意在不犧牲美國利益前題下，尋求和解管道。他不認為「非我者誅」，持較中立立場，採寬容態度，同情發展中國家。一九六一年一月二十日他在就職演說中簡要坦率的指出，「讓世界各國知道，不論他們看法如何，美國將竭力擔負責任，面對艱困，支持朋友，反對敵人，確保自由的存在與成功」。甘迺迪保證努力追求和平，並強調絕不害怕與敵國

交涉，要求美國人與暴政、貧窮、疾病，及戰爭搏鬥。他認為艾森豪國防相形落後，蘇聯飛彈及核武超過美國，他決心扭轉劣勢，迎頭趕上。

古巴事件

　　甘迺迪外交第一個難題是古巴，古巴自革命以來，與美關係惡劣。卡斯楚處死反對者，沒收美國私人企業，並與蘇聯簽署貿易協定，激怒美人。一九六〇年艾森豪認為古巴危害西半球，決心祕密支持反卡斯楚革命。中央情報局徵募一羣古巴難民，在瓜地馬拉祕密集訓。中央情報局認為，登陸古巴可引發古巴反卡斯楚動亂。甘迺迪就職時，其幕僚批准這項計畫，甘迺迪亦認為此舉可行。一九六一年四月十五日由古巴難民駕駛美機轟炸古巴空軍基地。二天後，大約一千四百名古巴難民在豬灣（ Bay of Pigs ）登陸，由於氣候不佳，後援不繼，古巴人民未響應支援，行動失利，人員被捕，此事嚴重打擊甘迺迪政府威望，卡斯楚權力益形鞏固，赫魯雪夫譽之為拉丁美洲對抗美帝主義的捍衛者。甘迺迪開除中央情報局局長亞倫・杜勒斯（ Allen Dulles ），個人獨自承擔豬灣後果及責任，但從此不再信任軍事專家建言。

　　豬灣事件後，甘迺迪改變對待拉丁美洲共黨威脅方式，以「爭取進步同盟」（ Alliance for Progress ）為方針，擬定長期計畫提高拉丁美洲國家人民生活水準。一九六一年八月美國與拉丁美洲國家達成協議，由美國提供二十三億美元，拉丁美洲國家相對提出十億美元，幫助拉丁美洲國家進行改善計畫，包括修建學校、房屋、公立醫院、賦稅公平、分配農地等。這項計畫在各國效益不同，有些國家如智利、哥倫比亞、委內瑞拉以及中美國家獲得顯著進步，但也有些國家適得其反，圖利於大企業及軍事。

　　一九六二年十月二十二日甘迺迪在電視上發表了一篇駭人的聲明。美國U－2偵察機拍攝到照片顯示，古巴部署了可攜帶核子彈頭長程飛彈，威脅美國，甘迺迪下令海軍封鎖古巴，阻止蘇聯送飛彈至古巴，雖然許多甘迺迪顧問建議採取強硬手段，參謀首長聯席會議主張進軍古巴，也有人

提議轟炸古巴飛彈基地，但甘迺迪還是選擇封鎖政策，堅決要求古巴拆除所有飛彈基地。鑑於甘迺迪強硬態度，蘇聯提議如果美國允諾不入侵古巴，將撤走飛彈。赫魯雪夫並要求美國亦撤除在土耳其飛彈，此舉將削弱北約盟軍力量。羅勃‧甘迺迪（*Robert Kennedy*）建議接受蘇俄先前提議，不理會撤走部署在土耳其飛彈建議，經過五天「兩瞪眼」（*eyeball to eyeball*）的僵持，蘇聯先眨眼，蘇聯海軍退離封鎖線，撤走飛彈，甘迺迪聲望扶搖直上。

和 平使團

甘迺迪外交最為人津津樂道是其和平使團（*Peace Corps*）構想，協助第三世界國家開發。一羣自願赴第三世界國家服務的人，經過一段時間嚴格訓練後，前往請求服務的國家，和平使團團員與當地人一起生活，幫助他們解決問題，包括設計下水道系統，醫療技術訓練，學英文及實用技術。和平使團足跡五十九國，貢獻良多。

柏 林圍牆

一九六一年六月甘迺迪總統與蘇聯總理赫魯雪夫在奧地利維也納會晤，赫魯雪夫認為甘迺迪年輕可欺，又新挫於古巴，乃威脅西方國家承認東德，並自西柏林撤軍，甘迺迪拒絕，蘇聯乃修築圍牆，切斷東德及東柏林與西柏林的往來，西柏林經濟受影響，勞工短缺，東德逃往西方管道受阻。一九六三年甘迺迪訪問西柏林面對歡呼羣眾表示，「自由多阻，民主並不完美，但我們卻勿須築牆將人民關在裡面……，身為自由人，我驕傲的說，我是西柏林人（*I am a Berliner*）」。

東南亞

一九六一位於中南半島之寮國情勢危急，即將淪陷共黨手中，甘迺迪總統提出四項解決方法：1.放手不管，讓共黨坐大。2.軍事援助，讓親西方政權獲勝。3.寮國一分爲二，如同德國、越南、韓國。4.談判建立中立政府。雖然軍方擬採軍事壓力鞏固寮國國防，但甘迺迪決定談判。十四國在日內瓦集會，達成一致決議，一九六二年寮國成立中立政府（ Neutral Government ）。

甘迺迪同意艾森豪骨牌理論，對當時越南前途深表憂慮。隨著共黨勢力滲透，南越處境岌岌可危，甘迺迪總統派遣少數軍隊赴南越擔任軍事顧問，他們不介入戰場，僅提供支援如空中偵察，指導戰略。此時南越吳廷琰政府腐敗墮落，弊端叢生，僧侶抗議，甚至自焚。隨著抗議聲浪高漲，一九六三年十一月吳廷琰遭南越軍官暗殺，美國大使館及軍方高階事先已獲悉這項陰謀，卻無應變措施從此美國陷入越南泥淖之中，脫身困難。美軍駐越人數亦由早先之七百人增至一萬六千人。

核武禁試

一九六一年蘇聯違反美蘇在太空禁止核子試爆三年的規定，共引爆了四十枚核彈。鑑於核子試爆造成大氣層嚴重污染，甘迺迪試圖說服蘇俄停止在地面上試爆，但雙方對監督及檢查方式無法達成共識，美國又不願核武發展落後蘇聯，試爆不止。一九六三年由於古巴危機影響以及檢查核武方式進步（ 可以在蘇聯境外監測 ），美國、英國和蘇聯簽訂禁試條約（ Test‐Ban Treaty ）禁止在大氣層、水下或外太空進行核子試爆。至一九六三年底一百零七國簽約，美國參院於一九六三年九月通過承認該約。

詹森與越戰

詹森沿續甘迺迪政府外交路線，外交幕僚亦多選自甘迺迪外交顧問，包括國務卿魯斯克（ *Dean Rusk* ），國防部長麥納瑪拉以及白宮幕僚長麥克喬治・邦迪（ *McGeorge Bundy* ）。詹森總統對蘇聯之外交政策以和平共存及文化交流為主，儘管一九六四年赫魯雪夫失勢，方針依然不變。一九六七年六月中東爆發六天戰爭（ *Six Day's War* ），以色列閃電作戰，擊敗埃及、敘利亞及約旦，這些國家獲得蘇聯援助，美國則支持以色列。一九六七年底，詹森與蘇聯總理柯錫金（ *Aleksei Kosygin* ）在美國紐澤西州會晤討論兩國的觀點，但對世局和緩助益不大。

越戰

詹森總統任內外交最大的難題是越戰。他承擔了艾森豪及甘迺迪對南越的允諾，詹森不願看到越共獲勝，也不願美國示弱。一九六四年他在參選總統時強調不要擴大戰事，並一再保證「不要讓美國小孩為亞洲小孩作戰」。吳廷琰被刺之後，詹森入主白宮，南越局勢動盪不安，政權一再易主，美國面對日益惡化之越南情勢，出現三種選擇考量：1.承認失敗，自越撤軍，但擔心如果骨牌理論正確，東南亞國家將陸續淪陷共黨手中。2.繼續有限支持南越政府，可是南越政府既不可靠又不孚眾望，失敗在所難免。3.積極介入戰爭攻擊北越，此舉將造成人財兩失，並可能與中共發生戰事。一九六四年夏，詹森政府選擇第三項方案，美國開始轟炸越共據點以及南越共黨游擊隊，支持游擊隊突襲北越海岸邊防。

1.東京灣決議

一九六四年八月二日及四日，二艘美國驅逐艦報告，在東京灣（ *Gulf of Tonkin* ）外遭北越魚雷艇攻擊。詹森總統向國會表示，美艦執行例行任務，無端招惹攻擊，要求國會授權容許反擊。八月七日參眾兩院迅速通過東京灣決議（ *Gulf of Tonkin Resolution* ）。有關東京灣決議文之提出眾說紛紜，有人質疑詹森對國會有所保留。兩艘驅逐艦是在偵測北越行動，其中一艘艦並承認遭攻擊是誤傳，詹森早在事件發生前三個月，已草擬決議文以備萬一。儘管說法不一，東京灣決議被詹森視爲一張由國會簽發的空白支票（ *blank check* ），支持其越南政策，並爲後來辯護的依據。一九六四年八月南越政府軍與越共戰事持續不已，戰爭已蔓延至南越，美國介入更深，原本一場越南內戰結果竟轉變爲美國與共黨間的戰爭。

2.越戰擴大

自東京灣決議獲國會通過後，詹森軍事顧問即力主轟炸北越。詹森不爲所動，一九六四年大選期間仍強調反對擴大戰爭。然而至一九六五年二月越共攻擊美國駐南越基地後，詹森下令加強攻勢，擴大戰爭。美軍軍機開始轟炸北越，一九六五年四月詹森決定美國地面部隊投入戰鬥，從此帶來了美國的惡夢。

美軍參加越戰與韓戰予人觀感，天壤有別。美軍在韓戰扮演的角色是爲聯合國仗義，獲得非共國家普遍支持。如今幫助南越政府，顯然是介入外國的內戰。南越共黨軍力強大，並獲眾望，南越非共人士普遍對政府態度冷漠，懷有敵意，美國參加越戰不僅獨挑大樑，且遭輿論抨擊。南越之戰未幾發展爲一場「醜陋、無情、無目標」的戰爭。戰場不見，敵人無蹤。越共裝備武器不如美國人，採打帶跑（ *hit and run* ）戰略，利用埋伏、詭雷，發動突襲，他們晝伏夜出，製造恐懼，往往令美軍措手不及，還手不便，損失慘重，越共因此控制了大部分鄉下地區。美軍遭逢挫折，改採「搜尋與殲滅」（ *search and destory* ）策略，搜捕敵軍，轟炸據點，

摧毀補給線，迫使越共出面作戰。美國空軍在北越及越共在南越的據點投擲數千枚炸彈，更對越共藏匿之叢林噴灑化學藥物，造成樹木枯萎，樹葉零落，農地森林荒蕪。地面部隊則採游擊戰，逐村掃蕩，燒毀村莊、建物。詹森幕僚低估了越共的能耐及意願，使得美軍欲罷不能，戰局愈形膠著。駐越部隊一九六五年爲十八萬四千人，一九六六年爲三十八萬五千人至一九六九年爲五十四萬三千人。

3. 反戰聲浪

美國陷入越戰愈深，反戰聲浪愈高，輿論開始質疑爲何美國派軍赴海外叢林作戰。學校師生罷課，抗議美軍擴大戰事，國會議員要求以談判取代軍事來解決問題。一九六六年一月參院外交關係委員會舉行有關越南情勢聽證會，邀請國務卿魯斯克及擬訂政策相關人士說明美國政府的戰事計畫，反戰人士如肯楠等亦獲邀出席。肯楠認爲，越南對美國並無戰略價值可言，美國勿須解決他國之國內問題。聽證會經電視現場實況播出後，美國人目睹了參議員對越戰之質疑。越戰紀錄片於深夜播出美國士兵戰死慘狀，鄉村遭熊熊烈火焚毀，嬰兒嘶喊哭叫，令美國人印象深刻，覺察戰爭的殘酷，與詹森的樂觀語調大異其趣。

越戰影響層面深遠，除了外交以外，內政上由於戰爭經費日益龐大，影響大社會中之消滅貧窮計畫的實施，人們也間接地對戰爭付出代價，戰爭將美國人區分爲鷹派（ *hawks* ）與鴿派（ *doves* ），彼此對立。一九六八年民意調查顯示，美國人普遍支持鷹派理論，但隨著戰爭進展，質疑日增，鴿派漸居上風。

拉丁美洲

加勒比海的多明尼加共和國於一九六五年四月發生政變，右翼軍人政府失勢，美國擔心叛軍受共黨控制，爲保護美國人生命，詹森下令陸軍二萬人前往多明尼加，這是自一九二六年以來美軍首次前往加勒比海。許多

拉丁美洲國家譴責這項軍事行動，擔心古巴事件重演，詹森辯稱，多明尼加革命導致一千五百位無辜百姓遇害，參院外交關係委員會主席富布萊特（ *William Fulbright* ）認爲，總統反應過度，並質疑事件的眞相，不過國會仍然支持總統決定，派軍赴多明尼加。

結　語

　　冷戰對峙，美蘇互不退讓，從歐洲、亞洲、拉丁美洲至非洲無一倖免，各地區衝突或多或少、或大或小，持續不已。隨著核子武器的成長與進步，人類面對毀滅性的威脅日增，和解在冷戰中油然而生。自艾森豪以降，甘迺迪、詹森總統無一不以「和平共存」爲主要訴求，然而鑑於意識形態的對立，制度的不同，安全的考量，和平言談不絕，鬥爭手段不止，大規模世界大戰得以避免，小規模地域紛擾則永無寧日。

　　越戰對美國而言是一個全新的經驗，也是美國史一個重大轉捩點，此後媒體影響日增，民意取向愈重，政府決策不再是少數人之事，戰爭讓美國軍人經驗到「大軍必勝」的觀念有待考驗，游擊戰也正式進入美國軍事研究的篇章之中。

第 三 十 三 章

富裕社會多元文化

二次世界大戰結束，美國受惠於各國重建需求，各行各業蓬勃發展，社會呈現繁榮景象，人民富裕自信，高速公路星羅棋布，各式新穎汽車奔馳其間，人們由城市遷居鄉下，電視成為主要娛樂工具，家用小電器漸居主流，工人就業機會增加。社會繁榮雖較前普及，但仍有許多人未能分享，尤其黑人受隔離歧視，甘迺迪、詹森致力消減貧窮，成效有限，但黑人爭取民權未曾稍緩，一九六四年民權法案通過，為美國黑白平等開啓重要的一章。

六〇年代被視為反叛的時代，反越戰、反政府、反對一切既定的約束。新左派（ New Left ）、嬉皮（ Hippies ）是新一代的代表，他們重視自主，強調愛與和平，對美國文化產生重大衝擊。本章將介紹二次世界大戰後的美國社會以及社會中的抗爭活動。

第一節

富裕社會

一九五八年經濟學家約翰・加爾布雷斯（ John Kenneth Galbraith ）出版《富裕社會》（ The Affuent Society ）一書指出，二次世界大戰後美國所享有的繁榮與前不同。過去社會之發展奠基於「貧乏經濟」（ economy of scarcity ），經濟生產受限於原料不足及人口過多。如今美國及其他高科技國家生活於「富裕經濟」（ economy of abundance ）之中，先進科技使得產品型目增多，產量提昇，人民生活水準提高，除了少數弱勢團體之外，貧窮已逐漸消失。

隨著美國人口增加，產量提高，財富的分配亦趨平均。一九二〇年代富者佔全國總人口百分之五，擁有百分之三十五的全國收入，至一九六〇年代，這羣人收入只佔全國收入百分之十八。普通美國人的收入不再限於餬口度日，開始添購奢侈品，如汽車、小家電。由一九四〇至一九六〇年

間美國人自有住宅比率由四成增爲六成。休閒時間增多，工作時數減少，數百萬工人可支薪休假。除了富裕之外，美國人的生活較前更具保障，工人享有失業保險及社會保障，包括養老金等，政府也補貼農人農產品價格突然滑落的損失，也保護銀行存款人、投資者及債權抵押者，免遭損失。這個時代的繁榮景象有：

科 技進步

二次世界大戰後由於龐大投資、大學培育、獎勵科學發展，使得美國科技領先世界各國，美國工廠邁向自動化（ automation ），電腦控制機器生產運作，自動化改善了產品品質，產量增加。

一九五○年代美國工業革命化主要得力於電腦的應用，現代電腦約於一八八○年代問世，緣起是美國人口調查局員工赫爾曼・豪勒里斯（ Herman Hollerith ）於某日搭車時，注意到火車剪票員用打孔機剪票，激發他發明了第一張打孔卡，並於一八九○年用於計算人口調查。一八九○年代豪勒里斯成立了第一家電腦公司，後來發展爲國際商業機器公司（ International Business Machines Corporation ： IBM ），自此之後許多公司紛紛跟進。一九五○年代磁碟取代卡片，增加了電腦記憶儲存量，小型電晶體及電路板縮小了電腦體積並增加容量。隨著技術不斷革新，電腦商業用途日漸擴大，從付款到旅館預訂房間、發射衛星、預測選情、天氣預報、指紋核對等。

醫 藥進步

一九五五年四月美國在醫學上獲得大突破，美國科學家瓊納斯・沙克（ Jonas Salk ）發現預防小兒麻痺症疫苗，經過對四十四萬名孩童試驗，證明沙克疫苗成效顯著。一九○○年的許多致命疾病如肺病、白喉至一九六○年已不足爲害，美國人的平均壽命延長，三大死亡原因已改變爲肺

瘤、心臟病以及車禍。

遷 居郊外

汽車問世改變了美國人的生活，鄉村與小城鎮快速成長，熱愛陽光、新鮮空氣、喜好綠地以及大自然的人可以居住郊區，量販中心、大百貨公司興建大型停車場，方便鄉村居民採購，大企業亦由城市遷往郊區。城市開始面對一些困難，為了解決交通阻塞、高速公路必須穿越經許多城市，破壞了社區鄰居的互動，有錢人遷居鄉下之後，城市中的弱勢團體以及窮人日益增多，造成財政困難。稅收不夠支出，交通設施、警政、社會福利、房屋，教育經費捉襟見肘。

生 活標準接近

一九五〇年代美國人共同的夢想是擁有一間郊外新屋，客廳放置一台大電視，車房裡有一部新款汽車。年輕夫妻認為住郊外安全、舒適，對教養兒童有益，但也有許多缺點，其中最嚴重的情形是標準一致，「向別人看齊」（ conformity ）成了郊區人的生活負擔，換言之，即要和鄰居過一樣生活。此外，住在郊外的人多中等收入，屬雙薪家庭，夫妻共同赴外工作。郊外社區生活形態往往造成歧視心理，例如許多郊外社區拒絕黑人遷入，不肯售租黑人房屋，或對遷入者不表歡迎。這種一致生活造成美國人喪失自我的壓力，許多作家如大衛・賴斯曼（ David Reisman ）撰寫《寂寞羣衆》（ The Lonely Crowd, 1950 ），威廉・懷特（ William H. White ）的《組織人》（ The Organization Man, 1956 ）討論美國社會所承受一致性的壓力，每個人都被迫朝一個目標、一個方向生活。公司職員擔心要升遷必須配合公司政策，忠於公司成為團隊的一份子。家庭生活也有標準樣板，信仰、參加俱樂部也不例外，許多人擔心，美國人將喪失其個人的價值。

一九五〇年代美國社會傾向鼓勵婦女在家養兒育女，女性雜誌多刊登

類似「女人婚後是否應辭去工作」，或「治家之道」的文章。當時由班哲明・司波克（Benjamin Spock）所寫的《照顧嬰兒手冊》（Pocket Book of Baby and Child Care）廣受歡迎。司波克認爲，婦女養育小孩所獲得報償，勝於赴外工作所賺取的額外所得。大學女生也認爲婚姻、家庭比工作重要，養育小孩成爲家庭大事。一九五〇年代美國婦女傾向早婚，戰後美國人口出生率迅速成長，造成「嬰兒潮」（baby boom）。一九五〇年至一九六〇年是美國人口在二十世紀成長最快的時段。嬰兒潮期間美國人口出生約達七千五百萬人。一九五〇年代父母多寵愛子女，竭盡所能供應物資滿足需求，維持高水平生活標準，此外並給予子女充分自由，結果成就了許多不良少年，他們出身富裕家庭，不知人間疾苦，無端製造暴力，破壞社會秩序。

電視是繁榮的主要象徵。一九四五年全美只有六家電視台，每二萬人擁有不到一架電視機，不出幾年，電視機和電話一樣普遍。一九五二年總統大選，電視扮演了重要的角色，政治議題正式介入家庭生活；政黨集會、國會演說、國會小組委員會討論實況，漸爲人知曉，大選中兩黨更爭相購買電視及電台頻道播出。雖然電視教導人民瞭解政情，但也引發不少問題。如電視是否能公平對待候選人？有些人則批評電視敗壞美國文化，廣告商爲討好觀眾，不得不支持製作一些低俗、譁眾取寵的節目，爲了不得罪客戶，廣告商亦不製作爭論性話題節目，電視只在吸引別人注意而不管想什麼。一九五〇年代是電視黃金時代，喜劇作家及名演員最得寵受惠，當然也有一些相當正面的教育節目以及現場轉播的歌劇等。電視孕育了統一性的文化。全國觀眾觀賞同一節目，聽一樣新聞，看相同產品廣告，電視網爲全國不同地區不同收入的人，提供了同樣的訊息，將美國人緊密的團聚在一起。

第二節

民 權 運 動

美國現代民權運動源自新政及二次大戰。新政並未提出對抗種族主義或協助黑人方案，但救濟計畫則同時嘉惠黑人與白人。雖然在復原過程中，種族歧視及隔離未除，但黑人可以獲得低報酬工作，並表現出自信及樂觀氣息。一九三〇及一九四〇年代許多黑人離開鄉村前往城市，在北方，他們組織黑人團體，並參與選舉，對未來充滿憧憬。二次大戰期間黑人應召入伍，加深自尊意識（ self－worth ）。歐洲人視美軍爲解放者（ liberators ）不分黑白，讓許多黑人感受新經驗，不願再接受歧視。此外，聯邦政策之改變亦提高黑人自決意識，小羅斯福總統任內即禁止對國防工業黑人員工歧視，杜魯門總統於一九四八年禁止聯邦政府機構內有種族歧視，他更下令司法部調查民權法案。儘管有這些革新措施，黑人在美國社會處境仍低賤卑憐。一九五〇年代全國有色人種協進會（ NAACP ）開始發起運動，反對公立學校採種族隔離措施，點燃了民權運動的火炬。

華 倫法庭（ Warren Court ）

一九五三年十月艾森豪總統指派加利福尼亞州共和黨州長艾爾‧華倫（ Earl Warren ）爲最高法院大法官。華倫與自由派法官如休果‧布來克（ Hugo Black ）、威廉‧道格拉斯（ William O. Douglas ）致力推動法律之前人人享有平等權利。一九五四年華倫法庭通過一項劃時代的判例：布朗控肯薩斯托皮卡教育局案（ Brown V. Board of Education of Topeka, Kansas ）。最高法院九位法官一致裁定對學童採取種族隔離違憲。這項判決推翻了一八九六年普力西控弗格森（ Plessy V. Ferguson ）案，該案裁

479

定「分離而平等」的措施合乎憲法。在布朗案中，民權團體律師根據心理學家及社會科學家的說法表示，學校採隔離有害弱勢團體學生。法院並訂出終止隔離的最後期限，要求學校逐步盡力取消種族隔離政策。

最高法院對稍後三大重大法案審判產生重大影響。一九六一年梅普控俄亥俄（Mapp V. Ohio）案，法院判決警察不可使用未獲搜索票得來的證據；一九六三年吉登控威賴特（Gideon V. Wainwright）法院裁定對貧窮無法聘請律師的被告，州必須提供律師。一九六四年伊斯柯比杜控伊利諾（Escobedo V. Illinois）案，法院駁回一項謀殺判決，因為警察在獲得被告自白時，未讓被告會晤律師。

最高法院對布朗控教育局案導致許多州，尤其是南部的學校發生重大變化。在南部各州只有極少學生可以與白人一起上學。一百零一位南部選出的參議員及衆議員簽署「南方宣言」（Southern Manifsto），決心推翻最高法院判決。有些團體要求「大規模抗拒」（Massive Resistence）以取消種族隔離。他們關閉公立學校，並將白人學校遷往私立學校。儘管南方抗拒，民權運動在一九五〇年代愈演愈烈。美國黑人不甘再屈就為二等公民，他們爭取職業、居住及教育平等。不僅反對學校、公車、火車內隔離，亦反對廁所、飯店、旅館、圖書館及醫院的不平等待遇。一九六〇年代民權運動拓展至北方。

蒙 哥馬利公車抵制事件

一九五五年十二月某日，阿拉巴馬州蒙哥馬利（Montgomery）一家百貨公司的黑人縫紉女工羅莎・帕克斯（Rosa Parks）疲憊不堪地下班，搭上公車後，看到前排白人座位還有一張空位，隨即坐下。不久汽車靠站，一名白人乘客上車，司機要求帕克斯讓位，她拒絕站起來，司機乃召喚警察逮捕，經過短暫扣留，帕克斯被控不服從州的種族隔離法律。消息傳出，蒙哥馬利黑人團體震怒，黑人領袖們在迪斯特（Dester）大街的浸信會教堂討論如何營救，他們決心發起抵制拒絕搭乘市公車。路德教堂內

二十六歲的牧師馬丁路德・金恩（*Martin Luther King*）成為抵制運動領袖。帕克斯開庭當日，幾乎所有的黑人都開始抵制乘車，他們步行上班，這項抵制行動持續近一天，公車損失慘重。帕克斯被判罰金十元。金恩博士及其他黑人領袖以領導非法抵制罪名被捕。一九五六年最高法院判在大眾交通運輸工具採隔離方式違憲，公車司機隨即停止隔離政策，蒙哥馬利黑人市民重搭公車，並獲公平待遇。雖然帕克斯不打算掀起抗爭運動，但它確實推動了民權運動，催生了一位民權運動領袖馬丁路德・金恩博士。

馬丁路德・金恩

　　馬丁路德・金恩（*1929～1968*）生於美國亞特蘭大州（*Atlanta*），畢業於波士頓大學，一九五五年獲神學博士學位，神學造諧精深，致力效法印度甘地精神，從事非暴力民權運動。他要求人民拒絕服從不公正法律，但要愛對手，不要採用暴力，他相信「消極抗爭」（*passive resistance*）或和平、非暴力示威、遊行、抵制，會引起羣眾注意，迫使政府當局談判，修改不公正法律。

　　一九五七年金恩與其他來自南部十州領袖組織「南部基督教領袖聯合會」（*Southern Christian Leadership Conference :SCLC*），在南方各公共場所對抗歧視，黑人高中生及大學生在餐廳及商店發動靜坐（*sit-ins*），他們甘願被捕、坐牢，也有學生發起「無隔離乘坐」（*Freedom Rides*）公車，旅行南部各城市，廢除種族隔離法律，如車站洗手間之區隔。這項和平抗議示威引起部分保守人士不滿，他們焚毀車輛、攻擊乘客。儘管如此，示威繼續進行，並獲得全國同情及聯邦政府支持。民權運動發起後，各種團體林立，主要有全國有色人種促進會（*National Association for the Advancement of Colored People :NAACP*）、全國都市聯盟（*National Urban League*）種族平等大會（*Congress of Racial Equality :CORE*）。金恩堅持理念，奮鬥不懈，一九六四年因提倡民權運動非暴

力理念獲諾貝爾和平獎。

小 岩城事件

艾森豪於一九五七年提議成立民權委員會（ Civil Right Commission ），研究南部各州黑人投票問題。南部參議員擬採冗長發言拖延方式，封殺此案，艾森豪請求參院民主黨領袖詹森（ Lyndon B. Johnson）支持。一九五七年國會通過民權法案（Civil Rights Act of 1957），允許司法部為那些被剝奪權力的弱勢團體主持正義。

一九五七年九月阿肯色州小岩城（ Little Rock ）事件考驗了聯邦政府的能耐，聯邦政府下令阿肯色州小岩城專供白人就讀的中央高級中學（ Central High School），允許九名黑人學生入學。州長派國家防衛部隊阻止九名黑人學生入學，艾森豪總統約見州長，要求服從法庭命令，州長撤退軍隊，但南部羣眾不肯善罷，威脅對黑人學生不利，艾森豪被迫採取行動，派遣一千名傘兵，徵召一萬名阿肯色國家防衛部隊兵士，包圍學校，讓黑人學生安全入學。

甘 迺迪支持民權運動

甘迺迪在競選總統時曾獲得黑人支持，甘迺迪允諾選民，當選後必定會禁止公家住宅有隔離歧視，由於南方民主黨議員反對，遲至一九六二年才以行政命令終止公家住宅有種族隔離。甘迺迪對種族問題採平衡作法，一方面邀黑人加入內閣，另一方面任命主張隔離政策人士出任大法官。但隨著情勢發展，甘迺迪不得不對民權採取積極作法。當「無隔離乘坐」面對暴力威脅時，甘迺迪派軍保護。從一九六一年至一九六三年司法部為保護黑人選舉權所提出的法律案件，較一九五八年至一九六〇年增加六倍，使得一九六四年大選美國南部黑人選民人數，由百分之二十五增為百分之四十。州際貿易委員會禁止火車、公車、飛機等交通工具採種族隔離措

施。一九六三年四月阿拉巴馬州伯明罕（*Birmingham*）發生種族示威，電視台播出警察使用消防水管、棍棒、警犬驅離示威者的畫面，甘迺迪派出三千名部隊維持秩序，六月提出新民權法案，宣佈國內種族隔離非法。

在甘迺迪政府任內，司法部支持許多學校取消種族隔離訴訟案。一九六二年九月黑人空軍退伍軍人詹姆士・梅瑞狄斯（*James Meredith*）想至密西西比大學就讀，雖然梅瑞狄斯獲法院許可，但密西西比州長卻不讓他入學，甘迺迪立即派遣四百名美國警察及軍隊赴校，經過一場羣衆暴動，二人死亡，梅瑞狄斯獲准入學。一九六三年阿拉巴馬州長喬治・華萊士（*Jeorge Wallace*）試圖阻止黑人學生就讀阿拉巴馬大學（*University of Alabama*），總統再度派出軍隊及警察解決問題。此後美國南部大學及學院開放容許黑人入學，但就整個黑人入學情形而言，進步還是相當緩慢。從一九五三年至一九六七年間僅百分十六的黑人小孩就讀沒有種族隔離的學校，雖然許多公共場所亦取消種族隔離，但仍有些場合未採取類似措施。有些甚至恫嚇黑人，炸毀黑人住宅及教堂，黑人亦採暴力對抗。

一九六三年，恰值解放黑奴宣言百年紀念，黑人領袖計畫「前進華盛頓爭取職業及自由」，凸顯支持甘迺迪的民權法案。八月，二十萬名黑人於華府林肯紀念館附近集會，在牧師、政府官員的領導下，唱讚美詩及聖歌，追述先人追求自由平等的努力。金恩發表「我有一個夢」（*I have a dream*）演說，期盼一個沒有種族偏見社會。這是美國史上最大規模的和平示威運動。

詹森總統時代之民權運動

詹森的大社會計畫為美國人積極除弊，但由於越戰支出太大，許多方案根本無法推動，尤其是黑人問題。因此在這段時間，黑人較少談論無種族界線問題，反而熱衷黑權（*Black Power*），換言之，主張種族分離。一九六〇年代中葉許多城市黑人社區發生暴動，黑人要求社會、經濟平等，引起許多白人惶恐、憂懼、怨恨，許多地區保守份子攻擊黑人。

一九六五年春，馬丁路德・金恩博士領導，在阿拉巴馬州塞爾馬（Selma）地區發動一場黑白攜手進行的非暴力爭取平權示威遊行。這是馬丁路德・金恩最後一次勝利。由於非暴力行動成效有限，許多年輕人及好戰黑人領袖與金恩博士分道揚鑣，他們認為與其等待別人施捨不如自己爭取權力，急進派領袖如司托克利・卡米契爾（Stokely Carmichael）宣稱他們的目標是黑權（black power）。黑權主張政治行動。卡米契爾將之視為「黑人團聚，選出國會代表，說出需求」。這是內戰重建以來黑人首度介入南方政治。黑人在南方選出更多的地方官員。一九六七年北方俄亥俄州的克里夫蘭及印第安那州的格雷（Gray）皆選出黑人市長。

黑權代表黑人的自傲（self-pride）及自我領導（self-leadership）。過去許多民權運動的成員及領袖是白人自由份子，如今學生非暴動協調委員會及種族平等大會（Congress of Racial Equality：CORE）排除白人領導。黑權運動導致重新探討美國黑人所具有的非洲人遺產。有些人取了非洲名字、穿非洲款式衣服、剪非洲式頭髮、要求學校教授黑人歷史及非美研究。

金恩博士及部分民權領袖仍堅持黑人團體必須繼續與白人團體合作，才可能成功。但他改變策略，將示威遊行地點由南方遷往北方如芝加哥等地，抗議住宅不公、失業及貧窮等問題。北方黑人羣居都市之中，普遍貧窮，對欠缺工作機會，學校破爛不堪、住宅搖搖欲墜及其他問題不滿，在各城市製造暴動。星星之火足以燎原，一些警民間的小衝突在謠言刺激之下，大夥羣集街頭，打劫焚燒黑人區內的白人商店。一九六四年七月紐約市哈林（Harlem）發生一場重大暴動，同年費城及芝加哥市亦相繼出現暴動。一九六五年八月洛杉磯的沃茨（Watts）黑人地區發生暴動造成三十四人死亡，三千多人被捕，財產損失二千萬。一九六六年夏天，紐約、亞特蘭大、克里夫蘭、底特律、芝加哥、舊金山及洛杉磯陸續出現暴動，其中最嚴重是於一九六七年七月的底特律，當警察暴行傳抵黑人住宅區時，不到一小時整座城市大半地區陷入火海之中，詹森總統派遣聯邦軍隊恢復秩序。在這次暴動中大約有四十人遇害，數百人受傷，數千人無家可

歸，許多商店付之一炬。

　　黑人暴動原因複雜不一，有人歸於無法解決貧窮，也有人認為只是文件宣示無法讓黑人排除真正的不公平感受。有人好奇為什麼暴動發生在北方多於南方，國會議員亞當・鮑威爾（ *Adam Clayton Powell Jr.,* ）將之解釋為南方黑人長久以來一直居下風，白人也較慷慨給予一些權利如公車坐前座等，但在北方，黑白本來有既定的平等來往，如今黑人要求更多，如職業、收入、居住環境，白人擔心自己權利受損，形成敵對。暴動一旦發生，多為非理性且為自毀性。在暴亂中黑人傷亡多於白人，許多黑人財產受損慘重，每次衝突之後白人偏見更深。

　　儘管詹森總統任內黑白衝突事件層出不窮，但亦有不少改善，許多對黑人生活不公之法令廢止，種族隔離歧視破除，黑人選民增加。一九四〇年大選只有十萬黑人投票，至一九六八年在喬治亞州長選舉中有十萬人投票支持黑人候選人。此外黑人在體育藝術方面人才輩出，亦有人開始擔任大使、主教及法官，但就整體而言，黑人仍無法與白人全面平等。

金 恩博士遇害

　　一九六八年四月金恩博士至田納西州孟斐斯（ *Memphis* ）參加黑人清潔工罷工示威，金恩打算發起「全國窮人示威」（ *National Poor People's Campaign* ）運動，為黑人及窮人爭取經濟利益。金恩在教會集會中說，他看到種族及經濟平等的聖地（ *Promised Land* ），「我也許無法與你一同前往，但我今晚要你們知道，我們這個族羣將到達聖地」。隔天，一九六八年四月四日他被一名狙擊手射殺身亡。金恩死後，全美一百六十八座城市發生一週之久的暴動：縱火、搶劫，華府亦難避免，詹森派出五萬名部隊，保護政府機構安全。

第三節

學生運動與多元文化

越戰持續擴大，社會緊張情勢升高。學生反戰聲浪愈大。資料顯示，家庭收入低、受教少的人較家庭收入高、受教多的人赴越南作戰機會大。徵兵不公平影響年輕一代對政府的觀感。隨著徵兵員額日增，學生反感愈深。調查顯示，一九六六年僅少數高中生擔心服役，至一九六九年百分之七十五的高中生怕當兵，許多學生質疑爲什麼要打仗，尤其當電視在深夜播出戰爭的殘酷及美國士兵的傷亡時更令他們驚悸不安。越戰期間有二千七百萬年輕人到達當兵年齡，其中九百萬人登記，二百萬人入伍，但有一千六百萬人未當兵，其中包括在學、結婚生子、健康問題，還有一些基於道德和宗教理由。據估計，大約有五十萬名青年公開拒絕服役，有人不報到，也有人逃亡加拿大、瑞典及其他國家，約三千人因逃兵入獄。

反戰學生模仿民權運動方式發動大規模示威，如加利福尼亞州柏克萊大學學生示威，反對現代大學中官僚欠缺人性。學生從一九六五年罷課（ teach - ins ）以來，各大學反戰示威愈演愈烈，學生抗議徵兵以及校園軍訓，反對學校與國防工業合作進行研究計畫，有些學生燒毀徵兵卡，諷刺詹森軍事政策。

一九六五年十月全國結束越戰委員會（ National Committee to End the War in Vietnam ）動員了八萬人在全國各地示威。一九六五年十一月二日，一位三十二歲的和平主義份子諾曼‧諾里森（ Norman Norrison ）自焚抗議越戰。一九六七年十月，十萬人在五角大廈樓前示威，中產階級、勞工也參加了反戰行列。

一九六八年四月底紐約哥倫比亞大學發生令人震驚的暴動，數百名學生佔據學校大樓，聲稱要保護學校並反對學校與政府的武器研究計畫。經

紐約警察局一千名警員黑夜追擊，緊張情勢才告舒解，哥倫比亞大學暴動引爆國內外一連串的學生運動，倫敦、羅馬、馬德里皆有類似事件，學生反抗已不限於美國而成爲全球性的暴動。

學 生運動

一九六〇年代學生運動原因衆多，但可歸納爲下述幾點：1.一九六〇年代學生與二次大戰後學生氣質不同，戰後退伍軍人入學，對年輕人發生影響。2.一九六〇年代學生出生富裕環境，受新政自由風氣感染，認爲政府的職責在限制經濟並幫助弱小對抗頑強，不過政府做的不夠。3.現代工業社會公司組織沒有靈魂（*Soulless*），電腦操作及缺乏人性的官僚體系讓人覺得無奈又無意義。並感慨美國如此富有的國家卻存有貧窮及種族偏見。

學生運動有賴組織推行，其中以學生民主會（*Students for a Demo-cratic Society :SDS*）最重要。該會成立一九六〇年，爲新左派主要活動組織。一九六二年六月，五十九位學生在密西根之休倫港（*Port Huron*）草擬一份六十三頁之休倫港宣言（*Huron Announcement*），批評美國戰後政治過分重視物質發展，要求學生「參與民主」。一九六四年九大城市中一百二十五個學生民主會準備動員貧民發動示威抗議，雖然有部分成效，但問題依舊。一九六五年該會轉爲反戰團體，四月七日發動了大規模反戰示威，吸引一萬五千多名學生至華府，一九六八年又介入哥倫比亞大學學生反抗運動多數成員被捕，一九六八年後學生民主會鬧內鬨。這些抗議行動在一九六九年後逐漸式微。

嬉 皮及反文化

一九六〇年代的青年運動不限於校園及反戰活動，部分青年對社會不滿，他們具有強烈疏離及陌生感，厭惡既有的價值觀，如成就、物資至上

及向別人看齊。他們喪失認同感，有些學生輟學、逃家，也有些學生雜居在一起，彼此照顧，自稱爲嬉皮（ *hippies* ）。由於他們反對父母親的文化，故稱爲反文化（ *Counter Culture* ），遍及美國及歐洲各大城市之中。嬉皮服食藥物，相信神祕宗敎，穿著藍色夾克或破爛的外套，留長髮、蓄鬍鬚，女生不化妝也不打扮，不在乎金錢、物質或權力，強調「愛」勝於金錢，「感覺」重於思考，「自然」大過人爲造作。嬉皮之社會、政治理念接近急進派，但他們反對激烈行動，他們的世界是民俗音樂與搖滾樂。「要愛不要戰爭」（ *Make love ,not war* ），愛好和平及「管自己的事」（ *Do your own thing* ）是他們的思想及行爲圭臬。耶魯大學敎授查理・瑞奇（ *Charles A. Reich* ）在其一九七〇年出版的《美國的新生》（ *The Greening of America* ）中指嬉皮爲「第三意識」（ *Consciousness III* ）世界觀。瑞奇認爲第一意識是自立（ *do‑it‑yourself* ），以放任方式（ *Laisser‑faire* ）接近生命；第二意識爲信念大過愛，以「自由知識」的心理來解決問題；第三意識爲美國個人主義。

性 革命

　　一九六〇年代年輕人對社會最大的衝擊是性革命。傳統對婚前性行爲、避孕、墮胎、同性戀、色情書刊的觀念，似乎一夕變天。雖然事實未必如此嚴重，但過去的敎條確已不符當代所需，每個人都可以有自己的看法和說詞。性革命發生的原因極爲複雜，各種因素互相影響。有效避孕及防制性病抗生素的使用助長了婚外性行爲，性道德觀念隨之改變。金賽（ *Alfred C. Kinsey* ）於一九四八年出版《男性性行爲》（ *Sexual Behavior in the Human Male* ）一書引起軒然大波。他根據對數千位可靠訪問得知，大多數美國人的性行爲與已知不同，婚前性行爲、夫妻不貞、同性戀等行爲較一般想像來的多。一九五八年金賽再出版《女性性行爲》一書，顯示女人的性行爲和男人一樣複雜。金賽被稱爲「性革命的馬克斯」（ *the Marx of the Sexual revolution* ）。

性革命影響廣泛，同性戀要求異性戀社會停止迫害、歧視；女人獲得更多自由；男人開始承擔較多家庭工作；不過許多年輕人卻因性行為被迫提前結婚，非婚生子女增加。性所導致的新疾病如愛滋等逐漸增多，墮胎也形成社會爭論。

婦 女解放

二次大戰雖然有部分婦女辭卸工作重返家庭，但繼續留在社會工作大有人在。從一九四○至一九六○年間女性工人比率倍增，尤其是家庭主婦，由於內外兼顧，內心怨懟不滿處處可見。婦女工作必須面對職業歧視，收入低於男人，有些工作條件限制多。一九五○年代即有許多女人表示不滿，至一九六○年代女人開始組織，抗議不平等束縛，要求改變現狀。一九六三年新女權運動領袖貝蒂・佛瑞丹（ Betty Friedan ）撰寫《女性的奧祕》（ The Feminine Mystigue ）批評社會對女性的偏見，要求婦女不必為無益於女性的紛爭費唇舌。書中駁斥「女人不需要成長的謊言」，並敦促婦女開始發展自己的潛能和天賦，為自己找份有意義的工作。一九六六年「全國婦女聯盟」（ National Organization for Woman ：NOW ）成立，佛瑞丹在三個公會會員推選下，榮膺第一任主席。全國婦女聯盟宗旨是根據法律，擴展並加強婦女權益，使婦女能在一向由男人把持的政治、商業及其他專業範疇中贏得平等地位，她們要求男人開始分擔「女人領域」。一九六七年全國婦女聯盟二次全國大會，促請政府撤銷所有限制節育資訊流通的法律，撤銷管制墮胎的處罰法律，「婦女控有自主生育權」。有些婦女團體覺得全國婦女聯盟不夠激進，另起爐灶，如凱蒂・米勒特（ Kate Millett ）於一九七○年撰寫《性革命》（ Sexual Revolution ），否認男性優越。激進人士關心性別歧視的本源，她們宣稱不平等的法律及習俗是婦女被壓迫的結果而非原因，「性別主義」是禍首，男人假設婦女在生物學上異於男性，才導致女性全面劣勢。她們希望經由不斷破解現行的女性形象，教育男女瞭解「性別主義」弊害。女性主義解放的定義是，

婦女能自己決定要成為什麼？如何過活？不會在選擇「非正統」生命道路
之後，被人指指點點說「不是女人」。

文 學與音樂

　　二次世界大戰後的美國小說，一般說來是歉收，他們對於社會問題，
人同社會的複雜關係似乎都不大關懷，只在技巧上別出心裁，他們僅靠一
些戰爭經驗，一再地重現。主要的作家及作品有諾曼・梅勒（ Norman
Mailer ）的《赤裸的與死亡的》（ The Naked and the Dead ,1948 ）、詹姆
士・瓊斯（ James Jones ）的《從這裡到永恆》（ From Here to Elernity
,1951 ）、艾理森（ Ralph Ellison ）的《隱形人》（ Invisible Man ）。這時代
的作家從創作生涯一開始就缺乏從自己的創作中發展寫作材料的能力，因
此只能依靠社會景象供給他們的材料。六〇年代美國文壇湧現另一批小說
家，他們屬於本體論者（ Ontologist ），對偶然發生在面前事物和人與人
之間的關係所具有的性質，做熱心而深入調查研究，關懷那些充滿活力的
人們的實際自覺和自知。主要代表人物及作品有索爾・貝婁（ Saul
Bellow ）之《抓住這一天》（ Seize the Day ）、他的《奧吉・瑪區歷險記》
（ The Adventures of Augie March ）則被稱為描述現代美國都市生活最卓
越的一本小說。高德（ Herbert Gold ）的《樂觀者》（ The Optimist ）、《精
華》（ Salt ）。馬拉莫（ Bernard Malamud ）的短篇集《魔桶》（ The Magic
Barrel ）、小說《助手》（ The Assistant ）、《新生活》（ A New Life ）。菲
力普・羅斯（ Philip Roth ）的《隨它去》（ Letting Go ）、《她好的時候》
（ When She Was Good ）。薩林傑（ J.D Salinger ）的《麥田捕手》
（ Catcher in the Rye ）。儘管六〇年代電視普遍流行，並不妨礙美國人
閱讀小說嗜好，一九三九年袖珍本書籍問世，售量大增，一九六五年一天
可賣出一百萬冊，平裝書價格低廉，人們可輕易購得，更加刺激市場需
求。

結 語

六〇年代美國邁向富裕之際，社會貧窮、種族間不平等益形凸顯。黑白之問題隨著工業化都市生活的發展，衝突日劇。「黑白合作」猶或「黑白對立」路線之爭，困擾著民權的走向，金恩主張採非暴力的合作路線，卻以身亡，黑權運動強調黑人自尊鼓吹暴動，加深黑白對立。此外越戰更造成學生不滿，導致社會運動層出不窮，學生走出校園與社會結合，為美國增添更多的騷動。史家將六〇年代視為反叛年代、反文化時代，由性的解放到女性自主，衝擊了傳統以來男女界防，改變了社會的人際關係。

第 三 十 四 章

七〇年代多事之秋

　　一九六〇年代末期，美國政局內外煎迫。外交方面越戰曠日持久，和戰一籌莫展，內政則面臨反文化意識以及各種示威運動，黑人、學生、女權等諸多問題此消彼長，詹森總統心餘力挫，宣佈棄選，尼克森風雲際會，入主白宮，不及兩任，倉促下台。尼克森在位期間外交上終止越戰僵局，打開和談序幕，為中美關係解凍奠定基礎：內政上因水門事件涉及總統道德操守，被迫黯然下台。歷史上稱尼克森為「帝王總統」（*Imperial Presidency*），此言並不公平，自小羅斯福新政以來，杜魯門、艾森豪、甘迺迪、詹森總統，在外交上無不擴權，置國會於一旁，使用總統行政同意權，對外發兵未經參院許可，但尼克森變本加厲，涉及選舉，舉國譁然。水門彈劾案後，國會立法權再度抬頭。本章將介紹尼克森其人，內政外交上作為以及福特總統之措施。

第一節

尼克森主政

　　尼克森於一九一三年一月九日生於加利福尼亞州，幼年在家中雜貨店幫忙，長大後入學威第爾（*Whittier*）學院及狄克大學法律學院（*Duke University Law School*），畢業後在威第爾地方執業律師，二次大戰服役海軍，一九四六年當選國會眾議員，後出任艾森豪之副總統，一九六〇年與甘迺迪角逐總統失利，一九六二年競選州長受挫，一九六八年復出當選美國總統。尼克森聰明睿智、衝勁十足，組織分析能力強。就總統而言，他缺乏一定原則，採實用方式解決問題，他具有兩種政治性格：一方面相信努力、苦幹及個人主義，另一方面則自絕於臺衆，只親近家人與少數幕僚，是一位神祕、寂寞的人。尼克森易被激怒，並力圖報復，善於自我保護及偽裝，是位難以捉摸、性格複雜多變的人。

內 政

由於國會與總統分別隸屬不同政黨，尼克森內政治績平平，無重大建樹，他曾提出以金錢直接濟助窮人的計畫，遭國會反對，乃削減金額，協助教育、住宅、職業訓練及支持福利等現有的方案。尼克森同情黑人遭遇，討論促進「黑人資本主義」（ black capitalism ），但卻無具體建議。他極力主張縮減聯邦支出以平衡預算，但同時又力促提高軍費。尼克森的內政措施有：

1. 新聯邦主義

尼克森爲號召一次美國內政改革，於一九六九年九月提出「新聯邦主義」（ New Federalism ），主張由聯邦政府協助各州分擔一部分內政責任，以改善聯邦政府過分集權，官僚作風弊病愈來愈顯著，州政府與地方政府爭吵不休。他希望加強州政府與州議會權力，打擊「都市本位論」，使大州所管轄的大都市回到新聯邦主義下，歸強有力的州的領導。在大力宣導「法律與秩序」（ law and order ）之下，尼克森大肆整頓犯罪，國會通法立法在哥倫比亞特區消滅犯罪，這項法案包括減少對罪犯的保護，警察甚至在沒有拘票下可逕行搜索。

2. 改革最高法院

尼克森批評華倫法庭（ Warrant Court ）過分縱容罪犯。他不滿最高法院削弱警察審問嫌犯的權力，允許嫌犯自被捕時有權與律師商議與禁止裝設竊聽器蒐證等。尼克森認爲這些決定違反「每一名美國人的首要民權是免於遭暴力傷害」，他要遴選「嚴格釋憲」法官，候補最高法院的空缺。尼克森就職不久，華倫卸任大法官職位，尼克森提名華倫·柏格（ Warren Burger ）繼位，柏格是位受尊敬的保守派大法官主張強有力的維護法律與秩序，以確保美國傳統立憲制度。後來尼克森還想提名兩位來

自南方的大法官但遭參院否決,理由是聲望不夠。尼克森雖然未能如願,
但柏格出任大法官的確改變了過去華倫對待犯罪的縱容作法。

3.種族問題

　　尼克森試圖改變聯邦對學校取消種族隔離的政策,但未成功。詹森總
統對那些為消除種族隔離,刻意區隔黑白學童的學校,刪減教育補助,最
高法院在格林控郡學校董事會(*Green v. County School Board*)一案中,
判決學校董事會必須立即完全取消種族歧視。雖然大法官判決如此,尼克
森政府仍遲疑行動,司法部開始支持學校阻止取消種族隔離,政府也不刪
減補助。尼克森的態度顯然與最高法院背道而馳,法院拒絕改變立場,並
支持以「巴士」(*busing*)作為達到黑白合校的方法。所謂巴士是指為實
行黑白學童同校,硬性規定各校必須黑白各半上課,如果一方人數不足,
便必須加派巴士校車載運,由於黑白種族居民住宅分得很遠,白人學童必
須用巴士校車運送到黑人區的小學,黑人學童同樣必須用巴士運送到白人
區的小學上課。諸多不便,引起全國各地抗議不斷。

4.經濟政策

　　尼克森政府面對的經濟,困難重重。由於詹森總統大社會計畫以及越
戰龐大支出,造成聯邦預算巨額赤字及通貨膨脹。一九六四年至一九六九
年貨幣貶值五分之一。尼克森的措施有二:削減聯邦支出及緊縮貨幣供
應。但至一九七〇年底,這項經濟措施顯然失敗。緊縮貨幣供應導致利率
上升,利率上升自然影響投資新企業,失業增加,物價及工資則持續上升。
尼克森時代美國與外國的經濟情勢緊張。美國與各國往來出現逆差。美國
在海外投資、旅遊及海外國防軍費支出達數十億美元,這些支付依賴美國
貨物出超彌補。至一九七一年美國出現入超,赤字由一九七〇年的四十億
美元遽增為二百二十億美元。赤字顯示美國不再主宰世界市場。自一九五
〇年至一九七一年美國汽車在世界市場的佔有率,從百分七十六降為百分
之三十一,德國車、日本車、瑞典車逐漸取而代之,這種情形削弱了美元

幣值。美元一直是世界金融的強勢貨幣，美元貶值將影響世界貿易，造成全球經濟不景氣。為了應付緊張情勢，尼克森於一九七一年八月十五日宣佈美國凍結物價及工資九十天。為了減少輸入，並開徵百分之十外國貨物關稅，讓美元兌外幣貶值，促使美國貨物較具競爭力，以增加外銷。這些方案暫時解決危機，但卻影響美國形象。終尼克森任內，美國繼續籠罩物價上揚，失業率居高不下的情形。

外交

尼克森志在成為一名和平使者，他親自處理外交事務，任用哈佛傑出政治家亨利・季辛吉（ *Henry A. Kissinger* ），擔任國家安全會議顧問，一九七三年並指派為國務卿。季辛吉算是尼克森最倚重智囊，嫻熟國際事務，其任務是提供總統決策抉擇，並分析可能發展。季辛吉經常私下走訪各國，從事祕密外交活動。

尼克森外交標榜新和平戰略。一九六九年一月就職演說中提到「經過一段衝突時期之後，我們正邁入談判階段」，保證「我們的溝通管道敞開」。為了履行所言，尼克森就職後開始赴國外訪問，參加西歐各國領袖會議。一九六九年夏天，他從事全球之旅，包括亞洲六國及東歐共黨國家。七月二十五日在關島談論了美國對亞太地區的政策。其中最重要的轉變是「我們（指美國）將指望直接遭受威脅的國家，承擔為本身防務，提供人力的主要責任」。這一談話後來被稱作「關島主義」或尼克森主義，成為美國的全球政策。尼克森更以「夥伴關係、實力和談判」作為新和平戰略的三大支柱。

在走訪蘇聯集團國家時，尼克森在羅馬尼亞宣佈「我們尋求與所有國家關係正常化，不論其內政情勢為何」。長久以來，尼克森一直被視為反共人士。如今他提出了「和解」（ *detente* ），緩和東西緊張關係，出人意料。尼克森認為「如果美國、歐洲、中共、蘇聯、日本等各國勢均力敵，世界將更安全、美好」。和解所依賴的均勢（ *balance-of-power* ）外交

是歐洲十八、十九世紀所沿用的策略，強調列強之間的和平，反對聯合國等國際組織可以維持世界和平，主張透過強國合作，可穩定發展中國家的動盪情勢。

1.與蘇聯關係

為了貫徹目標，尼克森展開與蘇聯會談，改善以阿在中東的緊張情勢，同時派代表至芬蘭赫爾辛基（ Helsinki ）與蘇聯代表磋商限制戰略武器談判（ Strategic Arms Limitation Talks : SALT ），阻止美蘇兩強核武競賽。尼克森熱衷以個人面對面外交方式解決問題。一九七二年五月他出訪蘇聯，並與蘇聯領袖布里茲涅夫（ Leonid Brezhnev ）舉行第一階段限制戰略武器談判，雙方在莫斯科簽署反彈道導彈系統條約和限制攻擊性戰略武器的五年臨時協議。會議也對促進雙方貿易、交換科學資訊，合作減少環境污染達成協定。

依據第一階段戰略武器談判規定，雙方可部署兩個反導彈防禦系統；陸地導彈凍結在一九七二年七月一日水平：美國一〇五四〇枚，蘇聯一六一八枚；潛射導彈美國七一〇枚，蘇聯九五〇枚；核潛艇美國四四艘，蘇聯六二艘，但又規定，上述武器可以更新和現代化。顯然，這只限制了雙方的戰略武器數量，將導致質的競賽。美蘇協定後一年內，美國就部署帶有三個彈頭的民兵 III 式州際導彈三五〇枚，帶 10－14 個彈頭的海神潛射導彈三二〇枚，蘇聯則在三十一艘揚基級潛艇上各裝載十六枚 SS－N－6 導彈。第一階段限制戰略武器談判對美國並非有利，因此不久之後美蘇又展開第二階段談判。從整體上看，尼克森對蘇聯的和解政策讓步多，獲利少；蘇聯則讓步少，獲利多。

2.打開中國門戶

由於中共與蘇聯關係日趨緊張、裂痕漸深，尼克森試圖利用「中國牌」（ China Card ）來提高美國地位。他小心翼翼、謹慎戒懼地恢復美國與中共的關係。為了避免美中關係過於接近，蘇聯也願與美國合作。

尼克森於就任總統前曾於雜誌撰文指出，「我們不能永遠讓中國排除在世界家庭之外」，就職後即向中共傳達訊息，美國願停止抵制中共，取消對中共貿易及旅行禁令。尼克森總統並撤走駐防台灣海峽，保護中華民國在台灣政府的第七艦隊。雖然中共沒有即時善意回應，然而至一九七一年四月卻軟化堅持，鬆動成見，容許美國一支乒乓球隊前往大陸訪問，並予熱忱款待。爲了投挑報李，尼克森於一九七一年作出重大回饋，宣佈將訪問北平，一九七一年底中華人民共和國加入聯合國，美國未予否決。一九七二年二月尼克森如願飛往中國大陸訪問，雙方禮尚往來，賓主盡歡。尼克森參觀中國長城、聆聽中國國劇、暢飲茅台酒，透過電視媒體轉播，中國進入每一位美國人家中，雙方代表並在祕密會議中討論建立更多正常關係問題。由於現實困難，如越戰、美國與國民黨政府關係等無法排除，關係無法立即改善，但已跨出重要的一步，不過卻也遭致許多國家對其一意孤行不滿。

3.越戰

越戰問題令美國進退維谷，內外焦迫，尼克森亦難逃遭質疑。一九六八年大選時，尼克森曾保證美國將不再參與越戰。當選後他繼續與北越在巴黎舉行和談，一無所獲。尼克森的苦惱是：是否不理會國內反對聲浪，繼續參與越戰？或將美軍撤出越南，承認失敗。尼克森不願任內撤軍，他認爲美國撤軍將喪失各國對美國領導的信心，美國圍堵共產主義政策亦面臨考驗。尼克森認爲越共的基地在高棉（柬埔寨），爲了履行自越南撤軍又不願認輸，尼克森於一九六九年三月下令空軍轟炸高棉境內之越共基地，此事爲高度機密，連空軍總司令亦被蒙於鼓內。一九七〇年尼克森下令美國南越聯軍侵入高棉攻擊北越基地，尼克森此舉未與國會商議，他堅持唯有如此才能縮短戰爭，但許多人責怪他擴大衝突。尼克森在出兵高棉之際，自越南撤退美軍，從一九六八年五十三萬六千一百人減至一九七二年底的二萬四千二百人，並推動越戰「越南化」（ Vietnamization ）政策，由美國武裝、訓練南越軍隊取代美軍，同時開始大肆轟炸共黨基地。

至一九七二年，投彈噸數已超過詹森總統任內所爲，至戰爭結束時越戰投彈噸數爲二次世界大戰及越戰總數二倍多。

越戰期間，季辛吉曾啣命祕密會晤北越代表商議和平方案。一九七二年十一月季辛吉宣佈越戰和平在望。但至十二月和談仍未達成，尼克森下令大舉進攻河內，戰爭慘烈，雙方重返談判桌。一九七三年一月美國、南越、北越及越共同意停火，北越釋放美軍戰俘五百八十七人，美國全部自南越撤出。

美國捲入越戰付出重大代價，美軍死亡失蹤約五萬八千人，受傷更不計其數，甚至有人終生殘廢。美國信譽及聲望毀損，美國無法保護越南免於共黨吞噬，停火不到二年南越淪陷北越及越共手中。

社 會運動抗爭

尼克森總統任內美國社會尋求正義運動方興未艾，各式民權運動不絕如縷，印第安人、拉丁美洲人及其他弱勢團體爭取平權，有消除美國生活中現實與自由平等理想間之差距，亦有爲環境污染提出建言。年輕人與長者之間的代溝（generation gap）日益擴大，學生追求另類文化，穿著打扮、行爲舉止與前有顯著差異，他們熱衷尋找自我及社會改革，輕視一般成功的條件及意義。

1.反戰運動

尼克森時代大學生之反戰行動已由校園走向街頭，一九六九年十月十五日羣衆聚集各州，發動反戰示威，一個月後十五萬人前往華府舉行「反對死亡遊行」（march against death）。反戰活動與越戰發展有關，每當戰事擴大時，反戰聲浪提高。一九七〇年五月一日尼克森下令美越聯軍進軍高棉時，抗議隨即出現。在大學校園內如俄亥俄州肯特大學（Kant State University），學生燒毀學校建物，州長派出國民軍，五月四日士兵受學生阻撓，開槍射擊，四名學生遇害，十人受傷。五月十四日傑克遜州立學院

（*Jackson State College*）亦發生學潮，密西西比州警察朝宿舍開槍，二名學生遇害，九人受傷。肯特州立大學及傑克遜學院事件加上美國入侵高棉，掀起全國學潮，七百多所大學學院暫時停課或全部停課。教授多同情學生，美國人民看法不同，有些同情學生，有些支持警察。一九七三年美國自越撤軍，校園騷動平息，革命訴求不再。此外，在憲法制定方面，一九七一年憲法第二十六條修正案通過，年滿十八歲以上的美國公民具有選舉權。

2.西裔美人爭取權利

在美國除了黑人之外，拉丁美人佔最多數，約一千四百多萬人，其中紐約市約佔二百萬。拉丁美人主要來自波多黎各及古巴。古巴人多居住佛羅里達州，爲了逃避卡斯楚迫害，數十萬古巴人旅居邁阿密（*Miami*），西南部拉丁美人中最大宗爲墨西哥美人，住在美國西南部各州，受到不平等待遇。長久以來墨裔美人是流動農工，依季節收成移居，不受聯邦最低工資、失業保險或社會安全保護。因此在一九六〇年至一九七〇年代拉丁美人開始組織團體謀求福利，他們組成「統一拉丁美國公民聯盟」（*League of United Latin American Citizens : KULAC*）獲得聯邦法庭保證給予擔任法官、小孩受教、接受西班牙教育等權利。拉丁美人自負且優越，熱衷政治，在美國東北部地區的城市中，波多黎各人擁有政治勢力。

3.印第安人

美國印第安人長久以來遭忽視，在眾多弱勢團體中他們享有的基本人權最少。根據一九六〇年一項調查顯示，印第安人平均壽命只有四十六歲，一般美國人壽命爲七十歲。印第安人接受教育機會遜於其他弱勢團體，家庭收入不及全國平均數的一半，大半印第安人居住在荒蕪的保留區。一九六〇年代印第安人成爲一股新的好戰份子，在華盛頓州五十個部落聯合發動「靜釣」（*Fish - in*），他們不惜破壞重釣法律，不怕被關，抗議以前的釣魚及打獵權不再。在南達科他，蘇族（*Sioux*）發起公民投

票反對給予州控制印第安保留區權利。公民投票結果，這項法律以四比一遭否決。

美國印第安全國會議（*National Congress of American Indians*）主張「紅權」（*Red Power*），要求聯邦印第安事務局（*Bureau of Indian Affairs*）讓印第安人自治。一名會議領袖表示，「我們僅要求過自己的日子」，擁有自己的傳統文化、儀式、部落組織、語言。一九七三年一支好戰的印第安部落，發起美國印第安運動（*American Indian Movement : AIM*）佔據南達科他傷膝（*Wounded Knee*）的印第安保留局，美國騎兵曾於一八九〇年在此屠殺印第安人，他們要索回十九世紀被違約奪取的印第安土地，由印第安部落政府處理保留區內發展計畫。經過努力，美國也開始正視印第安人權益。如一九七一年朴布羅（*Pueblo*）印第安人收回新墨西哥州內的聖藍湖（*Sacred Blue Lake*）、一九七二年政府將阿拉斯加數百萬畝土地授予印第安人及愛斯基摩人。

4. 環境危機

在甘迺迪政府時，內政部長司德渥特・尤德爾（*Stewart Udall*）即呼籲注意地球資源遭濫用、環境被破壞的嚴重情形，這項「寧靜危機」（*Quiet Crisis*）源自美國下水道、垃圾場、廢棄物、工業廢水、化學肥料等污染所致。汽車、工廠排煙增加了空氣污染，尤德爾促請美國人學習印第安人使用土地的智慧，視土地為神聖之物，完好安然保留給後代。

一九六〇年代社會生態學成為顯學。社會生態學是研究生物與環境關係的一門科學，與美國人普遍熱衷科技進步以及經濟成長大異其趣。在一九七〇年代改善環境組織獲得重大進展，國會通過空氣清潔法（*Clean Air Act*）嚴格限制工廠、汽車排放空氣污染標準，且在一九七〇年，尼克森已設立環境保護局（*Environmental Protection Agency : EPA*），保護環境生態。

5.石油危機

一九七三至一九七四年美國面臨石油危機。一九七三年十月阿拉伯九個產油國突然禁止石油輸往美國，阿拉伯禁油目的在迫使美國於以阿戰爭中不支持以色列。禁運導致美國面臨危機，油價遽升百分之四百，造成家庭、學校、工廠的煤油短缺。值此困難之際，美國採取多項措施因應，如高速公路每小時車速限定為五十五哩，石油及汽油批發供應量減少一成至二成，消費者改用省油汽車等。石油危機讓美國人警覺到油源問題，並尋找其他替代能源品。至一九七四年三月石油禁運解除，但通貨膨脹影響已無可挽回。

水 門事件

一九七二年六月，五名男子潛入民主黨全國委員會設於華盛頓首府的辦公室被捕，事情經調查顯示，與尼克森競選連任總統有關。白宮新聞發言人否認此事與總統的關係，並斥責為「三流竊賊」。雖然水門事件未曾影響一九七二年選舉，但卻演變至後來尼克森下台。

1.一九七二年大選

一九七二年大選共和黨推出尼克森爭取連任，民主黨則選南達科他州的喬治‧麥高文（*George McGovern*）應戰，麥高文獲得年輕人、黑人、婦女團體及反越戰人士支持，惟進展有限。勞工團體領袖、民主黨忠貞份子反應冷淡，他們對麥高文的某些激進論點不表苟同。尼克森不然，他邀請安格紐（*Angew*）繼續擔任競選夥伴，此外撤軍越南淡化了戰爭議題，尼克森競選訴求中間路線美國人，頗獲好評。一九七二年大選時，季辛吉宣佈越戰停火在即，讓美國人相信，美國人終將脫離戰爭惡夢。選舉結果，尼克森贏得大勝，獲得百分之六十一的選民票，除麻薩諸塞及哥倫比亞特區外，囊括全部選舉人票。但民主黨卻控制了參眾兩院。

2. 水門事件

水門事件由一九七二年六月十七日發生至一九七四年八月八日尼克森宣佈辭職，共歷時二年多，其間高潮迭起，暗潮洶湧，尼克森試圖以總統之尊，力挽狂瀾，結果終不敵民主體制，黯然下台。

水門事件係由《華盛頓郵報》（ *Washington Post* ）揭發。一九七二年六月十七日當晚五名男子在水門大廈民主黨總部進行安裝竊聽儀器工作，遭警方逮捕，五天後白宮否認牽涉。一九七三年一月，五名水門被告俯首認罪，並牽出兩名嫌犯，一名是前中央情報局人員，另一名是白宮離職人員，七人均判有罪。二月，參議院以七十票對零票，通過成立七人組成的水門事件調查委員會，以歐文（ *Samuel J. Ervin* ）參議員爲主席，四月，司法部長克榮斯·丁特自請迴避偵查水門案，尼克森宣佈他的兩名最親信助手，白宮幕僚長哈德門（ *H. R. Haldemon* ）和內政事務特別助理艾立克曼（ *J. D. Ehrlichman* ）以及司法部長克榮斯·丁特辭職，並將白宮顧問狄恩（ *John Dean* ）免職，尼克森否認本人涉及政治間諜或企圖掩飾該案。五月，美國政府任命考可斯（ *Archibald Cox* ）爲水門案特別檢察官。六月，狄恩在歐文委員會作證，指控尼克森掩飾水門案，並透露白宮曾列出一份政敵名單。七月案情急轉直下，白宮助理巴特斐爾德（ *Alexander Butterfield* ）透露白宮設有祕密錄音系統，至十月狄恩承認曾參與掩飾水門案眞相的罪狀。水門案特別檢察官考可斯遭革職，尼克森改變初衷，決定把錄音帶交給法院，十一月傑瓦斯基（ *Leon Jaworski* ）奉命出任水門案特別檢察官。一九七四年一月法院技術專家報導，尼克森送交法院的錄音帶有一段被洗掉。三月，尼克森舊時僚屬七人被控參與掩飾水門案。四月尼克森把一千二百多捲水門案談話錄音的謄本送交衆議院司法委員會，予以公開發表，七月最高法院以八票對零票，下令尼克森必須提供特別檢察官傑瓦斯基一切錄音帶及文件，衆議院司法委員會通過彈劾尼克森，罪名包括掩飾水門事件。八月，尼克森發布一九七二年六月二十三日的三捲錄音謄本，顯示在水門事件發生後六天，尼克森以政治理由下令

停止水門事件調查工作，等於承認他曾參與掩飾水門事件。八日尼克森宣佈辭職，九日離開白宮。

尼克森在水門事件中試圖以說謊、掩飾、曲解、欺騙等方式，幫自己解決難題，但在一個開放性社會裡，在一個根基深厚的民主法治基礎之上，只有把肺腑眞言吐露出來，才能夠得到心靈寧靜。尼克森招認掩飾水門事件後，知道大勢已去，變得較爲理智，他處理了最後的幾件公文並發表了戲劇化的辭職演說。紐約大學政治學敎授路易士・柯尼希（ *Louis Koenig* ）在其權威著作《美國總統》（ *The Chief Executive* ）說到「美國總統是全美國民的表率，是全美國國民的代表，美國總統的家庭稱爲第一家庭。因此，國民期望於美國總統的，是不能離開道德規範，不能離開正義原則。」充分顯露出美國人對水門事件的看法。

第二節

福特繼任

尼克森之副總統原爲安格紐。一九七三年十月安格紐被控逃漏所得稅以及在擔任馬里蘭州州長時與人做生意收受回扣，因而下台。依美國憲法第二十五條修正案，尼克森指定衆議院共和黨領袖吉爾德・福特（ *Gerald Ford* ）繼任。

尼克森下野，福特於一九七四年八月九日在白宮宣誓就職。他在演說中以安慰的語調說：「親愛的美國人，漫漫長夜惡夢已去，憲法運作如故，人們生活如常……」。福特指派前紐約州長尼爾遜・洛克斐勒（ *Nelson Rockefeller* ）爲副總統，這兩位於是成爲美國歷來首位非民選之總統、副總統。

與 國會關係

福特公開而誠懇的態度恢復了百姓對政府的信心，但他後來無條件大赦尼克森罪行，引起眾多不滿。雖然福特爲其行爲辯護，但未能平息民怨，國會鑑於過去行政權過大，要求提高國會權力、參院重組、簡化各小組委員會工作，眾院民主黨領袖同意由票選而非黨團指派委員會主席，國會重新規定委員助理及競選經費。

其實早在尼克森辭職前，國會即試圖收回一些喪失的權利；如一九七三年十一月國會以反否決方式通過戰爭權利法案（ War Power Resolution ），要求危機來臨時，總統應盡一切可能與國會商議。再者總統派軍至海外或參與戰鬥四十八小時內，必須向國會提出報告。此外，凡未經國會同意，總統必須在六十天內撤軍；國會並於一九七四年通過國會預算及扣留控制法（ Congressional Budget and Impounding Control Act ），允許國會在多數同意下，可以動用總統所扣留款項。

經 濟問題

福特上任後，人民多期望可以恢復總統與國會和諧關係，福特曾擔任眾議員二十五年以及將近十年的眾議員共和黨領袖。福特是位保守派人士，一九七四年期中選舉民主黨自由派人士在國會兩黨中獲勝，影響福特與國會間的互動，尤其在經濟議題方面。一九七四年美國正值經濟緊縮，福特與民主黨國會看法相左，導致政策不定，福特認爲經濟之危機來自通貨膨脹、生活費用提高、依賴進口石油所致；民主黨國會則認爲經濟不穩定肇因於失業率高、生產不足，結果雙方認知南轅北轍，陷入僵局，總統無法說服國會刪減社會福利預算，也無法獲得國會支持取消對國內石油及天然氣的價格管制。他利用總統特權封殺了民主黨多項立法，二年半內，共否決六十一條法案，當中包括許多福利計畫，國會也反否決通過十二條

法案。

外 交

　　福特繼任總統職務時，仍倚重季辛吉處理外交事務，並任命爲國務卿及主要外交顧問。福特繼續與蘇聯商議尋求限制核武競爭之道。他致力改善美國與北約盟國關係。一九七四年底，福特與布里茲涅夫於西伯利亞會晤，爲第二階段限武談判奠定基礎。季辛吉亦往返開羅與以色列特拉維夫（ Tel Aviv ），協調將戰爭中所佔領的西奈半島歸還埃及，兩國並同意以談判而非武力方式解決爭端。一九七五年五月他與盟國及蘇聯領袖簽署赫爾辛基協定（ Helsinki Agreement ），並加強推動與中共關係。由於國會阻撓，福特未能軍援越南對付共黨，使得越南於一九七五年五月淪陷共黨手中。

結 語

　　俗話說，「江山代有才人出，各領風騷數十年」，尼克森足智多謀、堅毅不拔，幾度落敗，東山再起，入主白宮，一展抱負。在位期間任用季辛吉，緩和東西緊張，並打開美中門戶，此外並自越撤退美軍，享譽中外。可惜事功心切、權力薰心，犯下水門事件大錯，舉國譁然，黯然下台，美國人不齒，歷史亦予公斷。

　　七〇年代美國政治社會逐漸由動亂走向平和，總統權力經尼克森後大幅縮減，國會逐漸抬頭。福特、卡特兩任總統皆因國會掣肘，鮮有成就，此爲美國政治的一大特色。

第 三 十 五 章

卡特、雷根重振國威

越戰及水門事件令美國人困頓莫名，挫折難安，內憂外患接踵而至，如何化險爲夷，重振國威，成爲民意訴求所在，考驗了執政能耐。一九七六年美國建國兩百週年，全民歡欣鼓舞之際，不禁多了一份省思——美國是否會如同羅馬帝國一樣沒落？美國該何去何從？卡特、雷根應運而出。卡特時逢外交上蘇聯積極向外拓展，美國國內經濟趨低潮、能源問題叢生、外國工業競爭力日增之際，政治上欲振乏力，表現平平。雷根主政，強調重新恢復美國國家精神，八年任期美國國威重振，但內部經濟問題益形惡化，影響布希（*George H. W. Bush*）執政舉步維艱。本章將介紹卡特及雷根所遭逢的內政外交問題。

第一節

卡特內政

一九七六年大選，共和黨提名福特，民主黨推選傑米・卡特（*Jimmy Carter Jr.*），選舉結果卡特獲得二百九十七張選舉人票，百分之五十一的選民票，險勝福特，從此展開民主黨四年執政。卡特任內，國事紛擾，內有能源危機、通貨膨脹壓力，外交則標榜人權，面對蘇聯限武談判壓力以及伊朗人質危機。

其 人其事

卡特於一九二四年十月十日生於美國南部喬治亞州平原鎮（*Plains*），爲花生農家子弟。少年循規蹈矩，奮發圖強，曾就讀喬治亞西南學院（*Georgia Southwestern College*），一九四六年畢業海軍官校，他是美國唯一出身海軍官校的總統。同年與羅莎琳・史密斯（*Rosalynn Smith*）結婚，夫妻鰈鶼情深。卡特在海軍服役七年後退伍，返鄉接掌父

親所遺農場及花生經紀業。一九六三年先後當選喬治亞州參議員及喬治亞州州長。一九七六年競選總統成功。

卡特是位虔誠的浸信會信徒，好內省、律己深、深信思考力量、重視內心平靜、不矯飾做作、不拘形式，但極端自信，慈悲爲懷，有時鐵石心腸、不體諒別人之表現令人不解。史學家布魯斯・馬茲利奚（Bruce Mazlish）分析他是「矛盾的融合」。

卡特於一九七六年大選時允諾，當選後將促使聯邦政府更開放，更有效率，恢復人民對政府的信心。他提出能源發展計畫，稅制改革、福利計畫、全國醫療制度，平衡預算。

理 念及作爲

卡特在出任總統一職時曾提出兩個問題：「我們的政府可能誠實、合宜、公開、公平、富同情心嗎？」及「我們政府能勝任嗎？」爲了展開平民化的一面，卡特於就職典禮後未乘座車，而偕同家人由國會山莊步行，經賓夕法尼亞大道至白宮。就任之初，仿傑克森總統，親近百姓，發表爐邊談話，舉行電視座談，訪問市政會議。唯在主政方面，卡特則遭遇相當的挫折與艱苦，尤其與國會的關係。卡特缺乏擔任華府公職經驗，對國會議員新人瞭解有限，更對水門事件後議會擴權意圖不明，因而產生許多挫折。

卡特未依傳統政治方式行事，否決許多花費不貲的預算如築水壩、修建河道及其他水資源案。這些「豬桶（pork barrel）立法」，在國會爲司空見慣，有利均霑之事，卡特大刀闊斧，砍斬預算固然撙節開支，節省公帑，但代價不小，國會此後拒與總統協商法案，封殺卡特的能源法案及賦稅、福利改革計畫。卡特施政採中間路線，支持龐大支出社會計畫，撙節政府開銷，但未減少社會服務。專欄作家詹姆士・雷斯頓（James Reston）曾指出：「總統不會選邊，面對一連串複雜問題，又拒絕作簡單回答」，因而治理備爲艱辛。

一 九七九年能源危機

一九七七年一月卡特在向全國電視演說中宣佈，美國面對能源危機相當於一場「道德戰爭」（*moral equivalent war*）。美國每年自中東進口石油超過其他國家總數的一半，而石油輸出國組織（*Organization of Petroleum Exporting Countries: OPEC*）以奇貨可居，開價創新高，影響美國消費物價上升，通貨膨脹嚴重。爲了應付能源危機，卡特提出一連串方案，不過除了能源法案成立能源部獲得支持外，其他人多未贏得讚許。總統呼籲美國人共體時艱，減少能源消耗，但這種自願、自發行爲並未讓美國人警覺到危機嚴重性。卡特再提出較嚴格的限制能源浪費方法，如對進口石油加稅，管制石油分配，國會起初也大肆反對，後來逐漸接受卡特所提法案，如取消國內生產石油限制，對石油公司高利潤繳稅，作爲研發替代能源基金，成立綜合燃料公司（*Synthetic Fuels Corporation*）。

一九七九年美國面對另一次能源短缺危機：伊朗停止生產石油，美國汽車因此在加油站大擺長龍。物價上漲加上能源不足，影響傳統大型耗油的美國車乏人問津，小型省油的日本車普遍受歡迎，汽車及家庭用油日趨節省，美國輸入石油相形遞減，終卡特任內約減少百分之二十五。

二 通貨膨脹經濟萎縮

儘管美國節省能源使用，但躉售物價持續上揚，通貨膨脹扶搖直上，一九七九年初情形更趨嚴重，過去除了戰時或戰後初期之外，美國物價多呈穩定狀態，偶爾也是漸緩上升，但一九七〇年代消費品物價快速竄升。至一九八〇年，物價較十年前足足成長一倍，以前一百元的貨品如今售價超過二百元。卡特在位前三年，拒對通貨膨脹採取措施，他擔心影響經濟發展遲緩停滯。一九七九年秋天，通貨膨脹達到史無前例的百分之十八時，卡特提出抑制物價計畫，要求平衡預算，減少聯邦支出，限制消費者

使用信用卡購物，這項舉措妨礙經濟成長，背離傳統民主黨政策。卡特甘冒不韙，不怕激怒勞工及其他弱勢團體，力挽狂瀾。同時，聯邦儲備局大幅提高利率以減少借貸，緩和經濟熱潮。至一九八○年春天，聯邦儲備局高利率及貨幣緊縮政策奏效，但也影響企業停滯。卡特在面對經濟急邃下滑，失業率提高之際，被迫放棄平衡預算計畫及削減政府支出。他試圖在對付失業與阻止通貨膨脹之間謀求一個折衷途徑。

信 心危機

卡特模稜兩可立場往往令百姓無所適從。過去民主黨總統施政皆有理念如「新政」（ New Deal ）、「公平政策」（ Fair Deal ）、「新疆界」（ New Frontier ）、「大社會」（ Great Society ），卡特政府提不出具體主題，也無法讓人感受到威權領導。無論能源、通貨膨脹、外交政策皆不見長期效益，民眾支持率急劇下跌。一九七九年調查顯示，卡特所獲民意支持度較水門事件的尼克森低。

卡特與國會的衝突擴大了民眾的不滿，卡特總統雖然在巴拿馬運河條約、公務員改革上獲支持，但能源計畫則遭挫折，影響百姓對政府信心，由中央到地方皆然，如加利福尼亞人發起「稅制改革」，削減財產稅，影響地方教育及其他公共事務的經費。

第二節

人權外交

卡特內政弊端叢生，外交卻差強人意，他批評過去美國外交缺乏「道德原則」（ moral principle ），認為美國不應再依賴軍事及經濟力量，而要以「公平、誠實、正直、合宜的方式」對待外國。

人 權外交

卡特具虔誠宗教信仰，要求美國外交政策遵守正義原則。他於一九七七年一月就職演說中表示：「美國外交政策的精神是捍衛國外的人權。」此言引起多方批評，有人擔心他爲了高尚道德理念犧牲國家利益，也有人質疑他道德標準不一。外交需要多面考量，卡特外交將美國侷限在良心的範疇內，欠缺實際。

卡特根據人權外交理念，中止對拉丁美洲獨裁國家提供軍事經濟援助，批評高棉及智利政府迫害異己，譴責南非種族隔離政策，非難羅德西亞白人政府高壓手段，並與亞洲、非洲第三世界國家建立關係。一九七八年卡特獲參院同意，於本世紀末時將巴拿馬運河交還巴拿馬，獲得拉丁美洲國家好評。卡特利用人權態度指控蘇聯，蘇聯曾簽署一九七五年赫爾辛基人權協定，但並未因此尊重人權，我行我素依然如故。卡特譴責蘇聯，囚禁反政府人士，並迫使蘇聯容許境內猶太公民遷居。蘇聯認爲這些舉措違反和解精神，並抨擊美國干涉內政。總之，卡特人權外交在國內掌聲連連，國外則褒貶不一，且被視爲敏感話題。

大 衛營和平協定

卡特外交最令人津津樂道，並值得大書特載的是促成以色列與埃及間和約。以色列自從一九四八年建國以來即與埃及不合，一九七三年雙方正式爆發戰爭，一九七八年卡特安排埃及總統沙達特（*Anwar Sadat*）、以色列總理比金（*Menachem Begin*）在美國馬里蘭州大衛營會談，經過十三天協商，其間數度瀕臨破裂邊緣，終於達成大衛營和平協定（*Camp David Peace Accords*），包括中東和平架構（*A Framework for Peace in the Middle East*），及以埃締結和平條約架構（*A Framework for the Conclusion of a Peace Treaty between Egypt and Israel*）。由於巴勒斯坦

自治問題未能解決，和談進展受阻，卡特親自穿梭以色列、埃及之間，經過六天奔波，說服兩國，一九七九年三月二十六日沙達特與比金在華盛頓白宮正式簽署和約，結束兩國交戰狀態，建立外交關係，以色列承諾分期撤退西奈半島，交還埃及。阿拉伯國家反對這項和約，巴勒斯坦問題依舊未決，但確向前邁進一大步。

限 武談判

第二階段限武談判（*SALT II*）始於一九七二年十一月尼克森時代。一九七九年六月十八日，卡特與蘇共總書記布里茲涅夫，在維也納簽署第二階段限制戰略武器條約（*Second Strategic Arms Limitation Treaty*），限制美蘇兩國各擁有州際彈道飛彈發射台及長程轟炸機二千四百架，一九八一年底前雙方再各減為二千二百五十，條約准許至一九八五年底，各發展一種新飛彈，並現代化現有武器。條約送交美國參院批准之際，蘇聯突然於一九七九年十二月入侵阿富汗，影響條約同意。卡特除了譴責蘇聯侵略行為外，對蘇聯實施農產品禁運，並抵制一九八〇年在莫斯科舉行的奧運，但效果不彰，除了滿足國內反蘇聲浪外，國外並未獲得廣泛支持。

與 中共建交

一九七八年十二月十五日卡特宣佈承認中華人民共和國並發表「建交公報」：「美利堅合眾國與中華人民共和國商定自一九七九年一月一日起互相承認並建立外交關係。美利堅合眾國承認中華人民共和國政府為中國唯一合法政府，在此範圍內，美國人民將同台灣人民保持文化、商務和其他非官方關係」，同一天白宮還發表聲明，美國與中共建交之日，將與「台灣斷絕外交關係，並照美國與中華民國共同防禦條約的規定廢除該約，美國亦聲明將於四個月內撤出其在台灣的剩餘軍事人員」。此舉引起中華民國強烈抗議及美國國會不滿，國會因而制定「台灣關係法」（*The*

Taiwan Relations Act），「協助維持西太平洋之和平、安全與穩定，並授權繼續美國人民與台灣人民之商務、文化及其他關係，以及其他目的，以促進美國外交政策之法律」。該法於一九七九年三月二十八日及二十九日在參眾兩院通過，四月十日卡特簽署，並溯自一月一日生效。六月二十一日卡特簽發執行台灣關係法的行政命令。

伊 朗人質危機

　　一九七九年十一月四日伊朗好戰學生衝進美國大使館，挾持六十六名美國人質，被視為卡特中東外交一大挫敗。伊朗國內有兩股勢力，一為親美團體，屬執政的王室；一為回教團體，由回教激進份子柯梅尼（Ayatollah Khomeini）領導。伊朗王室長久以來接受美國支持，傾向資本主義，導致國內貧富不均，引起回教團體不滿，一九七八年伊朗人發動大規模反政府示威，一九七九年巴勒維國王逃亡，並獲卡特允許進入美國接受醫療，伊朗好戰份子羣起抗議，衝入德黑蘭（Teheran）美國大使館，扣留人質，要求美國遣返巴勒維以為交換，否則將殺害人質。卡特為獲得人質釋放，採外交、經濟措施而不用軍事手段，包括凍結伊朗在美資產，驅逐伊朗駐美外交人員，並且在一九八○年四月宣佈與伊朗斷交，但皆未讓伊朗屈服。四月二十四日卡特改採軍事救援，結果一架直升機黑夜撞上一架運輸機，死八人、傷五人，國務卿范錫（Cynis Vance）反對軍事行動，憤而辭職，人質問題僵持不決。七月，巴勒維病逝開羅，加上兩伊戰爭爆發，卡特競選連任失敗，問題出現轉機，人質談判恢復，在卡特任滿前數小時雙方達成協議，一九八一年一月二十日五十二名人質離開伊朗，結束四百四十四天囚禁。

雷根總統

雷根在美國歷任總統中擁有三項紀錄：第一，就任之日年齡最長（七十歲）；第二，唯一從政之前，正式離過婚；第三，在白宮中，夫妻感情最融洽，關係最親密。政治上他反蘇、反共、保衛和平，色彩鮮明，但事實上他是一位頗具彈性的領袖（*flexible leader*），譬如在與勞工運動人士談判時，他先採取強硬立場，毫無融通可能，至最後緊要開頭則接受妥協，這正是雷根魅力所在。

其 人其事

雷根於一九一一年二月六日生於伊利諾州坦比科市（*Tampico*），幼年家境貧窮，曾就讀伊利諾州猶瑞卡學院（*Eureka*），在校期間成績平平，喜好課外活動，參加游泳隊、田徑隊，擔任過籃球啦啦隊長、學生會長，並曾任年刊特約編輯。一九三二年畢業，入無線電廣播事業，做過播報員、演員，一九六七年當選加利福尼亞州州長。雷根一生結過兩次婚，首次婚姻維持八年，第二次與南西‧戴維斯（*Nancy Davis*）結婚，伉儷情深，被譽為白宮最恩愛的總統及夫人。

雷根一生多姿多彩，與其個性、際遇有關。他保守不刻板，堅守原則但不固執，生性謹慎且務實。一般人對雷根的看法是坦誠待人、能言善道、妙語橫生、和藹可親，且永遠樂觀。他公私生活畫分清楚，做事秉持平等信念，入主白宮後隨即在辦公室中懸掛柯立芝肖像，以建立有限聯邦政府為努力目標。他強烈反對一黨獨大的中央政府，希望建立聯合政府（*coalition*），網羅自由份子，反對高通貨膨脹、反對墮胎、贊同學校實

施祈禱，也反對女權運動。雷根雖支持聯邦政府少管經濟事務，但卻熱衷社會事務，他支持憲法修正案，禁止墮胎，希望透過政府力量、維繫傳統家庭地位，並恢復舊的價值觀。

經 濟措施

雷根首先必須面對的是百分之十一的通貨膨脹率。他在一九八一年一月的就職演說中提出「新開始」（*New Beginning*）計畫，包括削減個人及公司所得稅，全面減少政府國內支出，唯一增加的預算是軍費。為了刪減稅收，雷根建議採供給面經濟理論（*Supply－Side Economics*），刪減所得稅，尤其是高收入所得稅以刺激企業投資，同時刪減公司所得稅刺激生產，以期僱用更多工人。

除了減稅之外，雷根並要求巨幅減少政府支出，包括終止職業訓練計畫，減少中小學學生貸款，醫療補助，食物補貼及其他社會計畫。他認為地方應多承擔些責任，雖然有人批評此舉將危害許多依賴補助的貧戶，但雷根不以為然，他表示政府取消補助一定在安全底線之上，換言之，絕不會危及急待援助者，此外雷根並要求放鬆對企業約束，以免妨礙運作的效益，由於雷根風趣幽默，慷慨好施，一九八一年中旬，國會即通過雷根經濟計畫。

減稅計畫實施之後，工業逐漸繁榮，工人就業增加，聯邦政府減少支出，預算漸趨平衡，通貨膨脹速度趨緩，但卻導致經濟萎縮、企業破產、工廠關閉、農場抵押處分遽增、生產下降、失業增加，至一九八二年底，美國有一千兩百萬人失業，失業率為百分之十，通貨膨脹雖遏止，但失業情形嚴重，民主黨譴責雷根罔顧低下層人民權益。一九八三年美國經濟開始復甦，聯邦儲備局調降利率，工商業借貸方便，經濟緊縮遏止通貨膨脹，生活漸趨穩定。此外大幅刪減所得稅，消費者儲蓄增加，購買力提高，各行各業恢復榮景，汽車、電腦、家具、服飾紛紛僱用工人，二百多萬失業人口走回市場。

雷根就任總統時曾許諾在一九八四年要讓聯邦政府預算達到平衡，但由於國防支出增加，國會拒絕大幅刪減聯邦政府國內支出，造成預算赤字空前，每年達二千億元，一九八四年利息即高達一千一百六十億元。雷根與國會間獲得協議，總統允諾刪減國防預算並增加稅收，但距平衡預算路途仍相當遙遠。

一九八四年雷根當選連任，繼續減稅、平衡預算計畫，國會於一九八六年通過稅制改革方案，減少所得稅累進等級，使千萬名低所得的人免繳所得稅，降低公司法人最高稅率，由原來的百分之四十六降為百分之三十三。雷根並削減社會福利法案支出四百五十億元，但因增加國防支出而抵銷。終其任內，美國國債達兩兆元。

社 會問題

一九八一年三月三十日下午二點三十五分，雷根步出華府希爾頓飯店（ *Hilton Hotel* ）時遇刺，兇手約翰・辛克萊（ *John W. Hinckley Jr.* ）發射三顆子彈，一顆擊中雷根左肺，另一顆擊中新聞祕書詹姆士・布雷迪（ *James Brady* ）腦部，造成嚴重癱瘓，另有警員及特勤人員各一人受傷。雷根遇刺後，立即送華盛頓大學醫院（ *The George Washington University Hospital* ）動手術取出子彈，兇手辛克萊被控意圖暗殺總統及傷害政府官員、非法持有並使用武器等罪行，但他藉口心神喪失，經過七週審訊，一九八二年八月九日華盛頓特區聯邦法官根據聖伊麗莎伯醫院（ *St. Elizabeth's Hospital* ）檢查，認定辛克萊精神有病，判決無定期拘留在精神病院。

雷根任內主要社會問題：

1.工人

能源危機影響美國工業生產。汽車、鋼鐵業在鄰國廉價傾銷競爭之下，疲於應付，許多工廠關閉，工人出走，由中西部、東北部各州前往加

利福尼亞州另謀出路。一九八三年後美國經濟逐漸復甦，但由於工廠生產形態轉變，過去工人不再受僱，電腦成為工廠的新寵，過去汽車生產線上的裝配工人如今已被機器人取代。藍領工作易為白領高科技及服務業。在美國社會，教授、經理、技術人員、職員及業務員人數激增。工作形態改變、工會會員流失、工會失勢，工人不得不向資方低頭。自一九六○至一九八○年間女工成倍數成長，工作項目不拘。一九七○年至一九八○年間女人擔任主管人數約增加百分之五十，也有不少人是大學教授。同段時間內，女律師增加三倍，女醫生增加百分之五十，女性擔任工作範圍更加廣泛，由建築、警察到消防等。一九八一年雷根總統任命桑得拉·歐孔諾（ *Sandra Day O'connor* ）為第一位最高法院大法官。一九八三年沙莉·萊德（ *Sally Ride* ）榮膺美國第一位女太空人。女人在政治上的影響力也日漸提昇，一九八○年代女性從事各種公職選舉，不乏當選參議員、眾議員、州長、市長等官職，有人擔心女性從政會導至「性別差異」（ *gender gap* ），事實上除了女性較關心人權議題，不重視軍費及核武發展外，其餘與男性無顯著不同，反而是彼此社會、經濟條件不同，認知有別。總之女性的政治力已不可忽視。

2. 民權

雷根對待黑人方式與前任總統不同，他反對予黑人特別待遇，強調工人受僱應視個人能力而非依種族及性別。自一九六四年，民權法案通過，不得對工人僱用、解聘或晉升、敘薪有種族、宗教、性別及籍貫歧視。詹森總統並於同年發布行政命令，要求聯邦所屬機構針對歧視聘僱採取積極對策（ *take affirmative action* ）。詹森認為，一個歧視偏見積習已深的社會，不可能突然之間「自由競爭」，因此政府必須採取積極對策，要求僱主特別努力僱用、升遷弱勢團體人士。尼克森政府亦特別規定聯邦政府投資建設計畫必須僱用定額弱勢團體工人。警察局、消防隊、大學法學院、醫學院也紛紛沿用這項辦法，導致許多行業中女人、黑人、拉丁美洲人大幅增加，但也有人反對這項措施，視之為「反歧視」（ *reverse dis-*

crimination），為了保護某些特定團體，而犧牲了其他團體，例如一九七八年，在戴維斯（*Davis*）的加州大學（*University of California*），二次拒絕亞倫·巴克（*Allan Bakke*）申請就讀醫學院，但同時卻遵從積極對策，接受十六名弱勢團體學生入學，巴克這位白人學生乃向大學提出控訴，為什麼弱勢學生程度比他差卻可以入學。巴克申訴案送達最高法院，判決結果有利巴克，認定大學不得對弱勢團體學生設定配額，但這只是個案，法院將其他相關案件交付公開辯論。雷根雖反對「積極對策」，但形勢比人強，美國各機構乃多沿用該項辦法，聘僱弱勢團體。

3.老人與殘障

一九八〇年代美國日益關切老人及殘障問題。八〇年代以後美國超過六十五歲的男女佔全國總人口百分之十一，他們組織團體如美國退休人協會（*The American Association of Retired Persons*），呼籲廉價住宅，幫助孤獨無依老人，改善醫療服務。政黨候選人為爭取選票，不得不照顧老人福利，老人生活仰賴社會安全福利（*Social Security Benefits*），但龐大支付亦衝擊國家財政。一九八二年社會安全機構為支付開銷，借貸二百萬元，國會於一九八三年作出重大決議：(1)中等所得以上階層半數退休金須課稅；(2)退休金隨物價波動，延緩半年實施；(3)聯邦僱用人員強迫參加社會福利；(4)鼓勵延緩六十五歲以後退休，逐漸提高退休年齡。

殘障在美國社會也是重要的一羣，包括失明、失聰、重度視力、聽力障礙、四肢不全，過去為社會忽視，如今亦要求進入主流，一九七〇及一九八〇年代法院判決禁止對殘障工作有歧視，公共建築必須有無障礙設施，交通工具得裝設起落架，供輪椅上下使用，殘障亦可與正常人一樣接受教育。

4.移民

一九八〇年代美國出現一股新移民潮，為美國帶來不少社會、經濟問題。自一九六五年移民法（*immigration laws*）廢止過去移民依地區配

額，而改以專業需求後，赴美移民團體發生變化，歐洲移民減少百分之二十七，拉丁美洲增加百分之四十三，亞洲暴增爲百分之三百六十九。新移民最大問題爲教育，來自拉丁美洲、非洲一百多個不同國家的移民小孩如何羣集在一所小學上課？通常英語是通用語言，但在佛羅里達、紐約，許多學生講拉丁文造成教學上諸多困擾。移民赴美分爲合法與非法兩類，動機複雜不一，有的逃避政治迫害，如古巴、越南難民，也有人想赴美淘金。根據一九八〇年美國人口調查局估計，美國境內非法移民約在三百萬至六百萬人左右。而每年抵美的合法、非法移民約一百萬人，非法移民赴美工資低廉，他們奪走了許多人的工作，美國人對移民問題困擾不已，美國傳統爲移民國家，不便關閉門戶，開放不管又造成社會問題，如何將境內非法移民合法化以及限制新移民入境成爲執政者的負擔與考驗。

5.環保

一九八〇年代最受關切，引人爭辯的政策議題爲環保。兩派人馬各有所見，一方熱衷環境保護，另一方主張開發自然資源。強調保護環境者擔心工廠焚油燃煤將導致「酸雨」（*acrid rain*），污染湖水、毒害魚羣、毀損作物、枯萎樹木。民意調查顯示，美國人傾向實施嚴格環境保護法。雷根政府關心發展資源，其內政部長詹姆士‧瓦特（*James Watt*）建議加強海上石油探勘，放寬空氣及水污染限定標準，他認爲如此將提昇國家能源自足不必再仰賴其他國家，但卻引起環保人士抗議，被迫辭職下台。另一項爭議爲雷根刪減環境保護局（*Environmental Protection Agency: EPA*）預算，引起批評。國會調查發現，環保局的許多措施不當，雷根改組環保局，任命新人加強功能。

雷根之外交

雷根在外交上以反蘇、反共著稱。他認爲蘇聯對美國威脅日重，爲了防止蘇聯野心，乃推行重振國威全球戰略，全面重整軍備，與蘇聯展開軍備外交，雷根外交重點爲人權與核武談判，目標爲和平與安全，他在就職演說中提到：「和平是美國人最大願望，爲了和平我們願意談判、犧牲，絕不投降，現在如此，永遠如此。」

一九八六年三月四日雷根發表對外政策咨文，提出雷根主義（ Reaganism ），以實力爲後盾，以蘇聯爲主要對手，壓縮蘇聯勢力範圍，並擴大美國影響方針。

人 權外交

雷根與卡特一樣重視人權外交，唯重點及宣示不同。雷根批判卡特人權外交空泛，除了關心其他國家人民合法權利，如免遭濫捕及酷刑，並且重視人民足食、安居及醫療權利外，根本不切實際，雷根認爲卡特人權政策窒礙難行，影響伊朗國王巴勒維及尼加拉瓜總統蘇慕薩（ Anastasio Somoza ）遭左翼革命軍趕下台，而新政府卻對美國充滿敵意，雷根政府之外交可由其駐聯合國大使科克派翠克（ Jean kirkpatrick ）言論中窺知，她表示，美國外交政策目標不是提高外國道德，而是從文明的立場，維繫美國國家利益。獨裁（ totalitarian ）與威權（ authoritarian ）不同，美國應維持與威權國家來往。雷根認爲阿根廷及瓜地馬拉屬威權國家，因此取消卡特對這兩個國家實施的武器禁運。有人質疑雷根這種作法妨礙這些國家推動改革。美國批評蘇聯違反人權，卻無視盟友作法，又如何自圓其

說？雷根不爲所動，仍我行我素。

美 蘇關係

雷根上任後，美蘇關係趨緊張，雷根力求改變七〇年代美國之軟弱形象，堅持對蘇聯實施糧食禁運，與蘇聯進行地區爭奪，利用阿富汗拖住、孤立和消耗蘇聯。雷根在第一任內未與蘇聯領導人會面，不過一九八五年後情勢漸緩和，美蘇領導人均有和解意願。一九八五年三月蘇共總書記戈巴契夫（ *Mkhail Sergeyevich Gorbachev* ）上台，治國穩重且具彈性，注意蘇聯在西方國家形象，鼓勵國內辯論，批評時政，獎勵私人企業，刺激蘇聯經濟發展，打開蘇聯對外門戶。雷根也一改前態，倡議舉行美蘇高峯會談，消除誤解。

一九八三年三月二十三日雷根發表演說，提出新防禦構想，計畫在太空部署新型非核武器（如雷射或粒子束武器），稱爲星戰計畫（ *the Star Wars Program* ）或戰略防禦機先（ *the Strategic Defense Initiative: SDI* ）。星戰計畫是以一層牢不可破的反飛彈網、迫擊、攔截並摧毀來襲的蘇聯飛彈。雷根政府在一九八四至一九八九會計年度共編列二百六十億美元進行研究，預計一九九一年開始試行，九〇年代末期開始部署，由於花費太大，自開始即遭人質疑反對，尤其自一九八九年蘇聯解體之後，這項計畫受支持程度愈來愈低。一九九三年五月十三日柯林頓政府正式宣佈星戰時代結束。

除了星戰計畫之外，雷根大幅提高國防預算，防禦蘇聯，他提出一兆五千億元計畫，五年之內生產新式炸彈、潛水艇、飛彈及部隊裝備，其中較引起爭議是在西歐國家部署新式州際核子飛彈，發展B－1長程轟炸機。美蘇加強核武發展，舉世譁然，要求凍結核武（ *nuclear freeze* ）之聲不絕於耳。爲了緩和緊張，一九八五年十一月及一九八六年十月，雷根與戈巴契夫先後在日內瓦及冰島的雷克雅維克（ *Reykjavik* ）會唔，就限制軍備問題進行談判，會議最大突破爲蘇聯同意相互實地查證，爲往後限武

條件奠定基礎。一九八七年十二月美蘇雙方領袖簽署中程核武條約 [*the Intermediaterange Nuclear Force*（*INF*）*Treaty*]，雙方同意三年內拆除所有射程在三百至三千四百哩的中程及短程飛彈（*medium- -and- shortrage missiles*）及飛彈發射器，這項條約雖然是一大突破，但所承諾裁減數量，只是兩國核子存量百分之四。一九八八年十二月戈巴契夫訪美宣佈，單方裁減蘇聯武裝部隊並誓言要從東歐撤退大量的坦克及軍隊。

中東

　　黎巴嫩事件及伊朗軍售醜聞是雷根政府對外施政兩大挫敗。一九八二年中東情勢緊張，六月以色列入侵黎巴嫩，希望藉此遏阻巴勒斯坦解放組織（俗稱巴游，*Palestinian Liberation Organization:PLO*）騷擾其邊界。以色列部隊長驅直入黎境後，決將巴游趕出黎巴嫩，造成貝魯特長期戰爭。雷根試圖調解雙方關係，並派遣一千八百名海軍陸戰隊，幫助巴游撤出黎巴嫩，圓滿達成任務，軍隊回國。一九八二年九月，黎巴嫩新總統被刺，數百名巴游在貝魯特難民營遭屠殺，雷根下令海軍陸戰隊及其他國家的和平部隊赴黎巴嫩維持秩序。美軍赴貝魯特即陷入戰爭泥淖中，由敍利亞所支持黎巴嫩派系認為美國未保持中立，對美國海軍陸戰隊發動攻擊，一九八三年十月二十三日清晨，一輛載炸彈卡車衝入貝魯特美軍營區爆炸，二百四十一名美軍遇害，傷七十一人，美國人民及國會議員震怒，要求總統撤回駐黎美軍，雷根早先反對此舉以免影響美國在中東利益，但隨著世局惡化，美國欲振乏力，心餘力絀，雷根於一九八四年春宣佈撤軍，為美國中東政策一大挫敗。

　　至於伊朗軍售醜聞案可溯自一九八〇年伊拉克與伊朗戰爭。在兩伊衝突中，美國關心其中東油源不能受阻，但是美國民意多不利伊朗，卡特時代人質危機記憶依舊，美國人在黎巴嫩遭親伊朗恐怖份子劫持為人質，雷根曾公開表示反對與恐怖份子談判，但為了援救人質，他於一九八五年決

定經由以色列間接運送武器給伊朗交換釋放人質，數名人質獲釋，卻有更多遭劫持。一九八六年一月，他下令直接祕密出售美國武器給伊朗，這項計畫由海軍軍官諾斯（*Oliver North*）負責，諾斯爲雷根國家安全顧問彭岱特（*John Poindextex*）的助理，負責政府間接援助尼加拉瓜桑定游擊隊（*Nicaraguan Contras*，簡稱尼游），彭岱特承認他從伊朗軍售獲利中提供一千二百萬元武器給桑定游擊隊，此舉顯然違反國會的禁令，消息曝光，全國譁然，雷根指派委員會調查，由前共和黨參議員約翰‧陶爾（*John G. Tower*）主持，從一九八七年五月開始調查。陶華委員會譴責政府，公開對其他國家施壓，不得與伊朗交易，自己卻祕密進行以武器交換人質。國會兩院特別委員會由參議員井上健及衆議員李‧漢彌爾頓（*Lee Hamilton*）共同主持，從一九八七年五月至七月徹查，彭岱特承認批准將出售武器盈餘移轉給尼游的計畫，而未報告總統，以免東窗事發時讓總統落人口實，他也承認銷毀總統授權出售武器給伊朗的文件。諾斯則承撒謊、僞造並銷毀文件。特別委員會提出報告，指總統顯然不知武器出售盈餘非法移轉尼游，但認爲總統疏忽，難辭其咎，應予譴責，一九八八年三月特別檢察官勞倫斯‧華爾希（*Lawrence Walsh*）對諾斯及彭岱特提起公訴。彭岱特離職，諾斯遭開革。

中 南美洲

雷根之策略與卡特不同。卡特以美援作爲促使中南美國家改革的手段，雷根不然，要以美援來阻止共黨革命。他認爲古巴及尼加拉瓜均爲蘇聯代理人，對外輸出革命思想，因此決心加以阻撓。此外鑑於中美洲國家鄰近美國，戰略價值高，美國半數貿易以及三分之二油輪皆須途經巴拿馬運河及加勒比海，美國銀行及企業在中美有數十億元投資，而該地區貧富不均，情勢不穩，雷根決加強輔導。他鼓勵加勒比海及中美洲國家加強與美貿易，私人企業赴中美洲投資，增加美援，並恢復對薩爾瓦多軍援，對抗共黨游擊隊。此外並援助反尼加拉瓜游擊隊。

　　一九八三年十月十二日加勒比海島國格瑞那達（ *Grenada* ）發生政變，雷根藉口保護美國人，下令美軍與東加勒比海國家組織（ *Organization of Eastern Carribean States: OECS* ）聯手侵入格瑞那達，推翻政變產生的左傾政權。雷根此舉儘管聯合國抗議，但在國內卻獲得廣泛支持，雷根掃除當地政權之後，信守承諾，於聖誕節前撤退美軍作戰部隊。

對 華關係

　　自美國與中華人民共和國建立外交關係之後，中共隨即要求美國停止對台軍售，卡特時代未達成協議，雷根主政期間雙方繼續談判，美國強調供應武器給台灣係根據台灣關係法，中共則指台灣關係法是國內法，不能違反有條約性質的「建交公報」。

　　一九八二年八月十七日美中（共）雙方達成協議，通稱八一七公報，又稱軍售公報，主要內容是「美國對台灣武器銷售在質或量上均不會超過美中兩國建立外交後近來所提供之水準」、「美國意圖逐漸減少對台灣武器銷售，經由一段時間而趨最後解決」，公報將美國所供應武器的品質與數量「凍結」在一九七九年一月一日建交以後及一九八二年八月十七日發布公報以前的水準，對中華民國在台灣產生重大衝擊。這項出售武器辦法往往視總統態度而定。

結 語

　　八〇年代美國外交重振國威，內政曙光乍現。能源危機、通貨膨脹兩大問題嚴重影響卡特及雷根施政品質。如何消除民怨、解決民困，煞費苦心，惜成效有限，失業率居高不下，通貨膨脹依舊，至雷根下台，美國負債近二兆。外交方面表現不俗，卡特人權頗多建樹，雷根擴大國防建設，重振美國在國際地位，功不可沒，但龐大的國防經費也拖累了美國財政。

第三十六章

現代美國未來展望

　　九〇年代資訊掛帥，媒體當道，世界各國不論北方南方，皆臣服於「傳播」的魅力與勢力之下。政治上，蘇聯政權解體、東歐共產集團變天，美國新舊兩代交替，布希下野、柯林頓（*Bill Clinton*）上台，民意決策顯然可見，經濟上消費文化駕凌生產文化之上，銷售方式由專櫃成爲直銷，美觀、包裝勝於品質。生活上，休閒成爲主流，如何創造美好生活是生命的重要意義；思想上，科學主義思辨魅力不再，後結構主義斷裂了因果的推衍，個人主義盛行，大衆文化壓倒菁英文化。藉由電腦網際網路的傳訊，後現代資訊社會地球村蔚然成形，美國正是此一文化的代表。

　　本章將介紹九〇年代美國兩位執政，布希總統與柯林頓總統之內政、外交以及世紀末的各種社會文化表徵。

第一節

布希主政

　　布希長久以來被視爲雷根的影子，懦弱、無情、唯雷根聽命是從。他參選總統後，即試圖破除這種形象，惟仍遵行雷根保守主義作風。布希任內經濟上承接雷根赤字包袱，欲振乏力，內政上鮮少表現。外交上時逢一九九〇年東歐共產集團變天，一九九一年蘇聯政權解體，布希成爲冷戰終結者，一九九一年他發兵解救中東科威特獲捷，名享內外，聲望日隆，惜國內沈痾未除，一九九二年大選遭民意背棄而告別政壇。

其人其事

　　布希於一九二四年生於麻薩諸塞州密爾頓市（*Milton*），家庭富裕安適，熱愛運動，中學曾擔任過棒球隊和足球隊隊長，一九四八年以優等成績畢業於耶魯大學。布希妻子芭芭拉・皮爾斯（*Barbara Piers*），小他一

歲，兩人於一九四五年在紐約結婚。布希大學畢業後經營石油生意，並積極參與共和黨事務，從此介入政治。一九六六至一九六九當選美國衆議員，以後又出任美國駐聯合國大使，共和黨全國委員會主席，美國駐北京聯絡處主任、中央情報局局長。一九八一年至一九八九年擔任雷根的副手，成功的扮演副總統角色，一九八八競選總統寶座成功。

布希個性文雅，行動敏捷、做事重實際，求實效，講現實，做人守分，擔任雷根副總統，無適無莫，不求積極表現，親自主政又顯現堅韌、倔強。他喜歡與人親近，老朋友形容他：熱情、詼諧、逗人喜歡、慷慨大方、體諒別人、關心細節、事必躬親，與雷根只知道方針不一樣，他熟悉情況，善於回答具體問題。一九九〇年代《時代雜誌》（*Time*）選他爲一九九〇年的風雲人物，封面照片是兩個半面的布希照片拼綴而成，標題：「兩位喬治‧布希（*Two George Bushes*）」意指布希是一位對世界新秩序展現高瞻遠矚的洞察力；也是一位對自己國家表現幾乎沒有洞察力的人，反映了美國人對布希的評價是兩面的。

內 政

美國人對布希內政措施，怨聲連連，共和黨內亦不例外。他在大選時曾向選民許諾「聽我話無新稅」。但他就職後的提出的卻是一套修正後的削減赤字與增加稅收整批預算案，預定未來幾年內削減數以千億計的赤字，但同意一系列增稅。此舉廣遭批評，布希稍後雖承認違背不加稅諾言，但已傷害了人民對他的信心。

布希較重大經濟措施是挽救無力償債的儲蓄貸款合作社（*Savings and Loan Associations*），雷根鼓勵撤銷對銀行管制，增加利率，導致許多儲蓄貸款機構超貸，大量投資資產不可靠且付高利的無價值證券，一旦經濟冷卻，一些投機狂熱的州如德克薩斯，佛羅里達及加利福尼亞州皆面臨危機。雖然這些弊端或來自銀行家的不是，但多數存款戶則是無端受累。布希就職後估計，政府要花費五百億元紓困，且數字持續上升，對國

庫造成重大影響。

　　一九九〇年經濟發展停滯，聯邦政府增加支出，總統同意對汽油、酒類及一般奢侈品稅率從百分之二十八提高爲百分之三十二，舉國譁然，至一九九〇年夏，美國遭逢嚴重不景氣，布希的民調聲望也一落千丈。

外 交

　　布希內政困於赤字經濟，乏善可陳。外交則可圈可點，勳業卓著，主要有結束冷戰及發動波灣戰爭，懲罰伊拉克。

1.結束冷戰

　　布希承繼雷根政府基本方針，繼續維護美國領導的必要性和可能性，以現實主義爲基礎，遵循美國「反對共產主義」價值觀，但強調符合美國國家利益，繼續以軍事實力爲外交鬥爭的後盾。布希於一九八九年五月提出「走出遏制」（ move beyond containment ）新戰略，「使蘇聯融合到國際社會中來」。走出遏制就是對蘇聯改革作出積極反應，要進入「同蘇聯實行國際合作的新時代」。採用經濟及政治手段，軟硬兼施，促蘇繼續演變。布希於一九八九年十二月二日至三日，在馬爾他島會晤戈巴契夫，會中最大成果是美蘇兩個大國對於東歐局勢失勢、失控達成某種程度的諒解和默契。東歐情勢丕變，出乎意料。一九八九年六月波蘭政權易主，一九九〇年團結工聯領袖華勒沙（ Lech Walesa ）當選波蘭總統。十一月九日柏林圍牆倒塌。羅馬尼亞共黨總書記西塞古於十二月二十五日遭處決，短短六個月內東歐六個政權相繼垮台。馬爾他高峯會後不久，蘇聯加盟國立陶宛提出獨立要求，拉開蘇聯解體序幕。

　　布希在面對此未曾有之大變局時刻，仍然謹愼冷靜對待，他要利用這個機會，但不會對戈巴契夫施加過大壓力，甚至要拉拔一下，因爲當時蘇聯內部風雨滿樓，美國稍有不愼，會引起嚴重反彈，不但蘇聯形勢可能逆轉，東歐局勢也會失控。一九九〇六月布希與戈巴契夫在華府舉行的雙邊

高峯會議中,簽約同意美蘇裁減庫存百分之三十的長程核子飛彈並銷毀化
學武器。

2.世界新秩序

二次世界大戰之後,每一位美國總統的外交政策皆有「主義」可循。
如以冷戰和遏制戰略為中心的杜魯門主義,以「夥伴,實力和談判」為
主,強調冷戰和軍略的「尼克森主義」,以針對蘇聯在波斯灣的擴張而提
出的「卡特主義」,還有重振國威「雷根主義」。布希上任後亦不例外,
在東西對抗焦點模糊,中東危機告急的情況下,尋找新的外交策略思想即
成為當務之急,而世界新秩序(New World order)就是布希的外交口
號。

任何一種觀念的落實必須經過一段冗長思維的沈澱。世界新秩序首次
正式提出,是一九九〇年九月十一日布希總統就波灣危機對美國國會聯席
會議時,同年十月一日布希在聯合國大會上致詞,亦表示美國有責任建立
世界秩序,「一種新的夥伴聯盟,奠基於磋商、合作和集體行動,按照原
則和法治統一起來,並得到公平地分擔責任和義務這一原則支持的夥伴關
係,一種目的是為了加強民主促進繁榮,增進和平和減少武器的夥伴關
係」。由於新秩序中美國色彩過濃引起其他國家不滿,第三世界批評其為
「帶有金屬的痕跡,電子眼的目光和突如其來的高技術武器旋風」,目的
在「規勸過於獨立國家投降」。至於歐洲國家看法可以英國外交大臣哈德
(Douplas Hard)為代表,「誰也不能宣稱一個國家可以決定一切,無論
是美國統治下的和平還是大西洋統治下的和平,統統是不現實的」。

3.波灣危機

一九九〇年八月二日伊拉克強人薩丹·海珊(Saddam Husein),藉
口科威特抽取位其邊界大部分地區的魯馬尼亞(Rumalia)油田,而對科
威特發動閃電攻擊,並於週內佔領之。大軍隨至沙烏地阿拉伯邊界,海珊
希望能佔有兩地則可以控世界石油價格,彌補在兩伊戰爭中所遭受的損

失。沙烏地及科威特向美告援，隨即獲得回應，聯合國立即對伊拉克實施經貿制裁，美軍進駐沙國基地，海珊則逮補境內六千五百名外人作為人質，以免遭兩方攻擊。

　　布希在面對此一重大巨變之際發現，經濟制裁已不能夠奏效，乃於八月八日宣佈美國在波灣的行動開始，九月初十萬名美軍抵沙，「沙漠盾牌」（*Operation Desert Shield*）正式開始，一九九〇年十一月二十九日聯合國安理會通過決議，要求伊拉克軍隊在一九九一年一月十五日前撤出科威特，否則美國及多國部隊可以動武驅逐。一月十六日布希發表談話，宣佈「沙漠風暴」（*Operation Desert Storm*）的戰爭行動開始，歷時六星期的波灣戰爭終於開打，自一月十六日晚到二月二十七日，布希宣佈停戰為止，波灣戰爭共持續四十二天，其中空戰三十八天，地面戰爭四天，在這場戰爭中，伊拉克人死亡數萬，美軍死亡一百三十七人，失蹤七人。

　　波灣戰爭美國速戰速決，傷亡人數寥寥無幾，舉國上下欣喜若狂，越戰所形成的陰霾一掃而空，美國人從阿拉伯半島中拾回「對自己國家的信心」。波灣戰爭似乎「重新發現了美國」，通過戰爭美國超級大國地位再次得到承認。

第二節

柯林頓功成身退

　　共和黨執政十二年，外交上頗具建樹，多有創收，但內政方面，尤其經濟上、通貨膨脹，失業率居高不下，影響民意依歸。布希在波灣戰爭的豐功偉業並未能扭轉人心求變的渴望，柯林頓以阿肯色州長身份，不及四十六歲的青壯生涯，一舉拉下行政閱歷豐富的布希。時勢使之然，猶或美國人民主政治之慣性，令人好奇？柯林頓之治國理念，成就何在？

其人

柯林頓於一九四六年八月十九日誕生於阿肯色州，原名比爾・布萊士，出生前三個月父親過世，母親赴外工作，童年由外公外婆扶養，四歲母親再嫁，繼父領養，改名爲比爾・柯林頓（ *Bill Cliton* ）。中學時代成績傑出，一九六四年從溫伯城中學畢業時，三百多名學生中名列第四，以後進喬治城大學，並獲獎學金，前往英國牛津大學深造，表現出色，一年之後，獲得耶魯大學法學院的獎學金，著裝返國。一九七一年認識了未來妻子希拉蕊（ *Hillary* ），一九七四年柯林頓回到阿肯色州大學教書。一九七七當選阿肯色州司法部長，一九七九年任阿肯色州長，一九九二年當選美國總統。

柯林頓幼年生活坎坷，養成堅毅不拔之個性，從小即有強烈的求知欲，對人友善、禮貌，具有很強的領導能力，熱衷政治，根據柯林頓母親的說法，他不是一位唯命是從的孩子，有獨立精神，但不狂妄自大，有獨立見解，不會將自己思想強加於人。不過自從柯林頓主政後卻常被形容爲「聰明早熟」卻有「浪子傾向」的政治頑童，無論在學、服役、從政、都走捷徑，由於運氣好，無往不利，除擔任阿肯色州長第一任後落選，其餘都是一帆風順。

在柯林頓政治生涯中，其妻希拉蕊（ *Hillary* ）是其得力助手，希拉蕊聰明智慧，法學素養均爲人稱道，尤其她冷靜自持和應付媒體能力、攻擊敵人活力，更是柯林頓的政治最大支柱。

柯林頓任內，緋聞、醜聞不斷，由阿肯色州長任內的白水案（ *White Water* ），到政治獻金醜聞，至寶拉・瓊斯（ *Paula Jones* ）及莫尼卡・李文斯基（ *Monica Lewinsky* ）緋聞，高潮迭起，令人目不暇給，但卻無損其受支持程度。所謂「白水案」（ *White Water* ），指美國總統柯林頓夫婦與好友麥道格（ *Jim McDougal* ）夫婦共同成立的別墅開發公司「白水公司」及麥道格個人經營的「麥迪遜保證儲貸公司」（ *Madison*

Business）所涉及的醜聞。此案件應溯及一九八五年「麥迪遜保證儲貸公司」因惡性債務，有倒閉危機，但阿肯色州政府竟讓其一直營業到一九八九年，最後爲了救濟存款人，甚至動用了聯邦政府六千萬美元資金。柯林頓完全否認有不法情事，但相關人士指出，一九八六年柯林頓任阿肯色州長任內，曾向承辦人員施壓，要州中小企業局對麥道格的妻子，提供三十萬美元融資。白水案於一九九三年爆發後，柯林頓同意任命特別檢察官調查，但隨著與柯林頓從小一塊長大的總統副法律顧問佛斯特（Vince Foster）於一九九三年七月自殺後，案情更加撲朔迷離。

柯林頓任內發生政治獻金案。這是爲柯林頓連任募款而發生的獻金醜聞，包括總統對捐款大戶提供報酬，項目有聚餐、讓捐款者在白宮過夜、與總統一起喝咖啡。國會追究柯林頓政府是否與民主黨「非法挖錢」，展開一連串公聽，柯林頓雖未捲入法律責任，但多少也遭波及。

柯林頓任內最爲人議論的是其緋聞案。除了寶拉瓊斯指控他於阿肯色州長任內性騷擾之外，另一個引人矚目的是他與白宮前實習生李文斯基的「不正當關係」。這項緋聞案自纏訟以來，全球譁然。一九九八年一月至八月柯林頓一直陷於民意、輿論及國會議員的質疑與非難之中，同年八月十七日，他在白宮透過閉路電視與現場連線，向大陪審團作證，有關他與李文斯基的性緋聞，這是美國現代總統有史以來第一遭。柯林頓在作證時坦誠與李文斯基有「不正當」關係，但堅持這是他私德問題，與行政無關，他並堅決否認敎唆李文斯基湮滅證據，以免涉及僞證遭彈劾。

其事

柯林頓上任之際，美國經濟跌至谷底，人民生活愁雲慘霧，爲了治癒長期阻礙美國經濟健康發展痼疾，柯林頓採較多干預經濟方式，以政府投資促進經濟發展。就任後美國政府投入大筆金錢從事公路、鐵路、橋樑、通訊、建築等基礎事業，加強人才培訓，創造就業機會。柯林頓的思想體系是謀求短期刺激和長期經濟繁榮。他在一九九二年大選中，他對美國民

衆疾呼「我們每個人不能僅僅享受政府的給予，而要為美國的復興，給予國家一點什麼」，為美國低迷的經濟活動注入一些活力。他上任後，裁掉聯邦政府內部公務人員二十萬人，縮小聯邦政府規範，有些業務逐漸移轉給州政府，白宮透過平衡預算的務實觀點完成社會福利、醫療體系，教育改革。柯林頓雖於第一任內未達到長期目標，但美國經濟改善乃不爭之事實，在柯林頓第一任結束，美國廣播公司的一項民意調查顯示，百分之六十一的受訪者肯定柯林頓處理經濟問題方式。

外交方面柯林頓是位現實主義者，他的外交班子有形形色色的人物，包括國際主義及現實主義者。他主張支持蘇聯市場經濟改革，贊同與中東和談，加強防止核武擴散，避免美軍陷入南斯拉夫泥淖之中。除了軍事鬥爭外，他也注意到環境保護，國際競爭等議題。

柯林頓曾表示「美國對外政策和國內政策的重點是同樣的」，他認為「美國必須首先致力於解決國內的經濟問題，只有振興了美國經濟的實力，提高了美國在國際上的競爭力，才能保證美國在世界的領導地位」。柯林頓的外交目標有：建立一個和平、民主而不裂的歐洲；整合亞太地區，強化美國做為穩定力量的角色；協助世界主要地區獲致和平；全力對付新的安全挑戰，打擊國際犯罪；維持現代化，隨時可作戰的武力；建立全球性的開放經濟體系。

評語

綜觀克林頓執政八年（*1992-2000*）成就，經濟方面：繁榮空前。一九九八年克林頓提出美國近三十年來首次盈餘預算（過去共和黨執政多為赤字預算），三月美國道瓊工業平均指數，逼近萬點，美國人民沐浴富裕之中，貧民數字下降，舉國欣欣向榮；社會方面：推動教育改革方案、醫療改革方案、發展福利制度、加強老人福利深獲中產階級支持；族裔方面：減少族群心結，消除黑白分界。儘管緋聞案給他帶來相當困擾，甚至有彈劾總統之虞，但克林頓應對有方，坦陳面對問題，加上治國有成，美國人

也多予寬恕，使他任期圓滿結束。

克林頓外交政策是在基於經濟發展，促進民主的考量下，發展軍備，他在任內推動自由貿易，建立美加墨三國北美自由貿易區協定（GATT），調解科索沃問題，與俄國發展「民主伙伴關係」，並提出戰區導彈防禦系統（TMD）構想，試圖由國際多邊控制，擬定一套外交與軍事結合的力量，作為防務。儘管表現並不顯赫突出，但在平實之中亦有其可圈可點之處。

第三節

小布希入主白宮

小布希為美國第四十三任總統。一九四六年七月六日生於德州之米德蘭（Midland），為前總統布希長子，曾就讀耶魯大學歷史系、哈佛大學工商管理研究所，一九八九年起擔任德克薩斯州州長八年，二○○一年代表共和黨挑戰執政八年的柯林頓民主黨政府，在驚濤駭浪、險象環生、高潮四起之過程中，以二七一張比二四九張選舉人票之些微差數，擊敗民主黨候選人高爾（Al Gore），創下歷年來美國總統大選最緊張、冗長的一刻。在開票過程中，兩人得票難分上下，最後在決勝關鍵，因佛羅里達州計票出現爭議，雙方互不相讓，訴諸法律，曠時近達半年，當選人無法出爐，舉世矚目，各國關切，美人不耐，遲至二○○一年六月始達成協議，布希出線，當選美國總統。

布希政治舞台經驗不多，限於地方格局，就任後多延攬其父時代老臣，如和前白宮幕僚長錢尼搭擋競選副總統，任用國務卿飽爾、國防部長倫斯斐皆為其父時代的重要幕僚。因此其政治風格沿襲父執輩作風，但加以調整，標榜兩黨共治，拉攏中間派。布希就職迄今不到一年，內政方面，採悲憫保守主義施政原則，試圖經由教育改革、社會安全、健保改

革、減稅等方式重振經濟。他在就職演說中，強調以「愛心治國」，以溫和手段推動信念，勇敢地追求公共利益，伸張公義和愛心，重視責任，標榜以身作則，捍衛美國與盟邦的利益，堅決面對侵略。然就任近半年美國經濟未見好轉，股市滑跌，如何振衰起弊，布希面臨考驗。外交方面，風波不斷，與中共發生偵察機越境迫降一事，雙方箭拔弩張，大有山雨欲來風滿樓之勢，所幸彼此克制，終而平和落幕。唯二〇〇一年九一一事件卻予美國重創，是布希登基以來最大的挑戰。

1. 九一一事件

公元二〇〇一年九月十一日，被視為紐約地標，人潮洶湧的紐約世貿雙子星大樓，突然遭遇恐怖份子，採自殺方式攻擊，兩棟大樓霎時崩塌。就在世人驚愕未止，驚魂不定之時，國防部五角大廈亦遭飛機撞擊，死傷慘重，兩者加起來逾六千人。此事究竟是否與布希強硬外交政策路線，猶或回人長年累月對美國支持以色列人不滿所致，迄今無法論斷。但九一一事件為美國帶來的傷害，改變了往後歷史的發展，卻是不爭的事實。

首先這是第一次美國本土受到攻擊（珍珠港不算在內），在每年高達三千億國防預算及嚴密國防防衛體系之下，出現如此疏漏怎不令美國人驚惶失措。傳統美國本土不受侵略的神話，不僅粉碎，連過去所執迷的「權力平衡」及「集體安全」理論，也告破產。以前國與國的戰備攻防觀念，尤其地緣戰略的學說，也遭質疑。美國應如何重建其國防安全，頓然陷入迷思之中。

美國人將此事歸咎於沙烏地阿拉伯富商，潛藏在阿富汗境內的奧薩瑪・賓拉登（*Osalma-Bi-Laden*）主謀。奧薩瑪是位回教激進份子，也是基本教義派人士，他視美國為寇仇，自一九九八年起，便宣稱「所有美國人都是攻擊的合理目標」。美國聯邦調查局懷疑他涉嫌一九九三年世貿中心爆炸案（六名美國平民喪生）、一九九五年及一九九六年沙烏地阿拉伯兩起爆炸案（二十四名美國軍人死亡）、一九九八年東非兩處美國大使館炸案（二百二十四人死亡），以及葉門亞丁港的自殺攻擊美艦案。美國懸賞五

百萬美元捉拿奧薩瑪，並於一九九八年以巡弋飛彈攻擊他的阿富汗營區，皆為其逃逸。奧薩瑪於事件發生之後，即號召全世界的回教徒發動聖戰，對付美國的報復，但回教外長會議，並未同意聖戰之舉，只希望美國報復不要傷害回人。

2. 美國的報復行動

九一一事件令美人傷痛逾恆，悲憤之際，掀起濃厚愛國情操。在民意催促之下，美國總統終於在二〇〇一年十月八日，亦即事件發生後第二十七天向阿富汗神學士政權揮軍報復。布希此次軍事行動，採「履正而進」方式，在國外首先取得北大西洋公約國的履約保證，任何國家遭家第三國侵略時，應提供援助，使得用兵合法化；其次獲得俄國奧援，俄國從一九七九年以來在阿富汗用兵十年，灰頭土臉，如今美國出兵阿富汗，豈不正中下懷，何樂不為，由其允諾烏茲別克做為前進基地可見一斑，美國也因此掃除二次大戰後，最大憂患俄國的阻撓；第三，布希用兵擔心引起回教世界反撲，乃將此次行動歸為緝拿恐怖份子，並將回教人士與恐怖份子區隔，避免樹敵太多。迄目前為止，頗能為回教國家領袖接受，但一般回人似乎不能分辨，仍強烈抗議美國行動。回教國家嚴厲指責美國不應採報復手段，傷害無辜，但就美國而言，此次戰爭並非「王者之師」亦非「正義之軍」，不是「替天行道」，自然不必義正詞嚴。這是美國人救亡圖存之戰，自然得「薰出」敵人，以絕後患。這也是美國與其他回教國家理念不同所在。

美國，這個二十世紀不倒的巨人，在九一一重創之後，是否安無恙，為各界關切，常言道，二十一世紀是中國人的時代，是耶，非耶！時也，命也，恐怕是美國人最擔心關切的問題。總之九一一事件將改變了二十世紀的風貌，是否會發展為回教世界與基督教世界的衝突，生化及游擊戰是否將取代傳統的大軍、科技戰爭，將是後人觀察的方向。

美國社會展望

民主與平等是美國人對自己未來的承諾，熔爐則是努力的方向，但這種理想卻在今天受到嚴重挑戰。新的觀念，強調以美國多元性來代替統一性，對美國社會未來發展產生重大影響。如何把美國融為一個民族的幻想，在美國歷史中一直佔據著主導的地位，但二十世紀卻產生一個新的、相反意向。原先來美的「逃離本原」如今卻成了「尋根溯源」，無論是非英裔的白人之間，還是在非白人的少數民族之間都興起了對民族本源的追尋，同聲譴責以美國為熔爐的思想，這種傾向促成且僵化了民族與種族社團的分立。

分離主義的發展在美國激起族羣間的對抗，影響歷史和文學的教學成為激發少數族裔民族自尊的良方。如何加強各種族的合作，進而加強同化與結合，是美國的難題。美國史家亞瑟・施萊辛格（ *Arthur M. Schlesinger Jr.* ）在《美國的分裂》（ *The Disuniting of America* ）一書中提到，美國有一個共同文化，就是多元文化。美國做為一個多元社會所遭遇到的問題，就是如何在維護已接納的文化和傳統的同時，不打破維持凝聚力的紐帶，即共同的理念、共同的語言、共同的文化、共同的命運等。九〇年代美國社會種族最大的問題是黑人、印第安人與移民問題。

黑 人問題

美國黑人問題雖經過林肯總統政治解放，艾林豪總統社會開放，但潛存的心理緊張並未釋懷。一九九二年四月二十九日，洛杉磯爆發嚴重種族衝突，四名白人警察濫權毆打一名黑人青年，被陪審團宣判無罪，黑人羣情憤慨，焚燒搶掠，洛杉磯出動六千名武裝國民軍，布希總統另派三千名

陸軍及一千五百名海軍陸戰隊平息事件，恢復秩序。衝突中共五十八人死亡，二千三百多人受傷，加州南部財產損失約十億美元，暴動還蔓延至芝加哥、華盛頓、西雅圖、舊金山、亞歷山大等大都市，形成了六〇年代以來規模最大的反種族歧視鬥爭。

　　九〇年代的黑人問題已由膚色、種族轉至非洲中心論。種族有著太多的敏感和太多的誤解，它既由於傳統又由於信念。對於美國黑人來說，做為歷史上受到傷害的種族羣體，要求樹立自己的尊嚴，重申個自己的地位，是自然不過之事。由於黑人受到傷害比白人深刻，所以他們的要求也就帶有悲劇性的強烈感。對於非洲中心主義的接受已是出於那些被污辱與傷害種族的同情與關心。非洲中心論喚起美國重新重視種族融合問題，只是一味譴責無濟於事，這或許是美國千禧年的努力方向。

印 第安人問題

　　美國自立國以來，先後提出多種不同方案對策解決印第安問題。首先是「印第安人遷移法」（*The Indian Removal Act*）將眾多密西西比河以東的印第安人西移；以後改採「保留區政策」（*Reservations*）與印第安各族簽約，限制印第安人的生活空間及土地。稍後則以「印第安土地分配法」（*General Allotment Act*）處理印第安人剩餘土地；二十世紀老羅斯福訂定「印第安重組法」（*Indian Reorganization Act*）恢復印第安人許多被剝奪的權利；五〇年代「終結政策」（*Termination Policy*）則企圖將印第安民族完全融入美國文化之中，否定部族存在；七〇年代尼克森提出自決政策（*Self－Determination*），強化印第安人自治意識而不威脅其社區意識，讓印第安原住民決定自己的事務。八〇年代美國各州政府權利擴大，印第安原住民整體經費減縮，原住民生活情況惡化。柯林頓上任後於一九九三年邀請印第安部族酋長至白宮；向夏威夷原住民，為一百年前的「侵略」向夏威夷原住民道歉；並增加印第安事務經費。

　　傳統以來美國對待印第安人的策略有二：一是建立保留區，消極地將

白人與印第安人隔離。另一是積極激烈的方式，將土地分配私有，試圖將原住民社會轉化成歐洲式的民主資本社會。原住民由於白人長期不公平對待，無法亦無能面對其生存問題，只能退縮到保留區中，在缺乏自信心情形下，依靠聯邦政府經費苟延殘喘。由終結政策走向自決政策是將印第安人同化於主流社會。由七〇年代至九〇年代，印第安人不斷地在與政府的政治互動中學習如何維護並擴展自我權益，七〇年代的武力抗爭，八〇年代的司法訴訟及立法爭議，九〇年代的「原住民網路」成立，使得原住民不再侷限保留區中自生自滅。

移 民問題

　　美國是移民所組成的國家，迄八十年代移民數量仍佔美國人口增長的三分之一，自本世紀二十年代以來，比任何一個十年都多，這些新來者的構成也有著戲劇性的變化。一九一〇年，幾乎百分之九十的移民來自歐洲，一九八〇年代，百分之八十以上的人來自亞洲和拉丁美洲，外國出生的居民今天佔總人口的百分之七，無論亞裔還是拉丁美洲後裔的家庭規模趨於縮小，收入和通婚情形增加。美國標榜自由民主，任何對移民限制均違反立國原則，不對移民控制又無可能，值此兩難，美國的移民政策也一直改弦更張，由一九二四年的來源國別，至一九六五年家庭團聚，到一九九〇年的技能需要。

　　一九九一年之新移民法是將先前重視親屬團聚取向改為吸收人才和資本，這項新移民法擴大了美國每年接受合法移民的數額，規定一九九二年、一九九三年和一九九四年每年接受七十萬移民。新移民法新設投資移民，名額一萬人，投資移民必須在美國建立一個新企業，雇用美國及外籍勞工十名，投資資金一百萬美元。新移民對高技術、特殊職業技能移民放寬限制，增加親屬移民數額，特別增加歐洲移民。

第五節

新世代新文化

　　拜科技之賜，電腦之普及，九〇年代美國文化日新月異，令人目不暇給，物質的更迭不在話下，觀念的衝擊更令人瞠目結舌，究竟九〇年代文化之特色何在？

理性退色，自由出色

　　美國史丹佛研究中心（ *SRI* ）的華特・威克（ *Watts Wacker* ）與友人吉姆・泰勒（ *Gim Taylor* ）在《預約五百年》（ *The 500 year delta* ）一書中指出，現代是一個「理性脫序」的時代。過去的理性理論已被混沌理論所取代。在混沌中，人不能做什麼，不能計畫，也不能一路推理到底，在混沌中，人只能存在。舊邏輯的規則是，經驗是最佳的導師。在變化不斷產生的時刻，經驗有可能是最差勁的老師，理性的連結已經爲整合所取代。理性是建立我們所知的一切，事物中的常性。現在我們所處世界中不斷感知的一切，不但無法掌控，更無法去判定。眞實世界中變數無盡，且不斷交互作用，常人所面臨的不是以理性爲基礎的邏輯，而是分子邏輯，所有決策的元素已經減爲次原子層次，以一種漩渦的形式持續存在。

　　理性制約不再，自由成爲社會凝聚的張力，威克從網路之普遍使用，國籍疆界崩潰，對公司忠誠度減退，個人實現自我機率提高等四個層面，提出「知的自由」、「行的自由」、「實踐的自由」、「成爲某人的自由」，說明未來社會不是舊式權利的崩棄而是四種新自由的誕生，他認爲「可能的年代」將截空登陸。

545

X 世代

每一個世代都有其「核心倫理」。自二次世界大戰迄今，美國各世代輪替約可區分爲三個階段。首先是沈默時代（ *the Silent Generation* ），約於一九四二年至一九六四年，甘迺迪遇害爲止。這個世代美國一般民衆生活充足富裕，就學人口增加，世代開始時以工作爲動力，將近尾聲，休閒活動大爲盛行，生活以閒暇而不是以工時來組織規劃，其核心倫理是「不斷加速的變動」。一九六五後唯我世代開始崛起（ *self-generation* ）。唯我世代不勞而獲地擁有沈默世代所耕耘的一切，這個時代以探索極限爲目標，不斷向內向外開發，挑戰世界的極限，愛走偏鋒，唯我世代之美夢，至一九八七年之經濟不景氣而告終了。隨之，X世代誕生，他們出生富裕，難以面對挫折，往日人們志得意滿漸漸轉爲沮喪低洄。X世代受到不安全感驅使，往往表面順從權威，暗地裡卻深深對抗強權，而且有一套「受害者」的倫理觀，將一切是非歸於外來原因，譬如怪罪電視、污水、魔鬼等「某種東西」，讓他不得不做這些行爲，然後將自己應負的責任推得一乾二淨。

X世代的人們具有強烈的不安全感，在面對進步不斷加速，外界瞬息萬變之際，他們不再渴望過多的身外之物，只要求一些好東西。X世代無法保持體面和整體價値結構的平衡，厭惡危機，又必須擁抱危機才能生存，緬懷過去必須擁抱未來才能茁壯，這可能是美國新世代最大焦慮所在。

網 際網路文化

網際網路崛起於一九六〇年代。隨著電腦科技之發展，以及思想界「解構主義」之盛行，網際互動大行其道，網路發展一日千里。

網路是一組相互連結的節點（ *nodes* ）。節點是曲線本身相交之點，依具體網路種類而定。在資訊文化中，節點是電視系統、娛樂攝影棚、電

腦繪圖環境。網路的特色爲：(1)流動沒有距離；(2)光速支配了社會的流動過程；(3)開放性的結構，能夠無限制地擴展；(4)講究彈性與調適性；(5)無窮解構與重構之文化；(6)即時處理新價值；(7)禁絕空間、滅絕時間的社會組織。

網路之崛起拜美國國防部先進研究計畫局（ *ARPA: Advanced Research Projects Agency* ）之賜，它掀起了通訊革命，並爲全球網際網路奠定了基礎。當一九五七年十月蘇聯發射第一枚人造衛星旅行家（ *sputnik* ）至太空，引起美國關心，不到一個月又成功發射旅行家二號後，美國開始研擬設立一個由國防部負責，具高度研發功能的機構，設立如全球監視衛星、空中防衛攔截機、戰略軌道武器系統、載人太空站等，但受到「國家航空暨太空總署」成立影響，乃將研究重心轉移到長遠的基礎研究，並從頂尖大學與實驗室延攬一羣菁英，著手科技發展，並朝電腦網路進軍，促使網路誕生。一九八〇年代單一微電腦已經無法滿足人們的需求。一九九〇年代初期，單一晶片的微電腦功能已具處理大型電腦能力，迫使中央式的資料儲存與處理走向網路化，而電傳通訊技術的快速發展，使得網路社會，日趨普遍。

網路文化之時間觀念，不同於傳統的自然時間及現代的時鐘時間，追求「無時間的時間」觀念。傳統的自然時間，人的坐息依太陽之起落，月亮的圓缺而定，「日出而作，日入而息」，沒有時辰分秒的概念。歲序進入十七世紀，機械之發展改變了人的時間意義，時鐘的出現，將人文帶入了秩序的社會之中，一天二十四小時，一小時六十分，一分六十秒，凡事井然有序，從此人類即生活在時差之中。

網路社會之時間打破了時鐘社會的制約。雖然計時算分的概念依舊，但對時間的處理則迥然有別。以往線性、不可逆轉、可以量度、可以預測的時間，逐漸遭受破壞。網路時間混合了各種時態，強調隨意而非循環的方式運行，並以技術逃脫現實的時間，達到無時間的時間。大衛．哈維稱之爲「時空壓縮」（ *time–space compression* ）。網路時間兩大特色爲「即時」（ *real time* ）和「及時」（ *just–in–time* ）。強調彈性管理自己

的時間，依需要延長工時增加工資。

網路空間是一種流動空間（*space of flows*），不同於過去的地方空間（*space of places*），它不是一個形式，而是一個過程，受流動空間的結構性支配，它以知識爲基礎，圍繞著網路而組織。網路空間概念，使內、外、近、遠、這裏、那裏等變得不重要。

在網路空間系統之中最重要的是感覺，一種回饋技術（*feedback technology*）將提供直達你神經系統的碰觸，幻覺和眞實物體的感覺沒有區別，在這個新時代之中，自我與他人、男性與女性、自然和機器，甚至生與死之間的界限都將泯除。眞實這個字將喪失一切意義。

網路文化侵蝕了眞實領域，不相信眞實，所謂眞實只是暫時的共識，只是科技演變上的一個小階段，身體也非眞正地存在，只是意識形態如態度、信仰，預存觀念的混合物，本身取決於更大的，在整個文化中起作用的經濟和政治力量。所謂的眞實只剩下電子眞實虛擬入境。在過去，人性必然和靈魂、深度有關，追求意義和目的。傳統、儀式、神秘均與個人主義有關。現代人則認爲人性是蜂巢狀態的心靈主義（*spiritualism of the hive*），日益增長的電腦網路，以及個人電腦。網路模糊了各種界限：自我和他人想像的世界和感官的世界，眞實與幻象。

網路中人之角色與社會角色不同。社會角色如母親、情人、老師、朋友，取決當下我們在何種人羣關係中。社會角色總是在物理世界的限制之內被圈限和維持的，大部分的人可以發展出統合的自我。網路上性別轉換是常態，這種多種人格錯亂，形成人類健康上的危機。

網路文化形成了新超越主義（*new transcendentalist*），提供一個抽象而尚未完全可供居住，只能透過電腦螢幕才能眞正被我們感知的世界，掃盡我們賴以溝通的共同基礎，取而代之的是科技專家爲我們製造的東西。但人類如何反應他在非物理環境中的存在，反應整個人類環境的整個擬控化是個值得深思的問題。

人 際溝通

　　一九九一年網際網路問世後，使用者快速成長，預計至公元兩千年將達三千三百萬人。網路改變了二次大戰以來人際溝通方式。以商業廣告為例，以前是一對多的行銷，賣方刊登廣告供買方選擇，如今「熱網」廣告是一對一、多對多、一對多以及多對一的行銷。當賣方在網路上刊登銷售品後，買方可以反駁，可以討論，互動式的廣告成為趨勢。

　　在人際溝通中「不信任」成為一大特色。人際溝通向以「信任」為基礎，但隨著忠誠度減低，人際來往成為一樁交易，一件合約，不僅社會如此，家庭關係也一樣，各類關係廣泛地朝著星雲爆炸方面，從網路邂逅到共度旅程、同進午餐，甚至發生親密關係，一切順利進展，餐會結束，或網路離線後，逝者也就此轉化成歷史。

　　以前人際關係是一種生活，經由人與人實際往來而彼此適應、如今人際成為一門探索的課程，由挖掘人的內心再經由手段的運用達到往來預期的效果，影響人與人的親密互動，而維持一種形式的來往與觀念的探討，人的疏離與獨立愈發加深。

生 活形態

　　CD、電子用品、電視機、錄音機、傳真機、影印機、電腦、大哥大是九〇年生活的必需品。MTV將單一節目型態傳送至每個國家，創造出全球觀眾，特別是孩童和青少年共享的單一事實，影響越來越多年輕人崇拜相同的流行偶像，具有相似的價值觀，也對相同事務深懷恐懼，MTV創造了全球人格及全球公民。

　　MTV文化是後現代文化代表之一，與十九世紀的標題音樂（ program music ）不同，它是一種音樂空間化，將音樂放在可見的時間和空間片段上，是文本用以嘗試調合視覺和聲音的實驗室，將時間空間化。在MTV文化中，聲音是次要的，語言的成分鬆散而薄弱，缺乏獨創

性，大膽與敏銳爲其特色。

　　遙控文化是本世紀最大特色，根據一項調查研究顯示，在日常家用物品中，現代嬰兒最愛緊抓不放的，就是遙控器。遙控器可以依個人所好，隨心所欲，無視別人的意向存在，譬如看電視，聽 CD，「只要我喜歡，有什麼不可以」，瞬間即可將不喜歡對象毀於一旦，這種高科技的產品，雖然可便利使用者，並可爭取時效，但對眞實的生命造成重大衝擊，對於不滿的事物欠缺容忍的耐心。電視節目可以消失後再現，但生命中的對象，往往消失後無法再現，喧囂的影像和快速切換的 MTV 錄影帶，恰恰反映今日喧鬧、多變的生活步調。

　　過去人遷就物的存在，人有一種歸屬感，譬如打電腦、打電話、聽收音機、看電視都必須到固定的場合，如今隨身聽、大哥大、手提電腦的出現，人不必再遷就物，反而是物迎合人的需求，如此，人喪失了歸屬感，成爲生活的主體，帶來更多的漂泊或不安。

　　婚姻與家庭受影響最大。在每一千對中，大約有三百五十對會在七年之內結束婚姻關係，另外一百五十對會在十四年之內了結。每年有一百萬美國小孩眼睜睜看著父母親離婚。總括來算，大約有百分之七十五的小孩必須在成長期間，不斷重新調整自己，適應養父母等新面孔。換言之，美國現在進入「分子家庭」的年代，不再是以往的核心家庭，家庭覆蓋包括所謂的「破碎家庭」，單親媽媽獨自生養小孩，而新聚落，同住的鄰近羣體及陌生人的共修團體成爲生活的主要組織。

　　「網路文化」是九〇年代新世代新文化的最佳註腳，藉由網路，國界不再，全球一致追求種族、性、年齡的解放，眞自由責成個體而非羣體，成功或失敗繫於個體而非羣體，在一個資訊全球化，個體和事業必須日新又新世界中，失敗是一齣獨角戲，由個體自行負責。人與人的關係漸行漸遠。如何由個體尋回全體的本世紀最大的困擾。

結　語

　　大布希、柯林頓、小布希入主白宮，各顯所長，大布希恢復了美國外交聲望，柯林頓重振了美國經濟，為美國千禧年奠定基礎，而小布希甫上任之際，即面臨空前浩劫。值此恐佈份子恫嚇，美國人心靈徬徨不安，在「生化」、「自殺」式攻擊迫害之下，美國人的價值觀、使命感皆遭到質疑，美國人一時之間凝為一體，同仇敵愾，然而報復之餘，何去何從，恐怕是小布希往後思慮的要點。

　　二十一世紀弱勢團體問題嚴重，由國外到國內皆然，如何由心理正本清源是努力的方向。斷裂是新世代的文化特徵，如何重構傳統，邁向未來是本世紀美國歷史的研究重心，歷史不是重建，而是在未來與過去之間找到平衡點。

附錄一

美國史研究方向（論文）

序

　　歷史研究總不外乎三個層級：「是什麼」、「如何是」、「爲什麼」，亦不脫離「人、時、地、因、果」五大要素，其中最富爭議並引人關切的是「因果」。「以古鑑今」、「殷鑑不遠」等歷史話語皆在提示歷史學者的任務是將現在與過去連貫起來，藉由解析當下的疑難，啓發未來的潛能。這種將歷史因果概念化的史觀長期以來造就了歷史的「眞實」感與「價值」觀，影響研究歷史學者不得不倚重、強調「證據」來詮釋或證明事件的價值與意義。

　　歷史的因果深受時代議論影響。塔那斯（ *Richard Tarnas* ）將西方文明之成長依序分爲五個過程：神話時期、原型時期、科學時期，演化時期、結構時期[1]。神話時期人是神恩的創造，一切因果以合乎上帝旨意爲依歸；古典希羅原型時期，人是概念的表徵，因果必須合乎正義規範；科學時期一切因果可循歸納演繹得知；演化時期，物競天擇是解釋的準則，進步是原動力，迨至後工業時代，人不再由上帝創造，亦不再侷限於形上概念或演化的認知，人創造了人，過去的因果隨著結構時代新啓蒙精神的降生而有了不同的說詞，誠如美國史家喬伊絲・艾坡比（ *Joyce Appleby* ）所言「當歷史的科學基礎與文化基礎開始受到質疑的時候，歷史本身也就從這兩個根本上動搖起來」[2]。

　　科學是前三個世紀歷史學因果律的支柱。科學所標榜的中立及絕對價值，隨著科學者之立場動搖而遭受質疑，而科學的合理性因著人爲的主觀及執著也有了新意。不可諱言，科學爲人類文明締造了空前的成就，超乎過去神恩的奇蹟，但科學的思維也構成了人類的許多災難，理性的諾言並未關照到許多弱勢團體以及普遍的大衆，時序進入六〇年代之後，「斷裂」成爲反思的主流，過去科學理性的因果也漸受到質疑，歷史所面對的不再是政治上的豐功偉業，亦非社會的階級鬥爭，反而是文化上的生活體

現，歷史教材所處理的也由強勢團體一反爲弱勢團體的成長，美國的黑人
文化、婦女地位，印第安人等成爲史學研究的主題，這種多元化的歷史解
釋甚至偏執少數團體的研究也引起諸多質疑，美國的整體何在？全體與部
分的歷史意義爲何？喪失了認同感的美國歷史應走向何處？這一切均讓筆
者好奇，進而提出本篇論文。爲了突顯多元化的歷史特色，全文將由美國
歷史論述回顧開始，進而說明多元文化的特質，多元文化的歷史解釋，以
及其所受到質疑和可能發展方向，並希望作爲國人研究歷史的參考。

美國史論述回顧

美國立國不同於世界其他國家，其形成條件建國方式有其特色，來自
歐洲及其他地區移民所以能聚集一堂，捐棄己見，和睦共存既非出於語言
亦非歸諸血統，而是對「生命，自由及追求幸福」之體現。如何維繫生
命，鞏固自由，享有追求幸福的權利也就成爲斯土斯民的理念及奮鬥的目
標。美國史的撰述亦循此目標漸進。

回顧美國史撰述，尺牘浩翰，題材萬千，絕非區區短文即可交待，本
文試圖以編年爲經，題材爲緯，縱橫交織顯其大略。觀乎美國史家林林總
總，難以勝數，各家皆有所見，並有專長，勉強分類，多有遺珠之憾，惟
史家史考辛（ *Robert Allen Skotheim* ）以及海恩（ *John Higham* ）提供了
不少參考，他們將美國史家之撰述依編年過程分爲，業餘歷史撰述時代、
專業歷史寫作之出現，二十世紀初進步派論，二次大戰後之一致派歷史
觀，六〇年代之新進步史觀以及當代地區性歷史及多元化歷史。國內著名
史學前輩孫同勛教授亦有多篇論文介紹美國歷史之撰述以及史家的史觀，
由進步派史學到一致派史學及至新左派史學[3]內容詳盡，可資參考。本文
僅就其大要作一簡單介紹。

美國史之撰述基本上不離時潮（ *Climate of Opinion* ）的影響。從淸
教主義、啓蒙運動、科學精神、浪漫主義、實用精神、進化思想而至後現

代認知。無論持矛盾衝突立場或取一致和諧觀點，都符合時代的需求。獨立宣言所揭示的精神，憲法所賦予的意義皆成爲美國史家寫作的依據，「民主」「平等」是撰述的準繩，而兩者所顯現的和諧、矛盾與衝突也就刻劃了美國史的精神與意義。

　　美國史論述題材可概分爲政治、社會、文化三個面向。早期美國歷史多以政治素材爲主，二十世紀後改以社會、文化，撰述內容多偏向弘揚「美國」國家主義及凝聚「美國人」的成分。喬治·班克夫特（*George Bancroft*）在十九世紀中期完成了美國史（*History of the United States*）一書，奠定了美國政治歷史正統的地位。班克勞夫採德國式批判治史方法，經由《美國通史》一書喚起愛國的熱忱，他把直覺、情操、理性、上帝恩典以及天賦平等的信念一起匯集成推動美國進步的萬靈丹，被譽爲美國史學之父。此後研究政治史蔚爲風尙，由於美國缺乏古老的傳統、宗教的統一、共同的世系，也就特別重視普遍通行而且能建立共識的理念和價值觀，希望爲美國的「想像共同體」（*imagined community*）提供既富愛國心又有科學精神的一套歷史，因而原本互不相關的殖民地區往事，在這種理念之下集合成國家發展的命運，共同爲個人主義與民主政治的國家目標貢獻力量[4]。這種歷史成就了「美國」。

　　隨著美國版圖擴增，疆界更迭，政治愛國主義者不能再陶醉於傳統的「獨立革命」成就之中，二十世紀初期的美國作家發現，向西拓展的移民關係著美國的民主成長，而如何凝聚東西不同的精神，是製造「美國人」的根本大業。特納（*Frederick Jackson Turner*）提出邊疆在美國歷史上的重要意義。他指出，邊疆不但促使美國團結爲一個國家，並塑造了美國的典型特色。史家艾坡比（*Joyce Appleby*）認爲「繼班克勞夫創出美國人是促成改變之動因的浪漫理想之後，特納把整個美國變成單一個人，使國家有了人形，這人形還算不上是個人，只是一個典型，代表全體美國人的一個幌子」

　　特納的論述激發美國歷史撰述由政治話題轉爲社會認同。「衝突、矛盾」是此輩史家的思考依據，受「實用主義，進步主義」影響，比爾德

（ Charles A. Beard ）、帕林頓（ V. L. Parrington ）及貝克（ Carl Becker ）等人採相對主義（ Relativism ）立場分從經濟、思想及社會角度詮釋美國歷史。

新一代的歷史家不再循班克勞夫那樣高談美國，而是仿效馬克斯，開始討論階級，畢爾德的「美國憲法的經濟解釋」（ An Economic Interpretation of the U.S. Constitution ）一反過去對憲法的歌功頌德，改從階級利益衝突角度，抨擊憲法是一部反動文件，這種將人民重新定義爲沒有力量的大多數，徹底地改變過去美國專業史家所維護的愛國論調。從此「進步派史家」翻新了美國歷史著述的主題。他們相信美國歷史是一般百姓對權勢階級的逐步抗爭，學者開始著手探討美國政治文獻中有關正義、眞理、自由、制衡、女權、宗敎等問題以及所隱藏的眞相，爲美國人的地位提供了歷史基礎。

時序轉入二次世界大戰，美國受國際局勢影響，美國歷史家在詮釋歷史之時展現了新的風貌。他們摒棄了上個階段「衝突與矛盾」的觀念，融合保守與自由的風氣，以「一致」與「合協」的觀點探討美國的價值以及美國人的精神，雖然這個時期的歷史作品有其瑕疵，並有歪曲事實之嫌，但卻獲致相當成效。依史家何靈斯渥史（ J. R. Hollingsworth ）的看法「值此全美人民渴望尋找自我並向他國說明美國體制之際，一致與延續的題材適度的表現出美國歷史的特性，也讓美國人更加瞭解作爲美國人的意義。」[5]這個時期重要的作家有哈兹（ Louis Hartz ）、魯斯特（ Clinton Rossiter ）、布斯汀（ Daniel Boorstin ）等，各人作品雖著墨各有不同，但強調美國傳統主義，統一性及憲法主義則無軒輊，美國歷史上的諸多事件如聯邦憲法、南北戰爭、進步主義運動、新政等都被賦予新的解釋，甚至連文學家如古柏（ James Fenimore Cooper ）、愛默森（ Ralph Waldo Emerson ）、霍桑（ Nathaviel Hawthrone ）、麥克米爾（ Herman Mclville ）、惠德曼（ Walt Whitman ）、詹姆士（ Henry James ）、福克那（ William Faulkner ）的作品也被視爲具傳承的特色，雖然在這段期間也有另類作家如納維斯（ Allan Nevins ）、卡敦（ Bruce Catton ）對內戰

的看法以及小史勒辛格（ *Arthur Schlesinger Jr.* ）對法蘭克林羅斯福的看法仍持「衝突」的立論，但主張合協與一致的態度對美國史仍居主導角色。

六〇年代對美國及美國人的認同再度衝擊新一代的史家。社會科學的歷史研究受到重視，一九五〇及一九六〇年代美國歷史科博士是以前的四倍，這批學術界新貴出身背景與前不太一樣，有黑人、女性、勞動階級子弟，他們的新觀點使得學術的質變顯得格外不平凡。這批史家對通盤性（ *Comprehensive* ）的題目不感興趣，也不研究意識形態（ *ideology myth* ）。他們將歷史由國家整體的問題中解放出來成為新的多元化時代、關心廢奴、藝術家、哲學、印第安、女權等問題。歷史的寫作開始走向多元化的領域。

美國多元化的特質

美國一開始就是一個多民族國家，「多元結合，化而為一」是美國歷史的基礎。由於缺乏共同的根源，美國人所追求是「不要保留舊文化，而是鑄成一個全新的美國文化」二百年來，這種融爐的民族幻想一直領導著美國的成長，然而基於移民的歧見，佔主導地位的白色英裔基督教徒（ *WASP：White Anglo－ Saxon Protestant* ），一直排斥那些非白種包括紅種、黑種、黃種、褐種的美國人。雖然這些人種為美國的文明發展及文化表現做出重大貢獻，但卻未獲得應有的尊重與認同，反而被隔離或受保護，如黑人在哈林區、紅人在保留區，華人在唐人街等，無論在政治、法律、社會、就學、移民配額方面均受到不公平的限制，這與美國社會所標榜的民主、平等格格不入。融爐的觀念雖一再被提及但隱藏的裂隙卻日益擴大。

冷戰結束後，歷史是否走向終結[6]引起議論。世界各國紛紛掀起尋根活動，美國亦不例外，無論是非英裔的白人之間還是非白人的少數民族之

間興起對民族本源的追尋。他們否認把各民族的個人融爲一個新種族的共同理想，強調美國並不是由個體組成的國家，而是由羣體組成的國家，民族社團的劃分，建立了美國社會的基本結構，也賦予了美國歷史的基本意義。這種以分化取代同化，以分離代替同一，貶低了「化一」而表彰了「多元」，開啓了美國多元化歷史解釋的序幕。

美國「多元文化論」觀念來自猶太裔美國哲學家的啓示。霍勒斯・卡蘭（ Horace Kallen ）於一九一五年在給國家（ The Nation ）雜誌撰寫的論文「民主與熔爐的對立」中提到「民族的多樣化是在豐富美國的文明」，美國是「一個民族文化的聯邦或共和體，一個多民族的民主政體，通過共同機構而實現的自願與自治的合作過程⋯⋯一個統一體中的多元化，一個人類的文化響樂」[7]這種多元文化在歷史脈絡中表露無遺。不同的種族、信仰、風俗，自殖民地時期即開始自成風格，其中最突顯是宗教的及大衆文化之張力。美國是由新教移民而形成的國家但新教之間派系林立，公理教教徒（ Congregationalists ）、聖公會教徒（ Anglican ）、浸信會（ Baplist ）、長老會（ Presby terians ）、衛理公會（ Methodists ）以及後來的猶太敎及天主敎，雖然各教派之間有共同信仰，他們維繫某種平衡，但也產生利益上的競爭。尤其在二次世界大戰之後，共同新教（ Common Protestantism ）的霸權面對新的挑戰，亞洲與中東固有的宗教傳統在美國大量出現。至一九八八年全美信奉回教者逾四百萬人，全國有六百所清眞寺，信奉印度教者約七十五萬人，有四十座印度神廟；信奉佛教者據美國佛寺（ Buddhist Church in America ）的（ Jodo Shinshu Shet ）在一九八八年宣稱，他們有一百座佛寺，善男信女十萬人[8]。此外還有許多沒有特別的宗教信仰，這羣世俗論者多受過良好的教育或從事專業工作，至八〇年代他們佔全美總人口的百分之十一。宗教多元主義的發展，使得原有的猶太基督意識逐漸衰微，過去的神學或教義歧見已不是分裂主因，反而是道德眞理的根源。

美國宗教多元化發展的結果導致宗派忠誠的降低，以及平行教會組織的激增[9]。根據一九七〇至一九八〇年代蓋洛普民意調查，美國人愈來越

不關心宗派的忠誠與認同，絕大多數的新教徒彼此對各大宗派的教徒都有好感。而過去區分不同信仰信徒的社會特徵不再突出了，由於宗派對於美國人的宗教生活不再舉足輕重，平行教會組織則更形重要。所謂平行教會線是指常得到各教派支持的組織，負有特殊的政治、社會或精神使命。從一九四五年到一九八七年，五百個左右新的「特別議題」宗教組織成立並運作，特別議題是傾向讓各個信仰社羣發展服務工作，包括各種以宗教爲基礎的公共事務組織，政治說客，以及在大衆領域鼓吹特殊社會或政治問題的團體。宗派上的分歧表現出來不再是神學上爭難而是對問題的態度，形成文化衝突，造成文化分裂的危機。

多元文化以宗教教派爲起源，落實在大衆文化的表現與認同之中。大衆哲學的主要任務之一是以國家特質問題爲中心，透過文化結盟的方式讓大衆哲學創造出形形色色的大衆意見。美國維吉尼亞大學教授韓特（ *James Davision Hunter* ）將這些同盟概分爲進步與正統兩類[10]。反映兩個截然不同文化體系的制度化與政治化，兩邊各自代表分立、競爭的道德趨勢，以體制的形式在宗教與政治團體中遊移。他們討論的話題廣泛，從共和國的起源，憲法的價值，對世界事務的態度進而面對家庭的命運，學校教育問題，藝術表演與聖靈的關係，法律的規範，道德的依據等，所有的聲明、辯解、抱怨、訴求看來揭露層面很廣[11]，但所表現的對立文化脈衝卻看清楚，在特殊利益組織的體制精英鼓吹之下，多元文化所顯示的衝突性表露無遺。

文化衝突是多元化美國社會的特質，衝突的雙方均以偏激手段刻意獨佔合法的標誌以排除另一方的優勢，雙方堅持另一方有存在和自由發表意見的權利，同時卻又嚴厲批評另一方的言論不當，根本不該存在，這與權勢掌控的奮鬥有關，當多元主義無限制地擴張，當道德和法律共識的傳統根源不值得採信時，美國的民主應依何種方式運行而不墜？

多元主義在美國所形成的諸多危機已喚起各界重視，人類學家、社會學家、歷家學家分從不同學域加以論述並試圖提出解決方式，悲觀樂觀兼而有之，如何在爭論中取得協定，麥金泰（ *A Mactntyre* ）有很好的建議

「只要承認不同的立場並非獨立自主，而是以理性審判的不同傳統爲基礎」那麼「包括這些傳統存在的歷史和社會環境、中心觀念、基本原則、領導智慧，歧異的問題不會廢止，反而轉變爲解決的幫助。」[12]

多元化的美國歷史解釋

隨著多元主義的來臨，多元化的美國社會面對衝擊，歷史亦成爲爭論的焦點，雖然美國歷史因著時代的更迭，有不同的聲音與說詞，但對美國普遍的共識與認同卻不曾稍減，如今「美國的意義是什麼」，「過去是怎樣的人」，更重要的是美國「在下一個千禧年會變成什麼樣子」成爲論爭的焦點，美國歷史界因而出現新的風貌。

新一代的史家因個人的處境與體驗與前不同而改變對過去的看法，歷史亦有了新的詮釋。冷戰結束後，對於美國人一向所能理解的美國歷史，評斷眞實與客觀的準則，歷史與一般人類科學的治學方式都產生了影響。伴隨史學制度化的十九世紀科學價值觀以及將現代與進步等同的看法，自然也遭人質疑，知性思考的絕對主義隨著極權主義之瓦解而崩盤，知識的絕對之說地位不保，多樣性的觀點大行其道，史家從不同的角度質疑客觀性與眞實性，歷史是否有眞相引起熱烈爭論，後現代主義提出，撰寫歷史不是尋找眞相而是表現歷史家的政治理念[13]。他們持懷疑主義立場，緊抓住一切知識產生過程中不能剔盡個人武斷成分，進而否認人類能理解自己封閉的溝通系統之外的任何事務。

一九六〇年代以後美國歷史寫作推翻了傳統美國史觀點和科學絕對主義。社會史研究向美國統一挑戰，它提出對立衝突的不同族裔的經驗，將焦點放在人生的無理性及非理性的基礎條件之上，而不注意那些「讓人們可以用理性方式安排事務的憲法和法條。

社會史並不反對客觀準則和行規，而是藉這些準則讓原先遭排斥的邊緣或異己歷史族羣復活，一些不卓越、不著名人士的陳舊往事被抬到明

處，長久以來被忽視的出生、結婚、死亡、遺囑細目、土地所有權、遷徙被人重新翻閱。與三〇年代不同的是，當時的社會史偏重階級的鬥爭與衝突，特別強調經濟利益的矛盾，六〇年代之後不再討論整體的社會現象，婦女、兒童、勞工、相鄰生活的族裔、奴隸、印第安人的歷史經驗，被挖出來研究，一切互不關聯的研究重新建構，由個人事蹟講歷史故事成為這個時期歷史解釋的重點。

文化史的研究是目前史家努力的方向。他們認為「人類心智是形成認同的地方」，「文化在心智之中」，「人類理性是在特定的文化環境中運作」，許多文化歷史學家很快就投進強勢的解釋潮流，強調解讀而不重視推斷因果法則，一旦文化成為歷史變遷的主要關鍵，就出現了歷史解釋問題，在語言及結構的安排之下，歷史不能老老實實捕捉過往之事，只能像小說家一樣，歷史家的工作是如何組構他寫的文本，製造可靠性的假象，製造與歷史事實相近的真實感。這種新歷史觀將一切社會事實從文化上建構，並透過論述來解釋，令一度絕對標準的傳統式歷史詮釋法變得可疑。這種方式可以穿透科學的化約論，挑戰成為常識的假設，但卻無法再有大歷史的出現，而只剩下微歷史（ *Microhistory* ）[14]。

受到上述史觀的影響，美國史的論述呈現出新的面向，對於一些少數民族或弱勢團體的傳統解釋已不再感到滿足，婦女史、黑人史、印第安人歷史皆有了新意，對於傳統美國以白人英裔基督徒的文化價值提出批判。新寫的歷史認為人性本身是行為的動機來源，只要相信人類天生具有同樣的行為動因，就不必思考歷史人物行為動機有何特殊意義，但是如果社會以文化「霸權」的形態塑造了成員的意圖，歷史就不得不討論動機背後之涵義。史家艾坡比認為「文化賦予人生活的形態和意義，要理解某一羣人的行為，必須從探討其價值觀著手，只注意野心，妒忌等情緒，並視之為行為動機是不夠的，從文化角度來看，情緒可能因時地條件不同而出現明顯差異……，歷史學家應該從這些指涉的行為的成因著手才能一窺真正的動機和念意，而一直被歸納為「邊緣人的生活」也再度受到重視。

美國史教材撰述之困窘

　　歲序一九六○年代後期美國史學研究傾向探討局部的歷史，一九七○
年代這股思潮蔚為大觀，美國史學家認為，若不能更瞭解工人、女人、種
族、宗教、弱勢團體、移民以及來自各地區、行業、宗親及宗教團體的社
會成員是無法獲得歷史的整體感[15]。他們強調研究新的族羣以及新的文化
是增添我們的知識，擴大研究途徑，而非樹立園籬，關閉更多門戶[16]。從
此史家不再卑視人民為無所貢獻，缺乏能力的羣體，而是擁有權力的演
員，他們建構文化、改造環境，彼此影響，因此他們關心的對象較前廣
泛，包括有權勢與無權勢、領袖與平民、中心與邊陲、平民文化與高尚文
化，重視社會史，否定菁英觀念就是好生活，並且重視瞭解各式各樣的
生活。史家法柏（ *Himmel Farb* ）指出，所謂新歷史就是重新界定人性
（ *human nature* ），因為人性是受環境左右的。卡爾（ *E. H. Carr* ）認為
「研究歷史之前須先研究史家，研究史家之前應先瞭解其所處的環境，史
家是歷史的產物，任何一位研究歷史者必須瞭解撰述歷史作品的史家其所
處的環境。希里柯林波（ *Briclenbaugh* ）認為早期史家多為業餘史家，多
半是社會菁英份子，他們從個人的生命經驗：慾望、感受、理念、行為、
認知撰述啓發讀者，而形成文化的共識，但隨著撰述歷史的角色轉變，新
一代的史家出身背景迥異，教育背景相去甚遠，無論老師或學生對歷史的
相像已不若往昔那般強烈的共同生命感受，不同的觀察與不同的瞭解對歷
史產生了不同的解釋，使得美國史更趨複雜。

　　史家李文尼（ *Lawrence W. Levine* ）於一九九三年出版的「不可預測
的過去」（ *Unpredictable Past* ）即是一部典型的代表。這部探討美國文
化史的作品在說明美國當代歷史學特色時引用蘇俄的一句笑話「未來是確
定的，只有過去才是不可測。」[17]說明了目前歷史的窘境，作者認為過去
不可測讓史家可以更嚴肅的面對過去。歷史不只是指所發生的事情，而是

我們在認識、思考與它有關的複雜性。作者並引用他在哥倫比亞大學時每年研究所畢業考的一道考題作為佐證。考題是：論述對下列主題各時代不同的歷史解釋：美國獨立革命、憲法之制定、傑佛遜民主、內戰原因、民粹運動本質等等[18]。作者強調唯有透過不停變化的三稜鏡才能找到比較清晰的過去，義大利史家布匿克（Bloch）說「對過去不瞭解將不可避免對現在產生誤會」，但李文尼認為「如果不瞭解現在對過去將是惘然」。

「不可預測的過去」在辨別「歷史家與文化差異」中指出，二十世紀史家研究美國歷史最大的困擾是「文化差異」（Culture Gap），史家在面對歷史所要注意的不只是史家的出身背景而是他的文化背景。換言之，不管是白人還是印第安人或是黑人撰述「黑人歷史」，關鍵不是種族，膚色而是他們的智力及價值觀。海恩曾提到「史家不只是穿上法官袍子坐在高處，做出裁決，而是投入控方和辯方，他不只是一名事不關己的判官，而是參與者。」[19]

這種觀念用之於多元文化歷史解釋出現了新的角度。研究黑人歷史不再循過去的官方檔案文獻或是日記雜文，這些或者同情黑人或者攻訐奴制，基本上不脫文化束縛，亦不離文化認同，換言之，未曾從黑人角度、印第安人立場理解他們的成長。新的寫作面一旦成為趨勢之後，歷史也就有了新的風向。一九九三年日裔美籍作家 Ronald Takaki 撰寫「不同面鏡」（A Different Mirror）一書後，獲得《出版家週刊》（Publishers Weekly）譽為「傑出的美國史修正論者」「是美國研究多元文化的經典之作」。這部作品從弱勢團體的角度重新詮釋美國歷史。譬如在全書的篇首，論及歐洲抵達美洲之片刻，並不從傳統歐洲人看待美洲的角度，而是土著的態度，歐人被視同「長髮、白皮膚、藍眼、棕髮的動物」[20]。以後又描述賈克森總統如何以偉大神聖的口號驅趕印第安人，並以剿印當選美國總統。黑人雖未被排除美國社會之外，卻被安插在社會下層居住在北方貧民區和南方農場內，過去美國歷史上對黑人的悲慘遭遇也有不少篇章但仍多持白人立場，隨著黑人地位改善研究黑人歷史不再藉賴過去習用的史料而由黑人的歌謠、故事遊戲及生活中去找尋真正的黑人文化[21]。

　　多元文化的歷史觀將歷史視爲「認同政治的附屬品」，他們提倡讓各族羣按自己的觀點來寫歷史，重建肯定自己的過去，其中又以非洲中心主義運動最受到注目。人類學家麥爾維‧赫斯可維茲（ Melville J. Herskovits ）曾提到「讓人認爲一個民族的過去值得稱頌，才能使這個民族的自尊提高，別人的看法也會改變。今天對黑人的補救辦法就是重新展示過去的榮耀和英雄人物」，學者要求「創建非洲中心的學術和黑人自己的歷史書」[22]。

　　這種經由羣體自我維護意識是伸張爲美國歷史課的教學與歷史書的寫作帶來衝擊，無論婦女史、移民史、黑人、印第安人、拉丁美洲人以及其他少數民族的歷史，皆使得美國歷史面臨重建的挑戰，不僅要重視過去的是非功過，還要應付各方的情緒壓力，亞裔美國人要求多關心亞裔美國人的文化，拉丁人發現在「墨西哥戰爭」與「西班牙─美國戰爭」中的名詞含有種族偏見成分，他們認爲正確的名稱應該是「美國─墨西哥戰爭」和「西班牙─古巴─美國戰爭」，這種歷史擴大了歷史研究的領域但也帶來了反省，史學家史勒辛格就質疑「把種族羣體的畫分當做基礎的分析架構來認識美國歷史，對歷史的興趣並不在於把它看做是知識學科，而看做是社會和心理的治療，其目的在提高少數族裔的自尊，而忽略眞正歷的意義，其效果只是加深種族間的怨憤。」

　　對於非洲中心論的歷史寫作，史勒辛格有更深刻的批評，他認爲教授非裔美國或非洲歷史不是多元化歷史教學的重點，要緊的是不能敎「壞」歷史將「黑色非洲視爲科學、宗教、醫學、技術的源生地，也是所偉大成就的發源地」就不是眞實的。他認爲非洲中心理論架構十分薄弱，不能因多元化的需求而誤導了歷史的眞相。

　　美國史家海恩在一九八三年寫了一篇文章〈多元主義之外：史家是美國預言者〉（ Beyond Pluralism ： the Historian as American Prophet ）一反他在一九五九年所發表「美國合協的歷史觀」（ The Cult of the American Consensus ）及一九六二年的「超越合性觀歷史」（ Beyond Consensus ）的觀念。他指出，地區理念如城鎮、市區、家庭、族羣取代國家

理念之後，我們對特殊事件研究愈多，對整體的瞭解愈少，史家將因此喪失他們的凝聚力和方向[22]。美國歷史家不是各自爲政，應從重發現「我們國家的統一性與認同感」[23]。也許是當代歷史研究的一個走向。

結　　論

　　美國史教學以及歷史教科書的撰述內容與方式自一九九〇年代之後成爲全國性的議題，在多元化的價值觀影響下，傳統以白種英裔基督徒或西方白人文化中心體系的論述及解釋也受到質疑，美國史發展方向成爲衆所關切的話題，史家艾坡比認爲「美國現在的問題不是應否從多元化的方位理解自己的過去，而是應該以什麼方式做到這一點」[24]。

　　小史勒辛格說「無論要敎黑人史、非洲史、婦女史、拉丁美洲史、亞洲史，要把它們敎得像個歷史，而不是像個備極贊頌的紀念物」「歷史的目的並不是要促進羣體的自尊，而是對這個世界及其過去的理解，不帶感情色彩的分析，判斷和展現，對多種文化和傳統的尊重，以及毫無畏縮地保護共同的主張寬容、民主、與人權的思想，這樣才能將歷史解放出來，使對歷史的探索成爲可能。」[25]

　　來維尼也在其著作不可測之過去中指出，每一個民族的遺物及其社會都值得研究，它將幫助我們瞭解過去所忽略」「歷史家應持參與者的心情面對歷史」。[26]

　　多元化歷史解釋所面對的難題是序文中所提及構成歷史五大要素中的「因果」問題。捨去「因果」歷史只剩下殘骸，無法形成認同或共識，但在「相對主義」「懷疑主義」之下因果常被視爲「歪曲」或「簡化」。如何重整歷史似乎不可避免涉及因果論的推斷。傳統演繹、歸納或辯證均有其困窘之處。如何看事就成爲一大問題。當代人提出「結構」的看法或許是一個出處，但結構有顯形與隱形之分，亦有政治、社會、文化之別，如何重現結構面貌，詮釋行爲的意義，也是不容忽視。

　　觀乎國內近代的歷史教學，在面對舊秩序重整之時，如何詮釋也成為重要的難題，少數民族的自尊以及大社會的架構，民族文化的走向是否可經由美國史的學習有所省思正是本文撰述的主要目的所在。

注　　釋

1. Richard Tarnas,「The Passion of the Western Mind」（New York：Ballantine Books, 1991）

2. Joyce Appleby, Lynn Hunt, Margaret,「Telling the Truth about History」（中譯本，歷史的真相，正中書局，一九九四）p.3

3. 參改中央研究院出版之「美國研究」雜誌。

4. 歷史的真相，頁九十六。

5. Robert Allen Skotheim ed.「The Historin and the Climate of Opinion」（Mass. Addison－Wesley Publishing Company, 1969）p.93

6. Francis Fukuyama 根據 Alexandre Koje've 的看法「人在歷史世界中發現了自由民主，而且得到完全滿足」，提出「人類的意識形態到達終點」，民主自由是「人類統治的最後形態，也構成歷史的終結」。參看 Francis Fukuyama「The End of History and the Last Man」（中譯本，歷史之終結，時報文化公司，一九九三年）

7. Authur M. Schlesinger Tr.,「Reflections on a Multicultural Society」（中譯本，美國的分裂，正中書局，一九九二年）頁十九。

8. James Davison Hunter,「Culture Wars」（中譯本，文化戰爭，正中書局，一九九二年）頁一〇七。

9. 前引書，文化戰爭，頁一二二。

10. 引書，文化戰爭，頁二〇四。

11. 前引書，文化戰爭，頁一三九。

12. 前引書，文化戰爭，頁四八四。

13. 前引書，歷史的真相，頁二〇〇。

14. 前引書，歷史的真相，頁二〇二。

15. 、 Lawrence W. Levine,「 Unpredictable Past 」（ New York ： Oxford Press, 1993 ） p.6

16. 「 Ibid 」., p.9

17. 「 Ibid 」., p.3

18. 「 Ibid 」., p.4

19. 「 Ibid 」., p.260

20. Ronald Takaki,「 A Different Mirror 」（ New York ： Little, Brown and Company, 1993 ） p.21

21. 「 Ibid 」., p.37

22. 前引書，美國的分裂，頁五十一。

23. Ronald Takaki,「 op cit 」., p.5

24. 前引書，歷史的真相，頁六。

25. 前引書，美國的分裂，頁一〇一。

26. Lawrence W. Levine,「 op cit 」., p.10

參考書目

一、中譯本

1. Arther M. Schlesinger Jr.「 Reflections on a Multicultural Society 」美國的分裂（ 正中書局，一九九二年 ）

2. Joyce Appleby, Lynn Hunt, Margaret Jacob 「 Telling the Truth about History 」歷史的真相（ 正中書局，一九九四年 ）

3. James Davison Hunter, Culture Wars 文化戰爭（ 正中書局，一九九二年 ）

4. Robert N. Bellah,「 The Good Society 」（ 正中書局，一九九四 ）

5. *Francis Fukuyama,*「*The End of History and the Last Man*」（時報文化公司，一九九三年）

二、英文本

1. *Higham, John History*：「*Professional Scholarship in America*」（*Baltimore*：*John Hopkins University Press, 1965*）

2. *Kammen, Michael*：「*People of Paradox*」（*New York*：*Cornell University Press, 1980*）

3. *Levine, Lawrence W.*「*Unpredictable Past*」（*New York*：*Oxford University Press, 1993*）

4. *Luedtke, Luther S.*「*Making America*」（*Chapel Hill*：*University of Carolina Press, 1992*）

5. *Skotheim, Robert Allen*「*The Historian and the Climate of Opinion*」（*California*：*Addison－Wesley Publishing Company, 1969*）

6. *Takaki, Ronald*「*A Different Mirror*」（*New York*：*Little, Brown and Company, 1993*）

7. *Tarnas, Richard*「*The Passion of the Western Mind*」（*New York*：*Ballantine Books, 1991*）

附 錄 二

美國歷屆總統簡介

第一任總統　*George Washington*
喬治‧華盛頓（*1789～97*）
政黨：聯邦主義
生卒：*1732～1799*

第二任總統　*John Adams*
約翰‧亞當斯（*1797～1801*）
政黨：聯邦主義
生卒：*1735～1826*

第三任總統　*Thomas Jefferson*
湯馬斯‧傑佛遜（*1801～09*）
政黨：民主共和黨
生卒：*1743～1826*

第四任總統　*James Madison*
詹姆士‧麥迪遜（*1809～17*）
政黨：民主共和黨
生卒：*1751～1836*

第五任總統　*James Monroe*
詹姆士‧門羅（*1817～25*）
政黨：民主共和黨
生卒：*1758～1831*

第六任總統　*John Quincy Adams*
約翰‧昆西‧亞當斯（*1825～29*）
政黨：無
生卒：*1767～1848*

第七任總統　Andrew Jackson

安得魯・傑克遜（1829～37）

政黨：民主黨

生卒：1767～1845

第八任總統　Martin Van Buren

馬丁・范布倫（1837～41）

政黨：民主黨

生卒：1782～1862

第九任總統　William Henry Harrison

威廉・亨利・哈里遜（1841）

政黨：輝格黨

生卒：1773～1841

第十任總統　John Tyler

約翰・泰勒（1841～45）

政黨：輝格黨

生卒：1790～1862

第十一任總統　James K. Polk

詹姆士・K・波克（1845～49）

政黨：民主黨

生卒：1795～1849

第十二任總統　Zachary Taylor

撒迦利・泰勒（1849～50）

政黨：輝格黨

生卒：1784～1850

第十三任總統　*Millard Fillmore*
米拉德・費爾摩（*1850～53*）
政黨：輝格黨
生卒：*1800～1874*

第十四任總統　*Franklin Pierce*
佛蘭克林・皮爾斯（*1853～57*）
政黨：民主黨
生卒：*1804～1869*

第十五任總統　*James Buchanan*
詹姆士・布坎南（*1857～61*）
政黨：民主黨
生卒：*1791～1868*

第十六任總統　*Abraham Lincoln*
亞拉伯罕・林肯（*1861～65*）
政黨：共和黨
生卒：*1809～1865*

第十七任總統　*Andrew Johnson*
安得魯・強森（*1865～69*）
政黨：民主黨
生卒：*1808～1875*

第十八任總統　*Ulysses S. Grant*
尤里西斯・S・格蘭特（*1869～77*）
政黨：共和黨
生卒：*1822～1885*

第十九任總統　*Rutherford B. Hayes*

拉塞福・B・海斯（*1877～81*）

政黨：共和黨

生卒：*1822～1893*

第二十任總統　*James A. Garfield*

詹姆士・A・加菲德（*1881*）

政黨：共和黨

生卒：*1831～1881*

第廿一任總統　*Chester A. Arthur*

契斯特・A・亞瑟（*1881～85*）

政黨：共和黨

生卒：*1830～1886*

第廿二、廿四任總統　*Grover Cleveland*

格羅佛・克利福蘭（*1885～89；1893～97*）

政黨：民主黨

生卒：*1837～1908*

第廿三任總統　*Benjamin Harrison*

班傑明・哈里遜（*1889～93*）

政黨：共和黨

生卒：*1833～1901*

第廿五任總統　*William Mckinley*

威廉・麥金利（*1897～1901*）

政黨：共和黨

生卒：*1843～1901*

第廿六任總統　*Theodore Roosevelt*
狄奧多・羅斯福（*1901~09*）
政黨：共和黨
生卒：*1858~1919*

第廿七任總統　*William Howard Taft*
威廉・霍華德・塔夫脫（*1909~13*）
政黨：共和黨
生卒：*1857~1930*

第廿八任總統　*Woodrow Wilson*
伍德羅・威爾遜（*1913~21*）
政黨：民主黨
生卒：*1856~1924*

第廿九任總統　*Warren G. Harding*
華倫・G・哈定（*1921~23*）
政黨：共和黨
生卒：*1865~1923*

第卅任總統　*Calvin Coolidge*
卡爾文・柯立芝（*1923~29*）
政黨：共和黨
生卒：*1872~1933*

第卅一任總統　*Hebert Hoover*
赫伯特・胡佛（*1929~33*）
政黨：共和黨
生卒：*1874~1964*

第卅二任總統　*Franklin D. Roosevelt*
佛蘭克林・D・羅斯福（*1933～45*）
政黨：民主黨
生卒：*1882～1945*

第卅三任總統　*Harry S. Truman*
哈利・S・杜魯門（*1945～53*）
政黨：民主黨
生卒：*1884～1972*

第卅四任總統　*Dwight D. Eisenhower*
德懷特・D・艾森蒙（*1953～61*）
政黨：共和黨
生卒：*1890～1969*

第卅五任總統　*John F. Kennedy*
約翰・F・甘迺迪（*1961～63*）
政黨：民主黨
生卒：*1917～1963*

第卅六任總統　*Lyndon B. Johnson*
林敦・B・詹森（*1963～69*）
政黨：民主黨
生卒：*1908～1973*

第卅七任總統　*Richard M. Nixon*
理查・M・尼克森（*1969～74*）
政黨：共和黨
生卒：*1913～1994*

第卅八任總統　*Gerald R. Ford*
吉拉德・R・福特（*1974～1977*）
政黨：共和黨
生卒：*1913～*

第卅九任總統　*James E. Carter*
吉米・卡特（*1977～1981*）
政黨：民主黨
生卒：*1924～*

第四十任總統　*Ronald W. Reagan*
隆納德・雷根（*1981～1989*）
政黨：共和黨
生卒：*1911～*

第四十一任總統　*George W. Bush*
喬治・布希（*1989～1993*）
政黨：共和黨
生卒：*1924～*

第四十二任總統　*Bill Cliton*
比爾・柯林頓（*1993～2000*）
政黨：民主黨
生卒：*1946～*

第四十三任總統　*George Bush*
喬治・布希（*2001～　*）
政黨：共和黨
生卒：*1946～*

附 錄 三

大事記要

300～900年(*A.D*)　馬雅文化（*Maya*）開始發展。

1000　斯堪地那維亞人（*Norse*）抵北美。

1492　哥倫布（*Columbus*）抵美洲。

1497　卡伯特（*Cobot*）抵紐芬蘭海岸。

1519～1521　麥哲倫（*Magellan*）環繞地球一周。

1570　印第安易洛魁聯盟（*Iroquois League*）成立。

1607　美洲殖民地詹姆士鎮（*Jamestown*）成立。

1608　尚普蘭（*Champlain*）發現魁北克。

1609　亨利・哈得遜（*Henry Hudson*）發現哈得遜河。

1619　首批非洲奴隸抵美。

　　　維基尼亞議會成立。

1620　清教徒分離分子(*Pilgrim*)抵普里茅斯(*Plymouth*)。

1633　康乃狄克（*Connecticut*）殖民地成立。

1634　馬里蘭（*Maryland*）殖民地成立。

1636　哈佛大學（*Harvard University*）設立。

1639　「康乃狄克基本法」（*Fundamental Orders of Connecticut*）擬定。

1644　羅德島（*Rhode Island*）獲得特許狀。

1647　美國公立學校制度在麻薩諸塞確立。

1649　馬里蘭州通過「宗教寬容法」。

1651　英國通過「航海法」。

1663　加洛林那（*Carolina*）殖民地成立。

1664　英國自荷蘭取得新阿姆斯特丹（即後來之紐約）。

　　　紐澤西（*New Jersey*）殖民地成立。

　　　得拉瓦殖民地（*Delaware*）獲得特許狀。

1679　新罕布什爾（*New Hampshire*）獲得特許狀。

1682　威廉・潘恩（*William Penn*）建立賓西法尼亞（*Pennsylvania*）殖民地。

1704	美洲第一份報紙出刊問世。
1733	喬治亞（Georgia）殖民地成立。
1754	阿本尼聯合計畫（Albany Plan of Union）提出。
1754～1763	法印之戰（French and Indian War）開打。
1763	英法七年戰爭結束。
	「巴黎和約」（Paris Peace Treaty）簽訂。
1764	英國國會通過「糖稅法案」（Sugar Act）。
1765	英國國會通過「印花稅法」（Stamp Act）。
1767	英國國會通過「湯森稅法」（Townshend Acts）。
1770	波士頓屠殺（Boston Massacre）事件。
1773	波士頓茶黨事件（Boston Tea Party）。
1774	英國國會通過「不容忍法案」（Intolerable Acts）。
	第一次大陸會議（First Continental Congress）召開。
1775	勒星敦（Lexington）及康考特（Concord）之役。
	第二次大陸會議（Second Continental Congress Meets）。
1776	《常識》Common Sense 出版
	「獨立宣言」（Declaration of Independence）公諸於世
1777	沙拉脫加之役（Saratoga）英軍失利。
1778	美法結盟。
1781	約克鎮（Yorktown）之役英軍投降。
	「邦聯條款」簽訂。
1783	「巴黎和約」（Treaty of Paris）簽訂。
1785	「土地法令」（Land Ordinance of 1785）通過。
1787	謝斯叛亂（Shays' Rebellion）。
	「西北土地法令」（Northwest Land Ordinance of

1787）通過。

憲法會議（ Constitutional Convention ）召開。

1788	美國憲法通過。
1789	華盛頓當選美國首任總統。

「司法條例」（ Judiciary Act of 1789 ）通過。

1791　憲法修正案「人權條款」（ Bill of Rights ）通過。

美國第一銀行獲得特許狀。

佛蒙特（ Vermont ）成爲美國第十四州。

1792　華盛頓連任總統。

肯塔基成爲美國第十五州。

1793　美國發表「中立宣告」（ Proclamation of Neutrality ）

1794　威士忌酒暴動（ Whiskey Rebellion ）。

美英簽署「傑條約」（ Jay Treaty ）。

1796　約翰·亞當斯當選總統。

華盛頓發表臨別宣言（ Farewell Address ）。

田納西（ Tennessee ）成爲美國第十六州。

1797　XYZ事件。

1798　「外人法」（ Alien Act ）及「叛亂法」（ Sedition Acts ）。

1798～1799　「肯塔基及維基尼亞決議案」（ Kentucky and Virginia Resolutions ）提出。

1800　傑佛遜（ Thomas Jefferson ）當選美國總統。

華盛頓成爲美國首府。

1801　馬歇爾（ John Marshall ）出任美國最高法院大法官。

1803　馬布里控麥迪遜案（ Marbury v. Madison ）。

購買路易斯安那（ Louisiana Purchase ）。

	俄亥俄（Ohio）成爲美國第十七州。
1804	傑佛遜連任美國總統。
	劉易士（Lewis）及克拉克（Clark）展開對西部探險。
1807	「禁運法案」（Embargo Act）通過。
	羅伯特・富爾頓的汽船「克萊蒙號」（Clermont）下水。
1808	麥迪遜（James Madison）當選美國總統；禁止輸入非洲奴隸。
1812	麥迪遜連任總統。
	美英之戰開打。
	路易斯安那成爲美國第十八州。
1814	美英簽訂「根特條約」（Treaty of Ghent）。
1816	第二銀行獲得特許狀。
	門羅（James Monroe）當選美國總統。
	印第安那（Indiana）成爲美國第十九州。
1817～1825	好感時代（Era of Good Feelings）。
1817	密西西比（Mississippi）成爲美國第二十州。
	「拉什——巴格特條約」（Rush‐Bagot Agreement）。
1818	伊利諾（Illinois）成爲美國第二十一州。
1819	「麥卡洛克控馬里蘭州案」（McCulloch v. Maryland）。
	阿拉巴馬（Alabama）成爲美國第二十二州。
	美國自西班牙購得佛羅里達（Florida）。
1820	「密蘇里妥協案」（Missouri Compromise）。
	門羅連任美國總統。
	緬因州（Maine）成爲美國第二十三州。
1821	密蘇里（Missouri）成爲美第二十四州。

1823	「門羅主義」（ *Monroe Doctrine* ）提出。
1824	約翰・昆西・亞當斯（ *John Quincy Adams* ）當選美國總統。
	伊利運河（ *Erie Canal* ）竣工。
1828	「可恨的關稅」（ *Tariff of Abominations* ）通過。
	傑克遜（ *Andrew Jackson* ）當選美國總統。
1831	傑里遜（ *William Lloyd Garrison* ）出版《解放者》The Liberator。
1832	賈克森連任美國總統。
	南加洛林那通過「無效宣告」（ *Ordinance of Nullification* ）。
	賈克森否決第二銀行特許狀。
1836	德克薩斯（ *Texas* ）脫離墨西哥獲得獨立。
	阿肯色（ *Arkansan* ）成爲美國第二十五州。
1837～1843	經濟蕭條。
1837	密西根（ *Michigan* ）成爲美國第二十六州。
1840	哈里遜（ *William Henry Harrison* ）當選美國總統。
1841	哈里遜去世，泰勒（ *John Tyler* ）繼任。
1844	美國電報線開始運作。
	波爾克（ *James K. Polk* ）當選美國總統。
1845	佛羅里達（ *Florida* ）成爲美國第二十七州。
	德克薩斯成爲美國第二十八州。
1846	美英對共管俄勒崗（ *Oregon* ）達成協議。
	愛荷華（ *Iowa* ）成爲美國第二十九州。
1846～1848	美墨戰爭。
1847	摩門教友（ *Mormons* ）至猶他（ *Utah* ）定居。
1848	加州發現金礦。
	女權大會在紐約之福斯（ *Seneca Falls* ）舉行。

泰勒（*Zachary Taylor*）當選美國總統。

密蘇里成爲美國第三十州。

1850　「一八五○年妥協案」。

泰勒總統去世。

克萊頓──布爾維條約（*Clayton - Bulwer Treaty*）。

加利福尼亞成爲美國第三十一州。

菲爾摩（*Millard Fillmore*）成爲美國總統。

1852　《黑奴籲天錄》Uncle Tomes Cabin一書出版。

皮爾斯（*Franklin Pierce*）成爲美國總統。

1853　購買嘉斯登（*Gadsden*）

伯里（*Commodore Perry*）打開美日貿易。

1854　「肯薩斯・內布拉斯加法案」（*Kansas - Nebraska Act*）

通過。

共和黨（*Republican Party*）成立。

1854～1856　肯薩斯內戰。

1856　布坎南（*Buchanan*）當選總統。

1857　史考特案件（*Dred Scott case*）。

1858　林肯──道格拉斯（*Lincoln and Douglas*）辯論奴隸

問題。

明尼蘇達（*Minnesota*）成爲美國第三十二州。

1859　約翰・布朗（*John Brown*）在哈伯斯費里渡口

（*Harpers Ferry*）起義。

俄勒崗（*Oregon*）成爲美國第三十三州。

1860　林肯（*Abraham Lincoln*）當選美國總統。

南加洛林那（*South Carolina*）脫離聯邦。

1861　美國邦聯（*confederate States of America*）成立。

肯薩斯（*Kansan*）成爲美國第三十四州。

桑特堡（*Fort Sumter*）被襲擊。

內戰爆發。

1862　「公地開墾法」（ Homestead Act ）。

　　　　「莫里爾土地贈予法」（ Morriel Act ）。

1863　「解放宣言」（ Emancipation Proclamation ）公布。

　　　　蓋茨堡之役（ Battle of Gettysburg ）。

　　　　西維基尼亞（ West Virginia ）成爲美國第三十五州。

1864　林肯連任總統。

　　　　內華達（ Nevada ）成爲美國第三十六州。

1865　李將軍（ Lee ）在阿波馬托克斯（ Appomattox ）投
　　　　降，內戰結束。

　　　　林肯總統遭暗殺。

　　　　憲法第十三條修正案通過。

　　　　「黑人法令」（ Black Codes ）。

　　　　自由人局（ Freedmen's Bureau ）設立。

　　　　詹森（ Andrew Johnson ）當選成爲美國總統。

1866　橫貫大陸電報線完成。

1867　購買阿拉斯加。

　　　　內不拉斯加（ Nebraska ）成爲美國第三十七州。

　　　　軍事重建法案實施。

1868　憲法第十四條修正案批准。

　　　　國會通過彈劾詹森總統參院否決。

　　　　格蘭特（ Ulysses S. Grant ）當選美國總統。

1869　第一條橫貫大陸鐵路竣工。

　　　　勞工武士團體（ Knights of Labor ）成立。

1870　憲法第十五條修正案通過。

1872　給予南方前邦聯人士大赦。

　　　　格蘭特連任美國總統。

1875　「民權法案」（ Civil Rights Acts ）通過。

1876	科羅拉多（*Colorado*）成爲美國第三十八州。
	國家聯盟（棒球）（*National League*）成立。
	冰箱問世。
	海斯（*Rutherford B. Hayes*）當選美國總統。
1877	重建結束。
1879	愛迪生電燈泡應世。
1880	加菲爾德（*James a Garfield*）當選總統。
	限制中國移民條約。
1881	加菲爾德總統遇害。
	亞瑟（*Chester A. Arthur*）繼任總統。
1882	「排華法案」（*Chinese Exclusion Act*）通過。
	標準石油公司（*Standard Oil Company*）成立。
1883	文官委員會（*Civil Service Commission*）成立。
1886	美國勞工連盟（*American Federation of Labor*）成立。
1887	州際貿易委員會（*Interstate Commerce Commission*）成立。
1888	愛德華・貝勒梅（*Edward Bellamy*）出版《回顧》Looking Backward
1889	第一屆泛美會議（*Pan-American Congress*）召開。
	北達科他（*North Dakota*）成爲美國第三十九州。
	南達科他（*South Dakota*）成爲美國第四十州。
	蒙大那（*Montana*）成爲美國第四十一州。
	華盛頓（*Washington*）成爲美國第四十二州。
1890	「麥金萊關稅」（*Mckinley Tariff*）通過。
	馬漢的（*Admiral Mahan*）《海權論》The Influence of Sea Power on History出版。
	「謝爾曼反托拉斯法」（*Sherman Antitrust Act*）實

施。

愛達荷（Idaho）成爲美國第四十三州。

懷俄明（Wyoming）成爲美國第四十四州。

1892　克里夫蘭（Grover Cleveland）當選美國總統。

鋼鐵工人（Homestead Steel Workers）罷工。

1893　芝加哥博覽會。

1894　普爾曼（Pullman Company）大罷工。

威爾遜──高爾曼（Wilson－Gorman）關稅。

1896　麥金萊（William Mckinley）當選美國總統。

猶他（Utah）成爲美國第四十五州。

1897　「丁格里關稅法」（Dingley Tariff）。

1898　美西戰爭開打。

美國吞併夏威夷佔領波多黎各、廣島及菲律賓。

1899　菲律賓反美。

1899～1900　宣布對華「門戶開放政策」（Open Door Policy）。

1900　麥金萊連任總統。

1901　麥金萊總統遇刺，老羅斯福（Theodore Roosevelt）
繼任。

1903　萊特兄弟（Wright Brothers）從事世界首次飛行。

取得巴拿馬運河。

1904　老羅斯福當選總統。

1905　美國干預多明尼加共和國（Dominican Republic）。

1906　「食品及藥物法案」（Pure Food and Drug Act）和
「肉品檢查法」（Meat Inspection Act）通過。

1906～1907　美國入侵古巴。

1907　美國經濟恐慌。

俄克拉荷馬（Oklahoma）成爲美國第四十六州。

1907～1908　阻止日本移民。

1908	塔夫脱當選總統。
1090	全國有色人種協進會（ *National Association for the Advancement of Colored People:NAACP* ）成立。
1912	進步黨（ *Progressive Party* ）成立。
	威爾遜（ *Woodrow Wilson* ）當選總統。
	新墨西哥（ *New Mexico* ）成爲美國第四十七州。
	亞利桑那（ *Arizona* ）成爲美國第四十八州。
1913	「安德伍德——西蒙斯關稅法」（ *Underwood-Simmons Tariff* ）通過。
	「聯邦儲備制度」（ *Federal Reserve System* ）成立。
	憲法第十六條修正案及第十七條修正案通過。
1914	「克萊頓法案」（ *Clayton Act* ）通過。
	巴拿馬運河通航。
1916	威爾遜連任美國總統。
1917	美國捲入第一次世界大戰。
	「義務兵役法」（ *Selective Service Acts* ）通過。
1918	威爾遜宣布「十四點原則」（ *Fourteen Points* ）。
1919	憲法第十八條修正案通過。
	巴黎和會在凡爾塞舉行。
1919～1920	美國參院否決巴黎和約及國際聯盟（ *Versailles Treaty and League of Nations* ）。
1920	憲法第十九條修正案通過。
	哈定（ *Warren G. Harding* ）當選美國總統。
	首次商業廣播。
1921	華盛頓會議（ *Washington Naval Conference* ）召開。
1923	哈定總統去世，柯立芝（ *Calvin Coolidge* ）繼任總統。
1924	「移民配額法」（ *Immigration Quota Law* ）通過。

柯立芝當選美國總統。

1927　　林白（ *Charles A. Lindbergh* ）越洋飛行。

1928　　「凱洛格──白里安非戰公約」（ *Kellogg－Briand Treaty Pact* ）。

1929　　股票崩盤，經濟大蕭條開始。

1930　　斯穆特──霍利關稅法（ *Smoot－Howley Tariff* ）。

1932　　重 建 金 融 公 司 （ *Reconstruction Finance Corporation* ）成立。

　　　　小羅斯福（ *Franklin D. Roosevelt* ）當選總統。

1933　　憲法第二十一條修正案、第二十二條修正案通過。

　　　　「緊急銀行法」（ *Emergency Banking Act* ）。

　　　　新政（ *New Deal* ）開始。

　　　　美國承認蘇聯。

1935　　第二次新政計畫開始。

　　　　「中立法」。

1936　　小羅斯福連任總統。

1938　　「勞工公平標準法」（ *Fair Labor Standards Act* ）通過。

1939　　第二次世界大戰開始。

1940　　小羅斯福第三次當選總統。

1941　　「租借法案」（ *Lend－Lease Act* ）。

　　　　「大西洋憲章」（ *Atlantic Charter* ）。

　　　　日本偷襲珍珠港。

　　　　美國捲入第二次世界大戰。

1942　　聯邦戰時機構成立。

1943　　德黑蘭會議（ *Teheran Conference* ）。

1944　　聯軍反攻，諾曼底登陸（ *Normandy Invasion* ）。

　　　　小羅斯福第四次當選總統。

1945   雅爾達會議（ *Yalta Conference* ）。

        小羅斯福病逝，杜魯門（ *Harry S. Truman* ）繼位。

        德國投降。

        美國在日本投擲原子彈。

        日本投降。

        波茨坦會議（ *Potsdam Conference* ）。

        聯合國（ *United Nations* ）成立。

1946   邱吉爾發表「鐵幕」（ *Iron Curtain* ）演説。

1947   「杜魯門主義」（ *Truman Doctrin* 。

        「馬歇爾計畫」（ *Marshall Plan* ）。

        美國准菲律賓獨立。

        「塔夫脱－哈特里法」（ *Taft－Hartley Act* ）。

1948   杜魯門當選美國總統。

        柏林封鎖「空中走廊」（ *Berlin Airlift* ）。

1949   北大西洋公約組織（ *North Atlantic Treaty Organiza-tion* ）成立。

1950   韓戰爆發。

1951   麥克阿瑟將軍（ *Douglas MacArthur* ）被解除軍職。

        憲法第二十二條修正案通過。

1952   艾森豪（ *Dwight D. Eisenhower* ）當選總統。

1953   韓戰結束。

1954   布朗訟托皮卡教育委員會（ *Brown v. Board of Education* ）。

1955   蒙哥馬利（ *Montgomery* ）公車抵制。

1956   艾森豪連任總統。

1957   蘇聯發射人造衛星。

        美國成立太空總署（ *National Aeronautics and Space Administration* ）。

民權委員會（*Civil Right Commission*）成立。

小岩城（*Little Rock*）事件。

1958　「艾森豪主義」（*Eisenhower Doctrine*）。

柏林危機。

美國發射第一枚人造衛星。

1959　阿拉斯加（*Alaska*）成爲美國第四十九州。

夏威夷（*Hawaii*）成爲美國第五十州。

1960　甘迺迪（*John F Kennedy*）當選美國總統。

U－2飛機事件。

黑人反隔離採靜坐（*Sit-in*）。

1961　美國首位太空人進入太空。

和平使團（*Peace Corps*）成立。

豬灣（*Bay of Pigs*）事件。

柏林危機。

憲法第二十三條修正案通過

1962　古巴飛彈危機。

美軍派往南越。

1963　甘迺迪遇刺，詹森（*Lyndon B. Johnson*）當選總統。

1964　「民權法案」（*Civil Right Acts*）通過。

詹森當選美國總統。

「東京灣決議」（*Gulf of Tonkin Resolution*）。

憲法第二十四條修正案通過。

1965　「選舉權利法」（*Voting Rights Act*）通過。

美國派軍至多明尼加。

越戰升高。

1966　全國婦女聯盟（*National Organization for Women: NOW*）成立。

1967	憲法第二十五條修正案通過。
1968	反抗越戰運動擴大。
	馬丁路德‧金恩（*Martin Luther King Jr.*）遇刺。
	尼克森（*Richard M. Nixon*）當選總統。
1969	美軍開始從越南撤軍。
	美國太空人阿波羅登陸月球。
1970	美軍入侵柬埔寨。
1971	憲法第二十六條修正案通過。
1972	尼克森訪問中國大陸。
	美蘇簽訂「限制戰略武器談判」（*SALT*）。
	尼克森連任總統。
	水門事件（*Watergate*）。
1973	美軍撤出越南。
	「戰爭權力法案」（*War Power*）通過。
	副總統安傑（*Agnew*）辭職。
1974	尼克森總統辭職。
	福特（*Gerald R. Ford*）繼任總統。
1976	卡特（*James Carter*）當選總統。
1978	「巴拿馬運河條約」（*Panama Canal Treaty*）批准。
1979	伊朗革命扣留美國人質。
	美國與中共建交。
	蘇聯軍隊入侵阿富汗。
1980	經濟衰退。
	雷根（*Ronald Reagan*）當選總統。
1982	美國出兵黎巴嫩。
1984	雷根連任總統。
1985	美國經濟制裁尼加拉瓜。

1986	美蘇恢復核武裁減談判。
	出售伊朗軍武事件。
1988	雷根與戈巴契夫會晤。
1989	布希（*Bush*）當選美國總統。
1990	波灣危機。
1991	沙漠風暴（*Operation Desert storm*）。
1992	克林頓（*Bill Cliton*）當選美國總統，憲法第二十七條修正案通過。
1996	克林頓連任美國總統。
1998	克林頓因緋聞案被迫向大陪審團作證。
2001	布希當選美國第四十三任總統
	美國與中共發生偵察機事件
	911 恐怖事件：美國世貿雙子星大樓遭恐怖份子以自殺方式利用美國國內民航機撞毀，國防部五角大廈亦遭飛機撞擊
	美國轟炸阿富汗

附錄四

獨立宣言

在有關人類事務的發展過程中，當一個民族必須解除其和另一個民族之間的政治聯繫，並在世界各國之間依照自然法則和上帝的意旨，接受獨立和平等的地位時，出於對人類輿論的尊重，必須把他們不得不獨立的原因予以宣佈。

我們認爲下面這些眞理是不言而喻的：人人生而平等，造物者賦予他們若干不可剝奪的權利，其中包括生命權、自由權和追求幸福的權利，爲了保障這些權利，人類才在他們之間建立政府，而政府之正當權力，是經被治理者的同意而產生的。當任何形式的政府對這些目標具破壞作用時，人民便有權力改變或廢除他，以建立一個新的政府；其賴以奠基的原則，其組織權力的方式，務使人民認爲唯有這樣才最可能獲得他們的安全和幸福，爲了愼重起見，成立多年的政府，是不應當由於輕微和短暫的原因而予以變更的。過去的一切經驗也都說明，任何苦難，只要是尚能忍受，人類都寧願容忍，而無意爲了本身的權益便廢除他們久已習慣了的政府。但是，當追逐同一目標的一連串濫用職權和強取豪奪發生，證明政府企圖把人民置於專制統治之下時，那麼人民就有權利，也有義務推翻這個政府，並爲他們未來的安全建立新的保障——這就是這些殖民地過去逆來順受的情況，也是他們現在不得不改變以前政府制度的原因。當今大不列顛王國的歷史，是接連不斷的傷天害理和強取豪奪的歷史，這些暴行的唯一目標，就是想在這些州建立專制的暴政，爲了證明所言屬實，現把下列事實向公正的世界宣佈。

他拒絕批准對公衆利益最有益、最必要的法律。

他禁止他的總督們批准迫切而極爲必要的法律，要不就把這些法律擱置起來暫不生效，等待他的同意；而一旦這些法律被擱置起來，他對他們就完全置之不理。

他拒絕批准便利廣大地區人民的其他法律，除非那些人民情願放棄自己在立法機關中的代表權；但這種權利他們有無法估量的價值，而且只有暴君才畏懼這種權利。

他把各州立法團體召集到異乎尋常的、極爲不便的、遠離他們檔案庫的地方去開會，唯一的目的是使他們疲於奔命，不得不順從他的意旨。

他一再解散各州的議會，因爲它們以無畏的堅毅態度反對他侵犯人民的權利。

他在解散各州議會之後，又長期拒絕另選新議會；但立法權是無法取消的，因此這項權力仍由一般人民來行使。其時各州仍然處於危險的境地，旣有外來侵略之患，又有發生內亂之憂。

他竭力抑制我們各州增加人口；爲此目的，他阻撓外國人入籍法的通過，拒絕批准其他鼓勵外國人移居各州的法律，並提高分配新土地的條件。

他拒絕批准建立司法權力的法律，借以阻撓司法工作的推行。

他把法官的任期、薪金數額和支付，完全置於他個人意志的支配之下。

他濫設新官署，派遣大批官員，騷擾我們人民，並耗盡人民必要的生活資料。

他在和平時期，未經我們的立法機關同意，就在我們中間維持常備軍。

他力圖使軍隊獨立於民政之外，並凌駕於民政之上。

他同某些人勾結起來把我們置於一種不適合我們的體制且不爲我們的法律所承認的管轄之下；他還批准那些人炮製的各種僞法案來達到以下目的：

在我們中間駐紮大批武裝部隊；

用假審訊來包庇他們，使他們殺害我們各州居民而仍然逍遙法外；

切斷我們同世界各地的貿易；

未經我們同意便向我們強行徵稅；

在許多案件中剝奪我們享有陪審制的權益；

羅織罪名押送我們到海外去受審；

在一個鄰省廢除英國的自由法律，在那裡建立專制政府，並擴大該省的疆界，企圖把該省變成旣是一個樣板又是一個得心應手的工具，以便進而向這裡的各殖民地推行同樣的極權統治；

取消我們的憲章，廢除我們最寶貴的法律，並以根本上改變我們各州政府的形式；

中止我們自己的立法機關行使權力，宣稱他們自己有權就一切事宜爲我們制定法律。

他宣佈我們已不屬他保護之列，並對我們作戰，從而放棄了在這裡的政務。

他在我們的海域大肆掠奪，蹂躪我們沿海地區，焚燒我們的城鎮，殘害我們人民的生命。

他此時正在運送大批外國雇傭兵來完成屠殺，破壞和肆虐的勾當，這種勾當早就開始，其殘酷卑劣甚至在最野蠻的時代都難以找到先例。他完全不配作爲一個文明國家的元首。

他在公海上俘虜我們的同胞，強迫他們拿起武器來反對自己的國家，成爲殘殺自己親人和朋友的劊子手，或是死於自己的親人和朋友的手下。

他在我們中間煽動內亂，並且竭力挑唆那些殘酷無情、沒有開化的印第安人來殺掠我們邊疆的居民；而衆所周知，印第安人的作戰規律是不分男女老幼，一律格殺勿論的。

在這些壓迫的每一階段中，我們都是用最謙卑的言詞請求糾正；但屢次請求所得到的答覆是屢次遭受損害。一個君主，當他的品格已打上了暴君行爲的烙印時，是不配作自由人民的統治者的。

我們不是沒有顧念我們英國的弟兄。我們時常提醒他們，他們的立法機關企圖把無理的管轄權橫加到我們的頭上，我們也曾把我們移民來這裡和在這裡定居的情形告訴他們。我們曾經向他們天生的正義感和雅量呼籲，我們懇求他們念在同種同宗的份上，棄絕這些掠奪行爲，以免影響彼此的關係和往來。但是他們對於這種正義和血緣的呼聲，也同樣充耳不聞。因此，我們實在不得不宣佈和他們脫離，並且以對待世界上其他民族一樣的態度對待他們：和我們作戰，就是敵人；和我們和好，就是朋友。

因此，我們，在大陸會議上集會的美利堅合衆國代表，以各殖民地善良人民的名義，並經他們授權，向全世界最崇高的正義呼籲，說明我們的嚴正意向，同時鄭重宣佈：這些聯合一致的殖民地從此是自由和獨立的國家，並且按其權利也必須是自由和獨立的國家；他們取消一切對英國王室效忠的義務，他們和大不列顛國家之間的一切政治關係從此全部斷絕，而且必須斷絕；作爲自由獨立的國家，他們完全有權宣戰、締和、結盟、通商和採取獨

立國家有權採取的一切行動。

　爲了支持這篇宣言，我們堅決信賴上帝的庇佑，以我們的生命、我們的財產和我們神聖的名譽，彼此宣誓。

附　錄　五

美國憲法

　　美國人民，爲建設更完美之合衆國，以樹立正義，奠定國內治安，籌設公共國防，增進全民之福利，並謀今後人民永久樂享自由之幸福起見，爰制定美利堅合衆國憲法如下。

第一條　第一項　本憲法所授與之立法權，均屬於由參議院與衆議院組成之合衆國國會。

　　　　　第二項　衆議院以各州人民每二年所選擧之議員組織之。各州選擧人應具該州州議會各種議員之選擧人所需之資格。

　　　　　　　　　凡年齡未滿二十五歲，爲合衆國國民未滿七年，及當選時非其選出州之居民者，不得爲衆議院議員。

　　　　　　　　　衆議院議員人數及直接稅稅額應按合衆國所屬各州人口之多寡，分配於各州，此項人口數目包括所有公民及五分之三非公民，並包括在服役期內之人，但未被課稅之印第安人不計算之。人口之統計應於合衆國國會第一次會議後三年內及此後每十年，依照法律所規定之手續爲之。議員人數以每三萬人中還出一人爲限，但每州最少應有議員一人。在舉行前項人口統計前，新罕布什州（*New Hampshire*）得選出三人，麻薩諸塞州（*Massachusetts*）八人，羅德島州（*Rhode Island*）及普威騰土種植地（*Providence Plantations*）一人，康涅狄格州（*Connecticut*）五人，紐約州（*New York*）六人，新澤西州（*New Jersey*）四人，賓夕法尼亞州（*Pennsylvania*）八人，德拉瓦（*Delaware*）一人，馬里蘭州（*Maryland*）六人，維基尼亞州（*Virginia*）十人，北卡羅萊納州（*North Carolina*）五人，南卡羅萊納州（*South Carolina*）五人，喬治亞州（*Georgia*）三人。

　　　　　　　　　任何一州所選議員中遇有缺額時，該州之行政機關應頒布選擧令以補足該項缺額。

　　　　　　　　　衆議院應選擧該院議長及其他職員，並有提出彈劾案之權。

　　　　　第三項　合衆國參議院議員由各州州議會選擧，每州選擧參議員二人。任期六年。參議員各有一表決權。參議員於第一次選擧後之集會時，應

儘量平均分爲三組。第一組參議員應於第二年之終，第二組議員於
第四年之終，第三組參議員於第六年之終改選之，俾參議員總數三
分之一得於每二年改選一次。在任何一州州議會休會期間，如因辭
職或其他緣由遇有參議員缺額時，該州行政官長得於州議會召開下
次會議以補該項缺額前，任命臨時參議員。

年齡未滿三十歲，爲合衆國公民未滿九年，及當選時非其選出州之
居民者，不得爲參議員。

合衆國副總統爲參議院之議長，但除該院參議員正反投票數目相等
時，議長無表決議。

參議院應選舉該院之其他職員，遇副總統缺席或行使合衆國總統職
權時，並應選舉臨時議長。

參議院有審判一切彈劾之權。因審判彈劾案而開會時，全體參議員
應宣誓或作代誓之宣言。合衆國總統受審時，最高法院院長應爲主
席。無論何人，非經出席參議員三分之二之同意，不能被判有罪。
彈劾案之判決，以免職及剝奪享受合衆國尊榮，有責任或有酬金職
位之資格爲限。但被判有罪，者應受法律上之公訴、審訊、判決及
處罰。

第四項　選舉參議員及衆議員之時間、地點、及方式，應由各州州議會規定
之。但國會得隨時以法律制定，或修改各州之規定，惟關於選舉參
議員之地點者不在此限。

國會每年至少應開會一次。除以法律另行指定日期外，該項會議應
於十二月第一星期一舉行之。

第五項　參衆兩院應自行審查各該院議員之選舉，選舉結果之報告，及議員
之資格。每院議員出席過半數即構成議事之法定人數。不足法定人
數時得延期開會，並得依照各該議院所規定之手續與罰則強迫缺席
之議員出席。

參衆兩院得各自規定本院之議事規則，處罰本院擾亂秩序之議員，
並得經本院議員三分之二之同意，開除議員。

參衆兩院應各自記保存其議會之議事紀錄，並隨時刊佈之，惟各該院認爲當守祕密之部分除外。各院議員對於任何問題之口頭贊成或反對，如有出席議員五分之一之請求應記載於議事錄。

在國會開會期內，任何一院未經他院之同意皆不得延會三日以上，亦不得將會議地點移於他所。

第六項　參議員與衆議員應得之服務報酬，以法律定之，由合衆國國庫支付。兩院議員，除犯有叛逆罪、重罪、及妨害治安之罪者外，在各該院開會期間及往還於各該院之途中，不受逮捕。各該院議員不得因其在議院內所發表之言論，於議院外受質問。無論參議員或衆議員，於當選之任期內，皆不得受任合衆國政府所新設或當時增加薪俸之任何文官。凡在合衆國政府下供職之人，於其任職期間，不得爲國會議員。

第七項　一切徵稅法案應由衆議院提出；但參議院得如其他法案相同之方式，提出修正案或贊同修正案。凡經衆議院及參議院通過之法案，應於成爲法律之前，咨送於合衆國總統。總統如批准該項法案，即應簽署之，否則應附異議書，發交提出該項法案之議院。該院應將該項異議書詳載於該院議事錄，然後進行覆議。如經覆議後，該院議員三分之二人數同意於通過該項法案，即應以之連同前項異議書送交其他一院，該院亦應加以覆議，如經該院議員三分之二人數之認可，該項法案即成爲法律。但遇前項情形時，兩院之表決應以口頭贊成與反對人之人數定之，贊成或反對該項法案之議員姓名應登記於各該院之議事錄。如法案於送達總統後十日內（星期日除外）未經總統退還，即視爲經總統簽署，該項法案定爲法律。惟國會因休會使該項法案不獲退還時，該項法案不得定爲法律。凡必須經參議院及衆議院同意之命令或決議或表決（惟關於休會之問題者除外），應咨送合衆國總統，經其批准後，方始生效。如總統不批准，則參議院與衆議院可依照關於法案之規則與限制，各以三分之二之多數再通過之。

第八項　國會有下列各項權力：

一、賦課並徵收賦稅、租稅、輸入稅與國產稅，償付國債，並計畫合眾國之國防與公安。但所徵各種稅收，輸入稅與國產稅應全國畫一。

二、以合眾國之信用借貸款項。

三、規定合眾國與外國、各州間及印第安種族間之通商。

四、制定全國一律之歸化條例及破產法。

五、鑄造貨幣、釐定國幣及外幣之價值，並規定度量衡之標準。

六、制定關於偽造合眾國證券及適用貨幣之罰則。

七、設立郵政局並建築郵政道路。

八、對於著作家及發明家保證其著作品及發明物於限定期間內享有專利權，以獎進科學與技術。

九、設立最高法院以下之法院。

十、明定及懲罰在公海上所犯之海盜罪與重罪暨違犯國際公法之罪。

十一、宣戰、頒發捕掠敵船許可狀、並制定關於陸海擄獲戰利品之規則。

十二、招募並維持陸軍，但充作該項用途之款項，其支撥期不得超過兩年。

十三、設備並維持海軍。

十四、制定關於統轄陸海軍之條例。

十五、規定民團之召集以執行合眾國之法律，鎮壓內亂，並抵禦外侮。

十六、規定民團之組織、武裝與訓練，並規定民團為合眾國服務時之統轄辦法，惟任命官長及依照國會所定軍律訓練民團之權，由各州保留之。

十七、對於由特定州割讓與合眾國，經國會承受，充合眾國政府所在地之區域（其面積不得過十方英里）行使任何事項之獨有

立法權。對於經州議會同意而購得之地方，用以建築要塞、軍庫、兵工廠、船廠及其他必要之建築物者，亦行使同樣權力。

十八、為執行以上各項權力，及執行依本憲法授與合眾國政府或政府中任何機關或官員之一切權力時，得制定一切必需與適當之法律。

第九項　現有任何一州所認為當准予入境之人，其遷徙或入境時，在一千八百零八年前，國會不得禁止之。但對於其入境，得課以每人不超過十元之稅金。人身保護令狀之特權不得停止之，惟遇內亂或外患，在公共治安上必須停止時，不在此限。

公權剝奪令或追溯既往之法律不得通過之。

人口稅或其他直接稅，除與本憲法所規定之人口調查或統計相比例外，不得賦課之。

對於自各州輸出之貨物，不得課稅。

任何通商條例或稅則不得特惠於某州商港而薄於他州商港。開往或來自一州之船舶不得強其入港，出港或繳付關稅於他州。

除依法律所規定之經費外，不得從國庫中支撥款項。一切公款之收支賬目，及定期報告書應時時公布之。合眾國不得授與貴族爵位。凡在合眾國政府下受俸或任職之人，未經國會之許可，不得接受外國君王或國家所贈與之任何禮物，俸祿，官職或爵位。

第十項　無論何州，不得行使下列權力：

一、締結任何條約，盟約或邦聯。

二、頒發捕掠敵船許可狀。

三、鑄造貨幣。

四、發行信用票據。

五、使用金銀幣以外之物，以作償還債務之法定貨幣。

六、通過公權剝奪令，追溯既往之法律，或損害契約義務之法律或授與貴族爵位。

無論何州，未經國會之核准，不得對於進口貨或出口貨，賦課任何捐稅，惟在執行該州之檢查法律上有絕對必要者，不在此限。任何一州，對於進口貨或出口貨所課一切捐稅之純淨收益，應歸合眾國國庫使用，所有有關前項捐稅法律，均經國會之審定與監督。

未經國會之核准，無論何州，不得徵收船舶噸位稅，不得於和平時期保持軍隊或戰艦，不得與他州或外國訂結任何協定或盟約，不得從事戰爭，惟實受侵害或遇迫不容緩之危急時，不在此限。

第二條　第一項　行政權屬於美利堅合眾國總統。總統之任期爲四年，副總統之任期亦同。總統與副總統，應依照下列程序選舉之。

各州應依照各州州議會所定程序選派選舉人若干名，其人數應與各該州所得選派於國會之參議員與眾議員之總數相等。但參議員、或眾議員，或在合眾國政府下受俸或任職之人，不得被派爲選舉人。選舉人應集合於個人本州投票選舉二人，其中至少應有一人非與選舉人同住一州之居民。選舉人應造具被選舉人之姓名及每人所得票數之名單，署名並證明之，封印後即以之送達合眾國政府所在地，逕交參議院議長。參議院議長，應當參議院與眾議院全體議員之前，開拆所有證明書。然後計算票數。凡獲得選舉票最多數者即當選爲總統，惟該票數須爲所派選舉人總數之過半數。如有一人以上獲得此項過半數，並有相等之票數時，眾議院應即投票選舉其中一人爲總統；如無人獲得過半數票，該院應以同樣方法從名單上得票數最多之五名中選舉一人爲總統。但選舉總統時，投票應以各州爲單位行之，每州之眾議員共有一投票權；此項選舉之法定人數，應以三分之二以上之州各有眾議員一人或數人出席而構成，且須獲得全體州之過半數票方爲當選。凡於選出總統後，獲得選舉人所投票數最多數者即當選爲副總統，但遇有兩人或兩人以上獲得相等之票數時，參議院應投票選舉其中一人爲副總統。

國會得決定選舉選舉人之時間及選舉人投票之日期。該日期須全國一律。

無論何人，除出生而爲合衆國公民或在採行本憲法時即爲合衆國之公民者外，不得當選爲總統。凡年齡未滿三十五歲及居住於合衆國境內未滿十四年者，亦不得當選爲總統。

如遇總統因免職、亡故、辭職，或不能執行總統之職權而去位時，由副總統執行總統職務。國會得以法律規定關於總統與副總統之免職、亡故、辭職或無能力任職時，宣佈應代行總統職權之官員。該官員代行總統職權，至總統之能力恢復或新總統選出時爲止。

總統於任職期內應受俸金，該項俸金於任期內不得增加減少之。總統於任期內不得收受合衆國或任何州之其他俸金。

總統於執行職務前，應爲下列之宣誓或代誓之宣言：

「余謹誓以忠誠執行合衆國總統之職務，並盡余能力以維護並遵守合衆國之憲法」。

第二項　總統爲美國海陸軍及各州民團被徵爲合衆國服務時之大元帥；總統得令各行政部長官，以書面發表關於其職務各事項之意見。總統並有權對於危害合衆國利益之罪犯頒賜減刑與赦免，惟彈劾案不在此限。

總統經參議院之勸告及同意，並得該院出席議員三分之二贊成時，應有締結條約之權。總統應提名大使、公使、領事、最高法院法官及合衆國政府其他官吏，經參議院之勸告及同意任命之，其任命手續未經本憲法另行規定，而須以法律制定者亦同。但國會如認爲適當，得以法律將下級官員之任命權授與總統一人，法院或各部長官。

總統有權任命人員以補參議院休會期間所發生之政府人員缺額，惟該項任命應於參議院下次會議終結時滿期。

第三項　總統應時時向國會報告合衆國國務情形，並以本人所認爲必要而妥當之政策咨送於國會，以備審議。總統得於非常之時召集兩院或任何一院。遇兩議院對於休會期間意見不一致時，總統得命休會至本人所認爲適當之時間。總統應接見大使及其他公使，應注意一切法

律之忠實執行，並應任命合眾國政府一切軍官。

第四項　總統副總統及合眾國政府之文官、受叛逆罪、賄賂罪，或其他重罪輕罪之彈劾與定讞時，應受免職處分。

第三條　第一項　合眾國之司法權，屬於最高法院及國會隨時制定與設立之下級法院。最高法院與下級法院之法官為終身職，於任職期間應受俸金，該項俸金於任期內不得減少之。

第二項　司法權所及之範圍如下：

一、基於本憲法，與合眾國各種法律，及根據合眾國權力所締結與將締結之條約所發生之一切普通法與衡平法案件。

二、關於大使、公使及領事之案件。

三、關於海軍及海事管轄之案件。

四、合眾國為當事人之訴訟。

五、州與州間之訴訟。

六、一州與他州公民之訴訟。

七、不同州公民間之訴訟。

八、同州公民間爭執不同州所讓與土地之訴訟。

關於大使、公使、領事、及一州為當事人時之案件，最高法院有初審管轄權。對於前項所述其他一切案件，最高法院有關於法律與事實之上訴審管轄，但須依國會所定之例外與規則之規定。

一切罪案，除彈劾案外，應以陪審團審判之。該項審判應於發生該項罪案之州舉行之，但罪案非發生於任何州時，該項審判應由國會以法律所定之地點舉行之。

第三項　叛國罪之範圍，僅限於對合眾國進行作戰，或依附於合眾國之敵人，予敵人以協助與便利等行為。無論何人，非經該案證人二人證明或經其本人在公開法庭自己認罪，不受叛國罪判決。

國會有宣告處罰叛國罪之權，但剝奪叛國者之公權時，不得涉及其後人之繼承權；叛國者財產之沒收，亦只能於其生存期間內為之。

第四條　第一項　各州對於他州之法令、紀錄、與司法程序，應有完全之誠意與信

任。國會得以一般法律規定該項法令，紀錄與司法程序之證明方法及其效力。

第二項　每州人民得享受各州人民之一切特權與特免。

凡在任何一州被控犯有叛逆罪、重罪、或其他罪案者，逃出法外在他州被尋獲時，該州應因其人所由逃出之州行政當局之請求，將其人交出，以便移解至對該項犯罪有管轄權之州。

凡根據一州之法律應在該州服務或服工役者，逃往他州時，不得因該州之任何法律條例解除其該項服務或勞役，而應因有權要求服役之州請求，將其人交出。

第三項　國會得准許新州加入本合眾國；但新州不得建立於其他任何州之管轄區域內。及未經關係州州議會及國會之許可，不得併合兩州或兩州以上或各州之一部分以建立新州。

國會有權處分合眾國所有之屬地或其他財產，並有權制定關於合眾國所有屬地或其他財產之必要規定與條例。本憲法之規定，不得解釋為損害合眾國或某一州之權利。

第四項　合眾國應保證全國各州實行共和政體，保護各州不受外侮，並應各州州議會或行政機關（當州議會不能召集時）之請求平定內亂。

第五條　國會遇兩院各有三分之二之議員認為必要時，應提出本憲法之修正案，或遇三分之二州之州議會之請求，國會應召集會議以提出憲法修正案。以上兩種情形中之任何一種修正案，經四分之三州之州議會或經四分之三州之修憲會議批准時，即認為本憲法之一部而發生效力，至採用何種批准之方法，由國會決議之。惟在一千八百零八年前所制定之修正案，無論如何，不得影響本憲法第一條第九項第一、第四兩款之規定。無論何州，如未經其同意，不得剝奪其在參議院中之平等參政權。

第六條　合眾國政府於本憲法通過前所欠之債務與所訂之契約，於本憲法生效後仍屬有效，其效力與在邦聯時相同。本憲法，與依據本憲法所制定之合眾國法律，及以合眾國之權力所締結或將締結之條約，均為全國之最高法律，縱與任何州之憲法或法律有牴觸，各州法院之法官均應遵守之。

前述之國會參議員與眾議員，各州州議會議員，及合眾國與各州所有行政官與司法官均應宣誓或以代誓宣言擁護本憲法。但不得以宗教爲標準，作爲受任合眾國政府下任何官職或公共職務之必要條件。

第七條　本憲法經九個州之制憲會議批准後，即在批准本憲法之各州內開始生效。

本憲法於耶穌紀元一千七百八十七年，即美利堅合眾國獨立之第十二年，九月十七日經之一致同意所制定。

美國憲法修正案條文

第　一　條　國會不得制定有關下列事項的法律：確立一種宗教或禁止信教自由；剝奪言論自由或出版自由；或剝奪人民和平集會及向政府要求伸冤的權利。

第　二　條　紀律良好的民兵隊伍，對於一個自由國家的安全實實必要：故人民持有和攜帶武器的權利，不得予以侵犯。

第　三　條　任何兵士，在和平時期，未得屋主的許可，不得居住民房；在戰爭時期，除非照法律規定行事，亦一概不得自行占住。

第　四　條　人人具有保障人身、住所、文件及財物的安全，不受無理之搜索和拘捕的權利；此項權利，不得侵犯；除非有可成立的理由，加上宣誓或誓願保證，並具體指明必須搜索的據點，必須拘捕的人，或必須扣押的物品，否則一概不得頒發搜捕狀。

第　五　條　非經大陪審團提起公訴，人民不應受判處死罪或會因重罪而被剝奪部分公權之審判；惟於戰爭或社會動亂時期中，正在服役的陸海軍或民兵中發生的案件，不在此例；人民不得為同一罪行而兩次被置於危及生命或肢體之處境；不得被強迫在任何刑事案件中自證其罪，不得不經過適當法律程序而被剝奪生命、自由或財產；人民私有產業，如無合理賠償，不得被征為公用。

第　六　條　在所有刑事案中，被告人應有權提出下列要求：要求由罪案發生地之州及區的公正的陪審團予以迅速及公開之審判，並由法律確定其應屬何區；要求獲悉被控的罪名和理由；要求與原告的證人對質；要求以強制手段促使對被告有利的證人出庭作證；並要求由律師協助辯護。

第　七　條　在引用習慣法的訴訟中，其爭執所涉及者價值超過二十元，則當事人有權要求陪審團審判；任何業經陪審團審判之事實，除依照習慣法之規定外，不得在合衆國任何法院中重審。

第　八　條　不得要求過重的保釋金，不得課以過高的罰款，不得施予殘酷的、逾常的刑罰。

第　九　條　憲法中列舉的某些權利，不得被解釋為否認或輕視人民所擁有的其他權利。

第 十 條　　　舉凡憲法未授予合衆國政府行使，而又不禁止各州行使的各種權力，均
　　　　　　　保留給各州政府或人民行使之。

第 十 一 條　　（一七九八年）合衆國的司法權，不得被解釋爲適用於任何一州的公民
　　　　　　　或任何外國公民或國民依普通法或衡平法對合衆國一州提出或起訴的任
　　　　　　　何訴訟。

第 十 二 條　　（一八〇四年）各選擇人應在其本身所屬的州內集會，投票選擇總統和
　　　　　　　副總統，其中至少應有一人不屬本州居民。選擇人應在選票上寫明被選
　　　　　　　爲總統之人的姓名，並在另一選票上寫明被選爲副總統之人的姓名。選
　　　　　　　舉人應將所有被選爲總統之人和所有被選爲副總統之人，分別開列名
　　　　　　　單，寫明每人所得票數；他們應在該名單上簽名作證，並將封印後的名
　　　　　　　單送至合衆國政府所在地，交與參議院議長，參議院議長應在參衆兩院
　　　　　　　全體議員面前開拆來件，然後計算票數。獲得總統選票最多的人，如
　　　　　　　所得數超過所選派選擇人總數的半數，即當選爲總統，如無人獲得過半
　　　　　　　數票；衆議院應立即從被選爲總統之名單中得票最多但不超過三人之中
　　　　　　　進行投票選擇總統。但以此法選擇總統時，投票應以州爲單位，即每州
　　　　　　　代表共有一票。如全國三分之二的州各有一名或多名衆議員出席，即構
　　　　　　　成選舉總統的法定人數，當選總統者需獲全部州的過半數票。如選舉總
　　　　　　　統的權利轉移到衆議院，而該院在次年三月四日前尚未選出總統時，則
　　　　　　　由副總統代理總統，與總統死亡或憲法規定的其他喪失任職能力的情況
　　　　　　　相同。得副總統選票最多的人，如所得票數超過所選派選舉人總數的半
　　　　　　　數，即當選爲副總統。如無人得過半數票，參議院應從名單上兩個得票
　　　　　　　最多的人中選舉副總統。選舉副總統的法定人數爲參議員總數的三分之
　　　　　　　二，當選副總統者需獲參議員總數的過半數票。但依憲法無資格擔任總
　　　　　　　統的人，也無資格擔任合衆國副總統。

第 十 三 條　　（一八六五年）
　　　　　　　第一項　苦役或強迫勞役，除用以懲罰依法判刑的罪犯之外，不得在合
　　　　　　　　　　　衆國境內或受合衆國管轄之任何地方存在。
　　　　　　　第二項　國會有權以適當立法實施本條。

第 十 四 條　（一八六八年）

第一項　任何人，凡在合衆國出生或歸化合衆國並受其管轄者，均爲合衆國及所居住之州的公民，任何州不得制定或執行任何剝奪合衆國公民特權或豁免權的法律。任何州，如未經適當法律程序，均不得剝奪任何人的生命、自由或財產；亦不得對任何在其管轄下的人，拒絕給予平等的法律保護。

第二項　各州衆議員的數目，應按照各該州的人口數目分配；此項人口，除了不納稅的印第安人以外，包括各該州全體人口的總數。但如果一個州拒絕任何年滿二十一歲的合衆國男性公民，參加對於美國總統及副總統選舉人、國會衆議員、本州行政及司法官員或本州州議員等各項選舉，或以其他方法剝奪其上述各項選舉權（除非是因參加叛變或因其他罪行而被剝奪），則該州在衆議院議席的數目，應按照該州這類男性公民的數目對該州年滿二十一歲男性公民總數的比例加以削減。

第三項　任何人，凡是曾經以國會議員、合衆國政府官員、州議會議員或任何州的行政或司法官員的身份，宣誓擁護合衆國憲法，而後來從事於顛覆或反叛國家的行爲，或給予國家的敵人以協助或方便者，均不得爲國會的參議員、衆議員、總統與副總統選舉人，或合衆國政府或任何州政府的任何文職或軍職官員。但國會可由參議院與衆議院各以三分之二的多數表快，撤消該項限制。

第四項　對於法律批准的合衆國公共債務，包括因支付平定作亂或反叛有功人員的年金和獎金而產生的債務，其效力不得有所懷疑。但無論合衆國或任何一州，都不得承擔或償付因援助對合衆國的作亂或反叛而產生的任何債務或義務，或因喪失或解放任何奴隸而提出的任何賠償要求；所有這類債務、義務和要求，都應被視爲非法和無效。

第五項　國會有權以適當立法實施本條規定。

第 十 五 條 （一八七〇年）

> 第一項　合眾國政府或任何州政府，不得因種族、膚色，或以前曾服勞
> 役而拒絕給予或剝奪合眾國公民的選舉權。

> 第二項　國會有權以適當立法實施本條。

第 十 六 條 （一九一三年）

> 國會有權對任何來源的收入課徵所得稅，無須在各州按比例進行分配，
> 也無須考慮任何人口普查或人口統計數。

第 十 七 條 （一九一三年）

> 第一項　合眾國參議院由每州人民各選參議員二人組成，任期六年；每
> 名參議員有一票的表決權。各州選擇人，應具有該州議會中人
> 數最多一院所必需之選舉人資格。

> 第二項　當任何一州有參議員出缺時，該州行政當局應頒布選擇令，以
> 便補充空額。各州州議會得授權該州行政當局任命臨時參議
> 員，其任期至該州人民依照州議會的指示進行選舉補缺爲止。

> 第三項　對本條修正案所作之解釋，不得影響在此修正案作爲憲法的一
> 部分而生效以前當選的任何參議員的選舉或任期。

第 十 八 條 （一九一九年）

> 第一項　本條批准一年後，禁止在合眾國及其管轄下的所有領土內釀
> 造、出售和運送作爲飲料的致醉酒類；禁止此等酒類輸入或輸
> 出合眾國及其管轄下的所有領土。

> 第二項　國會和各州同樣有權以適當立法實施本條。

> 第三項　本條除非在國會將其提交各州之日起七年以內，由各州議會按
> 本憲法規定批准爲憲法修正案，否則不發生效力。

第 十 九 條 （一九二〇年）

> 第一項　合眾國公民的選舉權，不得因性別緣故而合眾國或任何一州加
> 以否定或剝奪。

> 第二項　國會有權以適當立法實施本條。

第 二 十 條 （一九三三年）

第一項　如本條未獲批准，總統和副總統的任期應在原定任期屆滿之年的一月二十日正午結束，參議員和衆議員的任期應在原定任期屆滿之年的一月三日正午結束，他們的繼任人的任期應在同時開始。

第二項　國會每年至少應開會一次，除國會依法另訂日期外，此種會議應在一月三日正午開始。

第三項　如當選總統在規定總統任期開始之時已經死亡，當選副總統應即成爲總統。如在規定總統任期開始的時間以前，總統尙未選出，或當選總統不合資格，當選副總統應在有合乎資格的總統之前代理總統職務。倘當選總統或當選副總統均不合乎資格時，國會得依法作出規定，宣佈何人代理總統，或宣佈遴選代理總統的方法。此人在有合乎資格的總統或副總統前，應代行總統職務。

第四項　在選舉總統的權利交到衆議院，而可選爲總統的人中有人死亡時；在選舉副總統的權利交到參議院，而可選爲副總統的人中有人死亡時；國會得依法對這些情況作出決定。

第五項　第一項和第二項應在緊接本條批准以後的十月十五日生效。

第六項　本條除非在其提交各州之日起七年以內，由四分之三的州議會批准爲憲法修正法，否則不發生效力。

第二十一條　（一九三三年）

第一項　美利堅合衆國憲法修正案第十八條現予廢除。

第二項　禁止在合衆國任何州、准州或屬地，違反當地法律，爲發貨或使用而運送或輸入致醉酒類。

第三項　本條除非在國會將其提交各州之日起七年以內，由各州修憲會議依照本憲法規定批准爲憲法修正案，否則不發生效力。

第二十二條　（一九五一年）

第一項　無論何人，當選擔任總統職務不得超過兩次；無論何人，於他人當選總統任期內擔任總統職務或代理總統兩年以上者，不得

當選擔任總統職務超過一次。但本條不適用於在國會提出本條時正在擔任總統職務的任何人；也不妨礙在本條開始生效時正在擔任總統職務或代行總統職務的任何人，在此屆任期屆滿前繼續擔任總統職務或代行總統職務。

第二項　本條除非在國會將其提交各州之日起七年以內，由四分之三州議會批准爲憲法修正案，否則不發生效力。

第二十三條　（一九六一年）

第一項　合衆國政府所在地的特區，應依國會規定方式選派：

一定數目的總統和副總統選舉人，特區如同州一樣，其選舉人的數目等於它有權在國會擁有的參議員和衆議員人數的總和，但決不得超過人口最少之州的選舉人數目。他們是各州所選派的選舉人以外另行增添的選舉人，但爲選舉總統和副總統目的，應被視爲一個州選派的選舉人；他們應在特區集會，履行第十二條修正案正案所規定的職責。

第二項　國會有權以適當立法實施本條。

第二十四條　（一九六四年）

合衆國公民在總統或副總統、總統或副總統選舉人、或國會參議員或衆議員的任何預選或其他選舉中的選舉權，不得因未交納任何人頭稅或其他稅而被合衆國或任何一州加以否定或剝奪。

第二十五條　（一九六七年）

第一項　如遇總統免職、死亡或辭職時，副總統應成爲總統。

第二項　當副總統職位出缺時，總統應提名一名副總統，在國會兩院均以過半數票批准後就職。

第三項　當總統向參議院臨時議長和衆議院議長提交書面聲明，聲稱他不能夠履行其職務的權力和責任時，在他再向他們提交一份內容相反的書面聲明前，此種權力責任應由副總統以代總統身份履行。

第四項　當副總統和行政各部或國會一類的其他機構的多數長官，依法

律規定向參議院臨時議長和衆議院議長提交書面聲明，聲稱總統不能夠履行總統職務的權力和責任時，副總統應立即以代總統身份承受統統職務的權力和責任。此後，當總統向參議院臨時議長和衆議院議長提交書面聲明，聲稱喪失能力的情況並不存在時，他應恢復總統職務的權力和責任，除非副總統和行政各部或國會一類的其他機構的多數長官依法在四天向參議院臨時議長和衆議院議長提交書面聲明，聲稱總統不能夠履行其職務的權力和責任。在此種情況下，國會應對此問題做出決定：如國會正在休會期間，應爲此目的在四十八小時內召集會議。如國會在收到後一書面聲明後的二十一天以內，或如適逢休會期間，在國會按照要求召集會議以後的二十一天以內，以兩院的三分之二多數票決定總統不能夠履行其職務的權力和責任時，副總統應繼續代理總統職務；否則總統應恢復其職務的權利責任。

第二十六條 （一九七一年）

第一項 已滿十八歲和十八歲以上的合衆公民的選舉權，不得因爲年齡關係而被合衆國或任何一州加以否定或剝奪。

第二項 國會有權以適當立法實施本條。

第二十七條 （一九九二年）

有關美國國會議員任內薪俸不得以法律變更之，唯至下屆議員改選時，方可生效。

卷後語

　　全書草成免不了有些話要說，本書之撰述係靜宜大學外文系吳蕁州教授嘉惠而成。四年前吳教授自美返國，談及缺乏美國史之中文教本並致贈由 Donald A Ritchie, Margaret Altoff 及 Richard Wilson 合編之《Heritage of Freedom》一書，經仔細閱讀，刺激我仿效其部份體例，依個人所見並參考 David Burner, Virginia Bernhand 及 stanley I. Kutler 合著之《Firsthand America》、Thomas A. Baily 之《The American Spirit》、Arthur S. Link《American Epoch》、John A Garraty《The American Nation: A History of the united states》等約二十本美國史著作，再酌用本國雜誌，報紙之文章彙編而成。本書係通史教材，內文以事實為主，詮釋為輔。基於中國人寫美國史不免夾雜有民族情感色彩之偏見，筆者力求客觀圓融，若有疏忽之處尚祈見諒。

　　　　　　　　　　　　　　　　　　　　　　　　　　林立樹

The United States of America

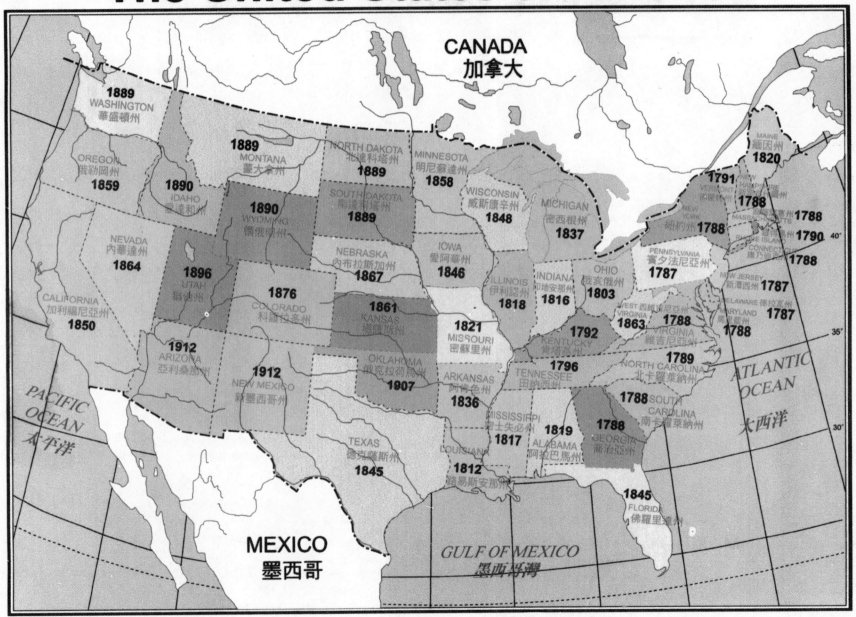

美國各州加入聯邦時間表

國家圖書館出版品預行編目資料

美國通史 ／ 林立樹著. --二版, --臺北市：
五南, 民90
面；公分

ISBN 957-11-2674-8(平裝)

1.美國 － 歷史

752.14   90017184

1W13

美國通史

| 作　者 | 林立樹 (119.1) |
| 編　輯 | 劉瑋琦 |

| 出版者 | 五南圖書出版股份有限公司 |
| 發行人 | 楊榮川 |

地　　址：台北市大安區106
　　　　　和平東路二段339號4樓
電　　話：(02)27055066（代表號）
傳　　真：(02)27066100
郵政劃撥：0106895-3
網　　址：http://www.wunan.com.tw
電子郵件：wunan@wunan.com.tw

| 顧　問 | 財團法人資訊工業策進會科技法律中心 |

版　刷	1999年　1月　初版一刷
	1999年　10月　初版二刷
	2001年　11月　二版一刷
	2003年　10月　二版二刷

| 定　價 | 715元 |